REDES CISCO

Guía de estudio para la certificación CCNA 200-301 v1.1

REDES CISCO

Guía de estudio para la certificación CCNA 200-301 v1.1

Ernesto Ariganello

La ley prohíbe
fotocopiar este libro

REDES CISCO. Guía de estudio para la certificación CCNA 200-301 v1.1
Código THEMA: UKN — Hardware de redes
Código BISAC: COM043000 — COMPUTERS / Networking / General
© Ernesto Ariganello
© De la edición: Ra-Ma 2025

Editado por:
RA-MA Editorial
Calle Jarama, 33, Polígono Industrial Igarsa
28860 PARACUELLOS DE JARAMA, Madrid
Teléfono: 91 658 42 80
Fax: 91 662 81 39
Correo electrónico: *info@grupoeditorialrama.com*
Internet: *www.ra-ma.es* y *www.ra-ma.com*
ISBN impreso: 979-13-8805-905-6
ISBN ePub: 979-13-88059-11-7
El e-book de esta obra es accesible y cumple con la norma WCAG 2.2 nivel AAA.
Depósito legal: M-23762-2025
Maquetación: Antonio García Tomé
Diseño de portada: Antonio García Tomé
Filmación e impresión: Safekat
Impreso en España en noviembre de 2025

*La suerte es lo que ocurre cuando la preparación
se encuentra con la oportunidad.*

Séneca

ÍNDICE

INTRODUCCIÓN

El contenido de este libro se basa en el temario expuesto por Cisco para el examen CCNA 200-301 v1.1 y puede resumirse en seis puntos fundamentales:

1. **Fundamentos de redes**

2. **Acceso a la red**

3. **Conectividad IP**

4. **Servicios IP**

5. **Fundamentos de seguridad**

6. **Automatización y programabilidad**

La nueva versión 1.1 incluye temas como Inteligencia Artificial, Terraforms, telemetría, hace más hincapié en los tipos de autenticaciones, etc. Esta guía es una herramienta de apoyo y de autoestudio para el aprendizaje de los tópicos y requisitos necesarios para lograr la certificación CCNA 200-301, en su versión 1.1.

El temario está dividido en 13 capítulos con un formato secuencial y lógico, de tal manera que permite seguir todos los temas en orden ascendente según el criterio del autor, cuyo orden puede ser diferente al del Cisco, pero no en los conceptos. Siendo importante que el lector asimile y ejercite los contenidos de cada capítulo antes de seguir adelante con el siguiente.

Estas características ayudan a la comprensión de los temas presentados de manera resumida pero detallada con explicaciones, notas y llamadas para permitir que el lector recuerde lo fundamental y concreto a la hora de presentarse al examen de certificación. Los casos prácticos se han realizados con dispositivos reales siendo recomendable que los realicen también en equipos reales o en simuladores para su completa comprensión y análisis. Es muy importante el manejo fluido y el conocimiento práctico de los comandos de routers y switchs debido a que en el examen aparecen ejercicios prácticos a partir de simuladores. Tome en cuenta que el examen de certificación no solo evalúa los conocimientos teóricos, sino que también las habilidades y requisitos prácticos del candidato.

Para más información respecto a la duración del examen, idiomas disponibles, tiempo de validez, recertificaciones u otro tipo de consulta sobre la certificación CCNA 200-301 v1.1 es posible consultar la Web de Cisco en:
https://www.cisco.com/c/en/us/training-events/training-certifications/exams/current-list/ccna-200-301.html

También puede obtener información adicional, material complementario y preguntas de entrenamiento en:
www.aprenderedes.com

Para información sobre localización de centros de certificación autorizados, requisitos, horarios, precios u otro tipo de información puede consultarse la Web de Pearson-Vue en:
https://www.pearsonvue.com

Se ha intentado volcar todo el contenido requerido por Cisco para el examen CCNA 200-301 v1.1 de manera resumida, concreta y lo más práctica posible, sin embargo, los conceptos siempre pueden ser subjetivos por lo que otros temas relacionados también pueden aparecer en cualquier entrega específica de la prueba.

ACERCA DEL AUTOR

Ernesto Ariganello es instructor certificado de la *Cisco Networking Academy*, imparte cursos relacionado con redes y comunicaciones. Posee las certificaciones de Cisco: CCNA, CCNP-Enterprice, CCS-Ecore, CCS-EAII, CCS-DCCore, CCS-Score, DCAIE, CCAI, etc. Es, además, consultor especializado en telecomunicaciones. Su trabajo en educación y formación es sumamente valorado en Europa y Latinoamérica, fundamentado en clases claras, dinámicas y muy prácticas.

Desde el año 2006, su obra de la serie REDES CISCO, *Guía de estudio para la certificación CCNA* y posteriormente la *Guía de estudio para la certificación CCNP* son reconocidas como las pioneras con contenidos escritos íntegramente en español.

Advertencia

Se ha realizado el máximo esfuerzo para hacer de este libro una obra tan completa y precisa como sea posible, pero no se ofrece ninguna garantía implícita de adecuación a un fin en particular. La información se suministra "tal como está". Los autores no serán responsables ante cualquier persona o entidad con respecto a cualquier pérdida, daño o perjuicio que pudieran resultar emergentes de la información contenida en este libro.

Todos los términos mencionados en este libro que, según consta, pertenecen a marcas comerciales o marcas de servicios, se utilizan únicamente con fines educativos. No debe considerarse que la utilización de un término en este libro afecte la validez de cualquier marca comercial o de servicio.

Los conceptos, opiniones y gráficos expresados en este libro por los autores no son necesariamente los mismos que los de Cisco Systems, Inc.

Los iconos y topologías mostradas en este libro se ofrecen con fines de ejemplo y no representan necesariamente un modelo de diseño para redes. Las configuraciones y salidas de los routers, switches y/o cualquier otro dispositivo se han tomado de equipos reales y se ha verificado su correcto funcionamiento. No obstante, cualquier error en la transcripción es absolutamente involuntario.

1

INTRODUCCIÓN A LAS REDES

1.1 CONCEPTOS BÁSICOS

Antes de comenzar la lectura de este libro el estudiante debe tener claros ciertos conceptos que harán posible la mejor comprensión de cada uno de los temas descritos en estas páginas. Esta guía de estudio apunta principalmente a la certificación CCNA, profundizando en el temario cada vez más en cada capítulo. Estos primeros párrafos servirán como base a todo lo que sigue posteriormente.

Las infraestructuras de red pueden variar dependiendo del tamaño del área, del número de usuarios conectados y del número y los diferentes tipos de servicios disponibles. Además del dispositivo final, hay otros componentes que hacen posible que se establezca el enlace entre los dispositivos de origen y destino. Dos de los componentes críticos en una red de cualquier tamaño son el router y el switch, el funcionamiento y configuración de ambos se detallarán en los capítulos siguientes.

Todos los tipos de mensajes se tienen que convertir a bits, señales digitales codificadas en binario, antes de enviarse a sus destinos. Esto es así sin importar el formato del mensaje original. Generalmente, las redes utilizan diferentes tipos de medios para proporcionar conectividad. Ethernet es la tecnología de red más común en la actualidad. Las redes cableadas son ideales para transmitir grandes cantidades de datos a altas velocidades. Las redes inalámbricas permiten el uso de dispositivos conectados a la red en cualquier lugar de una oficina o casa, incluso en el exterior.

Las redes LAN (*Local Area Network*) y las redes WAN (*Wide Area Network*), conectan a los usuarios dentro y fuera de la organización. Permiten gran cantidad y diversos tipos de comunicación.

Sin embargo, los aspectos más importantes de las redes no son los dispositivos ni los medios, sino los protocolos que especifican la manera en que se envían los mensajes, cómo se direccionan a través de la red y cómo se interpretan en los dispositivos de destino.

1.1.1 Topologías

La topología define como las estaciones de trabajo se conectan entre sí. Existe un número de factores a considerar para determinar cuál topología es la más apropiada para una situación dada.

Topologías más comunes son:

- ⊳ **Bus**: Esta topología permite que todas las estaciones reciban la información que se transmite, una estación transmite y todas las restantes escuchan. Consiste en un cable con un terminador en cada extremo del que se cuelgan todos los elementos de una red.

- ⊳ **Anillo**: Las estaciones están unidas unas con otras formando un círculo por medio de un cable común. El último nodo de la cadena se conecta al primero cerrando el anillo. Las señales circulan en un solo sentido alrededor del círculo, regenerándose en cada nodo. Con esta metodología, cada nodo examina la información que es enviada a través del anillo. Si la información no está dirigida al nodo que la examina, la pasa al siguiente en el anillo. La desventaja del anillo es que, si se rompe una conexión, se cae la red completa.

- ⊳ **Estrella**: los datos en estas redes fluyen del emisor hasta un concentrador, que realiza las funciones de enviar y recibir las señales de red, además actúa como amplificador de los datos.

- ⊳ **Estrella extendida**: es la combinación de dos o más topologías en estrella unidas entre sí por sus respectivos concentradores.

- ⊳ **Híbridas**: es una combinación de todas las anteriores.

La diferencia entre la topología física y lógica de una red reside en cómo se representan y organizan los componentes de la red. La topología física describe la disposición física real de los cables, dispositivos y nodos de la red. Por otro lado, la topología lógica describe cómo los datos se transmiten a través de la red, independientemente de la disposición física.

1.1.2 Disponibilidad

La disponibilidad de una red de datos hace referencia a la capacidad de la red para funcionar de manera continua y estar accesible para los usuarios, sin interrupciones significativas. técnicamente, mide el tiempo en que la red está operativa y accesible, expresado como un porcentaje.

El objetivo de la red es alcanzar una disponibilidad del 99,999% (cinco nueves), lo que implica una interrupción muy limitada. Los valores comúnmente se expresan en cantidad de nueves, en este caso son cinco nueves es el valor más alto.

El resultado se obtiene de la siguiente formula:

$$\text{disponibilidad} = \frac{tiempo\ de\ actividad}{tiempo\ total} * 100$$

1.1.3 Confiabilidad

La confiabilidad de una red de datos es la medida de su capacidad para funcionar correctamente y de manera consistente a lo largo del tiempo, sin fallos ni interrupciones. Es la probabilidad de que la red pueda realizar sus funciones previstas de forma fiable y eficiente. La confiabilidad de una red se calcula generalmente utilizando métricas como el **MTBF** (Tiempo Medio Entre Fallos) y la disponibilidad. El MTBF se calcula dividiendo el tiempo total de funcionamiento entre el número de fallos. La disponibilidad, por otro lado, se mide como el porcentaje de tiempo que la red está operando correctamente

1.2 MODELO DE REFERENCIA OSI

A principios de los años ochenta los fabricantes informáticos más importantes de la época se reúnen para unificar diferencias y recopilar la mayor información posible acerca de cómo poder integrar sus productos hasta el momento no compatibles entre sí y exclusivos para cada uno de ellos. Como resultado de este acuerdo surge el modelo de referencia **OSI**, que sigue los parámetros comunes de hardware y software haciendo posible la integración multifabricante.

El modelo **OSI** (*Open System Interconnection,* no confundir con ISO) divide a la red en diferentes capas con el propósito de que cada desarrollador trabaje específicamente en su campo sin tener necesidad de depender de otras áreas. Un programador crea una aplicación determinada sin importarle cuáles serán los medios por los que se trasladarán los datos, inversamente un técnico de comunicaciones proveerá comunicación sin importarle qué datos transporta.

7	Aplicación
6	Presentación
5	Sesión
4	Transporte
3	Red
2	Enlace de datos
1	Física

Las siete capas del modelo OSI

En su conjunto, el modelo OSI se compone de siete capas bien definidas que son: Aplicación, Presentación, Sesión, Transporte, Red, Enlace de Datos y Física.

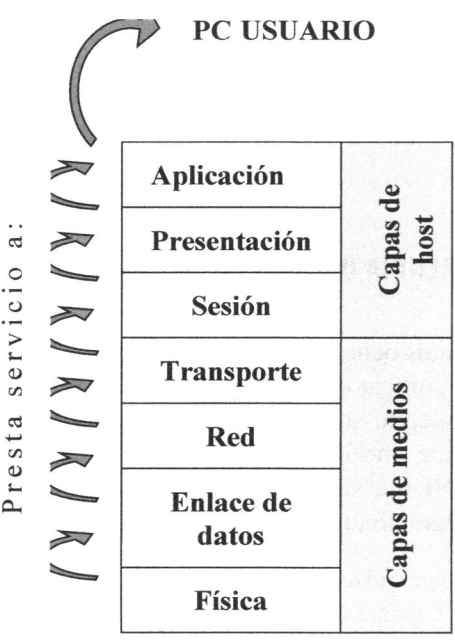

Cada una de estas capas presta servicio a la capa inmediatamente superior, siendo la capa de aplicación la única que no lo hace ya que al ser la última capa su servicio está directamente relacionado con el usuario. Así mismo, cada una de estas siete capas del host origen se comunica directamente con su similar en el host de destino. Las cuatro capas inferiores también son denominadas capas de Medios (en algunos casos capas de Flujo de Datos), mientras que las tres superiores capas se llaman de Host o de Aplicación.

Las principales características del modelo de referencia OSI pueden resumirse en los siguientes puntos:

- Proporciona una forma de entender cómo operan los dispositivos en una red.

- Es la referencia para crear e implementar estándares de red, dispositivos y esquemas de internetworking.

- Separa la compleja operación de una red en elementos más simples.

- Permite a los ingenieros centrarse en el diseño y desarrollo de funciones modulares ocupándose cada uno de su parte específica.

- Proporciona la posibilidad de definir interfaces estándar para compatibilidad "plug-and-play" e integración multifabricante.

1.2.1 Descripción de las siete capas

- **Capa de aplicación**. Es la única capa que no presta servicio a otra puesto que es la capa de nivel superior del modelo OSI directamente relacionada con el usuario. La aplicación a través del software dialoga con los protocolos respectivos para acceder al medio. Por ejemplo, se accede a un procesador de textos por el servicio de transferencia de archivos de esta capa. Algunos protocolos relacionados con esta capa son: HTTP, correo electrónico, telnet.

- **Capa de presentación**. Los datos formateados se proveen de diversas funciones de conversión y codificación que se aplican a los datos provenientes de la capa de aplicación. Estas funciones aseguran que estos datos enviados desde la capa de aplicación de un sistema origen podrán ser leídos por la capa de aplicación de otro sistema destino. Un ejemplo de funciones de codificación sería el cifrado de datos una vez que éstos salen de una aplicación. Por ejemplo, los formatos de imágenes JPEG y GIF que se muestran en páginas web. Este formato asegura que todos los navegadores web puedan mostrar las imágenes, con independencia del sistema operativo utilizado. Algunos protocolos relacionados con esta capa son: JPEG, MIDI, MPEG, QUICKTIME.

▼ **Capa de sesión**. Es la responsable de establecer, administrar y concluir las sesiones de comunicaciones entre entidades de la capa de presentación. La comunicación en esta capa consiste en peticiones de servicios y respuestas entre aplicaciones ubicadas en diferentes dispositivos. Un ejemplo de este tipo de coordinación podría ser el que tiene lugar entre un servidor y un cliente de base de datos.

▼ **Capa de transporte**. Es la encargada de la comunicación confiable entre host, control de flujo y de la corrección de errores entre otras cosas. Los datos son divididos en segmentos identificados con un encabezado con un número de puerto que identifica la aplicación de origen. En esta capa funcionan protocolos como UDP y TCP, siendo este último uno de los más utilizados debido a su estabilidad y confiabilidad.

▼ **Capa de red**. En esta capa se lleva a cabo el direccionamiento lógico que tiene carácter jerárquico, se selecciona la mejor ruta hacia el destino mediante el uso de tablas de enrutamiento a través del uso de protocolos de enrutamiento o por direccionamiento estático. Protocolos de capa de red pueden ser: IP, IPX, RIP, IGRP, Apple Talk.

▼ **Capa de enlace de datos**. Proporciona las comunicaciones entre puestos de trabajo en una primera capa lógica, transforma los voltios en tramas y las tramas en voltios. El direccionamiento físico y la determinación de si deben subir un mensaje a la pila de protocolo ocurren en esta capa. Está dividida en dos subcapas, la **LLC** (*Logical Link Control*) y la subcapa **MAC** (*Media Access Control*). Algunos protocolos de capa 2: Ethernet, 802.2, 802.3, HDLC, Frame-Relay.

▼ **Capa física**. Se encarga de los medios, conectores, especificaciones eléctricas, lumínicas, radiofrecuencia y de la codificación. Los bits son transformados en pulsos eléctricos, en luz o en radiofrecuencia para ser enviados según sea el medio en que se propaguen.

7	Aplicación	HTML, http, telnet, FTP, TFTP…
6	Presentación	JPEG, MIDI, MPEG, ASCII, Quicktime…
5	Sesión	Control de diálogo
4	Transporte	Control de flujo, TCP, UDP…
3	Red	Enrutamiento, IP, IPX, RIP, IGRP, Apple Talk…
2	Enlace de datos LLC MAC	Ethernet, 802.2, 802.3, HDLC, Frame-Relay…
1	Física	Bits, RJ45…

La tabla muestra las capas del modelo OSI y su correspondiente utilización.

1.3 FUNCIONES DE LA CAPA FÍSICA

La capa física define el medio, el conector y el tipo de señalización. Se especifican los requisitos necesarios para la correcta transmisión de los datos. Se establecen las características eléctricas, mecánicas y funcionales para activar, mantener y desactivar la conexión física entre sistemas finales.

La capa física especifica también características tales como niveles de voltaje, tasas de transferencia de datos, distancias máximas de transmisión y conectores, cada medio de red posee a su vez su propio ancho de banda y unidad máxima de transmisión (MTU).

El medio físico y los conectores usados para conectar dispositivos al medio vienen definidos por estándares de la capa física.

1.3.1 Dispositivos de la capa física

La capa física comprende los medios (cobre, fibra, RF), los conectores, transceivers, repetidores, AP, y hubs. Ninguno de ellos manipula los datos transmitidos, sino que solo se encargan de transportarlos y propagarlos por la red.

Los repetidores se encargan de retransmitir y de retemporizar los pulsos eléctricos cuando la extensión del cableado supera las medidas específicas. Los hubs son repetidores multipuesto (ya en desuso), también llamados concentradores. Al recibir una trama inundan todos sus puertos obligando a todos los dispositivos conectados a cada uno de sus puertos a leer dichas tramas. Los transceivers son adaptadores de un medio a otro.

1.3.2 Estándares de la capa física

Los estándares de cableado se identifican siguiendo los siguientes conceptos:

10 Base T

Donde:

- **10** hace referencia a la velocidad de transmisión en Mbps (mega-bits por segundo), en este caso 10 Mbps.
- **Base** es la tecnología de transmisión (banda base, analógica o digital), en este caso digital.
- **T** se refiere al medio físico, en este caso par trenzado.

El siguiente cuadro muestra los estándares más comunes:

Estándar	Nombre	Distancia máxima	Comentarios
10GBase-S	Fibra óptica multimodo	400 metros	SFP/SFP+
10GBase-LX4	Fibra óptica multimodo	300 metros	SFP/SFP+
10GBase-LR	Fibra óptica monomodo	10 km	SFP/SFP+
10GBase-E	Fibra óptica monomodo	30 km	SFP/SFP+
1000Base-LX	Gigabit Ethernet	5000 metros	SFP/SFP+ 802.3z
10Base-T	Ethernet	100 metros	RJ-45 802.3
100Base-T	Fast Ethernet	100 metros	RJ-45 802.3u
1000Base-T	Gigabit Ethernet	100 metros	RJ-45 802.3ab
10GBase-T	10 Gig Ethernet	100 metros	RJ-45 802.3an

1.3.3 Medios de la capa física

La normativa EIE/TIA 568 fue creada en 1991 y establece los estándares de cableado estructurado, ampliada posteriormente a **568-A** y **568-B**.

Pin	Par	Función	Color
1	3	Transmite (+)	Blanco/verde
2	3	Transmite (-)	Verde
3	2	Recibe (+)	Blanco/ naranja
4	1	Telefonía	Azul
5	1	Telefonía	Blanco/ azul
6	2	Recibe (-)	Naranja
7	4	Respaldo	Blanco/marrón
8	4	Respaldo	Marrón

Orden de los pines correspondiente a la norma 568-A sobre un conector RJ-45

Pin	Par	Función	Color
1	3	Transmite (+)	Blanco/ naranja
2	3	Transmite (-)	Naranja
3	2	Recibe (+)	Blanco/ verde
4	1	Telefonía	Azul
5	1	Telefonía	Blanco/ azul
6	2	Recibe (-)	Verde
7	4	Respaldo	Blanco/marrón
8	4	Respaldo	Marrón

Orden de los pines correspondiente a la norma 568-B sobre un conector RJ-45

▶ **Cable directo**: el orden de los pines es igual en ambos conectores, se debe utilizar la misma norma en cada extremo.

Extremo 1	Extremo 2
Blanco/naranja	Blanco/naranja
Naranja	Naranja
Blanco/verde	Blanco/verde
Azul	Azul
Blanco/azul	Blanco/azul
Verde	Verde
Blanco/marrón	Blanco/marrón
Marrón	Marrón

Cable directo 568 B

Extremo 1	Extremo 2
Blanco/verde	Blanco/verde
Verde	Verde
Blanco/naranja	Blanco/naranja
Azul	Azul
Blanco/azul	Blanco/azul
Naranja	Naranja
Blanco/marrón	Blanco/marrón
Marrón	Marrón

Cable directo 568 A

- **Cable cruzado**: el orden de los pines varía en ambos extremos, se cruzan el 1-2 con el 3-6 y el 3-6 con el 1-2. El cable cruzado también es llamado **crossover**. Se utiliza para conectar dispositivos como, por ejemplo, PC-PC, PC-Router, Router-Router, etc.

Extremo 1	Extremo 2
Blanco/naranja	Blanco/verde
Naranja	Verde
Blanco/verde	Blanco/naranja
Azul	Azul
Blanco/azul	Blanco/azul
Verde	Naranja
Blanco/marrón	Blanco/marrón
Marrón	Marrón

Orden de los colores en ambos extremos de un cable cruzado

- **Cable consola**: el orden de los pines es completamente inverso, 1-2-3-4-5-6-7-8 con el 8-7-6-5-4-3-2-1, respectivamente. El cable de consola también es llamado **rollover**.

1	al	8
2	al	7
3	al	6
4	al	5
5	al	4
6	al	3
7	al	2
8	al	1

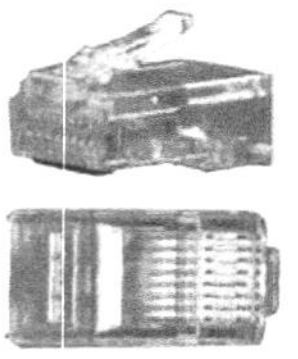

Conector RJ-45

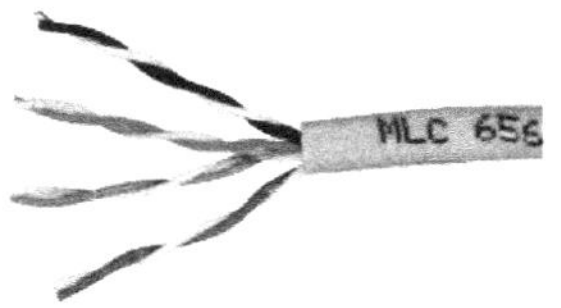

Cable UTP

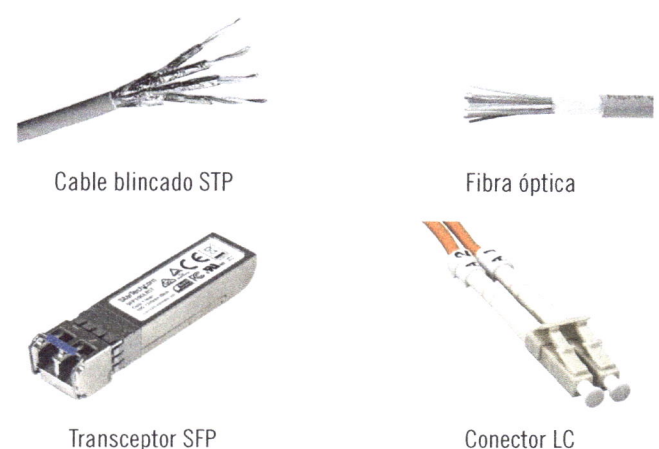

Cable blincado STP

Fibra óptica

Transceptor SFP

Conector LC

1.3.4 Medios inalámbricos

Los medios inalámbricos transportan señales electromagnéticas mediante frecuencias de microondas y radiofrecuencias que representan los dígitos binarios de las comunicaciones de datos. Como medio en sí mismo, el sistema inalámbrico no se limita a condiciones físicas, como en el caso de los medios de fibra o de cobre. Sin embargo, el medio inalámbrico es susceptible a la interferencia y puede distorsionarse por dispositivos comunes como teléfonos inalámbricos domésticos, algunos tipos de luces fluorescentes, hornos microondas y otras comunicaciones inalámbricas.

Los estándares IEEE sobre las comunicaciones inalámbricas abarcan las capas físicas y de enlace de datos. Los estándares comunes de comunicación de datos que se aplican a los medios inalámbricos son:

- ▶ **IEEE estándar 802.11**: comúnmente denominada Wi-Fi, se trata de una tecnología LAN inalámbrica (red de área local inalámbrica, WLAN) que utiliza una contención o sistema no determinista con un proceso de acceso a los medios de Acceso múltiple con detección de portadora/Prevención de colisiones (CSMA/CA).

- ▶ **IEEE estándar 802.15**: estándar de red de área personal inalámbrica (WPAN), comúnmente denominada Bluetooth, utiliza un proceso de emparejamiento de dispositivos para comunicarse a través de una distancia de 1 a 100 metros.

- ▶ **IEEE estándar 802.16**: comúnmente conocida como WiMAX (*Worldwide Interoperability for Microwave Access*), utiliza una topología punto a multipunto para proporcionar un acceso de ancho de banda inalámbrico en una extensa cobertura.

▼ **Sistema global para comunicaciones móviles** (GSM): incluye las especificaciones de la capa física que habilitan la implementación del protocolo Servicio general de radio por paquetes (GPRS) de capa 2 para proporcionar la transferencia de datos a través de redes de telefonía celular móvil.

 **NOTA:**

El enfoque principal de este libro está asociado con los estándares e implementaciones Ethernet e IEE 802.3.

1.4 FUNCIONES DE LA CAPA DE ENLACA DE DATOS

La finalidad de esta capa es proporcionar comunicación entre puestos de trabajo en una primera capa lógica que hay por encima de los bits del cable. El direccionamiento físico de los puestos finales se realiza en la capa de enlace de datos con el fin de facilitar a los dispositivos de red la determinación de si deben subir un mensaje a la pila de protocolo.

La capa de enlace de datos da soporte a servicios basados en la conectividad y no basados en ella, y proporciona la secuencia y control de flujo (no confundir con la capa de transporte). Tiene conocimiento de la topología a la que está afectada y donde se desempeña la tarjeta de red o **NIC** (*Network interface controller*).

Está dividida en dos subcapas, la **LLC** (*Logical Link Control* 802.2), responsable de la identificación lógica de los distintos tipos de protocolos y el encapsulado posterior de los mismos para ser transmitidos a través de la red, y la subcapa **MAC** (*Media Access Control* 802.3), responsable del acceso al medio, el direccionamiento físico, topología de la red, disciplina de la línea, notificación de errores, distribución ordenada de tramas y control óptimo de flujo. Las direcciones físicas de origen destino son representadas como direcciones de capa MAC.

1.4.1 Dispositivos de capa de enlace de datos

En la capa de enlace de datos se diferencian perfectamente los Dominios de Colisión y los Dominios de Difusión (ver más adelante). Los puentes y los switches dividen a la red en segmentos, estos a su vez crean dominios de colisión. Una colisión producida en un segmento conectado a un switch no afectará a los demás segmentos conectados al mismo switch. Sin embargo, los dispositivos de capa 2 no crean dominios de broadcast o difusión.

 **NOTA:**

Un switch de 12 puertos utilizados tendrá 12 dominios de colisión y uno de difusión.

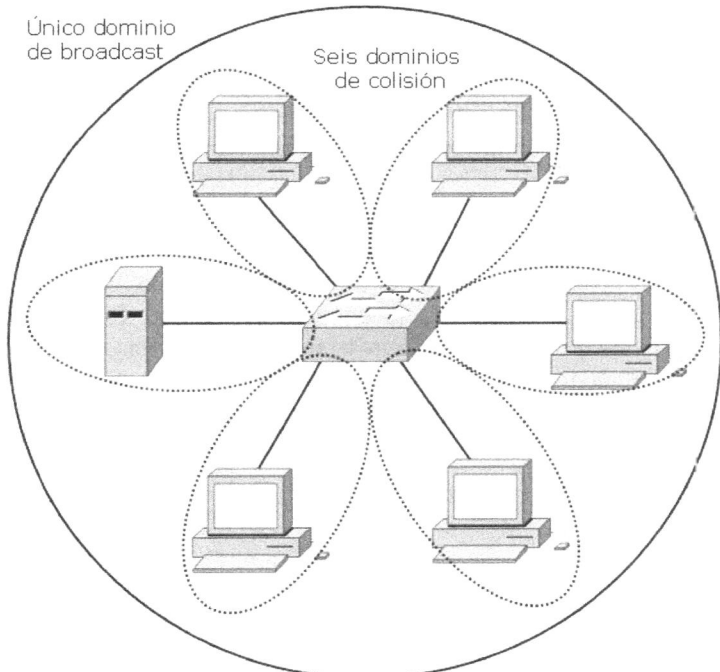

Los dispositivos de capa dos crean dominios de colisión pero mantienen un único dominio de broadcast. Una colisión producida en un segmento no afecta al resto.

En un **switch**, el reenvío de tramas se controla por medio de hardware (ASIC). Esta tecnología permite que las funciones de conmutación puedan llevarse a cabo a una velocidad mucho mayor que por software. Debido a la tecnología **ASIC** (*Application-Specific Integrated Circuits*), los switches proporcionan escalabilidad a velocidades de gigabits con una latencia baja. Los puentes funcionan a nivel de software por lo que poseen mayor latencia comparados con un switch.

El switch almacena en una memoria de contenido direccionable (CAM) las direcciones físicas de los dispositivos asociados a un segmento de red conectado directamente a un puerto determinado. De esta manera identificará inmediatamente por qué puerto enviar la trama. Si el dispositivo de destino está en el mismo segmento que el origen, el switch bloquea el paso de la trama a otro segmento. Este proceso se conoce como filtrado. Si el dispositivo de destino se encuentra en un segmento diferente, el switch envía la trama únicamente al segmento apropiado, técnica conocida como conmutación de capa dos. Si la dirección de destino es desconocida para el switch, o si se tratara de un broadcast, este enviará la trama a todos los segmentos excepto a aquel de donde se ha recibido la información. Este proceso se denomina inundación.

La **NIC** o tarjeta de red opera en la capa de enlace de datos, no debe confundirse con la capa física a pesar de estar directamente conectada al medio ya que sus principales funciones radican en la capa 2. La NIC almacena en su propia ROM la dirección **MAC** que consta de 48 bits y viene expresada en 12 dígitos hexadecimales. Los primeros 24 bits, o 6 dígitos hexadecimales, de la dirección MAC contienen un código de identificación del fabricante o vendedor **OUI** (*Organizationally Unique Identifier*). Los últimos 24 bits, o 6 dígitos hexadecimales, están administrados por cada fabricante y presentan, por lo general, el número de serie de la tarjeta. La dirección de la capa de enlace de datos no tiene jerarquías, es decir, que es un direccionamiento plano.

Ejemplo de una dirección MAC o dirección física

00-11-85-f2-32-e5

Donde:

- **00-11-85** representa el código del fabricante.
- **f2-32-e5** representa el número de serie.

Un **AP** o punto de acceso es un concentrador que gestiona y administra la red wireless anunciando su propia presencia para que los clientes puedan asociarse y controla el proceso de la comunicación. Es además responsable de enviar los ACK a las estaciones que están enviando.

La función primaria del AP es puentear datos wireless del aire hasta la red tradicional cableada. El AP lleva a cabo ciertas consideraciones antes de permitir transmitir a la estación.

Una vez asociadas todas las comunicaciones desde y hacia el cliente pasarán por el AP. Los clientes ahora no pueden comunicarse directamente con otros sin la intervención del AP.

Los **Wireless Controllers** de Cisco se utilizan para configurar las directivas inalámbricas o la configuración de seguridad en cualquier momento a través de una gestión centralizada. Reducen los gastos operativos mediante la simplificación de despliegue de red, operaciones y gestión. Responden al crecimiento de la organización con el modelo de licencias escalables.

La implementación de los controladores inalámbricos ayuda a gestionar de forma centralizada, segura, y permite configurar los puntos de acceso en toda la organización.

Los **Cisco Wireless Controllers** pueden funcionar en capa 2 y capa 3 y brindan movilidad y calidad de servicio para voz y video y el acceso inalámbrico de alta seguridad para invitados.

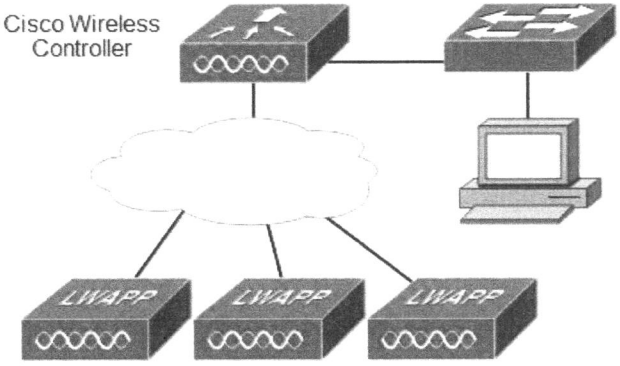

Los Wireless Controllers de Cisco se utilizan para configurar las directivas inalámbricas a través de una gestión centralizada

 **NOTA:**

Para verificar el correcto funcionamiento de la tarjeta de red se realiza un ping a la dirección IP de la misma.

1.4.2 Características de las redes conmutadas

- ▶ Cada segmento genera su propio dominio de colisión.

- ▶ Todos los dispositivos conectados al mismo bridge o switch forman parte del mismo dominio de difusión.

- ▶ Todos los segmentos deben utilizar la misma implementación al nivel de la capa de enlace de datos como, por ejemplo, Ethernet o Token Ring.

- ▶ Si un puesto final concreto necesita comunicarse con otro puesto final a través de un medio diferente, se hace necesaria la presencia de algún dispositivo, como puede ser un router o un bridge de traducción, que haga posible el diálogo entre los diferentes tipos de medios.

- ▶ En un entorno conmutado, puede haber un dispositivo por segmento, y todos los dispositivos pueden enviar tramas al mismo tiempo, permitiendo de este modo que se comparta la ruta primaria.

1.5 FUNCIONES DE LA CAPA DE RED

La capa de red define cómo transportar el tráfico de datos entre dispositivos que no están conectados localmente en el mismo dominio de difusión, es decir, que pertenecen a diferentes redes. Para conseguir esta comunicación se necesita conocer las direcciones lógicas asociadas a cada puesto de origen y de destino y una ruta bien definida a través de la red para alcanzar el destino deseado. La capa de red es independiente de la de enlace de datos y, por tanto, puede ser utilizada para conectividad de medios físicos diferentes.

Las direcciones de capa 3, o direcciones lógicas, son direcciones jerárquicas. Esta jerarquía define primero las redes y luego a los dispositivos (nodos) pertenecientes a esas redes. Un ejemplo para la comprensión de una dirección jerárquica sería un número telefónico, donde primero se define el código del país, luego el estado y luego el número del usuario. Un esquema plano se puede ejemplificar con un número de un documento de identidad donde cada número es único y personal.

Una dirección lógica cuenta con dos partes bien definidas, una que identifica de forma única a la red dentro de un conjunto en la internetwork y la otra parte que representa al host dentro de estas redes. Con la suma o combinación de ambas partes se obtiene un identificador único para cada dispositivo. El router identifica dentro de la dirección lógica la porción perteneciente a la red con el fin de identificar la red donde enviar los paquetes.

**NOTA:**

Existen muchos protocolos de red, todos cumplen las mismas funciones de identificar redes y hosts. TCP/IP es el protocolo común más usado.

1.5.1 Dirección de capa tres

Una dirección IPv4 se caracteriza por lo siguiente:

▶ Una dirección de 32 bits, dividida en cuatro octetos. Este direccionamiento identifica una porción perteneciente a la red y otra al host.

▶ A cada dirección IP le corresponde una máscara de red de 32 bits dividida en cuatro octetos. El router determina las porciones de red y host por medio de la máscara de red.

▶ Las direcciones IP generalmente se representan en forma decimal para hacerlas más comprensibles. Esta forma se conoce como decimal punteado o notación decimal de punto.

Dirección IP 172.16.1.3

Máscara 255.255.0.0

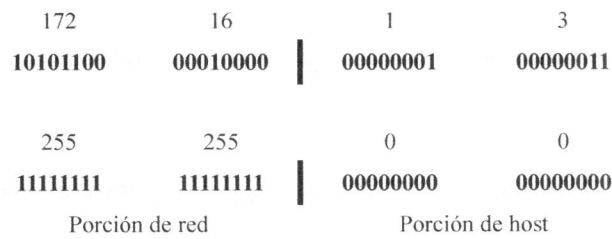

Ejemplo del formato de una dirección IPv4

Las direcciones IPv6 miden 128 bits y son identificadores de interfaces individuales y conjuntos de interfaces. Las direcciones IPv6 se asignan a interfaces, no a nodos. Como cada interfaz pertenece a un solo nodo, cualquiera de las direcciones unicast asignada a las interfaces del nodo se pueden usar como identificadores del nodo. Las direcciones IPv6 se escriben en hexadecimal, separadas por dos puntos. Los campos IPv6 tienen una longitud de 16 bits.

Ejemplo de una dirección IPv6:

24ae:0000:f2f3:0000:0000:0687:a2ff:6184

1.5.2 Comparación entre IPv4 e IPv6

Cuando se adoptó TCP/IP en los años ochenta, la versión 4 del direccionamiento IP (IPv4) ofrecía una estrategia de direccionamiento que, aunque resultó escalable durante algún tiempo, produjo una asignación poco eficiente de las direcciones.

A mediados de los años noventa se comenzaron a detectar las siguientes dificultades sobre IPv4:

▶ Agotamiento de las restantes direcciones de red IPv4 no asignadas. En ese entonces, el espacio de Clase B estaba a punto de agotarse.

▶ Se produjo un gran y rápido aumento en el tamaño de las tablas de enrutamiento de Internet a medida que las redes Clase C se conectaban en línea. La inundación resultante de nueva información en la red amenazaba la capacidad de los routers de Internet para ejercer una efectiva administración.

Durante las últimas dos décadas, se desarrollaron numerosas extensiones al IPv4. Estas extensiones se diseñaron específicamente para mejorar la eficiencia con la cual es posible utilizar un espacio de direccionamiento de 32 bits como **VLSM** y **CIDR** (ver más adelante).

Mientras tanto, se ha definido y desarrollado una versión más extensible y escalable del IP, la versión 6 del IP (IPv6). IPv6 utiliza 128 bits en lugar de los 32 bits que en la actualidad utiliza el IPv4. IPv6 utiliza números hexadecimales para representar los 128 bits. IPv6 proporciona 640 sextillones de direcciones. Esta versión del IP proporciona un número de direcciones suficientes para futuras necesidades de comunicación.

 **NOTA:**

El direccionamiento IPv6 también es conocido como IPng o "IP de nueva generación"

1.5.3 Operación AND

Los routers determinan la ruta de destino a partir de la dirección de red, estos comparan las direcciones IP con sus respectivas máscaras efectuando la operación booleana **AND**. Los routers ignoran el rango de host para encontrar la red destino a la que éste pertenece.

La operación AND consiste en comparar bit a bit la dirección IP y la máscara utilizando el siguiente razonamiento:

$$1x1=1$$
$$1x0=0$$
$$0x1=0$$
$$0x0=0$$

Dirección de host	**10101100.00100000.00000001.00000011**
Máscara de red	**11111111.11111111.00000000.00000000**
Dirección de red	**10101100.00100000.00000000.00000000**

En decimales:

Dirección de host	**172.**	**16.**	**1.**	**3**
Máscara de red	**255.**	**255.**	**0.**	**0**
Dirección de red	**172.**	**16.**	**0.**	**0**

1.5.4 Dispositivos de la capa de red

Los **routers** funcionan en la capa de red del modelo OSI separando los segmentos en dominios de colisión y difusión únicos. Estos segmentos están identificados por una dirección de red que permitirá alcanzar las estaciones finales. Los routers cumplen dos funciones básicas que son la de enrutar y conmutar los paquetes. Para ejecutar estas funciones registran en tablas de enrutamiento los datos necesarios para esta función.

Además de identificar redes y proporcionar conectividad, los routers deben proporcionar estas otras funciones:

- Los routers no envían difusiones de capa 2 ni tramas de multidifusión.

- Los routers intentan determinar la ruta más óptima a través de una red enrutada basándose en algoritmos de enrutamiento.

- Los routers separan las tramas de capa 2 y envían paquetes basados en direcciones de destino capa 3.

- Los routers asignan una dirección lógica de capa 3 individual a cada dispositivo de red; por tanto, los routers pueden limitar o asegurar el tráfico de la red basándose en atributos identificables con cada paquete. Estas opciones, controladas por medio de listas de acceso, pueden ser aplicadas para incluir o descartar paquetes.

- Los routers pueden ser configurados para realizar funciones tanto de puenteado como de enrutamiento.
- Los routers proporcionan conectividad entre diferentes LAN virtuales (VLAN) en entornos conmutados.
- Los routers pueden ser usados para desplegar parámetros de calidad de servicio para tipos específicos de tráfico de red.

Los routers conocen los diferentes destinos manteniendo tablas de enrutamiento que contienen la siguiente información:

- **Dirección de red**. Representa redes conocidas por el router. La dirección de red es específica del protocolo. Si un router soporta varios protocolos, tendrá una tabla por cada uno de ellos.
- **Interfaz**. Se refiere a la interfaz usada por el router para llegar a una red dada. Esta es la interfaz que será usada para enviar los paquetes destinados a la red que figura en la lista.
- **Métrica**. Se refiere al coste o distancia para llegar a la red de destino. Se trata de un valor que facilita al router la elección de la mejor ruta para alcanzar una red dada. Esta métrica cambia en función de la forma en que el router elige las rutas. Entre las métricas más habituales figuran el número de redes que han de ser cruzadas para llegar al destino (conocido también como saltos), el tiempo que se tarda en atravesar todas las interfaces hasta una red dada (conocido también como retraso), o un valor asociado con la velocidad de un enlace (conocido también como ancho de banda).

En la siguiente salida del router se observa una tabla de enrutamiento con las direcciones IP de destino (172.25.25.6/32), la métrica ([120/2]) y la correspondiente interfaz de salida Serial0.1.

```
Router2#show ip route rip
R     172.21.0.0/16 [120/1] via 172.25.2.1, 00:00:01, Serial0.1
R     172.22.0.0/16 [120/1] via 172.25.2.1, 00:00:01, Serial0.1
      172.25.0.0/16 is variably subnetted, 6 subnets, 3 masks
R     172.25.25.6/32 [120/2] via 172.25.2.1, 00:00:01, Serial0.1
R     172.25.25.1/32 [120/1] via 172.25.2.1, 00:00:01, Serial0.1
R     172.25.1.0/24 [120/1] via 172.25.2.1, 00:00:01, Serial0.1
R     172.25.0.0/16 [120/1] via 172.25.2.1, 00:00:01, Serial0.1
```

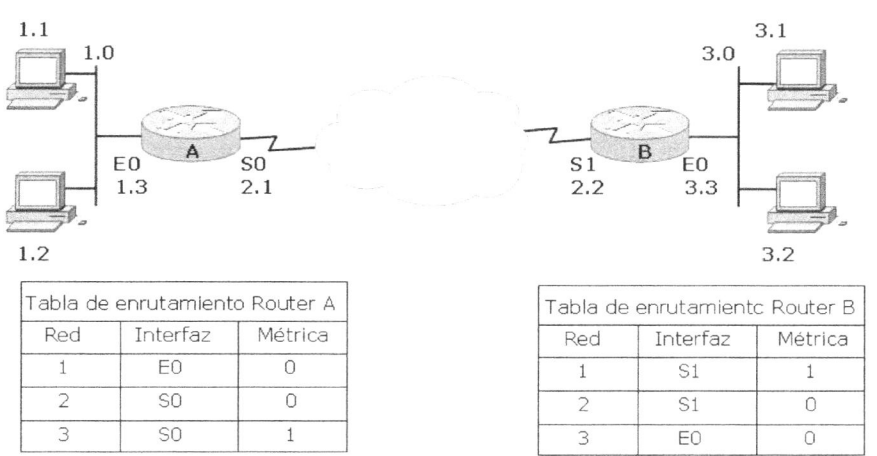

Tabla de enrutamiento Router A		
Red	Interfaz	Métrica
1	E0	0
2	S0	0
3	S0	1

Tabla de enrutamiento Router B		
Red	Interfaz	Métrica
1	S1	1
2	S1	0
3	E0	0

Además de las ventajas que aporta su uso en un campus, los routers pueden utilizarse también para conectar ubicaciones remotas con la oficina principal por medio de servicios WAN. Los routers soportan una gran variedad de estándares de conectividad al nivel de la capa física, lo cual ofrece la posibilidad de construir WAN. Además, pueden proporcionar controles de acceso y seguridad, que son elementos necesarios cuando se conectan ubicaciones remotas.

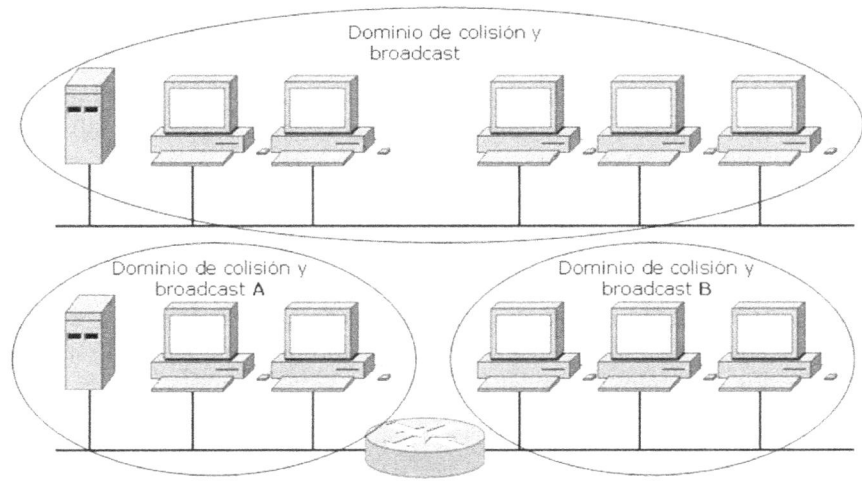

Los routers comunican redes diferentes creando dominios de difusión y de colisión, los broadcasts de un segmento no inundan a los demás ni las colisiones afectan al resto

Los **Firewalls** trabajan principalmente en la capa de Red del modelo OSI y generalmente se los considera dispositivos de esta capa. Sin embargo, algunos firewalls, analizan tráfico basándose en información de las capas 3, 4, 5 y 7 del modelo de referencia OSI, como protocolo y números de puerto de origen y destino. El filtrado de paquetes utiliza las ACL para determinar si permite o deniega tráfico basándose en direcciones IP de origen y destino, protocolo, tipo de paquete y números de puerto origen y destino. Los firewalls de filtrado de paquetes generalmente son parte de un router con funcionalidad de firewall.

Algunos diseños con firewalls son tan simples como la designación de una red externa y una interna, determinadas por dos interfaces del firewall. La red externa no es confiable, mientras que la interna sí lo es. El tráfico proveniente de la red interna pasa a través del firewall hacia afuera con pocas o ninguna restricción. El tráfico que se origina fuera generalmente es bloqueado o permitido muy selectivamente. Al tráfico de retorno que proviene de la red externa, asociado con tráfico de origen interno, se le permite pasar de la interfaz no confiable a la confiable. Un diseño más complicado puede involucrar tres o más interfaces del firewall.

1.6 FUNCIONES DE LA CAPA DE TRASNSPORTE

Para conectar dos dispositivos remotos es necesario establecer una conexión. La capa de transporte establece las reglas para esta interconexión. Permite que las estaciones finales ensamblen y reensamblen múltiples segmentos del mismo flujo de datos. Esto se hace por medio de identificadores que en **TCP/IP** reciben el nombre de números de puerto. La capa cuatro permite además que las aplicaciones soliciten transporte fiable entre los sistemas. Asegura que los segmentos distribuidos serán confirmados al remitente. Proporciona la retransmisión de cualquier segmento que no sea confirmado. Coloca de nuevo los segmentos en su orden correcto en el receptor. Proporciona control de flujo regulando el tráfico de datos.

En la capa de transporte, los datos pueden ser transmitidos de forma fiable o no fiable. Para IP, el protocolo **TCP** (*Transmission Control Protocol*) es fiable u orientado a conexión con un saludo previo de tres vías, mientras que **UDP** (*User Datagram Protocol*) no es fiable, o no orientado a la conexión donde solo se establece un saludo de dos vías antes de enviar los datos.

1.7 MODELO TCP/IP

El Departamento de Defensa de USA (DoD) creó el modelo de referencia **TCP/IP** porque necesitaba una red que pudiera sobrevivir ante cualquier circunstancia.

Para tener una mejor idea, imagine un mundo, cruzado por numerosos tendidos de cables, alambres, microondas, fibras ópticas y enlaces satelitales. Entonces, imagine la necesidad de transmitir datos independientemente del estado de un nodo o red en particular. El DoD requería una transmisión de datos confiable hacia cualquier destino de la red, en cualquier circunstancia. La creación del modelo TCP/IP ayudó a solucionar este difícil problema de diseño. Desde entonces, TCP/IP se ha convertido en el estándar en el que se basa Internet. Al leer sobre las capas del modelo TCP/IP, tenga en cuenta el diseño original de Internet. Recordar su propósito ayudará a reducir las confusiones.

TCP/IP original	TCP/IP Actualizado
Aplicación	Aplicación
Transporte	Transporte
Internet	Red
Acceso a la red	Enlace de datos
	Física

El modelo TCP/IP tenía originalmente cuatro capas: la capa de aplicación, la capa de transporte, la capa de Internet y la capa de acceso de red (NAL). Posteriormente en una actualización del modelo la capa de acceso a la red se ha dividido en dos subcapas.

Es importante observar que algunas de las capas del modelo TCP/IP poseen el mismo nombre que las capas del modelo OSI. Resulta fundamental no confundir las funciones de las capas de los dos modelos ya que estas se desempeñan de diferente manera en cada modelo.

OSI	TCP/IP	Protocolos
Aplicación Presentación Sesión	Aplicación	Telnet, FTP, LPD, SNMP,TFTP, SMTP, NFS, HTTP, X Windows
Transporte	Transporte	TCP, UDP
Red	Internet	ICMP, BOOTP, ARP, RARP, IP
Enlace de datos Física	Red	Ethernet, Fast-Ethernet, Token Ring, FDDI

Comparativa entre el modelo OSI y el modelo TCP/IP

1.7.1 Protocolos de capa de aplicación

Los protocolos describen el conjunto de normas y convenciones que rigen la forma en que los dispositivos de una red intercambian información. Algunos de los protocolos de la capa de Aplicación del modelo TCP/IP son:

- **Telnet**. Protocolo de emulación de terminal estándar que se usa para la conexión de terminales remotas, permitiendo que los usuarios se registren en dichos sistemas y utilicen los recursos como si estuvieran conectados localmente.

- **FTP**. Protocolo utilizado para transferir archivos entre host de red de manera confiable ya que utiliza un mecanismo orientado a conexión.

- **TFTP**. Versión simplificada de FTP que permite la transferencia de archivos de un host a otro a través de una red de manera menos confiable.

- **DNS**. El sistema de denominación de dominio es utilizado en Internet para convertir los nombres de los nodos de red en direcciones.

- **SMTP**. Protocolo simple de transferencia de correo basado en texto utilizado para el intercambio de mensajes de correo electrónico entre distintos dispositivos. Se basa en el modelo cliente-servidor, donde un cliente envía un mensaje a uno o varios receptores.

- **SNMP**. Protocolo de administración de redes utilizado casi con exclusividad en redes TCP/IP. El SNMP brinda una forma de monitorizar y controlar los dispositivos de red y de administrar configuraciones, recolección de estadísticas, desempeño y seguridad.

- **DHCP**. Protocolo de configuración dinámica del host. Protocolo que proporciona un mecanismo para asignar direcciones IP de forma dinámica, de modo que las direcciones se pueden reutilizar automáticamente cuando los hosts ya no las necesitan.

1.7.2 Protocolos de capa de transporte

Los protocolos de la capa de transporte se encargan de dar soporte a la capa superior brindando apoyo enviando los datos sin importar el contenido de estos. Los dos protocolos extensamente conocidos para tal proceso son:

- **TCP**. Protocolo de control de transmisión, es básicamente el más utilizado, tiene control de flujo, reensamblado de paquetes y acuses de recibo. Es un protocolo orientado a conexión muy seguro que utiliza un saludo de tres vías antes del envío de los datos. En párrafos anteriores se hace una descripción más en detalle del funcionamiento de TCP.

► **UDP**. El protocolo de datagrama del usuario es en general menos seguro que TCP, no tiene corrección de errores y es del tipo no orientado a conexión, los datos se envían sin verificar previamente el destino. A pesar de ello es muy utilizado por el bajo consumo de recursos de red.

Un ejemplo de protocolo **orientado a conexión** puede compararse con una llamada telefónica, donde el interlocutor establece una conexión (marcando el número), verifica que el destinatario sea la persona que se espera (saludando recíprocamente) y finalmente estableciendo la conversación (envío de datos). El caso de un protocolo **no orientado a conexión** puede ser un envío postal, donde se envía la correspondencia sin establecer ningún aviso previo, ni acuse de recibo.

TCP utiliza una técnica llamada **ventanas**, donde se establece la cantidad de envío de paquetes antes de transmitir; mientras que en el **windowing** o de **ventana deslizante**, el flujo de envío de datos es negociado dinámicamente entre el emisor y el receptor. En las ventanas deslizantes o windowing cada acuse de recibo ACK (*acknowledgement*) confirma la recepción y el envío siguiente.

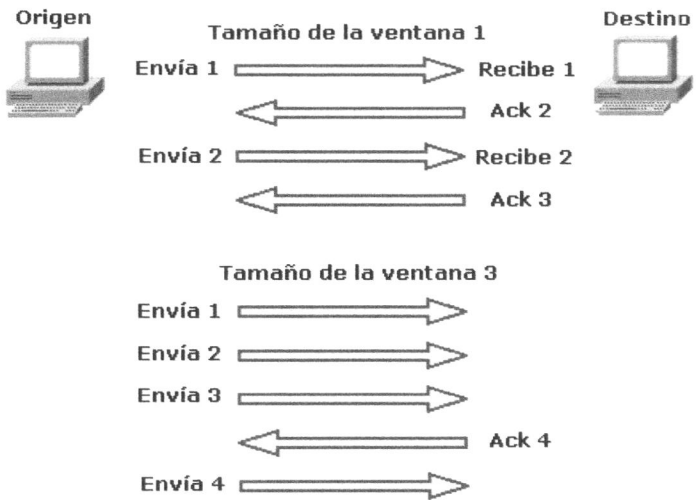

 RECUERDE:

■ **TCP**, protocolo confiable de capa de transporte orientado a conexión
■ **UDP**, protocolo NO confiable de capa de transporte NO orientado a conexión

Un protocolo orientado a conexión es el que previamente establece un saludo antes de enviar los datos, como en una llamada telefónica, donde se establece un saludo de tres vías. Un protocolo No orientado a conexión es el que no establece saludo previo antes de enviar los datos como es el caso de un envío postal donde se establece un saludo de dos vías

1.7.3 Números de puertos

Los números de puerto son utilizados por TCP y UDP para identificar sesiones de diferentes aplicaciones, los números de puertos ocupan rangos definidos que van desde puertos bien conocidos hasta puertos específicos determinados por los usuarios.

1 al 1023	Puertos bien conocidos
1 al 255	Puertos públicos
256 al 1023	Asignados a empresas
Mayores al 1023	Definidos por el usuario

Números de puerto utilizados por TCP y UDP para identificar sesiones de diferentes aplicaciones

A continuación, se detallan los números de puertos más comunes:

Número de puerto	Protocolo
7	Echo
9	Discard
13	Daytime
19	Character Generator
20	FTP Data Connections
21	File Transfer Protocol
23	Telnet
25	Simple Mail Transport Protocol
37	Time
53	Domain Name Service
43	Nicname
49	TAC Access Control System
69	Trivial File Transfer Protocol
70	Gopher
79	Finger
80	World Wide Web
101	NIC hostname server
109	Post Office Protocol v2
110	Post Office Protocol v3
111	Sun Remote Procedure Call
113	Ident Protocol
119	Network News Transport Protocol
179	Border Gateway Protocol

1.7.4 Protocolos de capa de Internet

Estos son algunos de los protocolos más usados que operan en la capa de Internet del modelo TCP/IP:

▸ **IP**. Protocolo de Internet, proporciona un enrutamiento de paquetes no orientado a conexión de máximo esfuerzo. IP no se ve afectado por el contenido de los paquetes, sino que busca una ruta hacia el destino.

▸ **ARP**. Protocolo de resolución de direcciones, determina la dirección de la capa de enlace de datos, la dirección MAC, para las direcciones IP conocidas.

▸ **RARP**. Protocolo de resolución inversa de direcciones, determina las direcciones IP cuando se conoce la dirección MAC.

▸ **ICMP**. Protocolo de mensajes de control en Internet, suministra capacidades de control y envío de mensajes. Herramientas tales como PING y tracert utilizan ICMP para poder funcionar, enviando un paquete a la dirección destino específica y esperando una determinada respuesta. ICMP se describe con más detalle más adelante.

NOTA:

La capa de Acceso a la Red está dividida en dos subcapas: Enlace de datos y Física. La capa de Internet también es llamada capa de Interred o capa de red.

RECUERDE:

- Puertos bien conocidos del 1 al 1023
- Puertos públicos del 1 al 255
- Puertos asignados a empresas del 256 al 1023
- Puertos definidos por el usuario son los superiores a 1023

1.8 ETHERNET

Ethernet es la tecnología de acceso al medio más popular, es escalable, económica y fácilmente integrable a nuevas aplicaciones, se pueden obtener arquitecturas de LAN a velocidades de Gigabit sobre cobre y la resolución de fallos suele ser simple y rápida. Ethernet opera sobre la capa de enlace de datos y física del modelo OSI. Sin embargo, no es determinista ni ofrece jerarquías.

Ethernet es una tecnología conflictiva de máximo esfuerzo, todos los equipos de trabajo que se conectan al mismo medio físico reciben las señales enviadas por otros dispositivos. Si dos estaciones transmiten a la vez, se genera una colisión. Si no existieran mecanismos que detectasen y corrigiesen los errores de estas colisiones, Ethernet no podría funcionar.

Ethernet fue creada en colaboración por Intel, Digital y Xerox, originalmente se implementó como Ethernet 802.3, half-duplex, limitada al transporte de datos por solo un par de cobre a la vez (recibe por un par y transmite por otro pero no al mismo tiempo). Posteriormente la tecnología Ethernet full-duplex permitió recibir y enviar datos al mismo tiempo libre de colisiones. El uso más adecuado del ancho de banda permite casi duplicarse al poder transmitir y recibir al 100% de capacidad. Sin embargo, esta tecnología no es tan económica y es solo aplicable a dispositivos que lo permitan.

En el diseño de una red Ethernet se debe tener especial cuidado con los llamados **dominios de colisión** y **dominios de difusión** (*broadcast*) debido a que la excesiva cantidad de colisiones o de broadcast (tormentas de broadcast) harían inaceptable el funcionamiento de Ethernet.

1.8.1 Dominio de colisión

Grupo de dispositivos conectados al mismo medio físico, de tal manera que si dos dispositivos acceden al medio al mismo tiempo, el resultado será una colisión entre las dos señales. Como resultado de estas colisiones se produce un consumo inadecuado de recursos y de ancho de banda. Cuanto menor sea la cantidad de dispositivos afectados a un dominio de colisión mejor desempeño de la red.

1.8.2 Dominio de difusión

Grupo de dispositivos de la red que envían y reciben mensajes de difusión entre ellos. Una cantidad excesiva de estos mensajes de difusión (broadcast) provocará un bajo rendimiento en la red, una cantidad exagerada (tormenta de broadcast) dará como resultado el mal funcionamiento de la red hasta tal punto de poder dejarla completamente congestionada.

Los hubs o concentradores tienen un único dominio de colisión, eso quiere decir que, si dos equipos provocan una colisión en un segmento asociado a un puerto del hub, todos los demás dispositivos aun estando en diferentes puertos se verán afectados. De igual manera se verían afectados si una estación envía un broadcast, debido a que un hub también tiene un solo dominio de difusión.

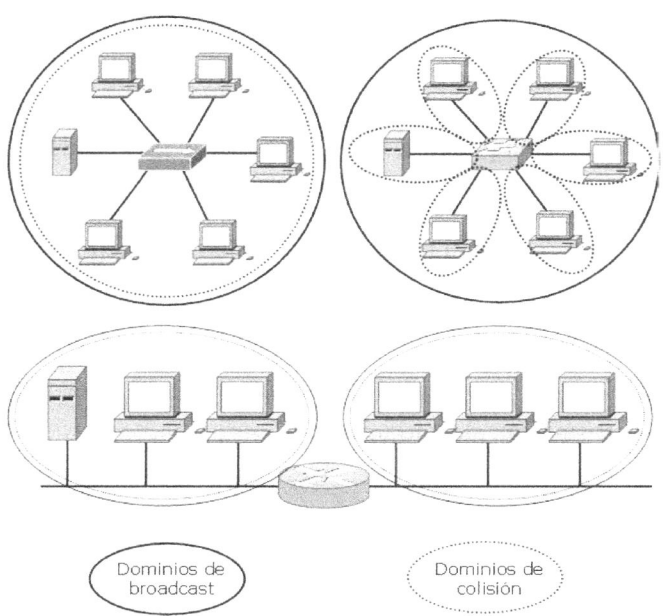

Comparativa entre dominios de colisión y dominios de difusión en dispositivos de tres capas diferentes

NOTA:

Asocie a los routers como los dispositivos que crean dominios de difusión y a los switches como los que crean dominios de colisión.

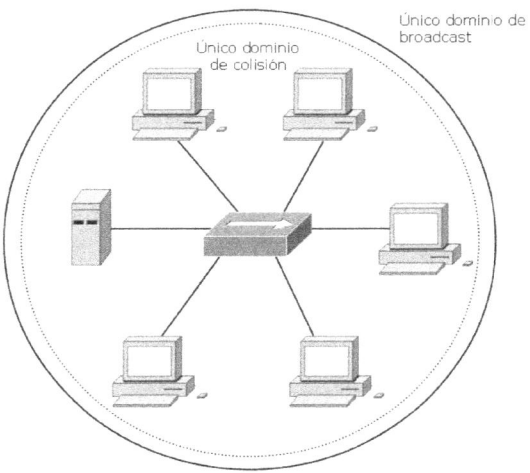

Los dispositivos conectados a través de un hub comparten el mismo dominio de colisión y de broadcast. Las colisiones en el medio afectarán por igual a todos los hosts del segmento

1.8.3 CSMA/CD

La tecnología Ethernet utiliza para controlar las colisiones dentro de un determinado segmento el protocolo **CSMA/CD** (*Carrier Sense Multiple Access with Collision Detection*). En la práctica, esto significa que varios puestos pueden tener acceso al medio y que, para que un puesto pueda acceder a dicho medio, deberá detectar la portadora para asegurarse de que ningún otro puesto esté utilizándolo. Si el medio se encuentra en uso, el puesto procederá a mantener en suspenso el envío de datos. En caso de que haya dos puestos que no detectan ningún otro tráfico, ambos tratarán de transmitir al mismo tiempo, dando como resultado una colisión.

A partir de esta colisión las estaciones emiten una señal de congestión para asegurarse de que existe una colisión y se genera un algoritmo de espera con el que las estaciones retransmitirán aleatoriamente.

RECUERDE:

El ejemplo más claro de CSMA/CD es el de "escucho y luego transmito".

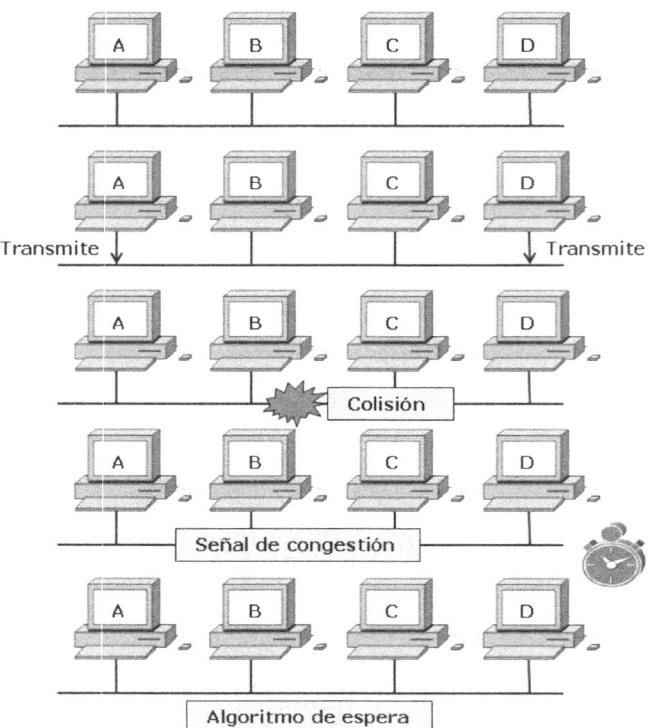

Secuencia de una colisión en un entorno Ethernet

1.8.4 Operación dúplex

En las comunicaciones de datos, duplex se refiere a la dirección de transmisión de los datos entre dos dispositivos.

▶ **Half-duplex**: la comunicación se limita al intercambio de datos en una dirección a la vez.

▶ **Full-duplex**: la comunicación es simultánea y permite al envío y recepción de datos al mismo tiempo.

Los dispositivos interconectados deben funcionar en el mismo modo dúplex para evitar problemas en el enlace. La auto-negociación Ethernet facilita esta configuración y, por tanto, minimiza los problemas. Los **duplex mismatches** son desajustes en el modo dúplex y producen problemas de comunicación entre los dispositivos. Pueden ser difíciles de solucionar porque pueden no ser evidentes incluso cuando se utilizan herramientas como ping.

1.8.5 Formato básico de una trama Ethernet

El formato de la trama del estándar **IEEE 802.3** y el de Ethernet creado por Xerox son muy similares y compatibles, solo difieren en algunas pequeñas cuestiones de concepto. IEEE 802.3 se basa en las especificaciones recogidas por los estándares del Instituto de Ingenieros Eléctricos y Electrónicos, a partir de Ethernet mientras que Ethernet II es una versión actualizada de Ethernet.

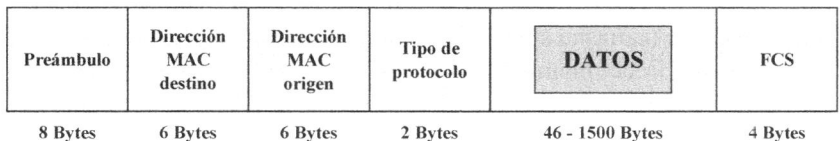

Preámbulo	Dirección MAC destino	Dirección MAC origen	Tipo de protocolo	DATOS	FCS
8 Bytes	6 Bytes	6 Bytes	2 Bytes	46 - 1500 Bytes	4 Bytes

Longitud máxima: **1518** Bytes. Longitud mínima: **64** Bytes

▶ **Preámbulo**. Secuencia de valores alternados 1 y 0 usados para la sincronización y para detectar la presencia de señal, indica el inicio de la trama.

▶ **Dirección de destino**. Este campo identifica la dirección MAC del dispositivo que debe recibir la trama. La dirección de destino puede especificar una dirección individual o una dirección multicast destinada a un grupo de estaciones. Una dirección destino con todos los bits en 1 se refiere a todos los dispositivos de la red denominada dirección de broadcast o difusión.

▶ **Dirección de origen**. Este campo identifica la dirección MAC del dispositivo que debe enviar la trama.

▶ **Tipo**. Indica el tipo de protocolo de capa superior.

▶ **Datos**. Este campo contiene los datos transferidos desde el origen hasta el destino. El tamaño máximo de este campo es de 1500 bytes. Si el tamaño de este campo es menor de 46 bytes, entonces es necesario el uso del campo siguiente (Pad) para añadir bytes hasta que el tamaño de la trama alcance el valor mínimo.

▶ **FSC**. Campo de comprobación de la trama, este campo contiene un valor de chequeo de redundancia de 4 bytes (CRC) para verificación de errores. La estación origen efectúa un cálculo y lo transmite como parte de la trama. Cuando la trama es recibida por el destino, este realiza un chequeo idéntico. Si el valor calculado no coincide con el valor en el campo, el destino asume que ha sido un error durante la transmisión y entonces descarta la trama completa.

Los estándares originales Ethernet definen el tamaño mínimo de trama como 64 bytes y el máximo como 1518 bytes. Estas cantidades incluyen todos los bytes de la trama menos los comprendidos en el preámbulo. En 1998 se promovió una iniciativa con el fin de incrementar el tamaño máximo del campo de datos de 1500 a 9000 bytes. Las tramas más largas (tramas gigantes) proveen un uso más eficiente del ancho de banda en la red a la vez que reducen la cantidad de tramas a procesar.

1.8.6 Proceso de encapsulación de los datos

El proceso desde que los datos son incorporados al ordenador hasta que se transmiten al medio se llama encapsulación. Estos datos son formateados, segmentados, identificados con el direccionamiento lógico y físico para finalmente ser enviados al medio. A cada capa del modelo OSI le corresponde una **PDU** (Unidad de Datos) que se puede abreviar con el formato **LxPDU**, donde la **x** representa el número de la capa correspondiente. Por ejemplo, para la capa de red la abreviatura correspondiente será L3PDU. Siguiendo por lo tanto el siguiente orden de encapsulamiento:

1. **Datos.** Los datos son incorporados al ordenador por el usuario a través de una determinada aplicación. Los datos son formateados de tal manera que puedan ser leídos por la capa de aplicación de otro ordenador en el destino.

2. **Segmentos.** Debido a que posiblemente la cantidad de los datos sea demasiada, la capa de transporte desde el origen se encarga de segmentarlos para así ser empaquetados debidamente, esta misma capa en el destino se encargará de reensamblar los datos y colocarlos en forma secuencial, ya que no siempre

llegan a su destino en el orden en que han sido segmentados, así mismo acorde al protocolo que se esté utilizando habrá o no corrección de errores.

3. **Paquetes.** Los segmentos son empaquetados en paquetes o datagramas e identificados en la capa de red con la dirección lógica o IP correspondiente al origen y destino.

4. **Tramas.** En la capa de enlace de datos se añade una cabecera con la dirección MAC y el campo de comprobación de la trama formándose las tramas o frames para ser transmitidos a través de alguna interfaz.

5. **Bits.** Finalmente, las tramas son enviadas al medio desde la capa física, en forma de pulsos eléctricos, luz o radiofrecuencia.

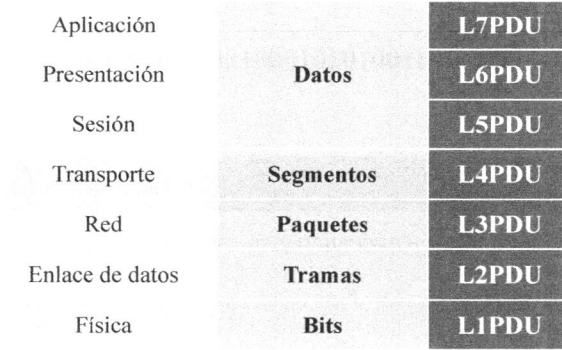

Relación entre capas del modelo OSI y su correspondiente PDU

Secuencia de la encapsulación de datos

Se crean los datos a través de una aplicación

Datos

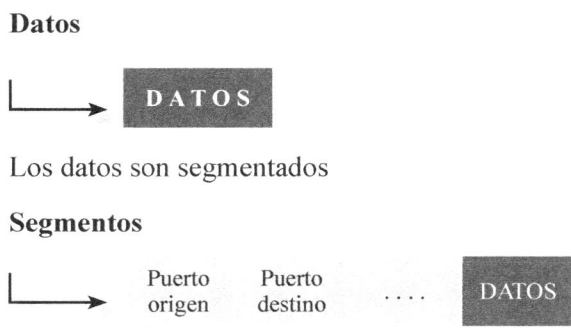

Los datos son segmentados

Segmentos

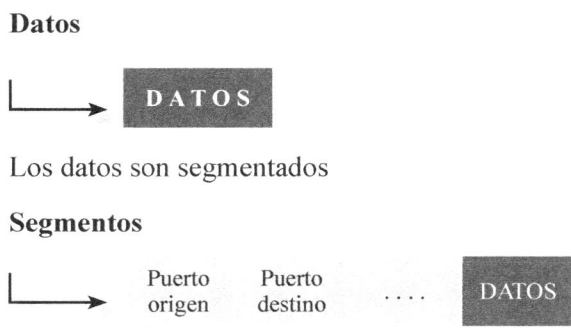

Se coloca el encabezado IP

Paquetes

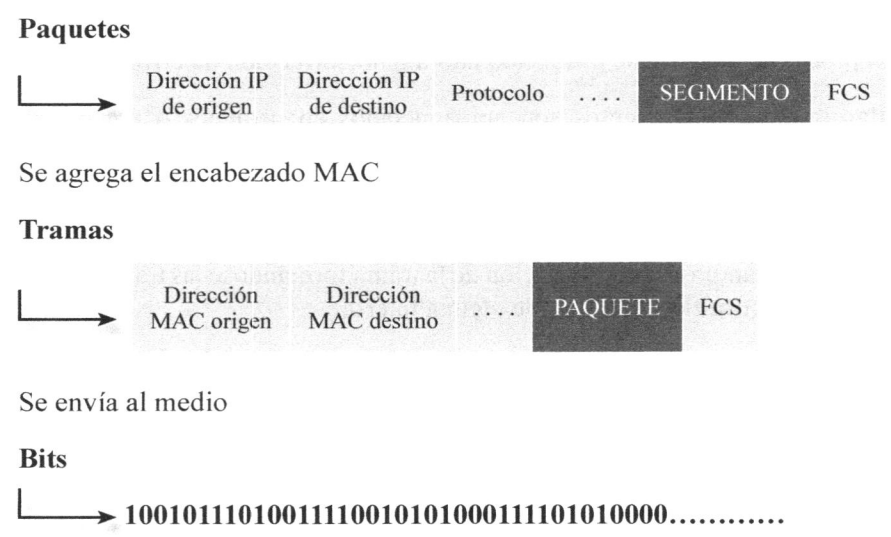

Se agrega el encabezado MAC

Tramas

Se envía al medio

Bits

1001011101001111001010100011110101 0000............

NOTA:

El proceso inverso se realiza en el destino y se llama desencapsulación de datos.

1.9 MODELO JERÁRQUICO

Con el fin de simplificar el diseño, implementación y administración de las redes, Cisco utiliza un modelo jerárquico para describir la red. Aunque la práctica de este método suele estar asociada con el proceso de diseño de una red, es importante comprender el modelo para poder determinar el equipo y características que van a necesitar en la red. Un modelo jerárquico acelera la convergencia, mantiene posibles problemas aislados por capas y reduce la sobrecarga en los dispositivos.

El modelo se compone de tres capas o niveles:

- Capa o nivel de acceso.
- Capa o nivel de distribución.
- Capa o nivel de núcleo.

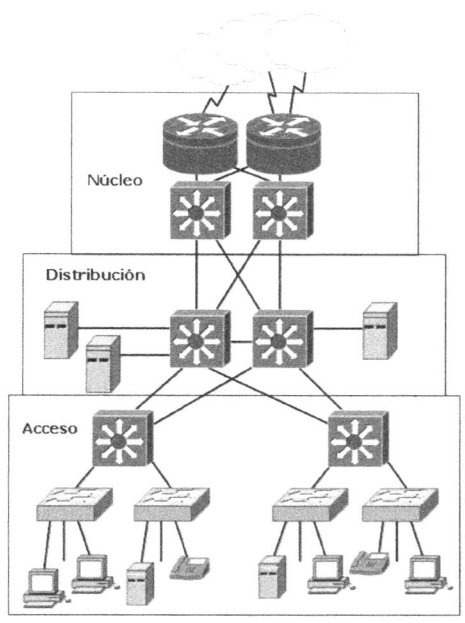

Modelo jerárquico de tres capas

1.9.1 Capa de acceso

La capa de acceso de la red es el punto en el que cada usuario se conecta a la red. Esta es la razón por la cual la capa de acceso se denomina a veces capa de puesto de trabajo, capa de escritorio o de usuario. Los usuarios, así como los recursos a los que estos necesitan acceder con más frecuencia están disponibles a nivel local. El tráfico hacia y desde recursos locales está confinado entre los recursos, switches y usuarios finales.

En la capa de acceso podemos encontrar múltiples grupos de usuarios con sus correspondientes recursos. En muchas redes no es posible proporcionar a los usuarios un acceso local a todos los servicios, como archivos de bases de datos, almacenamiento centralizado o acceso telefónico a la Web. En estos casos, el tráfico de usuarios que demandan estos servicios se desvía a la siguiente capa del modelo: la capa de distribución.

Algunas de las funciones de la capa de acceso son:

▶ Interconexión de los diferentes grupos de trabajo hacia la capa de distribución.

▶ Segmentación en múltiples dominios de colisión.

▶ Brinda soporte a tecnologías como Ethernet y Wireless.

▶ Implementación de redes virtuales (VLAN).

1.9.2 Capa de distribución

La capa de distribución marca el punto medio entre la capa de acceso y los servicios principales de la red. La función primordial de esta capa es realizar funciones tales como enrutamiento, filtrado y acceso a WAN.

En un entorno de campus, la capa de distribución abarca una gran diversidad de funciones, entre las que figuran las siguientes:

- Servir como punto de concentración para acceder a los dispositivos de capa de acceso.

- Enrutar el tráfico para proporcionar acceso a los departamentos o grupos de trabajo y entre las diferentes VLAN.

- Segmentar la red en múltiples dominios de difusión / multidifusión.

- Traducir los diálogos entre diferentes tipos de medios, como Token Ring y Ethernet.

- Proporcionar servicios de seguridad y filtrado.

La capa de distribución puede resumirse como la capa que proporciona una conectividad basada en una determinada política, dado que determina cuándo y cómo los paquetes pueden acceder a los servicios principales de la red. La capa de distribución determina la forma más rápida para que la petición de un usuario (como un acceso al servidor de archivos) pueda ser remitida al servidor. Una vez que la capa de distribución ha elegido la ruta, envía la petición a la capa de núcleo. La capa de núcleo podrá entonces transportar la petición al servicio apropiado.

1.9.3 Capa de núcleo

La capa del núcleo o **core** se encarga de desviar el tráfico lo más rápidamente posible hacia los servicios apropiados. Normalmente, el tráfico transportado se dirige o proviene de servicios comunes a todos los usuarios. Estos servicios se conocen como servicios globales o corporativos. Algunos de ellos pueden ser e-mail, el acceso a Internet o videoconferencia.

Cuando un usuario necesita acceder a un servicio corporativo, la petición se procesa al nivel de la capa de distribución. El dispositivo de la capa de distribución envía la petición del usuario al núcleo. Este se limita a proporcionar un transporte rápido hasta el servicio corporativo solicitado. El dispositivo de la capa de distribución se encarga de proporcionar un acceso controlado a la capa de núcleo.

Para la capa de **core** se deben tomar en cuenta los siguientes conceptos:

▼ Esta capa debe ser diseñada para una alta velocidad de transferencia y mínima latencia.

▼ No se debe dar soporte a grupos de trabajo ni enrutamiento entre VLAN.

▼ El tráfico debe haber sido filtrado en la capa anterior.

▼ Los protocolos de enrutamiento utilizados deben ser de rápida convergencia y redundantes.

RECUERDE:

Capa	Funciones	Dispositivos
Núcleo	Conmuta el tráfico hacia el servicio solicitado, comunicación rápida y segura	Routers, switch multicapa
Distribución	Enrutamiento, filtrado, acceso WAN, seguridad basada en políticas, servicios empresariales, enrutamiento entre VLANS, definición de dominios de broadcast y multicast	Router
Acceso	Define Dominios de colisión, estaciones finales, ubicación de usuarios, servicios de grupos de trabajos, VLANS	Hub, switch

1.10 MODELO DE CORE COLAPSADO

El diseño jerárquico de tres niveles maximiza el rendimiento, la disponibilidad de la red y la capacidad de escalar el diseño de la red. La mayoría de las pequeñas empresas no crecen significativamente con el tiempo, por lo tanto, un diseño jerárquico de dos capas o niveles, en donde las capas de núcleo y de distribución se colapsan en una sola capa es suficiente para proporcionar las exigencias de la empresa. La principal motivación para el diseño de núcleo colapsado es la reducción de costos de la red, manteniendo al mismo tiempo la mayor parte de los beneficios del modelo jerárquico de tres niveles.

La implementación principal de un modelo colapsado reside en que las funciones de la capa de distribución y la capa de core están aplicadas en un solo dispositivo.

El dispositivo de núcleo-distribución colapsado debe proporcionar lo siguiente:

▶ Rutas físicas y lógicas de alta velocidad de conexión a la red.

▶ Servir como punto de demarcación entre acceso y núcleo y de concentración de capa 2.

▶ Definir las políticas de acceso y de enrutamiento.

▶ Proveer calidad de servicio (QoS), virtualización de red, etc.

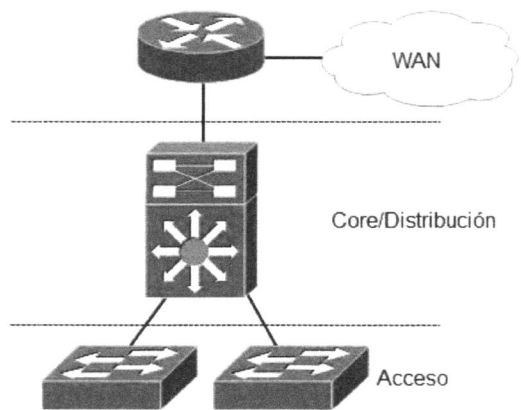

Sin embargo, si se espera que la empresa crezca con el tiempo, la implementación del modelo jerárquico de tres niveles es la mejor opción.

1.11 PROCEDIMIENTOS BÁSICOS DE TROUBLESHOOTING

Un buen procedimiento de troubleshooting estructurado ayuda a utilizar de manera más eficiente los recursos de una empresa, además, en caso de que un administrador deba continuar el trabajo de otro será más fácil de asumir. La combinación de las herramientas mencionadas en los párrafos anteriores (como ping, traceroute y todos los comandos shows que se verán a lo largo de todo este libro) permite obtener resultados positivos a la hora de solucionar problemas en la red.

Los siguientes pasos siguen un correcto mecanismo de troubleshooting estructurado:

1. **Informe del problema**. Normalmente viene dado por alguien que hace uso de los recursos de la red, y casi siempre será información poco precisa y a veces incluso errónea. El que alguien reporte un problema tiene que servir sobre

todo para ser capaz de identificar que parte de la red ha sido afectada, que dispositivos, o que grupo es responsable de la avería.

2. **Recopilación de información**. Una vez que el error ha sido reportado y se piensa haber identificado la parte de la red que tiene el problema, se ha de recopilar tanta información como sea posible tanto de los dispositivos afectados, como logs, histórico de cambios realizados, etc. En caso de que haya dispositivos de red a los que no se tenga acceso será necesario ponerse en contacto con los grupos correspondientes para solicitar dicha información.

3. **Examinar la información recopilada**. Una vez recopilada toda la información necesaria se debe analizarla exhaustivamente, estando siempre pendientes de:

   - Identificar causas que apunten al problema raíz.
   - Eliminar información que sea innecesaria.

   Dependiendo del grado de experiencia del administrador se deben efectuar seguidamente alunas preguntas que se contestarán de manera más o menos rápida, necesitando para ello analizar toda la información recopilada o simplemente mirando el comportamiento de los protocolos de la red, etc.

   - ¿Qué es lo que está pasando en la red?
   - ¿Qué debería estar pasando?, ¿cómo debería estar funcionando?

4. **Eliminar causas potenciales**. Una vez examinados los datos se debe descartar la información relativa a causas que no sean propias del problema, y lo que es muy importante, no imaginar ni querer formular hipótesis basadas en datos que no están en la información recopilada.

5. **Crear una hipótesis de la causa**. Una vez eliminadas las causas potenciales, centrarse únicamente en la que se crea sea la definitiva. En caso de que se tenga acceso al dispositivo se procederá a intentar solucionar el problema. En caso de que no tener acceso al dispositivo se deberá buscar una solución alternativa a través del administrador de red correspondiente.

6. **Verificación de la hipótesis**. Una vez conocida la causa se puede intentar de resolverla. Es importante pensar cómo actuar debido a que el hecho de implementar la solución inmediatamente puede provocar cortes en la red, entonces quizás sea mejor planificar la intervención para un momento más adecuado, por la noche o cuando el impacto sea mínimo.

   Es de vital importancia documentar todos los cambios que se apliquen para que en caso de que la solución pensada no resuelva el problema sea posible dar marcha atrás y pensar en otra solución.

7. **Resolución del problema**. Una vez resuelto el problema se debe dejarlo claramente documentado y todas las partes implicadas han de recibir una explicación de lo ocurrido y cómo se resolvió.

1.12 CASO PRÁCTICO

1.12.1 Prueba de conectividad TCP/IP

Imagine que desea comprobar la conectividad de un host, usted enviará un ping a la dirección IP del host en cuestión esperando algún tipo de respuesta o mensaje de error (protocolo ICMP).

El host emisor debe conocer las direcciones físicas y lógicas del destino. Antes de enviar el ping buscará en su tabla ARP la dirección MAC del destinatario. Si este no supiera cuál es la dirección física de aquel, enviará una petición ARP con la dirección IP del receptor y la MAC en forma de broadcast. El receptor responderá con su MAC haciendo posible que el emisor agregue a su tabla esa dirección y envíe por fin el PING. Si el host destino está dentro de otra red, quien responde en este caso es el router entregando su propia MAC para recibir el paquete y conmutarlo a la red correspondiente, es lo que se llama **ARP Proxy**.

Desde su PC abra una ventana de línea de comandos, ejecute **ipconfig** para verificar su configuración. Ejecute **arp –a** para ver el contenido de la tabla ARP.

```
Administrador: C:\Windows\system32\cmd.exe

Microsoft Windows [Versión 6.1.7601]
Copyright (c) 2009 Microsoft Corporation. Reservados todos los derechos.

C:\Users\Administrador>ipconfig

Configuración IP de Windows

Adaptador de Ethernet Conexión de área local:

   Sufijo DNS específico para la conexión. . . :
   Dirección IPv4. . . . . . . . . . . . . . . : 10.99.59.132
   Máscara de subred . . . . . . . . . . . . . : 255.255.255.0
   Puerta de enlace predeterminada . . . . . . : 10.99.59.1

Adaptador de túnel isatap.{6A747CAC-896E-4778-82C6-A5E4E20DBC08}:

   Estado de los medios. . . . . . . . . . . . : medios desconectados
   Sufijo DNS específico para la conexión. . . :

Adaptador de túnel Teredo Tunneling Pseudo-Interface:

   Estado de los medios. . . . . . . . . . . . : medios desconectados
   Sufijo DNS específico para la conexión. . . :

C:\Users\Administrador>arp -a

Interfaz: 10.99.59.132 --- 0xb
   Dirección de Internet        Dirección física      Tipo
   10.99.59.1                   00-00-0c-07-ac-03     dinámico

C:\Users\Administrador>
```

Ejecute un **ping** al host de destino y vuelva a ejecutar **arp –a**. Verifique las diferencias entre la tabla anterior y la actual.

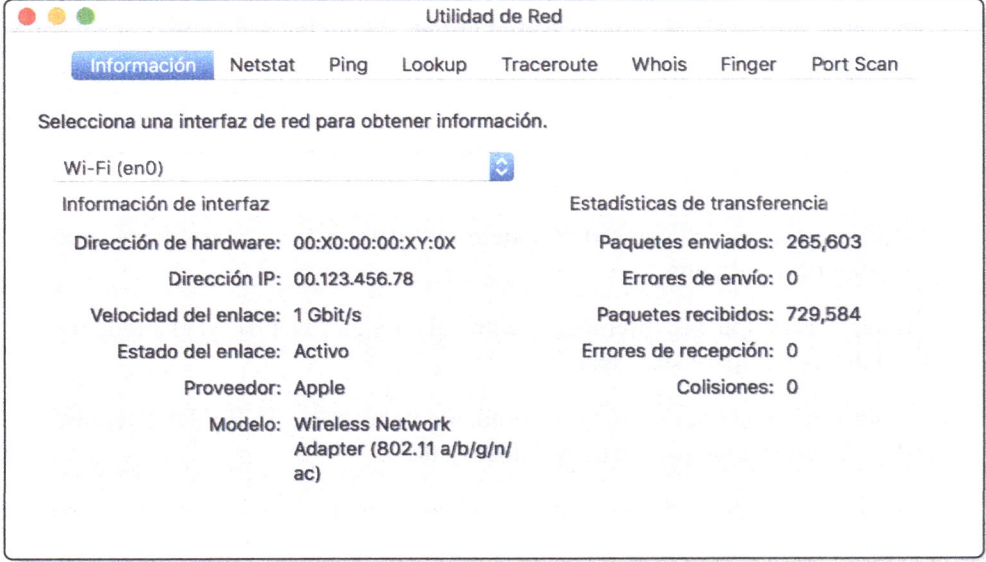

Otros sistemas operativos como MAC OS ofrecen además de una consola de terminal, aplicaciones específicas para ejecutar pruebas de red como ping, traceroute, netstat, etc.

1.13 FUNDAMENTOS PARA EL EXAMEN

Este capítulo resulta extremadamente teórico, incluso puede llegar a ser aburrido si se tienen conocimientos básicos sobre redes. Sin embargo, es fundamental entender el principio de la división en capas de una red, los modelos utilizados y los protocolos principales que resultan básicos y primordiales. Conocer el modelo OSI le ayudará a identificar problemas e incluso le ayudarán a determinar a qué departamento corresponde la solución de la incidencia (redes, sistema, desarrollo, etc.).

- Tenga una idea clara sobre las siete capas del modelo OSI, las funciones en la red para que se usan y los protocolos asociados a cada una.

- Analice las diferencias entre los dispositivos de cada capa del modelo OSI, cuáles son sus funciones y para qué se aplican en cada caso.

- Recuerde las posibles causas que pueden generar congestión en una LAN. Cómo, de ser posible, evitarlo.

- Tenga en cuenta las diferencias entre dominio de colisión y dominio de broadcast y los dispositivos asociados a cada uno.

- Recuerde la diferencia entre orientado a conexión y no orientado a conexión y los protocolos a que hacen referencia.

- Sepa diferenciar entre los tipos de cableado Ethernet y sus estándares, además de saber distinguir en cada caso cuál utilizar según los dispositivos a conectar.

- Tenga en cuenta las características, campos y tamaño de la trama Ethernet.

- Recuerde las funciones de cada capa del modelo jerárquico de Cisco, para qué se aplican y los dispositivos asociados.

- Recuerde las cuatro capas del modelo TCP/IP, sus funciones y los protocolos asociados a cada una.

- Sepa cuáles son las diferencias entre el modelo TCP/IP y el modelo OSI. Analice y compare sus capas.

- Tenga en cuenta las diferencias fundamentales entre TCP y UDP, control de flujo, ACK, ventanas y ventanas deslizantes.

- Recuerde las diferencias entre el modelo de tres capas y el modelo de core colapsado.

- Analice y recuerde los pasos para un procedimiento de troubleshooting.

2

DIRECCIONAMIENTO IP

2.1 NÚMEROS BINARIOS

Los dispositivos emiten y reciben pulsos eléctricos o luminosos. Estos pulsos poseen dos estados, SÍ y NO. Este sistema de dos signos se le llama binario. Matemáticamente hablando un sistema binario está compuesto por dos estados de unos y ceros siendo, por tanto, una potencia en base 2. En informática se llama bits a la unidad que tiene también dos estados; un byte es un grupo de ocho bits.

Un octeto o un byte se expresa de la siguiente manera:

$$00000000$$

Cada uno de estos bits que componen el octeto posee dos estados, 1 y 0, obteniendo, por tanto, 256 estados con todas las combinaciones posibles.

$$00000000=0$$
$$00000001=1$$
$$00000010=2$$
$$00000011=3$$
$$00000100=4$$
$$00000101=5$$
$$00000110=6$$
$$..............$$
$$11111110=254$$
$$11111111=255$$

Para que estos bits sean más entendibles conviene trasladarlos al modo decimal al que se está más acostumbrado cotidianamente, por tanto, si son potencias de 2, su valor será:

$$2^7\ 2^6\ 2^5\ 2^4\ 2^3\ 2^2\ 2^1\ 2^0$$

$$2^0 = 1$$

$$2^1 = 2$$

$$2^2 = 4$$

$$2^3 = 8$$

$$2^4 = 16$$

$$2^5 = 32$$

$$2^6 = 64$$

$$2^7 = 128$$

Los bits que resulten iguales a 1 tendrán el valor correspondiente a esa potencia, mientras que los que permanezcan en 0 tendrán un valor igual a cero, finalmente se suma el conjunto de los decimales resultantes y se obtiene el equivalente en decimal.

2.1.1 Conversión de binario a decimal

Para pasar de binario a decimal es posible utilizar la siguiente técnica:

0000001 (en binario) = 0000002^0 (en decimal) = 1

En el octeto: 0+0+0+0+0+0+0+1

01001001 (en binario) = $02^6002^3002^0$(en decimal) = 73

En el octeto: 0+64+0+0+8+0+0+1

Dígito binario	8°	7°	6°	5°	4°	3°	2°	1°
Potencia de dos	2^7	2^6	2^5	2^4	2^3	2^2	2^1	2^0
Valor decimal	128	64	32	16	8	4	2	1

2.1.2 Conversión de decimal a binario

Para pasar de decimal a binario es posible utilizar la siguiente técnica, por ejemplo:

Convertir a binario el número decimal 195:

Valor binario	Acción	Resta	Resultado
128	¿Entra en **195**?	195-128	**Sí** = 67
64	¿Entra en **67**?	67-64	**Sí** = 3
32	¿Entra en **3**?	3-32	**No**, siguiente
16	¿Entra en **3**?	3-16	**No**, siguiente
8	¿Entra en **3**?	3-8	**No**, siguiente
4	¿Entra en **3**?	3-4	**No**, siguiente
2	¿Entra en **3**?	3-2	**Sí** = 1
1	¿Entra en **1**?	1-1	**Sí** = 1

Donde los **SÍ** equivalen al valor binario **1** y los **NO** al valor binario **0**.

Por lo tanto, **195** es equivalente en binario a:

11000011

2.2 NÚMEROS HEXADECIMALES

Los números hexadecimales se basan en potencias de 16, utilizando símbolos alfanuméricos, la siguiente tabla le ayudará a convertir números hexadecimales en binarios o en decimales:

Número decimal	Número hexadecimal	Número binario
0	0	0000
1	1	0001
2	2	0010
3	3	0011
4	4	0100
5	5	0101
6	6	0110
7	7	0111
8	8	1000
9	9	1001
10	A	1010

Número decimal	Número hexadecimal	Número binario
11	B	1011
12	C	1100
13	D	1101
14	E	1110
15	F	1111

Tabla de conversión de números hexadecimales a binarios y decimales

2.2.1 Conversión de números hexadecimales

Siguiendo el ejemplo anterior, el número **195** es igual al número binario:

11000011

Divida este octeto en dos grupos de cuatro: **1100   0011**

Busque el valor correspondiente en la tabla de estos dos grupos de bits.

Al número binario **1100** le corresponde el número hexadecimal **C**.

Al número binario **0011** le corresponde el número hexadecimal **3**.

Por lo tanto, **195** es igual a **11000011** en binario y al **C3** en hexadecimal. Para que no existan confusiones los números hexadecimales se identifican con un **0x** delante, en este caso **0xC3**.

El proceso inverso será, por ejemplo, el número hexadecimal **0xAE** donde:

A es igual a **1010**

E es igual a **1110**

Por lo tanto, **0xAE** es igual el número binario **10101110** si se convierte este número a decimal:

$$2^7+0+2^5+0+2^3+2^2+2^1+0 = 174$$

 **NOTA:**

Existen varias técnicas para hacer conversiones de un sistema numérico a otro; un matemático, un físico o un informático podrían utilizar diferentes métodos de conversión con iguales resultados. El estudiante podrá utilizar el método que crea más conveniente según su propio criterio.

2.3 DIRECCIONAMIENTO IPV4

Para que dos dispositivos se comuniquen entre sí, es necesario poder identificarlos claramente. Una dirección IPv4 es una secuencia de unos y ceros de 32 bits. Para hacer más comprensible el direccionamiento, una dirección IP aparece escrita en forma de cuatro números decimales separados por puntos. La notación decimal punteada es un método más sencillo de comprender que el método binario de unos y ceros.

Esta notación decimal punteada también evita que se produzca una gran cantidad de errores por transposición, que sí se produciría si solo se utilizaran números binarios. El uso de decimales separados por puntos permite una mejor comprensión de los patrones numéricos.

Una dirección IPv4 consta de dos partes definidas por la llamada máscara de red. La máscara puede describirse a través de una notación decimal punteada o con el prefijo /**X**, donde X es igual a la cantidad de bits en 1 que contiene dicha máscara. Una parte identifica la red donde se conecta el sistema y la segunda identifica el sistema en particular de esa red. Este tipo de dirección recibe el nombre de dirección jerárquica porque contiene diferentes niveles. Una dirección IPv4 combina estos dos identificadores en un solo número. Este número debe ser exclusivo, porque las direcciones repetidas harían imposible el enrutamiento. La primera parte identifica la dirección de la red del sistema. La segunda parte, la del host, identifica qué máquina en particular de la red.

Dirección IP 172.16.1.3

Máscara 255.255.0.0

172	16	1	3
10101100	00010000	00000001	00000011

255	255	0	0
11111111	11111111	00000000	00000000
Porción de red		Porción de host	

Ejemplo de una dirección IPv4

2.3.1 Tipos de direcciones IPv4

Dentro del rango de direcciones de cada red IPv4, existen tres tipos de direcciones:

- **Dirección de red**: la dirección en la que se hace referencia a la red o subred.

- **Dirección de broadcast**: una dirección especial que se utiliza para enviar datos a todos los hosts de la red.

- **Direcciones host**: las direcciones asignadas a los dispositivos finales de la red.

2.3.2 Tipos de comunicación IPv4

En una red IPv4, los hosts pueden comunicarse de tres maneras diferentes:

- **Unicast**: es el método , por el cual se envía un paquete de un host individual a otro host individual. La comunicación unicast se usa para una comunicación normal de host a host, tanto en una red de cliente/servidor como en una red punto a punto. Los paquetes unicast utilizan la dirección host del dispositivo de destino como la dirección de destino y pueden enrutarse a través de una internetwork. El envío unicast está habilitado por defecto, es el más común de los tres tipos de direccionamiento, mientras que los paquetes broadcast y multicast usan direcciones especiales como dirección de destino. Al utilizar estas direcciones especiales, los broadcasts están generalmente restringidos a la red local.

- **Broadcast**: el método por el cual se envía un paquete de un host a todos los hosts de la red. Existe un direccionamiento particular cuando los bits de la dirección de host están todos en 1 (unos) llamada dirección de broadcast, o de difusión. Este direccionamiento identifica al host origen, mientras que como destino tiene a todos los dispositivos que integran el mismo dominio. Las NIC están programadas para escuchar todo el tráfico y de esa manera reconocer el que está destinado a la propia dirección local MAC o la dirección MAC de broadcast y así enviar las tramas a las capas superiores. Una cantidad excesiva de estas difusiones provocará una tormenta de broadcast que hará ineficiente el uso de la red, consumiendo gran cantidad de ancho de banda y haciendo que los hosts utilicen demasiados recursos al estar "obligados" a leer esos paquetes ya que están dirigidos a todos los hosts que integran ese dominio de broadcast. Existen protocolos de enrutamiento que utilizan broadcasts para distribuir la información de enrutamiento. En lugar de requerir varios paquetes unicast simplemente se envía un paquete que alcanza a todos los dispositivos.

▶ **Multicast**: es el mecanismo , por el cual se envía un paquete de un host a un grupo seleccionado de hosts. Un dispositivo IP se une a un grupo reconociendo una dirección IP de otro grupo y reprogramando su tarjeta de red (NIC) para copiar todo el tráfico destinado a la dirección MAC del grupo. Debido a que el tráfico multicast está dirigido a diferentes MAC algunos hosts prestarán atención mientras que otros lo ignorarán. El tráfico multicast generalmente es unidireccional, hay un origen que envía el tráfico a todos los destinos, mientras que éstos devuelven el tráfico de manera unicast. El tráfico multicast solamente es procesado por los hosts que están programados para recibirlo.

Estos tres tipos de comunicación se usan con diferentes objetivos en las redes de datos. En los tres casos, se coloca la dirección IPv4 del host de origen en el encabezado del paquete como la dirección de origen.

NOTA:

Para esta certificación, todas las comunicaciones entre dispositivos son comunicaciones unicast a menos que se indique lo contrario.

2.4 CLASES DE DIRECCIONES IPV4

La RFC1700 agrupa rangos de direcciones unicast en tamaños específicos llamados direcciones de clase. Las direcciones IPv4 se dividen en clases para definir las redes de tamaño pequeño, mediano y grande. Las direcciones Clase A se asignan a las redes de mayor tamaño. Las direcciones Clase B se utilizan para las redes de tamaño medio y las de Clase C para redes pequeñas. Dentro de cada rango existen direcciones llamadas privadas para uso interno que no veremos en Internet. Las direcciones de clase D son de uso multicast y las de clase E, experimentales.

▶ Direccionamiento **Clase A**:

- Rango de direcciones IP: **1.0.0.0** a **127.0.0.0**
- Máscara de red: **255.0.0.0** o **/8**
- Direcciones privadas: **10.0.0.0** a **10.255.255.255**

▶ Direccionamiento **Clase B**:

- Rango de direcciones IP: **128.0.0.0** a **191.255.0.0**
- Máscara de red: **255.255.0.0** o **/16**
- Direcciones privadas: **172.16.0.0** a **172.31.255.255**

▶ Direccionamiento **Clase C**:
  - Rango de direcciones IP: **192.0.0.0** a **223.255.255.0**
  - Máscara de red: **255.255.255.0** o **/24**
  - Direcciones privadas: **192.168.0.0** a **192.168.255.255**

▶ Direccionamiento **Clase D**:
  - Rango de direcciones IP: **224.0.0.0** a **239.255.255.255**
  - Uso multicast o multidifusión

▶ Direccionamiento **Clase E**:
  - Rango de direcciones IP: **240.0.0.0** a **254.255.255.255**
  - Uso experimental o científico

En números binarios:

▶ Las clases A comienzan con 00xxxxxx

▶ Las clases B comienzan con 10xxxxxx

▶ Las clases C comienzan con 11xxxxxx

▶ Las clases D comienzan con 111xxxxx

▶ Las clases E comienzan con 1111xxxx

2.4.1 Direcciones reservadas IPv4

Hay determinadas direcciones , que no pueden asignarse a los hosts por varios motivos. También hay direcciones especiales que pueden asignarse a los hosts pero con restricciones en la interacción de dichos hosts dentro de la red.

▶ **Direcciones de red y de broadcast**: no es posible asignar la primera ni la última dirección a los hosts dentro de cada red. Éstas son, respectivamente, la dirección de red y la dirección de broadcast del rango de host.

▶ **Ruta predeterminada**: la ruta predeterminada IPv4 se representa como 0.0.0.0. La ruta predeterminada se usa como ruta por defecto cuando no se dispone de una ruta más específica. El uso de esta dirección también reserva todas las direcciones en el bloque de direcciones 0.0.0.0 al 0.255.255.255 (0.0.0.0 /8).

▶ **Loopback**: es una de las direcciones reservadas IPv4. La dirección de loopback **127.0.0.1** es una dirección especial que los hosts utilizan para dirigir el tráfico hacia ellos mismos. La dirección de loopback crea un método de acceso directo para las aplicaciones y servicios TCP/IP que se ejecutan en el mismo dispositivo para comunicarse entre sí. Al utilizar la dirección de loopback en lugar de la dirección host IPv4 asignada, dos servicios en el mismo host pueden desviar las capas inferiores de la pila TCP/IP. También es posible hacer ping a la dirección de loopback para probar la configuración de TCP/IP en el host local.

▼ **Direcciones link-local**: las direcciones IPv4 del bloque de direcciones desde 169.254.0.0 hasta 169.254.255.255 (169.254.0.0 /16) se encuentran designadas como direcciones link-local. El sistema operativo puede asignar automáticamente estas direcciones al host local en entornos donde no se dispone de una configuración IP. Se puede usar en una red de punto a punto o para un host que no pudo obtener automáticamente una dirección de un servidor de protocolo de configuración dinámica de host (DHCP).

2.4.2 Subredes

Las redes IPv4 se pueden dividir en redes más pequeñas, para el mayor aprovechamiento de las mismas, son las llamadas subredes, además de contar con esta flexibilidad, la división en subredes permite que el administrador de la red brinde contención de broadcast y seguridad de bajo nivel en la LAN. La división en subredes, además, ofrece seguridad ya que el acceso a las otras subredes está disponible solamente a través de los servicios de un router. Las clases de direcciones IP disponen de 256 a 16,8 millones de hosts según su clase.

El proceso de creación de subredes comienza pidiendo "prestado" al rango de host la cantidad de bits necesaria para la cantidad de subredes requeridas. Se debe tener especial cuidado en esta acción de pedir ya que deben quedar como mínimo dos bits del rango de host.

La máxima cantidad de bits disponibles para este propósito depende del tipo de clase:

▼ **Clase A**, cantidad disponible **22** bits.

▼ **Clase B**, cantidad disponible **14** bits.

▼ **Clase C**, cantidad disponible **6** bits.

Cada bit que se toma del rango de host posee dos estados 0 y 1, por lo tanto, si se toman tres bits existirán **8** estados diferentes:

Bits prestados	Bits de host	Valor decimal
000	00000	0
001	00000	32
010	00000	64
011	00000	96
100	00000	128
101	00000	160
110	00000	192
111	00000	224

El número de subredes que se puede usar es igual a: 2 elevado a la potencia del número de bits asignados a subred.

$$2^N = \text{Número de subredes}$$

Donde N es la cantidad de bits tomados al rango de host.

Por lo tanto, si se quieren crear **5** subredes, es decir, cumpliendo la fórmula 2^N, tendrá que tomar del rango de host 3 bits:

$$2^3 = 8$$

Observe que no siempre el resultado es exacto, en este caso se pedían 5 subredes, pero se obtendrán 8.

2.4.3 Procedimiento para la creación de subredes

Paso 1 Piense en binarios.

Paso 2 Encuentre la máscara adecuada para la cantidad de subredes que le solicitan, independientemente de la dirección IP, lo que nos importa es la cantidad de bits libres.

Razone, por ejemplo, red clase C, el primer octeto, el segundo y el tercero corresponden a la dirección de red, por lo tanto, trabaje con el cuarto octeto correspondiente a los hosts. De izquierda a derecha tome la cantidad de bits necesarios de la máscara para la cantidad de subredes que le solicitan:

Crear 10 subredes a partir de una red Clase C. Recuerde que no siempre los valores son exactos, en este caso el resultado será 16.

Según la formula 2^N debemos tomar 4 bits del rango de host, por lo tanto:

$$2^4 = 16$$

Máscara de red 255.255.255.0

Rango de red   Rango de host

11111111.11111111.11111111.00000000

Cuarto octeto **00000000**

11110000

Coloque en **1** (uno) los bits que resultaron de la operación anterior y súmelos, recuerde el valor de cada bit dentro del octeto: 128, 64, 32, 16, 8, 4, 2, 1

Se obtiene:

11110000

128+64+32+16+0+0+0+0 = 240

La máscara de subred de clase C para obtener 10 subredes válidas es:

255.255.255.240

Paso 3 Identifique las correspondientes direcciones IP de las subredes restando a 256, que es la cantidad máxima de combinaciones que tiene un octeto (0 a 255), el valor de la máscara obtenida. Este número será la dirección de la primera subred que a su vez es el incremento o la constante para determinar las siguientes subredes.

256-240 = 16

El resultado indica la primera dirección de subred, en este caso 16.

Número de subred	Valor del octeto	Incremento	Valor decimal
1°	00000000		0
2°	00010000	0+16	16
3°	00100000	16+16	32
4°	00110000	32+16	48
5°	01000000	48+16	64
6°	01010000	64+16	80
7°	01100000	80+16	96
8°	01110000	96+16	112
9°	10000000	112+16	128
10°	10010000	128+16	144
11°	10100000	144+16	160
12°	10110000	160+16	176
13°	11000000	176+16	192
14°	11010000	176+16	208
15°	11100000	208+16	224
16°	11110000	224+16	240

El incremento constante en este caso será de 16

Paso 4 Obtenga las direcciones IP de las subredes (observe el cuadro anterior).

Dirección IP de la red original: 192.168.1.0   255.255.255.0

Dirección IP de la 1ª subred: 192.168.1.0   255.255.255.240
Dirección IP de la 2ª subred: 192.168.1.16   255.255.255.240
Dirección IP de la 3ª subred: 192.168.1.32   255.255.255.240
Dirección IP de la 4ª subred: 192.168.1.48   255.255.255.240
....
Dirección IP de la 15ª subred: 192.168.1.224   255.255.255.240
Dirección IP de la 16ª subred: 192.168.1.240   255.255.255.240

Otra forma de identificar las máscaras es sumar los bits en uno y colocarlos detrás de la dirección IP separados por una barra:

Dirección IP de la red original: 192.168.1.0/24

Dirección IP de la 1ª subred: 192.168.1.0/28
Dirección IP de la 2ª subred: 192.168.1.16/28
Dirección IP de la 3ª subred: 192.168.1.32/28

Dirección IP de la 4ª subred: 192.168.1.48/28

....

Dirección IP de la 15ª subred: 192.168.1.224/28
Dirección IP de la 14ª subred: 192.168.1.240/28

Paso 5 Identifique el rango de host que integran las subredes. Hasta ahora se ha trabajado con los bits del rango de red, es decir de izquierda a derecha en el octeto correspondiente, ahora lo haremos con los bits restantes del rango de host, es decir de derecha a izquierda.

Tomemos como ejemplo la subred 196.168.1.16/28 y apliquemos la fórmula 2^N-2, nos han quedado 4 bits libres, por lo tanto:

$$2^4-2=16-2=14$$

Estas subredes tendrán 14 host válidos utilizables en cada una.

Número de host	Valor del octeto	Valor decimal
	00010000	Subred 16
1º	00010001	Host 17
2º	00010010	Host 18
3º	00010011	Host 19
4º	00010100	Host 20
5º	00010101	Host 21
6º	00010110	Host 22
7º	00010111	Host 23
8º	00011000	Host 24
9º	00011001	Host 25
10º	00011010	Host 26
11º	00011011	Host 27
12º	00011100	Host 28
13º	00011101	Host 29
14º	00011110	Host 30
15º	00011111	Broadcast 31

El rango de host válido para la subred 192.168.1.16/28 será:

192.168.1.17 al **192.168.1.30**

El mismo procedimiento se lleva a cabo con el resto de las subredes:

Nº de subred	Rango de host válidos	Broadcast
192.168.1.0	1 al 14	15
192.168.1.16	17 al 30	31
192.168.1.32	31 al 62	63
192.168.1.64	65 al 78	79
192.168.1.80	81 al 94	95
192.168.1.96	97 al 110	111
192.168.1.112	113 al 126	127
192.168.1.128	129 al 142	143
192.168.1.144	145 al 158	159
192.168.1.160	161 al 174	175
192.168.1.176	177 al 190	191
192.168.1.192	193 al 206	207
192.168.1.208	209 al 222	223
192.168.1.224	225 al 238	239
192.168.1.240	241 al 254	255

 **NOTA:**

La dirección de broadcast de una subred será la inmediatamente inferior a la siguiente subred. La máscara con todos los bits en 1 se denomina máscara de host e identifica un host en particular. Por lo tanto, para IPv4 podría ser /32 o para IPv6 que podría ser /128.

RECUERDE:

- Paso 1. Piense en binarios.
- Paso 2. Encuentre la máscara contando de izquierda a derecha los bits que tomará prestados del rango de host. Cada uno tendrá dos estados, un bit dos subredes, dos bits cuatro subredes, tres bits ocho subredes, etc.
- Paso 3. Reste a 256 la suma de los bits que ha tomado en el paso anterior para obtener el incremento para las siguientes subredes.
- Paso 4. Obtenga las direcciones IP de las subredes siguientes sumando a la "subred 0" el incremento para obtener la siguiente y así hasta la última.
- Paso 5. Identifique el rango de host y la correspondiente dirección de broadcast de cada subred.

 **RECUERDE:**

Clase A:

Red	Host			Máscara de red			
10	0	0	0	255	0	0	0

Clase B:

Red		Host		Máscara de red			
172	16	0	0	255	255	0	0

Clase C:

Red			Host	Máscara de red			
192	168	0	0	255	255	255	0

RECUERDE:

Las diferentes clases de redes se pueden identificar fácilmente en números binarios observando el comienzo del primer octeto, puesto que:

- Las clases A comienzan con 00xxxxxx
- Las clases B comienzan con 10xxxxxx
- Las clases C comienzan con 11xxxxxx
- Las clases D comienzan con 111xxxxx
- Las clases E comienzan con 1111xxxx

2.5 ESCALABILIDAD DEL DIRECCIONAMIENTO IPV4

Una de las razones de que el , direccionamiento IPv4 sea demasiado escaso es que no ha sido asignado eficientemente. Las direcciones de clase A son excesivamente grandes para la mayoría de las organizaciones ya que soportan unas 16.777.214 direcciones de host, mientras que las direcciones de clase C soportan solo 254 direcciones de host. Como resultado de esto muchas organizaciones hacen peticiones de clase B que soportan 65.534 direcciones de host, pero hacen solo un uso parcial de dicho rango.

Inicialmente un dispositivo IP requería una dirección pública. Para prevenir el agotamiento de las direcciones IPv4 la **IETF** (*Internet Engineering Task Force*) adoptó el uso de **CIDR** (*Classless Interdomain Routing*), **VLSM** (*Variable-Length Subnet Mask*) y **NAT** (*Network Address Translation*). CIDR y VLSM trabajan juntas a la hora de mejorar el direccionamiento, mientras que NAT oculta clientes y minimiza la necesidad de direcciones públicas. Otra de las razones de escasez de direcciones públicas es que no han sido asignadas equitativamente a lo largo del mundo.

2.5.1 Máscaras de subred de longitud variable

El crecimiento exponencial de las redes ha hecho que el direccionamiento IPv4 no permita un desarrollo y una escalabilidad acorde a lo deseado por los administradores de red. IPv4 pronto será reemplazado por IP versión 6 (IPv6) como protocolo dominante de Internet. IPv6 posee un espacio de direccionamiento prácticamente ilimitado y algunos administradores ya han empezado a implementarlo en sus redes. Para dar soporte al direccionamiento IPv4 se ha creado **VLSM** (*Variable Length Subnet Masking*) que permite incluir más de una máscara de subred dentro de una misma dirección de red. VLSM es soportado únicamente por protocolos sin clase tales como OSPF, RIPv2 y EIGRP.

El uso de las máscaras de subred de longitud variable permite el uso más eficaz del direccionamiento IP. Al permitir niveles de jerarquía se pueden resumir diferentes direcciones en una sola, evitando gran cantidad de actualizaciones de ruta. Por ejemplo la red 192.168.1.0/24 debe dividirse en subredes utilizando una máscara de subred de 28 bits. Hasta ahora la primera subred utilizable era la 192.168.1.16/28; configurando el router con el comando **ip subnet-zero** la dirección IP 192.168.1.0/28 será una dirección válida pudiendo sumar 14 host válidos más al direccionamiento total.

Siguiendo el esquema de direccionamiento anterior una de las subredes que surgen de la división se utilizará para un enlace serial entre dos routers. En este caso la máscara de 28 bits permite el uso válido de 14 host desperdiciándose 12 direcciones de host para este enlace. El uso de VLSM permite volver a dividir más subredes en otra subred, en este caso la máscara ideal sería una /30.

Por lo tanto, la red 192.168.1.0/24 será dividida en 16 subredes, se obtienen las siguientes direcciones:

192.168.1.0/28
192.168.1.16/28
192.168.1.32/28
192.168.1.48/28
192.168.1.64/28
192.168.1.80/28
192.168.1.96/28
192.168.1.112/28
192.168.1.128/28
192.168.1.144/28
192.168.1.160/28
192.168.1.176/28
192.168.1.192/28
192.168.1.208/28
192.168.1.224/28
192.168.1.240/28

Observe que se tomará en cuenta la 192.168.1.0 al configurar el comando ip subnet-zero

Para el enlace serial entre los routers se utilizará una máscara que permita el uso de dos hosts (/30). Elija una de las subredes creadas en el paso anterior, esta subred elegida NO podrá utilizarse con la máscara /28 puesto que se seguirá dividiendo en subredes más pequeñas.

Paso 1 Piense en binario.

Paso 2 La red 192.168.1.0/24 se divide en subredes con una máscara /28, escriba en binario el último octeto.

```
/24       /28
|0 0 0 0|0 0 0 0 = 0
|0 0 0 1|0 0 0 0 = 16
|0 0 1 0|0 0 0 0 = 32
.......|.......
|1 0 0 0|0 0 0 0 = 128
|1 0 0 1|0 0 0 0 = 144
.......|.......
|1 1 1 0|0 0 0 0 = 224
```

Paso 3 Elija una de las subredes para dividirla con una máscara /30, en este caso la 128. Trace una línea que separe los bits con la máscara /28 y otra que separe los bits con máscara /30. Las subredes se obtienen haciendo las combinaciones correspondientes entre el primer bit (128) y los contenidos entre las dos paralelas.

```
/24      /28  /30
1 0 0 0 |0 0| 0 0 = subred 128
1 0 0 0 |0 0| 0 1 = host 129
1 0 0 0 |0 0| 1 0 = host 130
1 0 0 0 |0 0| 1 1 = broadcast 131
1 0 0 0 |0 1| 0 0 = subred 132
1 0 0 0 |0 1| 0 1 = host 133
1 0 0 0 |0 1| 1 0 = host 134
1 0 0 0 |0 1| 1 1 = broadcast 135
1 0 0 0 |1 0| 0 0 = subred 136
1 0 0 0 |1 0| 0 1 = host 137
1 0 0 0 |1 0| 1 0 = host 138
1 0 0 0 |1 0| 1 1 = broadcast 139
1 0 0 0 |1 1| 0 0 = subred 140
1 0 0 0 |1 1| 0 1 = host 141
1 0 0 0 |1 1| 1 0 = host 142
1 0 0 0 |1 1| 1 1 = broadcast 143
```

Paso 4 Las direcciones de host se obtienen haciendo la combinación con los dos bits libres en cada una de las subredes obtenidas.

Ejemplo con una red Clase B:

La red 172.16.0.0/16 se debe dividir en redes más pequeñas:

▸ La red **172.16.0.0/16** se divide utilizando una máscara /21, 172.16.0.0/21, 172.16.8.0/21, 172.16.16.0/21, 172.16.24.0/21, etc. para seguir el proceso elija una, por ejemplo:

▸ **172.16.8.0/21** se divide en subredes con una máscara /24, 172.16.8.0/24, 172.16.9.0/24, 172.16.10.0/24, etc. para seguir el proceso elija una, por ejemplo:

▸ **172.16.10.0/24** se divide en subredes con una máscara /26, 172.16.10.0/26, 172.16.10.64/26, 172.16.10.128/26, 172.16.10.192/26, etc. para seguir el proceso elija por ejemplo la:

▼ **172.16.10.128/26** se divide en subredes con una máscara /30, 172.16.10.128/30, 172.16.10.132/30, 172.128.10.136/30, etc. para seguir el proceso elija una, por ejemplo:

▼ **172.16.10.132/30** en este caso las direcciones de host serán la 172.16.10.133/30 y la 172.16.10.134/30.

En binarios:

172.16.0.0/16	10101100.00010000.00000000.00000000
172.16.8.0/21	10101100.00010000.00001000.00000000
172.16.10.0/24	10101100.00010000.00001010.00000000
172.16.10.128/26	10101100.00010000.00001010.10000000
172.16.10.132/30	10101100.00010000.00001010.10000100

El rango de red/subred se va ampliando mientras el rango de host disminuye a medida que se siguen dividiendo en más subredes

2.5.2 Enrutamiento entre dominios sin clase

El **CIDR** (*Classless Inter-Domain Routing*) definido en la RFC 4632 consiste en la capacidad de un router para utilizar protocolos que no consideran las clases como los límites naturales de las subredes. , En otras palabras, CIDR significa que un protocolo de enrutamiento tiene en cuenta el direccionamiento VLSM en sus actualizaciones de enrutamiento y puede enviar actualizaciones incluyendo las máscaras de subred. El objetivo de CIDR es permitir un esquema de sumarización flexible, en especial para los routers de backbone de Internet cuya tabla de enrutamiento es tan grande que están llegando a su límite antes de tiempo.

En CIDR, una red IP se representa mediante un prefijo, es decir una dirección IP y alguna indicación de la longitud de la máscara. Longitud significa el número de bits de la máscara más a la izquierda contiguos que se establecen a uno. Por ejemplo la red 172.16.0.0 255.255.0.0 se puede representar como la 172.16.0.0/16. CIDR también representa una arquitectura más jerárquica de Internet, donde cada dominio obtiene sus direcciones IP a partir de un nivel superior, de tal forma que el resumen de las rutas ocurra en dicho nivel superior.

Por ejemplo, si un **ISP** (*Internet Service Provider*) es propietario de la red 183.58.0.0/16, podrá otorgar las subredes 183.58.1.0/24, 183.58.2.0/24, y así sucesivamente para los clientes. Sin embargo, otros proveedores cuando intenten llegar a estas subredes solo lo harán a través de la 183.58.0.0/16.

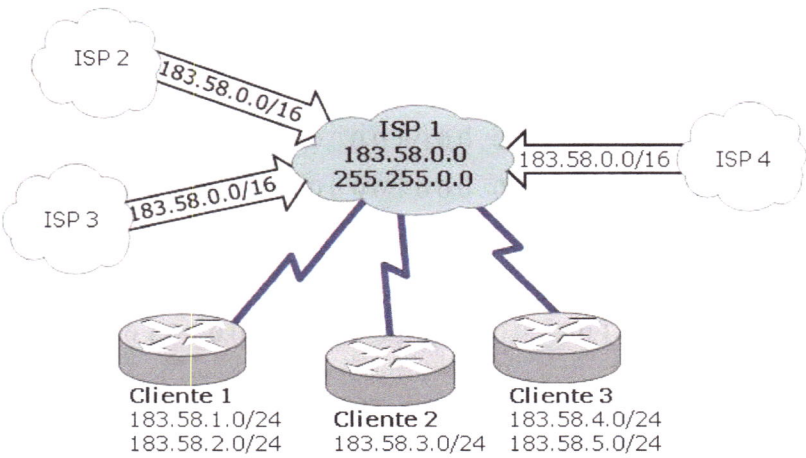

Los ISP 2, ISP 3 y ISP 4 solo tienen conocimiento de la red 183.58.0.0/16 a través del ISP 1, de tal forma de no sobrecargar sus tablas de enrutamiento

2.5.3 Resumen de ruta

El resumen de ruta o , sumarización reduce la cantidad de rutas que un router debe mantener en sus tablas anunciando y manteniendo una sola dirección que contenga a las demás.

Este es el proceso que utiliza un router a través de un protocolo de enrutamiento para enviar actualizaciones de enrutamiento en las que una dirección de red representa la conectividad con varias redes que tienen un prefijo común. El principio básico de funcionamiento es que si un router tiene detrás varias redes o subredes que tienen una porción de su parte de red igual entre sí, éste router puede enviar en sus actualizaciones de enrutamiento hacia otros dispositivos con una sola dirección de red para todas las redes que tienen el mismo prefijo y esa dirección especial es la parte que tienen en común como si fuera una sola subred con la máscara indicando la parte en común de las que tiene detrás suyo.

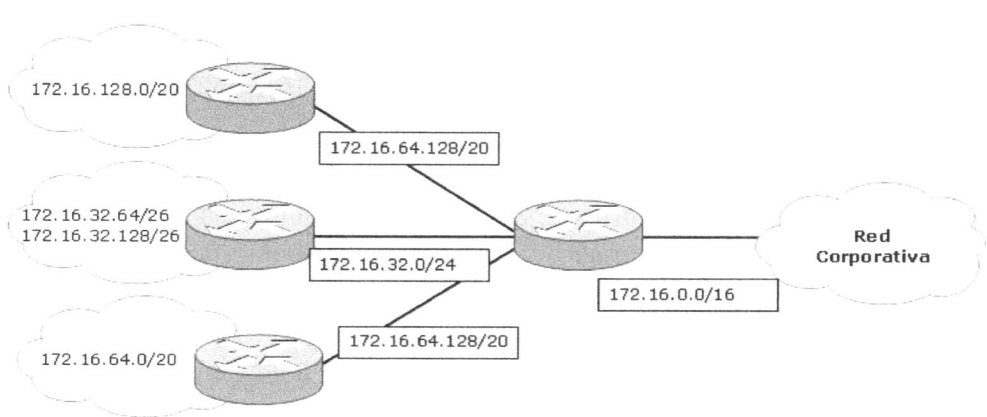

El router de resumen tiene múltiples entradas de redes consecutivas,
siendo este el principal factor en el resumen de ruta, pero solo anunciará
al router remoto la red que contiene a todas las demás

La diferencia entre VLSM y la sumarización es para qué se utilizan y tienen en común la idea de que las máscaras variables hacen posible la sumarización y la sumarización es la base del enrutamiento sin clase.

Imagine que un router posee un rango de redes directamente conectadas, de la 172.16.168.0/24 a la 172.16.175.0/24. El router buscará el bit común más alto para determinar cuál será el resumen de ruta con la máscara más pequeña posible.

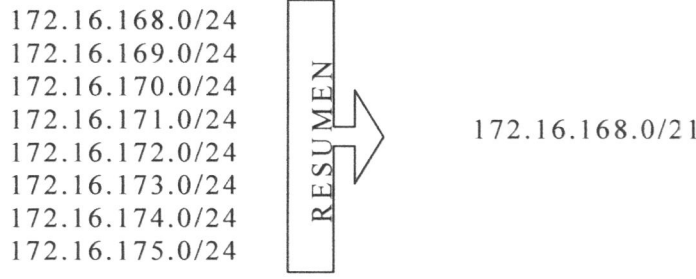

172.16.168.0/24
172.16.169.0/24
172.16.170.0/24
172.16.171.0/24   RESUMEN ⟹   172.16.168.0/21
172.16.172.0/24
172.16.173.0/24
172.16.174.0/24
172.16.175.0/24

La siguiente tabla muestra el proceso paso a paso expresado en números binarios:

Dirección de subred	Primer octeto	Segundo octeto	Tercer octeto		Cuarto octeto
172.16.168.0/24	10101100	00010000	10101	000	00000000
172.16.169.0/24	10101100	00010000	10101	001	00000000
172.16.170.0/24	10101100	00010000	10101	010	00000000
172.16.171.0/24	10101100	00010000	10101	011	00000000
172.16.172.0/24	10101100	00010000	10101	100	00000000
172.16.173.0/24	10101100	00010000	10101	101	00000000
172.16.174.0/24	10101100	00010000	10101	110	00000000
172.16.175.0/24	10101100	00010000	10101	111	00000000

Bits comunes = 21
Resumen 172.16.168.0/21

Bits no comunes o de host

Por lo tanto, para el rango especificado el router utilizará la dirección **172.16.168.0/21** para el resumen de ruta solicitado.

RECUERDE:

Cuando una dirección IP de destino en particular coincide con más de una ruta en una tabla de enrutamiento del router, el router utiliza la ruta más específica, es decir, la ruta con la longitud del prefijo más largo.

2.6 DIRECCIONAMIENTO IPV6

IPv6 ha estado en desarrollo desde mediados de los 90 y durante varios años. Se había anunciado al principio como el protocolo que podría expandir el direccionamiento IP, llevar *IP mobile* a la madurez y finalmente ser capaz de incorporar seguridad a nivel de capa 3. Esas afirmaciones son correctas, pero hay que tener en cuenta que a nivel de capa 3 esas capacidades de IPv6 han sido aportadas a IPv4 en los pasados años. Actualmente las direcciones IPv4 son escasas y la mayor razón en Internet para evolucionar a IPv6 es la necesidad de un mayor direccionamiento.

Esta necesidad de direccionamiento IP podría ser atenuada intentando utilizar CIDR, VLSM, NAT y asignaciones temporales a través de DHCP, pero teniendo sistemas intermedios manipulando los paquetes complican el diseño y la resolución de problemas. El concepto del diseño de Internet con innumerables sistemas intermedios no hace que NAT trabaje adecuadamente, sin embargo, es un mal necesario.

La longitud de una dirección IPv6 es lo primero que sale a relucir, son 128 bits lo que hace 2^{128} direcciones IPv6 disponibles. Varias de estas direcciones dan funciones especiales y están reservadas, pero aun así quedarían disponibles aproximadamente $5x10^{28}$ direcciones IP por cada habitante del planeta. Lo que permitiría que el direccionamiento pueda crecer sin preocupaciones en contraposición al direccionamiento IPv4 cuya cantidad está limitada a 2^{32}.

En IPv6 se utiliza una cabecera más simplificada que IPv4, haciendo que el procesamiento sea más eficiente, permitiendo un mecanismo más flexible y a su vez extensible a otras características. Una de esas características es la movilidad, *mobile IP* es un estándar de la IETF que permite a los usuarios con dispositivos wireless estar conectados de manera transparente y moverse a cualquier sitio sin restricciones.

La seguridad es otro tema importante añadido, IPsec está presente en cada uno de los dispositivos IPv6.

2.6.1 Formato del direccionamiento IPv6

La primera diferencia respecto a IPv4 es que las direcciones IPv6 son de 128 bits y están representadas en un formato hexadecimal en lugar de la notación decimal tradicional y separada cada parte por dos puntos en lugar de uno. Teniendo de esta forma 8 partes de 16 bits cada una. Como cada dígito hexadecimal se asocia con 4 bits, cada campo de 16 bits será de 4 dígitos hexadecimales.

Un ejemplo de dirección IPv6 puede ser el siguiente:

2001:0000:0001:0002:0000:0000:0000:ABCD

Este formato se puede reducir hasta de optimizar la lectura para su comprensión. Hay dos formas para conseguir simplificar tanta cantidad de números:

▱ Todos los 0 a la izquierda de cada uno de los campos pueden ser omitidos.

2001:0:1:2:0:0:0:ABCD

▱ Se pueden omitir los campos consecutivos de 0 con "::" independientemente de la cantidad de campos que se abrevie. Este mecanismo solo puede hacerse una vez debido a que luego no se podrían reestructurar la cantidad de campos exactamente como eran.

2001:0:1:2::ABCD

 **NOTA:**

La dirección de loopback en IPv6, equivalente al prefijo 127/8 en IPv4, es la que todos los bits son cero excepto el último y se escribe de forma compacta como "::1"

2.6.2 Prefijos

Los primeros 48 bits de una dirección IPv6 componen la dirección de red, dicho de otra forma, los primeros 3 grupos de la dirección (cada grupo es de 16 bits ó 4 caracteres hexadecimales). Por lo general, los ISP de cada región asigna una dirección de red, la cual sub-dividirán entre todos sus clientes.

Los siguientes 16 bits, o el cuarto grupo de caracteres hexadecimales conforman la dirección de subred. Esto hace que IPv6 sea mucho más eficiente a nivel de comunicaciones, puesto que la dirección contiene la información de origen y destino sin necesidad de hacer cálculos para averiguarlo o tener que modificar la información transmitida.

La dirección única del dispositivo representa los últimos 64 bits de la dirección, o los últimos 4 grupos. Este es el identificador único del dispositivo. Algunos dispositivos utilizan la propia dirección física (MAC).

Es posible combinar el prefijo de red y el identificador de la interfaz en una sola notación. La representación de prefijos de red en IPv6 es similar a la notación utilizada en CIDR para los prefijos IPv4, es decir dirección-IPv6/longitud-del-prefijo-en-bits.

Se permite el uso de formatos abreviados con "::"

2001:0DB8:7654:3210:0000:0000:0000:0000/64

Se permite el uso de formatos abreviados con "::"

2001:DB8:7654:3210:0:0:0:0/64

2001:DB8:7654:3210::/64

Por lo tanto esta dirección IPv6 indica que el prefijo de red está constituido por los primeros 64 bits.

No existen tienen reglas para la asignación de identificadores de subred (SID) dentro de un sitio. Se pueden utilizar varios métodos como por ejemplo:

☞ Enumerar de forma incremental las subredes: 0001, 0002, ... Esta técnica es fácil de implementar en las redes experimentales, pero puede dar lugar a un esquema de direccionamiento plano, difícil de recordar.

☞ Utilizar el número de VLAN. Permite no tener que memorizar m**últiples niveles de numeración.**

☞ Separar los tipos de redes y utilizar las cifras a la izquierda para designarlos. Esta técnica facilita las reglas de filtrado, utilizando al mismo tiempo reglas adecuadas para la gestión de estas subredes en el segmento del lado derecho.

2.6.3 Cabecera IPv6

La cabecera IPv6 es optimizada para procesadores de 32 a 64 bits y las extensiones de cabecera permiten la expansión sin tener que forzar a que los campos que no se usan se estén transmitiendo constantemente.

Las principales diferencias entre las cabeceras de las dos versiones es la longitud de los campos de origen y destino. También hay otros campos que son aparentes como checksum, fragmentación y la etiqueta de flujo.

0 bits	8 bits	16 bits	24 bits	32 bits	
Version	Traffic Class	Flow Label			64 bits
Payload Length		Next Header		Hop Limit	128 bits
Source Address					192 bits
Destination Address					256 bits
Extension Header					320 bits

Los campos en una cabecera IPv6 son los siguientes:

☞ **Version**: es un campo de 4 bits que identifica la versión, en este caso a 6.

☞ **Traffic Class**: similar al campo 2 de IPv4, se utiliza para calidad de servicio.

☞ **Flow Label**: campo de 20 bits que permite que el tráfico sea etiquetado para que se pueda manejar de manera más rápida flujo por flujo.

☞ **Payload Length**: campo de 16 bits con la longitud del campo de datos.

▼ **Next Header**: similar al campo de protocolo en la cabecera IPv4. Es un campo de 8 bits que indica cómo los campos después de la cabecera básica de IPv6 deberían ser interpretados. Podría indicar, por ejemplo, que el siguiente campo es TCP o UDP ambos relativos a la capa de transporte o podría indicar que existe una extensión de la cabecera.

▼ **Hop Limit**: similar al campo TTL en IPv4, es de 8 bits y se incrementa por cada router intermediario para prevenir bucles, de tal manera que cuando la cuenta llegue a 0 será descartado. Cuando esto ocurre se envía un mensaje de notificación al origen.

▼ **Source Address** y **Destination Address**: estos campos de 128 bits son las direcciones IPv6 de origen y de destino de los dispositivos que se están comunicando.

▼ **Extension Headers**: permite agregar más campos opcionales.
  ● **Hop-by-Hop options**: utilizados para routers intermediarios.
  ● **Destination options**: opciones para el nodo final.
  ● **Routing**: utilizado para especificar a los routers intermedios qué ruta tienen que incluir. El efecto final es forzar el enrutamiento por un camino predefinido.

▼ **Fragment**: utilizado para dividir los paquetes que son demasiado largos para la MTU. Esta cabecera reemplaza los campos de fragmentación de la cabecera IPv4.

▼ **Authentication y Encapsulating Security Payload** (ESP): se utiliza por IPsec para proporcionar autenticación, integridad y confidencialidad de los paquetes. AH y ESP son idénticos en IPv4 y en IPv6.

2.7 TIPOS DE DIRECCIONAMIENTO IPV6

IPv6 reconoce tres tipos de direcciones: unicast, multicast y anycast. El tipo de dirección define el destino de la comunicación, es decir, a cuántos receptores debe ser entregado el paquete.

El primero de estos tipos, la dirección unicast, identifica de manera única una interfaz. Un paquete enviado a ese tipo de dirección será entregado a la interfaz correspondiente. Entre las direcciones unicast, se pueden distinguir aquéllas que tienen una cobertura global, es decir, designan sin ambigüedad un destinatario sobre Internet, y las que tienen cobertura local. Estas últimas no pueden ser enrutadas sobre Internet. Es decir, un paquete que tenga una dirección destino con cobertura local, será ignorado y eliminado por un router de Internet.

Una dirección multicast designa a un grupo de interfaces que pertenecen, en general, a nodos distintos que pueden ubicarse en cualquier parte de Internet. Cuando un paquete tiene una dirección destino multicast, éste se envía por la red a todas las interfaces miembros de ese grupo.

Cabe resaltar que desaparecen las direcciones de broadcast (difusión) que existían en IPv4; éstas son remplazadas por direcciones tipo multicast. La dirección de difusión puede ser imitada por una dirección multicast constituyendo un grupo que incluya todos los nodos. La ausencia de direcciones de difusión evita los problemas de saturación en las redes locales conmutadas. Por este motivo una red IPv6 tiene un mejor desempeño sobre este tipo de redes.

El último tipo de dirección, anycast, se deriva de la oficialización de propuestas hechas para IPv4 (RFC 1546). Como en el caso multicast, una dirección de tipo anycast designa un grupo de interfaces. La principal diferencia consiste en que cuando un paquete tiene una dirección destino anycast, éste es enviado a alguno de los miembros del grupo, no a todos. El receptor del paquete podría ser, por ejemplo, el más cercano de acuerdo a la métrica de usada por los protocolos de enrutamiento. Este tipo de dirección es principalmente experimental.

2.7.1 Global-Unicast

La escalabilidad de la red es sumamente importante, es directamente proporcional a la capacidad de sumarización que tiene la red. Tal como ocurre con IPv4 los bits más a la izquierda indican el prefijo de enrutamiento y pueden ser sumarizados. Teóricamente existen 2^{64} prefijos IPv6. Si cada prefijo fuera almacenado en la memoria del router utilizando 256 bits (32 bytes), entonces la tabla de enrutamiento consumiría $5.9x10^{20}$ bytes, lo cual es demasiado. Esto se reduce a la importancia que tiene la sumarización al momento de construir la tabla de enrutamiento.

La siguiente figura muestra un esquema de una dirección Global IPv6, definida por la RFC 3587:

Global Prefix	Subnet ID	Interface ID
/48		/64

Los primeros 48 bits de la dirección Global IPv6 son utilizados para enrutamiento en Internet en el ISP, los siguientes 16 bits forman el sub-net ID permitiendo así a una empresa subdividir su red. Los restantes 64 bits son la interfaz ID en formato EUI-64.

IANA está asignando direcciones que comienzan con el valor binario 001 o en hexadecimal 2000::/3. Este direccionamiento está designado para direcciones globales IPv6 unicast. Éste es una octava parte del espacio total del direccionamiento IPv6. IANA utiliza el rango 2001::/16 para registros, que normalmente tienen un rango /23 y asigna un rango /32 a los ISP.

Por ejemplo un ISP podría disponer a una organización de la siguiente dirección 2001:0:1AB::/48. En una subred 5 el prefijo sería 2001:0:1AB:5::/64. En un dispositivo con una MAC 00-0f-66-81-19-a3, el formato EUI-64 de la interfaz ID será 020F:66FF:FE81:19A3. Finalmente la dirección IPv6 completa será 2001:0:1AB:5 :20F:66FF:FE81:19A3.

2.7.2 Link-Local

Las direcciones unicast de IPv6 locales (*Link local*) permiten a dispositivos que estén en la misma red local ser capaces de comunicarse sin necesidad de asignación de un direccionamiento global. Las direcciones locales son utilizadas para el enrutamiento y por los procesos de descubrimiento entre protocolos. Son auto- configuradas utilizando el prefijo FE80::/10 más el formato EUI-64 ID, según muestra la siguiente figura:

10 bits	54 bits	64 bits
1111 1110 10	**0**	**Interface ID**
FE80::/10		

Por ejemplo, una MAC 00-0f-66-81-19-a3 tendrá una dirección IPv6 Local FE80::020F:66FF:FE81:19A3.

La RFC 4291 especifica otro tipo de dirección unicast. Las direcciones IPv4 son mapeadas a IPv6 concatenando la dirección 0::FFFF:0:0/96 con una determinada dirección IPv4. Por ejemplo, la dirección 10.0.0.1 se convierte en 0::FFFF:A00:1, debido a que 10.0.0.1 es en hexadecimal 0A00:0001. Estas direcciones pueden ser utilizadas por los host **dual-stack**, que son aquellos que utilizan ambos tipos de direccionamiento.

2.7.3 Unique-Local

El RFC 4193 define un nuevo formato de dirección unicast: las direcciones locales únicas (ULA: *Unique Local Address*). Estas direcciones son para uso local. No están pensadas para ser enrutadas en Internet, sino dentro de un área acotada, como un sitio o un número limitado de sitios. Con un prefijo de 48 bits, pueden ser manipuladas como las direcciones globales, con un identificador de Subred (SID) de 16 bits y un identificador de interfaz (IID) de 64 bits.

Las direcciones locales únicas se crean utilizando un identificador global (Global ID) generado de forma pseudo-aleatoria. Estas direcciones tienen el formato siguiente:

1. **Prefix** (7 bits): FC00::/7 prefijo para identificar las direcciones IPv6 locales (ULA)

2. **L** (1 bit): puesto a 1, el prefijo es asignado localmente. El valor 0 está reservado para usos futuros.

3. **Global ID** (40 bits): identificador global utilizado para la creación de un prefijo "único" (Globally Unique Prefix).

4. **Subnet ID** (16 bits): identificador de subred al interior del sitio.

5. **Interface ID** (64 bits): el identificador de interfaz, tal como está definido en Identificador de interfaz.

2.7.4 Multicast

Una dirección de multicast identifica un grupo de interfaces. El tráfico enviado al grupo llega a todas estas interfaces. Éstas pueden a su vez pertenecer a varios grupos multicast simultáneamente. Cada interfaz puede reconocer varias direcciones de multicast incluyendo la dirección *all-nodes*, la dirección *solicited-nodes* o cualquier otra dirección a la que el nodo pertenezca. Los routers deben ser capaces de reconocer la dirección *all-routers*.

El formato de una dirección IPv6 de multicast se ilustra en la siguiente figura:

8 bits	4 bits	4 bits	112 bits
1111 1111	**Flag**	**Scope**	**Group ID**

FF00::/8

Como se muestra en la figura la dirección IPv6 multicast comienza con el prefijo FF00::/8 los siguientes 4 bits son identificadores que se describen a continuación:

1. El primer identificador o bandera es indefinido y siempre tiene el valor de cero.

2. Conocido como el bit "**R**" tiene el valor en binario de 1, cuando el RP esté contenido en el paquete multicast.

3. Conocido como el bit "**P**" lleva el valor binario 1 en el caso de que la dirección multicast esté basada en un prefijo unicast.

4. Es el llamado bit "**T**", si la dirección está asignada permanentemente lleva el valor 0, si por el contrario el valor es 1 la dirección es temporal.

Los 4 bits después de las banderas indican el ámbito de la dirección limitando cuán lejos esta dirección multicast es capaz de llegar. En IPv4 se utiliza el TTL para poder efectuar esta tarea, pero no es un mecanismo exacto debido a que la distancia permitida por el TTL puede ser demasiado larga en una dirección y demasiado corta en otra. El ámbito en IPv6 es lo suficientemente flexible como para limitar multicast en un sitio o una empresa determinada.

Los ámbitos están definidos en hexadecimal y son los siguientes:

▪ Valor 1: ámbito interfaz-local, usado para las interfaces loopback.

▪ Valor 2: ámbito link-local, similar al ámbito unicast link-local.

▪ Valor 4: ámbito admin-local; debe ser administrativamente configurado.

▪ Valor 5: ámbito site-local; solo abarca un sitio.

▪ Valor 8: ámbito organization-local; abarca varios sitios pertenecientes a múltiples sitios u organizaciones.

▪ Valor E: es de ámbito global.

El ID del grupo multicast son los 112 bits de menor ámbito de la dirección.

Todos los dispositivos deberían reconocer y responder a estas direcciones multicast de todos los nodos:

▪ FF01::1 correspondiente a la interfaz local.

▪ FF02::1 correspondiente al enlace local.

Las direcciones de multicast *solicited-nodes* son utilizadas en los mensajes de solicitud de vecinos y son enviadas en un enlace local por un dispositivo que quiere determinar la dirección de la capa de enlace de otro dispositivo en el mismo enlace local. Este mecanismo se asemeja a ARP en IPv4. Una dirección de multicast *solicited-nodes* comienza con el prefijo FF02::1:FF00:/104 y en los últimos 24 bits insertando las direcciones unicast o anycast del dispositivo.

Los routers deben poder responder a las direcciones multicast *all*-router:

▼ FF01::2 es la dirección de interfaz local.

▼ FF02::2 es la dirección de enlace local.

▼ FF05::2 es la dirección del sitio local.

Los routers también se unen a otros grupos para soportar protocolos de enrutamiento como por ejemplo, OSPF versión 3 (OSPFv3) utiliza FF02::5 y FF02::6, y RIPng (*Routing Information Protocol new generation*) utiliza FF02::9.

2.7.5 Anycast

Una dirección de este tipo es una dirección global que está asignada a dos o más host. Los dispositivos enrutan hacia la dirección más cercana utilizando la métrica proporcionada por el protocolo de enrutamiento.

Las direcciones anycast son creadas asignando la misma dirección a más de un dispositivo. No existe un espacio de direccionamiento designado para anycast. Los dispositivos que emplearán este tipo de dirección deben ser explícitamente configurados y tiene que saber que la dirección es de anycast.

Todos los routers tienen que soportar la dirección anycast subnet-router para las subredes en las cuales tienen interfaces. Estas direcciones son las direcciones de unicast con la porción de la interfaz ID puestas en 0. Los paquetes enviados a la dirección de anycast subnet-router serán entregados a un router específico en la subred.

2.7.6 EUI-64

Los ID de una dirección IPv6 son utilizados para identificar de manera única una interfaz, este segmento de la dirección es llamado porción de host. Estos ID deben ser únicos en los enlaces, tienen una longitud de 64 bits y pueden ser creados dinámicamente basándose en la dirección de la capa de enlace.

El tipo de capa de enlace determinará cómo son dinámicamente creadas las interfaces de IPv6 y cómo funcionará la resolución del direccionamiento. Para Ethernet la interfaz ID está basada en la dirección MAC de la interfaz en un formato llamado **EUI-64** (*Extended Universal Identifier 64-bit*). Este formato deriva de la dirección MAC de 48 bits con el agregado de los números hexadecimales FFFE entre el OUI y el código de vendedor. El séptimo bit del primer byte del ID de la interfaz resultante corresponde al bit *universal local* (U/L) asume el valor binario 1. Este bit indica si la interfaz ID es localmente única en ese enlace o universalmente única.

El octavo bit en el primer byte de la interfaz ID corresponde al *individual/group* (I/G) que se utiliza para gestionar grupos multicast, en este caso no varía.

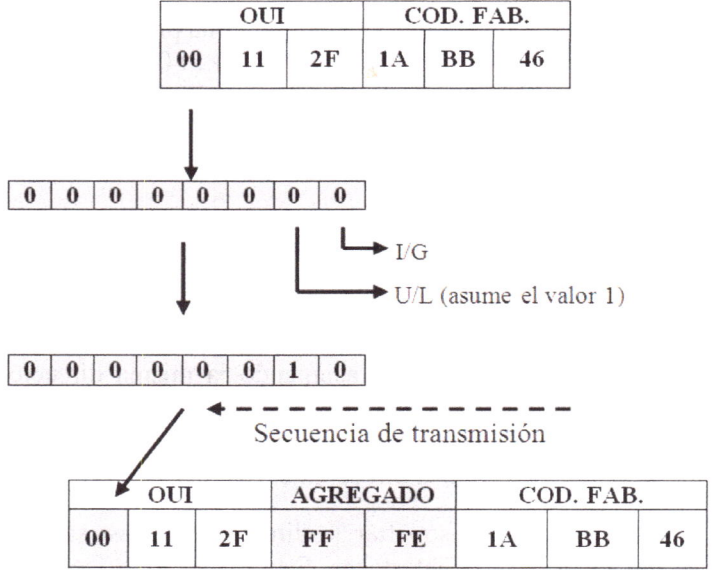

IPv6 Interfaz ID

Ethernet transmite los bits de bajo orden de cada byte primero (a la inversa) el bit U/L es el bit séptimo y el I/G es el octavo de la dirección, por lo tanto, el primer bit de la dirección MAC transmitido será el bit I/G, usado por direcciones broadcast y multicast y el segundo bit transmitido será el U/L.

2.7.7 Asignación de direcciones IPv6

Las direcciones IPv6 pueden ser asignadas de manera manual o de forma dinámica usando DHCPv6 o autoconfiguración stateless.

- ▶ **Manual**: el administrador es el encargado de asignarlas y configurarlas manualmente, supone más trabajo y demanda llevar un registro de las direcciones que han sido asignadas y a qué host.

- ▶ **SLAAC** (*Stateless Address Autoconfiguration*): cada router anuncia información de red incluyendo el prefijo asignado a cada una de sus interfaces. Con la información contenida en este anuncio los sistemas finales crean una dirección única al concatenar el prefijo con el ID en formato EUI-64 de la interfaz. El nombre stateless viene de que ningún dispositivo lleva un registro de las IP que se van asignando. Los sistemas finales piden información de red al router usando un mensaje específico denominado **Router Solicitation** y los routers responden con un mensaje **Router Advertisement**. Existe un proceso denominado **DAD** (*Duplicate Address Detection*), que se encarga de verificar que las IPs no estén en uso, no sean duplicadas.

- ▶ **DHCPv6**: se puede definir este método como autoconfiguración stateful y el funcionamiento es similar a DHCP tradicional, asignando direccionamiento a los hosts de un rango preconfigurado. Tiene una ventaja añadida y es que rompe la relación entre MAC e IP (capa 2 y 3) creada si se utiliza la autoconfiguración stateless, aumentando la seguridad.

2.8 TRANSICIÓN DE IPV4 A IPV6

Muchos de los actuales dispositivos de red requieren para su funcionalidad la utilización e implementación de IPv6. Sin embargo y por diferentes razones muchas empresas no pueden cambiar fácilmente de IPv4 a IPv6. Este proceso de migración puede llevar un largo período de cambios y transformaciones por lo que durante esta fase pueden coexistir ambas versiones de IP.

2.8.1 Dual Stack

Con este mecanismo es posible ejecutar IPv4 e IPv6 a la vez sin comunicación entre ambas versiones. Los hosts y los routers llevan configuraciones de las dos versiones de IP y utilizan independientemente unas u otras según los recursos que quieran alcanzar. Si un recurso en concreto proporciona ambas versiones sería conveniente utilizar IPv6 para alcanzarlo.

Este mecanismo de dualidad permite a los servidores, clientes y aplicaciones moverse gradualmente hacia el nuevo protocolo provocando un mínimo impacto durante el proceso de transición a IPv6.

La mayor desventaja de esta tecnología es que requiere que todo el equipamiento soporte ambos protocolos, lo cual no es la situación real.

2.8.2 Túneles

El mecanismo que proporciona dual stack funciona correctamente siempre y cuando la infraestructura pueda soportar los dos protocolos, pero hay casos en los que los dispositivos sólo soportan IPv4, como por ejemplo en equipos de core. Hasta que estos equipos sean actualizados se debe utilizar otro tipo de técnica que pueda ejecutar IPv6 a través de IPv4.

Utilizando túneles los routers que están ejecutando a la vez IPv4 e IPv6 encapsularán el tráfico IPv6 dentro de paquetes IPv4. El origen de los paquetes IPv4 es el propio router local y el destino será el router en el extremo del túnel. Cuando el router destino recibe el paquete IPv4 lo desencapsula y hace un reenvío del tráfico IPv6 que estaba encapsulado.

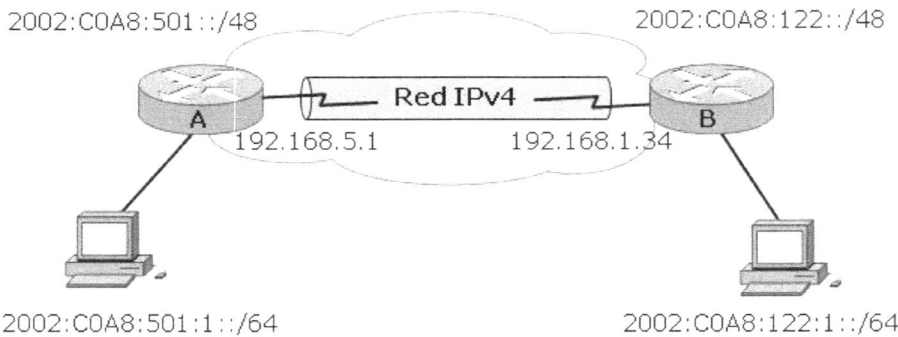

En la actualidad, Internet es básicamente una red IPv4 con algunas islas IPv6; por lo tanto, lo más frecuente es que el tráfico IPv6 viaje encapsulado en paquetes IPv4.

Los siguientes son algunos de los tipos de túneles más comunes:

▸ **Configuración manual**: el túnel se crea manualmente, IPv6 es el protocolo pasajero siendo IPv4 el encargado de encapsular y transportar a IPv6.

▸ **6-to-4** Permite tráfico IPv6 sobre una red IPv4 sin la necesidad de configurar túneles de forma explícita, aunque se mantiene la función de encapsulamiento de IPv6 en IPv4. Los túneles 6-to-4 utilizan direcciones IPv6 que enlazan las direcciones **2002::/16** con la dirección IPv4 de 32 bits del router borde creando un prefijo de 48 bits.

▸ **Teredo**: encapsulan paquetes IPv6 en segmentos IPv4 UDP y trabajan de manera similar a los otros mecanismos anteriores con el agregado de poder atravesar redes que están utilizando NAT y firewall. La RFC 4380 describe el funcionamiento de este mecanismo.

▸ **ISATAP** (*Intra-Site Automatic Tunnel Addressing Protocol*): trata la red como una NBMA de IPv4 y permite a la red privada IPv4 implementar incrementalmente IPv6 sin actualizar la red. La RFC 4214 describe el funcionamiento de ISATAP.

2.8.3 Traducción

El problema del mecanismo de túneles, ya sea manual o automático, es que termina siendo una solución del tipo dual stack. Los clientes IPv6 tienen que seguir soportando IPv4 para conectar con otros dispositivos IPv4. La traducción de direcciones es un tipo de solución diferente que permite a dispositivos IPv6 comunicarse con dispositivos IPv4 sin necesidad de dependencia dual stack.

Algunas de las técnicas de traducción más empleadas son:

▸ **SIIT** (*Stateless IP/ICMP Translation*): realiza traducción de encabezados IPv6 a IPv4 y viceversa.

▸ **NAT64**: mecanismo que permite a los hosts IPv6 comunicar con hosts IPv4. Puede implementarse en modo stateless según la RFC6145) o stateful según la RFC6146.

▸ **Stateless NAT64**: mecanismo de traslación de direcciones IPv6 a IPv4, pero garantizando correspondencia 1 a 1, en lugar de usar correspondencia 1 a muchos como en el NAT stateful.

Los dominios de enrutamiento IPv4 e IPv6 también pueden estar conectados a través de un Proxy usando **ALG** (*Application-Level Gateways*). Un Proxy intercepta tráfico y lo convierte al protocolo correspondiente. Un ALG independiente será necesario para soportar cada protocolo, de esta manera este método solo soluciona algunos problemas específicos de la traducción de direcciones.

2.9 FUNDAMENTOS PARA EL EXAMEN

- ⚑ Practique la conversión de números decimales, binarios y hexadecimales.

- ⚑ Memorice los rangos de cada una de las clases de redes, el direccionamiento reservado para uso privado.

- ⚑ Ejercite el cálculo de subredes, VLMS y resúmenes de ruta.

- ⚑ Tenga claro la diferencia entre VLMS, CIDR y resumen de ruta.

- ⚑ Estudie el mecanismo de abreviatura de una dirección IPv6.

- ⚑ Analice las diferencias fundamentales entre el direccionamiento IPv4 e IPv6 y los métodos de transición entre ellos.

- ⚑ Recuerde cuales son los tipos de direcciones IPv6 y como se constituyen.

- ⚑ Diferencie los distintos métodos de configuración de una dirección IPv6.

- ⚑ Deduzca las diferencias entre IPv4 e IPv6, y cómo funcionan los mecanismos de transición.

- ⚑ Fundamente este capítulo realizando la mayor cantidad posible de ejercidos de subredes hasta tener una idea clara de su funcionamiento.

3

CONMUTACIÓN

3.1 CONMUTACIÓN DE CAPA 2

Las redes ethernet pueden mejorar su desempeño a partir de la conmutación de tramas. La conmutación permite segmentar una LAN creando dominios de colisión con anchos de banda exclusivos para cada segmento pudiendo transmitir y recibir al mismo tiempo sin el retardo que provocarían las colisiones.

Al llegar una trama al puerto del switch, ésta se sitúa en una de las colas de entrada que contienen las tramas a reenviar con diferentes prioridades.

El switch no solo tiene que saber dónde reenviar las tramas sino cómo hacerlo tomando información a partir de las políticas de reenvío; estas decisiones la toma de forma simultánea utilizando diferentes partes del hardware involucrado en la decisión de switching.

El ancho de banda dedicado por puerto es llamado **microsegmentación**.

Los puentes, switches y routers son dispositivos que dividen las redes en segmentos.

- Los puentes trabajan a nivel de software generando alta latencia.
- Los routers utilizan gran cantidad de recursos.
- Los switches lo hacen a nivel de hardware siendo tan rápidos como el medio lo exija.

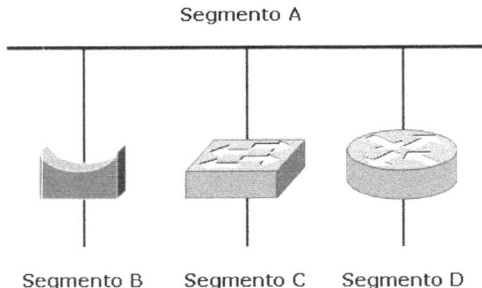

Los puentes, switches y routers dividen las redes en segmentos

La conmutación permite:

► **Comunicaciones dedicadas entre dispositivos**. Los hosts poseen un dominio de colisión puro libre de colisiones, incrementando la rapidez de transmisión.

► **Múltiples conversaciones simultáneas**. Los hosts pueden establecer conversaciones simultáneas entre segmentos gracias a los circuitos virtuales proporcionados por los switchs.

► **Comunicaciones full-duplex**. El ancho de banda dedicado por puerto permite transmitir y recibir a la vez, duplicando el ancho de banda teórico.

► **Adaptación a la velocidad del medio**. La conmutación creada por un switch funciona a nivel de hardware (ASIC), respondiendo tan rápidamente como el medio lo permita.

3.2 CONMUTACIÓN CON SWITCH

Un switch segmenta una red en dominios de colisión, tantos como puertos activos posea. Aprender direcciones, reenviar, filtrar paquetes y evitar bucles también son funciones de un switch.

El switch segmenta el tráfico de manera que los paquetes destinados a un dominio de colisión determinado no se propaguen a otro segmento aprendiendo las direcciones MAC de los hosts. A diferencia de un hub, un switch no inunda todos los puertos con las tramas, por el contrario, el switch es selectivo con cada trama.

Debido a que los switches controlan el tráfico para múltiples segmentos al mismo tiempo, han de implementar memoria búfer para que puedan recibir y transmitir tramas independientemente en cada puerto o segmento.

Un switch nunca aprende direcciones de difusión o multidifusión, dado que las direcciones no aparecen en estos casos como dirección de origen de la trama. Una trama de broadcast será transmitida a todos los puertos a la vez.

3.2.1 Tecnologías de conmutación

A partir del momento en que el switch toma la decisión de enviar la trama puede utilizar diferentes tipos de procesamientos internos para hacerlo.

- **Almacenamiento y envío**: el switch debe recibir la trama completa antes de enviarla por el puerto correspondiente. Lee la dirección MAC destino, comprueba el CRC (contador de redundancia cíclica, utilizado en las tramas para verificar errores de envío), aplica los filtrados correspondientes y retransmite. Si el CRC es incorrecto, se descarta la trama. El retraso de envío o latencia suele ser mayor debido a que el switch debe almacenar la trama completa, verificarla y posteriormente enviarla al segmento correspondiente.

- **Método de corte**: el switch verifica la dirección MAC de destino en cuanto recibe la cabecera de la trama, y comienza de inmediato a enviar la trama. La desventaja de este modo es que el switch podría retransmitir una trama de colisión o una trama con un valor de CRC incorrecto, pero la latencia es muy baja.

- **Libre de fragmentos**: modo de corte modificado, el switch lee los primeros 64 bytes antes de retransmitir la trama. Normalmente las colisiones tienen lugar en los primeros 64 bytes de una trama. El switch solo envía las tramas que están libres de colisiones.

Normalmente los terminales de trabajo utilizan enlaces a 100 Mbps, mientras que los enlaces ascendentes funcionan a 1 Gbps, sumado a la tecnología **ASIC** (*Application-Specific Integrated Circuits*), los switches de hoy en día utilizan típicamente el procesamiento de almacenamiento y envío, debido a que la latencia comparada con los otros dos métodos de conmutación es insignificante en estas velocidades.

3.2.2 Aprendizaje de direcciones

Un switch crea circuitos virtuales entre segmentos, para ello debe identificar las direcciones MAC de destino, buscar en su tabla de direcciones MAC a qué puerto debe enviarla y ejecutar el envío. Cuando un switch se inicia no posee datos sobre los hosts conectados a sus puertos, por lo tanto, inunda todos los puertos esperando capturar la MAC correspondiente.

A medida que las tramas atraviesan el switch, este las comienza a almacenar en la memoria **CAM** (*Content-Addressable Memory*) asociándolas a un puerto de salida e indicando en cada entrada una marca horaria a fin de que pasado cierto tiempo sea eliminada preservando el espacio en memoria. Si un switch detecta que la trama pertenece al mismo segmento de donde proviene no la recibe evitando tráfico, si por el contrario el destino pertenece a otro segmento, solo enviará la trama al puerto correspondiente de salida. Si la trama fuera un broadcast, el switch inundará todos los puertos con dicha trama.

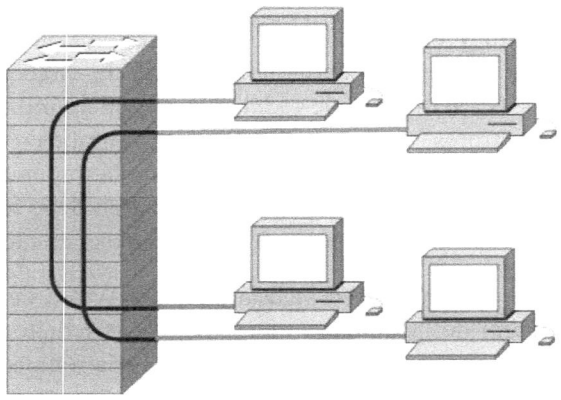

Un switch crea circuitos virtuales mapeando la dirección MAC de destino con el puerto de salida correspondiente

La tabla CAM tiene un tamaño determinado que varía en función de cada equipo, pero en definitiva es de tamaño limitado y puede llenarse y provocar un desbordamiento. Para prevenir este desbordamiento de la CAM es muy útil reducir el tiempo de permanencia de las entradas en la tabla.

Existen casos particulares en los que la MAC no se aprenderá de forma dinámica, por ejemplo, un interfaz que solo reciba tráfico y que nunca envíe, en ese caso se podrá configurar la entrada en la CAM de forma manual.

La siguiente captura muestra la tabla MAC de un switch:

```
switch#sh mac-address-table
Dynamic Address Count:                  172
Secure Address Count:                   0
Static Address (User-defined) Count:    0
System Self Address Count:              76
Total MAC addresses:                    248
Maximum MAC addresses:                  8192
```

```
Non-static Address Table:
Destination Address    Address Type   VLAN   Destination Port
------------------     -----------    ----   ----------------
0000.0c07.ac01         Dynamic          12   GigabitEthernet0/1
0000.0c07.ac0b         Dynamic          11   GigabitEthernet0/1
0000.c0e5.b8d4         Dynamic          12   GigabitEthernet0/2
0001.9757.d29c         Dynamic           1   GigabitEthernet0/1
0001.9757.d29c         Dynamic           2   GigabitEthernet0/1
0001.9757.d29c         Dynamic           3   GigabitEthernet0/1
0001.9757.d29c         Dynamic           4   GigabitEthernet0/1
0001.9757.d29c         Dynamic           5   GigabitEthernet0/1
0001.9757.d29c         Dynamic           6   GigabitEthernet0/1
0001.9757.d29c         Dynamic           7   GigabitEthernet0/1
0001.9757.d29c         Dynamic           8   GigabitEthernet0/1
0001.9757.d29c         Dynamic           9   GigabitEthernet0/1
```

3.2.3 Medios del switch

En el diseño de una red LAN, se debe tener en cuenta la longitud de cada tramo de cable y luego encontrar el mejor tipo de Ethernet y el tipo adecuado de cableado que soporte la longitud necesaria. En el capítulo 1 ya se ha hecho referencia a los medios y estándares de la capa física, las siguientes son tecnologías Ethernet aplicables a los puertos de switches Cisco:

▶ **Ethernet**: cuando comúnmente se habla de Ethernet se hace referencia a Ethernet basada en la norma de la IEEE 802.3, la cual describe Ethernet como un medio compartido que además es dominio de colisión y de difusión. En Ethernet dos estaciones no pueden transmitir simultáneamente y cuantas más estaciones existan en el segmento más probabilidad existe de colisión, esto solo ocurre en modo half-duplex, en el que una estación no es capaz de transmitir y recibir a la vez. Ethernet está basada en la tecnología CSMA/CD (*Carrier Sense Multiple Access Collision Detect*), que describe un modo de operación en sistemas de contienda o máximo esfuerzo.

▶ **Fast Ethernet**: definido en el estándar IEEE 802.3u, el cual declara un estándar que compartiendo la subcapa de acceso al medio (MAC) con IEEE 802.3 pueda transmitir a 100 Mbps. La diferencia con IEEE 802.3 consiste en la modificación del medio físico manteniendo la operación CSMA/CD y la subcapa MAC. La especificación Fast Ethernet dispone de compatibilidad con Ethernet tradicional, así que los puertos en el caso de 100BASE-T pueden ser 10/100, además de la velocidad es posible negociar el modo duplex de la transmisión. Los puertos pueden configurarse de forma automática o de manera manual para asegurar el modo de operación deseado. Los switches Cisco además permite en Fast Ethernet la agregación de puertos para conseguir mayor ancho de banda, esto se consigue mediante EtherChannel, el cual se tratará más adelante.

▼ **Gigabit Ethernet**: el estándar Gigabit Ethernet (IEEE 802.3z) es una mejora sobre Fast Ethernet que permite proporcionar velocidades de 1 Gbps, pero para conseguir este resultado fue necesario utilizar el estándar ANSI X3T11 - Fiberchannel junto con el estándar IEEE 802.3. De esta forma surgió un nuevo estándar con el mismo modo de operación que Ethernet, pero a 1 Gbps. Gigabit Ethernet permite la compatibilidad con sus predecesores, existen puertos de 10/100/1000 y es posible la autonegociación. La capacidad de agregación también existe en Gigabit Ethernet denominándose Gigabit EtherChannel.

▼ **10-Gigabit Ethernet**: el estándar 10-Gigabit Ethernet (IEEE 802.3ae) funciona sobre una nueva capa física totalmente diferente a las anteriores, pero manteniendo la subcapa MAC exactamente igual que las versiones antecesoras. 10-Gigabit Ethernet solo funcionará a 10 Gbps full duplex, en este caso no existe compatibilidad con versiones anteriores de Ethernet ya que la capa física no es compatible.

▼ **EtherChannel**: los dispositivos Cisco permiten realizar agregación de enlaces con la finalidad de aumentar el ancho de banda disponible a través de la tecnología EtherChannel. La agregación de puertos en Cisco se puede realizar con interfaces Fast Ethernet, Gigabit Ethernet o 10 Gigabit Ethernet. Con la tecnología EtherChannel es posible añadir hasta 8 enlaces de forma que se comporten como si fueran uno, eliminando la posibilidad de formar bucles de capa 2 debido a que el comportamiento de estos enlaces es el de un único enlace. La tecnología EtherChannel permite una distribución que no llega a ser un balanceo de carga perfecto por los métodos que utiliza, pero permite la correcta distribución del tráfico, además si uno de los enlaces que componen la agregación fallara, el tráfico se distribuiría entre los restantes sin perder la conectividad.

3.3 SPANNING TREE PROTOCOL

Las redes están diseñadas por lo general con enlaces y dispositivos redundantes. Estos diseños eliminan la posibilidad de que un punto de fallo individual origine al mismo tiempo varios problemas que deben ser tenidos en cuenta. Sin algún servicio que evite bucles, cada switch inundaría las difusiones en un bucle infinito.

3.3.1 Bucles de capa 2

La propagación continua de difusiones a través de un bucle produce una tormenta de difusión, lo que da como resultado un desperdicio del ancho de banda, así como impactos serios en el rendimiento de la red. Podrían ser distribuidas múltiples copias de tramas sin difusión a los puestos de destino. Esta situación se conoce como **bucle de capa 2** o **bucle de puente**.

Muchos protocolos esperan recibir una sola copia de cada transmisión. La presencia de múltiples copias de la misma trama podría ser causa de errores irrecuperables. Una inestabilidad en el contenido de la tabla de direcciones MAC da como resultado que se reciban varias copias de una misma trama en diferentes puertos del switch.

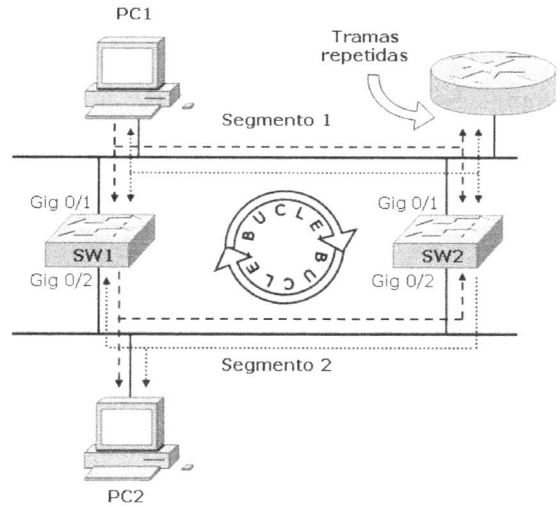

Los bucles y las tramas duplicadas son algunos de los problemas que soluciona STP.

3.3.2 Solución a los bucles de capa 2

STP (*Spanning Tree Protocol*) es un protocolo de capa dos publicado en la especificación del estándar IEEE 802.1d.

El objetivo de STP es mantener una red libre de bucles. Un camino libre de bucles se consigue cuando un dispositivo es capaz de reconocer un bucle en la topología y bloquear uno o más puertos redundantes.

El protocolo Spanning Tree explora constantemente la red, de forma que cualquier fallo o adición en un enlace, switch o bridge es detectado al instante. Cuando cambia la topología de red, el algoritmo de STP reconfigura los puertos del switch o el bridge para evitar una pérdida total de la conectividad.

Los switches intercambian información multicast a través de las **BPDU** (*Bridge Protocol Data Unit*) cada dos segundos, si se detecta alguna anormalidad en algún puerto, STP cambiará de estado dicho puerto automáticamente utilizando algún camino redundante sin que se pierda conectividad en la red.

Cada switch envía las BPDU a través de un puerto usando la dirección MAC de ese puerto como dirección de origen, el switch no sabe de la existencia de otros switches por lo que las BPDU son enviadas con la dirección de destino multicast 01-80-c2-00-00-00.

Existen dos tipos de BPDU:

- **Configuration BPDU**: utilizadas para el cálculo de STP

- **Topology Change Notification (TCN) BPDU**: utilizada para anunciar los cambios en la topología de la red.

3.3.3 Proceso STP

STP funciona automáticamente siguiendo los siguientes criterios:

- **Elección de un switch raíz**. En un dominio de difusión solo debería existir un switch raíz. Todos los puertos del bridge raíz se encuentran en estado enviando y se denominan puertos designados. Cuando está en este estado, un puerto puede enviar y recibir tráfico. La elección de un switch raíz se lleva a cabo determinando el switch que posea la menor prioridad. Cada switch posee un **BID** (*Bridge ID*) que es la suma de la prioridad por defecto dentro de un rango de 1 al 65536 (2^0 a 2^{16}) y el ID del switch equivalente a la dirección MAC. Por defecto la prioridad es $2^{15} = 32768$ y es un valor configurable. Un administrador puede cambiar la elección del switch raíz por diversos motivos configurando un valor de prioridad menor a 32768. Los demás switches del dominio se llaman switch no raíz.

- **Puerto raíz**. El puerto raíz corresponde a la ruta de menor coste desde el switch no raíz, hasta el switch raíz. Los puertos raíz se encuentran en estado de envío o retransmisión y proporcionan conectividad hacia atrás al switch raíz. La ruta de menor coste al switch raíz se basa en el ancho de banda.

- **Puertos designados**. El puerto designado es el que conecta los segmentos al switch raíz y solo puede haber un puerto designado por segmento. Los puertos designados se encuentran en estado de retransmisión y son los responsables del reenvío de tráfico entre segmentos. Los puertos no designados se encuentran normalmente en estado de bloqueo con el fin de romper la topología de bucle.

3.3.4 Estado de los puertos STP

Los puertos del switch que participan de STP toman diferentes estados según su funcionalidad en la red.

- ⚐ **Bloqueando**. Inicialmente todos los puertos se encuentran en este estado. Si STP determina que el puerto debe continuar en ese estado, solo escuchará las BPDU, pero no las enviará.

- ⚐ **Escuchando**. En este estado los puertos determinan la mejor topología enviando y recibiendo las BPDU.

- ⚐ **Aprendiendo**. El puerto comienza a completar su tabla MAC, pero aún no envía tramas. El puerto se prepara para evitar inundaciones innecesarias.

- ⚐ **Enviando**. El puerto comienza a enviar y recibir tramas.

Existe un quinto estado que puede llamarse desactivado y ocurre cuando el puerto se encuentra físicamente desconectado o anulado por el sistema operativo, aunque no es un estado real de STP pues no participa de la operativa STP.

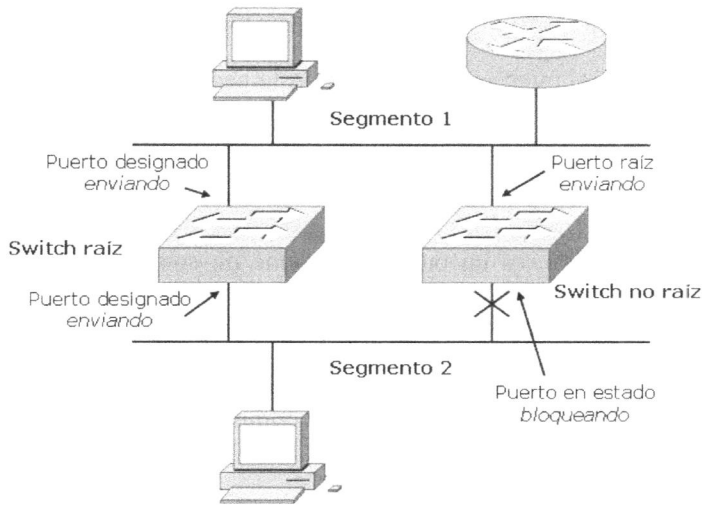

Para evitar bucles, STP bloquea los puertos necesarios

RECUERDE:

El tiempo que le lleva a STP el cambio de estado de un puerto desde bloqueado a envío es de 50 segundos.

3.3.5 RSTP

RSTP (*Rapid Spanning Tree Protocol*) es la versión mejorada de STP definido por el estándar IEEE 802.1w. El protocolo RSTP funciona con los mismos parámetros básicos que su antecesor:

▸ Designa el switch raíz con las mismas condiciones que STP.

▸ Elige el puerto raíz del switch no-raíz con las mismas reglas.

▸ Los puertos designados segmentan la LAN con los mismos criterios.

A pesar de estas similitudes con STP, el modo rápido mejora la convergencia entre los dispositivos ya que STP tarda 50 segundos en pasar del estado bloqueando al enviando mientras que RSTP lo hace prácticamente de inmediato sin necesidad de que los puertos pasen por los otros estados. RSTP es compatible con switches que solo utilicen STP.

En una topología RSTP el root bridge se elige de la misma manera que en el estándar 802.1d. Una vez que todos los switches están de acuerdo en la identificación del root, se determinan los roles de los puertos que pueden ser los siguientes:

▸ **Puerto raíz**: es el puerto con el menor coste hacia el switch raíz.

▸ **Puerto designado**: es el puerto de un segmento de LAN que está **más cerca del** switch raíz. Este puerto es el que envía las BPDU hacia abajo en el árbol de STP.

▸ **Puerto alternativo**, es un puerto que tiene un camino alternativo hacia el switch raíz y diferente del camino que utiliza el puerto raíz. Este camino es menos deseable que el del puerto raíz.

▸ **Puerto de backup**, proporciona redundancia en un segmento donde otro switch está conectado. Si este segmento común se pierde el switch no podría tener otro camino hacia el raíz.

RSTP solo define estados de puertos acorde a lo que el switch hace con las tramas que le llegan. Un puerto puede tener algunos de los siguientes estados:

▹ **Descartando**, las tramas de entrada simplemente son eliminadas, no se aprende ninguna dirección MAC; este estado combina los estados desconectado, bloqueando y aprendiendo del 802.1d.

▹ **Aprendiendo**, las tramas que le llegan son eliminadas pero las direcciones MAC quedan almacenadas.

▹ **Enviando**, las tramas de entrada son enviadas acorde a la dirección MAC que han sido aprendidas.

3.3.6 PVST

PVST (*Per-VLAN Spanning Tree*) es una versión propietaria de Cisco de STP que ofrece mayor flexibilidad que la versión estándar, el cual opera una instancia STP por cada una de las VLAN. Esto permite que cada instancia de STP se configure independientemente ofreciendo mayor rendimiento y optimizando las condiciones. Al tener múltiples instancias de STP es posible el balanceo de carga en los enlaces redundantes cuando son asignados a diferentes VLAN.

PVST+ (*Per-VLAN Spanning Tree Plus*) es una segunda versión propietaria que Cisco tiene de STP que permite interoperar con PVST y STP. El PVST+ es soportado por los switches Catalyst que ejecuten PVST, PVST+ y STP sobre enlaces 802.1q.

La eficiencia de cada instancia de STP puede aun mejorarse configurando el switch para que utilice **RPVST+** (*Rapid Per VLAN STP plus*) esto significa que cada VLAN tendrá su propia instancia independiente de RSTP ejecutándose en el switch. Solamente será necesario un paso en la configuración para cambiar el modo se STP para comenzar a utilizar RPVSTP+, esto se lleva a cabo con el siguiente comando:

```
Switch(config)# spanning-tree mode rapid-pvst
```

PVST+ actúa como un traductor entre grupos de switches STP y grupos PVST. PVST+ se comunica directamente con PVST con trunk ISL, mientras que con STP intercambia BPDU como tramas no etiquetadas utilizando la VLAN nativa.

3.3.7 MST

MST (*Multiple Spanning Tree*) es una evolución de STP que permite la creación de múltiples instancias STP en una misma red, cada una asociada a una o varias VLAN. Esto permite un mejor aprovechamiento de la redundancia y un balance de carga más eficiente en entornos con múltiples VLAN.

MST está definido en el estándar IEEE 802.1s .El proceso de funcionamiento de MST es el siguiente:

▶ Se definen regiones MST en la red.

▶ Dentro de cada región, se crean múltiples instancias STP, **MSTI** (*Multiple Spanning Tree Instance*), cada una asociada a una o varias VLANs.

▶ Cada MSTI elige un root bridge y crea una topología de reenvío libre de bucles para las VLAN asignadas.

▶ El **CST** (*Common Spanning Tree*) se utiliza para conectar las diferentes regiones MST y garantizar la interconexión entre ellas.

```
switch(config)#spanning-tree mode ?
  mst         Multiple spanning tree mode
  pvst        Per-Vlan spanning tree mode
  rapid-pvst  Per-Vlan rapid spanning tree mode
```

3.3.8 Bridge ID

Como se describió en el proceso STP, cada switch posee un **BID** (*Bridge ID*) que es la suma de la prioridad por defecto **32768** y la dirección MAC del switch. Al generar instancias independientes para cada VLAN, MSTP, PVST+ y RPVST+ fue necesario extender el BID (*Bridge Identifier Extended*) reduciendo el rango de la prioridad y añadiendo un identificador para cada VLAN que junto con la MAC formarán el ID del switch. En el campo de prioridad, se crea un nuevo campo llamado **ESID** (*Extended System ID*) para incorporar el VLAN ID.

Bridge ID	
Prioridad	**MAC**
2 bytes 16 bits 0 a 65535	6 bytes 48 bits

BID extendido		
Prioridad	**ESID**	**MAC**
0.5 bytes 4bits 0 a 15	1.5 byes 12bits 0 a 4095	6 bytes 48 bits

3.4 REDES VIRTUALES

Las **VLAN** (*Virtual Lan*) proveen seguridad, segmentación, flexibilidad, permiten agrupar usuarios de un mismo dominio de broadcast con independencia de su ubicación física en la red. Usando la tecnología VLAN se pueden agrupar lógicamente puertos del switch y los usuarios conectados a ellos en grupos de trabajo con interés común.

Utilizando la electrónica y los medios existentes es posible asociar usuarios lógicamente con total independencia de su ubicación física incluso a través de una WAN. Las VLAN pueden existir en un solo switch o bien abarcar varios de ellos. Las VLAN pueden extenderse a múltiples switch por medio de enlaces troncales que se encargan de transportar tráfico de múltiples VLAN.

El rendimiento de una red se ve ampliamente mejorado al no propagarse las difusiones de un segmento a otro aumentando también los márgenes de seguridad. Para que las VLAN puedan comunicarse son necesarios los servicios de routers que pueden implementar el uso de **ACL** para mantener el margen de seguridad necesario.

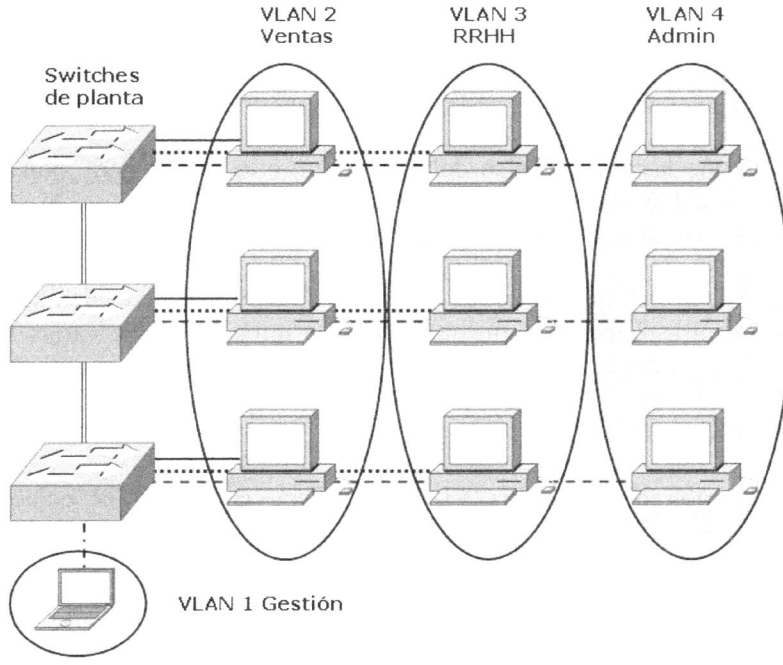

Ejemplo de utilización de VLAN

3.4.1 Voice VLAN

Una VLAN de voz (*Voice VLAN*), es una o red virtual, que se utiliza para segmentar el tráfico de voz (generalmente VoIP o ToIP) en una red, garantizando su calidad y prioridad en la transmisión, incluso cuando se comparte con otros tipos de tráfico. Al separar el tráfico de voz del tráfico de datos, se reducen las posibilidades de escuchas ilegales y accesos no autorizados. Permite que el tráfico de voz sea tratado con una mayor prioridad, asegurando una mejor calidad de las comunicaciones de voz.

Un puerto de acceso de un switch puede ser de datos y voz al mismo tiempo, ahorrando cableado ya que permite tráfico de ambas características. Generalmente un teléfono IP tiene una conexión hacia el switch y otra para el PC.

3.5 PUERTOS DE ACCESO Y TRONCALES

Muchas veces es necesario agrupar usuarios de la misma VLAN que se encuentran ubicados en diferentes zonas, para conseguir esta comunicación los switches utilizan un enlace troncal. Para que los switches envíen información sobre las VLAN que tienen configuradas a través de enlaces troncales es necesario que las tramas sean identificadas con el propósito de saber a qué VLAN pertenecen.

A medida que las tramas salen del switch son etiquetadas para indicar a qué VLAN corresponden, esta etiqueta es retirada una vez que entra en el switch de destino para ser enviada al puerto de VLAN correspondiente.

Un puerto de switch que pertenece a una VLAN determinada es llamado **puerto de acceso**, mientras que un puerto que transmite información de varias VLAN a través de un enlace punto a punto es llamado **puerto troncal**. Un puerto de acceso puede pertenecer a una LAN determinada y al mismo tiempo a una **VLAN de voz** o auxiliar para uso en telefonía IP.

La información de todas las VLAN creadas viajará por el enlace trocal automáticamente, la VLAN 1, que es la VLAN por defecto o nativa, lleva la información de estado de los puertos. También es la VLAN de gestión.

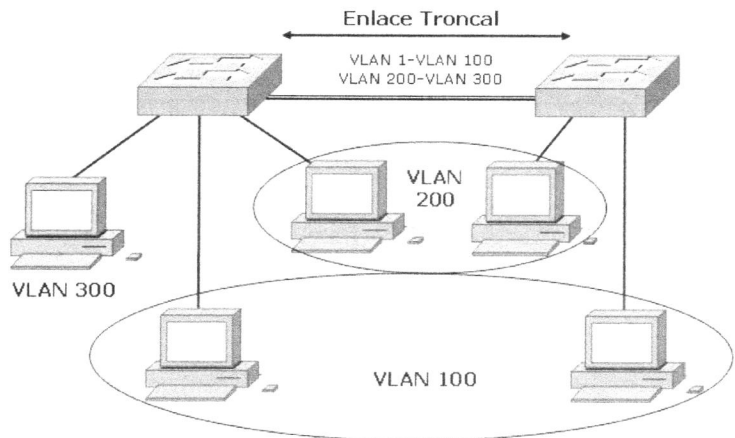

Para evitar que todas las VLAN viajen por el troncal es necesario quitarlas manualmente

3.5.1 Etiquetado de trama

La normativa **IEEE 802.1q** identifica el mecanismo de etiquetado de trama de capa 2 multivendedor. El protocolo **802.1q** interconecta switches, routers y servidores. Solo los puertos FastEthernet y GigabitEthernet soportan el enlace troncal con el etiquetado 802.1q, también conocido como **Dot1q**.

Los switches Cisco implementan una variante de etiquetado propietaria, la **ISL** (*Inter Switch Link*). ISL funciona a nivel de capa 2 y añade una verificación por redundancia cíclica (**CRC**). ISL posee muy baja latencia debido a que el etiquetado utiliza tecnología ASIC.

El etiquetado de la trama es eliminado de la trama al salir de un puerto de acceso antes de ser enviada al dispositivo final.

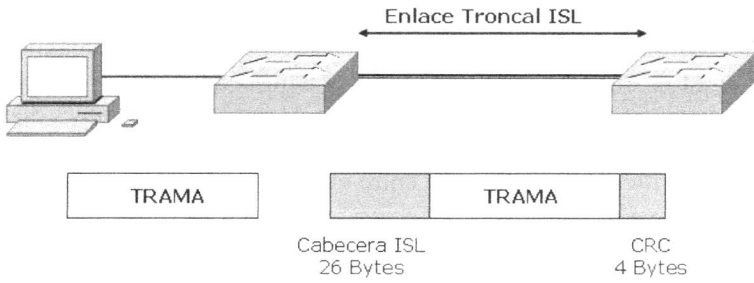

Ejemplo de un etiquetado ISL

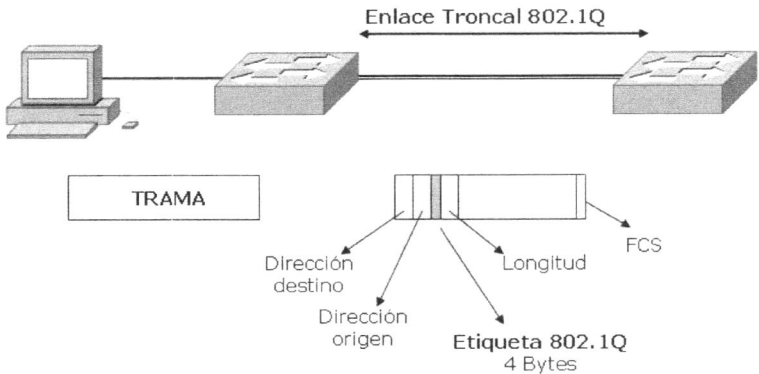

Ejemplo de un etiquetado Dot1q

 **NOTA:**

Los switches reconocen la existencia de VLAN a través del etiquetado de trama, identificando el número de VLAN independientemente del nombre que estas posean en cada switch.

3.6 VLAN TRUNKING PROTOCOL

VTP (*Vlan Trunking Protocol*) proporciona un medio sencillo de mantener una configuración de VLAN coherente a través de toda la red conmutada. VTP permite soluciones de red conmutada fácilmente escalable a otras dimensiones, reduciendo la necesidad de configuración manual de la red.

VTP es un protocolo de mensajería de capa 2 que mantiene la misma relación de la configuración VLAN a través de un dominio de administración común, gestionando las adiciones, supresiones y cambios de nombre de las VLAN a través de las redes. Existen varias versiones de VTP; en el caso particular de nuestro enfoque no es fundamental especificar las diferencias entre ellas.

Un dominio VTP son varios switches interconectados que comparten un mismo entorno VTP. Cada switch se configura para residir en un único dominio VTP. Para conseguir conectividad entre VLAN a través de un enlace troncal entre switchs, las VLAN deben estar configuradas en cada switch.

GVRP (*GARP VLAN Registration Protocol*). GARP y GVRP están definidos en los estándares IEEE 802.1D y 802.1Q (cláusula 11) respectivamente y tienen funcionalidades muy similares al VTP, pero como protocolos abiertos.

3.6.1 Modos de operación VTP

Cuando se configura VTP es importante elegir el modo adecuado, ya que VTP es una herramienta muy potente y puede crear problemas en la red.

VTP opera en tres modos, existe un cuarto modo **off** pero no participa en el dominio ni en la operatividad VTP:

▸ **Modo servidor**: es el modo VTP predeterminado. En modo servidor pueden crearse, modificar y suprimir VLAN y otros parámetros de configuración que afectan a todo el dominio VTP. En modo servidor, las configuraciones de VLAN se guardan en la memoria de acceso aleatoria no volátil (NVRAM). En este modo se envían y retransmiten avisos VTP y se sincroniza la información de configuración de VLAN con otros switches.

▸ **Modo cliente**: un dispositivo que opera en modo VTP cliente no puede crear, cambiar ni suprimir VLAN. Un cliente VTP no guarda la configuración VLAN en memoria no volátil. Tanto en modo cliente como en modo servidor, los switches sincronizan su configuración VLAN con la del switch que tenga el número de revisión más alto en el dominio VTP. En este modo se envían y retransmiten avisos VTP y se sincroniza la información de configuración de VLAN con otros switches.

▸ **Modo transparente**: Un switch que opera en VTP transparente no crea avisos VTP ni sincroniza su configuración de VLAN con la información recibida desde otros switches del dominio de administración. Reenvía los avisos VTP recibidos desde otros switches que forman parte del mismo dominio de administración. Un switch configurado en el modo transparente puede crear, suprimir y modificar VLAN, pero los cambios no se transmiten a otros switches del dominio, afectan tan solo al switch local.

▸ **Modo off**: este modo desactiva todas las actividades de VTP en un switch. No se envían ni reciben publicaciones VTP ni son retrasmitidas a otros switches.

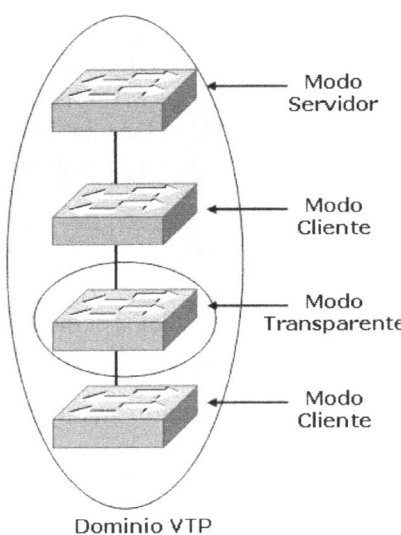

En un mismo dominio VTP la información de VLAN configurada
en el servidor se transmite a todos los clientes

NOTA:

En una red grande pueden convivir en un mismo dominio VTP varios switches servidores trabajando de manera redundante, sin embargo, esta alternativa puede dificultar la tarea del administrador.

RECUERDE:

El modo servidor debe elegirse para el switch que se usará para crear, modificar o suprimir VLAN.

El modo cliente debe configurarse para cualquier switch que se añada al dominio VTP para prevenir un posible reemplazo de configuraciones de VLAN.

El modo transparente debe usarse en un switch que se necesite para avisos VTP a otros switches, pero que necesitan también capacidad para administrar sus VLAN independientemente.

Copia de un **show vtp status**:

```
switch#show vtp status
VTP Version                    : 2
Configuration Revision      : 63
Maximum VLANs supported locally : 254
Number of existing VLANs       : 20
VTP Operating Mode             : Client
VTP Domain Name                : damian
VTP Pruning Mode               : Enabled
VTP V2 Mode                    : Disabled
VTP Traps Generation           : Enabled
MD5 digest                     : 0x38 0x3F 0x5F 0xF0 0x58 0xB6
0x74 0x30
Configuration last modified by 104.10.2.3 at 11-4-06 14:49:55
```

3.6.2 Recorte VTP

Por defecto todas las líneas troncales transportan el tráfico de todas las VLAN configuradas. Algún tráfico innecesario podría inundar los enlaces perdiendo efectividad. El recorte o pruning VTP permite determinar cuál es el tráfico que inunda el enlace troncal evitando enviarlo a los switches que no tengan configurados puertos de la VLAN destino.

 NOTA:

La pertenencia de los puertos de switch a las VLAN se asigna manualmente puerto a puerto (pertenencia VLAN estática o basada en puertos).

 NOTA:

La VLAN1 es la VLAN de administración y se utiliza para tareasde gestión como las publicaciones VTP, no será omitida por elpruning VTP.

3.7 FUNDAMENTOS PARA EL EXAMEN

- ⚑ Recuerde y analice los conceptos sobre la microsegmentación y los beneficios de la conmutación de capa 2.

- ⚑ Recuerde cuáles son los dispositivos que pueden segmentar una LAN y cómo sería el rendimiento de la red con cada uno de ellos.

- ⚑ Estudie las tecnologías de conmutación, el funcionamiento de cada uno de los métodos.

- ⚑ Analice el funcionamiento del aprendizaje de direcciones de un switch.

- ⚑ Compare cada uno de los medios que se pueden utilizar en los puertos de un switch.

- ⚑ Razone la problemática que generan los bucles de capa 2.

- ⚑ Estudie todos los conceptos sobre STP, procesos y estados de los puertos.

- ⚑ Determine las similitudes y diferencias entre STP, RSTP y PVST.

- ⚑ Recuerde las razones fundamentales para el uso y aplicación de VLAN.

- ⚑ Analice los beneficios asociados del uso de VLAN.

- ⚑ Tenga claras las diferencias entre un puerto de acceso y un puerto troncal y para qué utilizaría cada uno.

- ⚑ Recuerde qué es un enlace troncal y para qué sirve.

- ⚑ Memorice los tipos de etiquetado de trama, para qué sirven y las diferencias fundamentales entre ambos formatos.

- ⚑ Memorice y analice el funcionamiento detallado de VTP, sus modos de operación y el recorte VTP.

4

CONFIGURACIÓN DEL SWITCH

4.1 OPERATIVIDAD DEL SWITCH

Cuando un switch Catalyst se pone en marcha, hay tres operaciones fundamentales que el dispositivo de red debe realizar:

1. El dispositivo localiza el hardware y lleva a cabo una serie de rutinas de detección de este. Un término que se suele utilizar para describir este conjunto inicial de rutinas el **POST** (*Power-on Self Test*), o pruebas de inicio.

2. Una vez que el hardware se muestra en una disposición correcta de funcionamiento, el dispositivo lleva a cabo rutinas de inicio del sistema. El switch o el router inicia localizando y cargando el software del sistema operativo **IOS** secuencialmente desde la Flash, servidor TFTP o la ROM, según corresponda (o incluso descomprimiéndola desde la NVRAM).

3. Tras cargar el sistema operativo, el dispositivo trata de localizar y aplicar las opciones de configuración que definen los detalles necesarios para operar en la red. Generalmente, hay una secuencia de rutinas de arranque que proporcionan alternativas al inicio del software cuando es necesario.

Un switch Catalyst utiliza varios tipos de memoria, todas ellas son de estado sólido, lo que permite mantener mayor tiempo de actividad y disponibilidad. La siguiente lista detalla los cuatro tipos de memorias que utiliza un switch Catalyst y para qué sirven.

▶ **RAM**: memoria de acceso aleatorio también llamada memoria de acceso aleatorio dinámica (DRAM) se utiliza para almacenar la configuración actual y los procesos de ejecución. El contenido de la RAM se pierde cuando se apaga la unidad.

▶ **Flash**: la memoria flash se utiliza para almacenar una imagen completa del software IOS de Cisco, que puede estar comprimido o no. Estas imágenes pueden actualizarse cargando una nueva en la memoria.

▶ **NVRAM**: memoria de acceso aleatorio no volátil, se utiliza para guardar la configuración de inicio, estas memorias retienen sus contenidos cuando se apaga la unidad.

▶ **ROM**: memoria de solo lectura se utiliza para almacenar de forma permanente el código de diagnóstico de inicio (Monitor de ROM). Las tareas principales de la ROM son el diagnóstico del hardware durante el arranque del router y la carga del software IOS de Cisco desde la memoria flash a la RAM. Las memorias ROM no se pueden borrar.

4.2 INSTALACIÓN INICIAL

En la instalación inicial, el administrador de la red configura generalmente los dispositivos de la red desde un terminal de consola, conectado a través del puerto de consola (RJ45). Los nuevos dispositivos Cisco incluyen un puerto USB extra (Mini-B) como puerto de consola. Posteriormente y una vez configurados ciertos parámetros mínimos el switch puede ser configurado desde distintas ubicaciones:

▶ Si el administrador debe dar soporte a dispositivos remotos, una conexión local por módem con el puerto auxiliar del dispositivo permite a aquél configurar los dispositivos de red (según modelo y antigüedad)

▶ En los equipos más modernos con una configuración básica y desde cualquier sitio de la red el dispositivo puede cargar la configuración a través de algún servidor de gestión centralizada.

▶ Dispositivos con direcciones IP establecidas pueden permitir conexiones Telnet para la tarea de configuración.

▶ Descargar un archivo de configuración de un servidor TFTP (*Trivial File Transfer Protocol*).

▶ Configurar el dispositivo por medio de un navegador HTTP (*Hypertext Transfer Protocol*).

4.2.1 Conectándose por primera vez

Para la configuración inicial del switch se utiliza el puerto de consola conectado a un cable transpuesto o de consola y un adaptador RJ-45 a DB-9 para conectarse al puerto COM1 del ordenador o un adaptador USB. Este debe tener instalado un software de emulación de terminal.

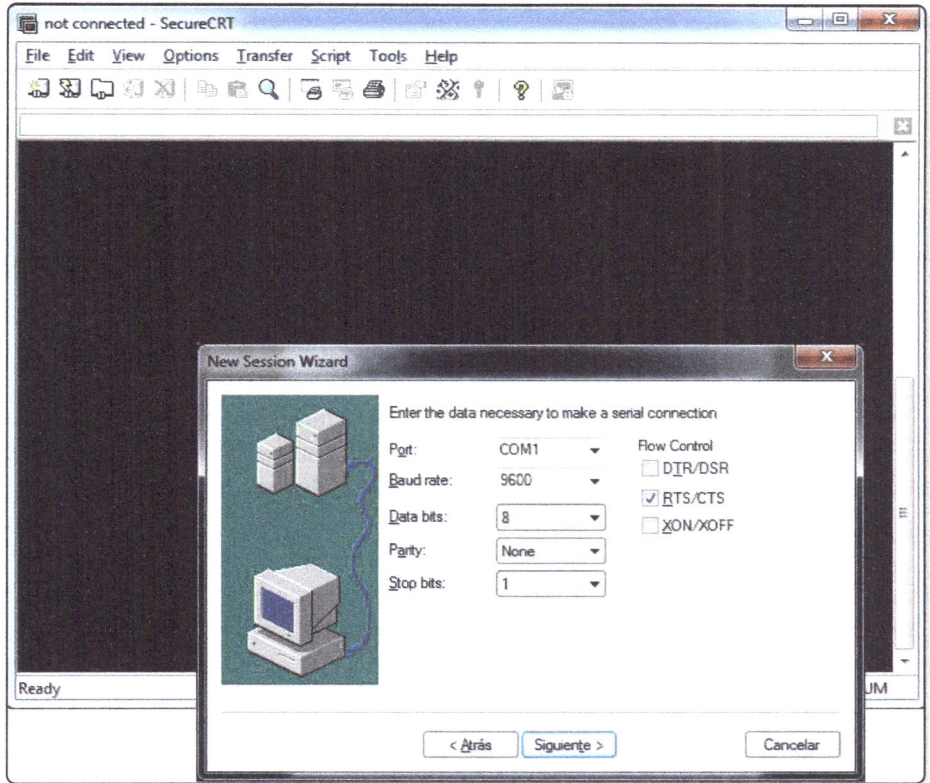

La imagen corresponde a una captura de pantalla de un emulador de terminal

Los parámetros de configuración son los siguientes:

- El puerto COM adecuado.
- 9600 baudios.
- 8 bits de datos.
- Sin paridad.
- 1 bit de parada.
- Sin control de flujo.

Al iniciar por primera vez un switch Catalyst, no posee configuración inicial alguna. Mostrará la siguiente sintaxis:

```
Cisco Internetwork Operating System Software
IOS (tm) C2950 Software (C2950-I6Q4L2-M), Version 12.1(22)EA4,
RELEASE SOFTWARE(fc1)
Copyright (c) 1986-2005 by cisco Systems, Inc.
Compiled Wed 22-May-11 22:31 by Miguelito

Press RETURN to get started!

Switch>
```

Desde la línea de comandos el switch se inicia en el modo EXEC usuario, las tareas que se pueden ejecutar en este modo son solo de verificación ya que no se permiten cambios de configuración. En el modo **EXEC** privilegiado se realizan las tareas típicas de configuración.

```
Switch>
Switch#
```

Para pasar del modo usuario al privilegiado ejecute el comando **enable**, para regresar **disable**. Esto es posible porque no se ha configurado contraseña, de lo contrario sería requerida cada vez que se pasara al modo privilegiado.

```
Switch>
Switch>enable
Switch#disable
Switch>
```

Modo global y de interfaz:

```
Switch>enable
Switch#configure terminal
Switch(config)#interface [tipo de interfaz][número]
Switch(config)#interface FastEthernet 0/0
Switch(config-if)#exit
Switch(config)#exit
Switch#
```

Para pasar del modo privilegiado al **global** debe introducir el comando **configure terminal**, para pasar del modo global al de **interfaz** ejecute el comando **interface**. Para regresar un modo más atrás utilice el **exit** o **Control+Z** que lo llevará directamente al modo privilegiado. Para utilizar la opción del puerto USB, tome en cuenta que posiblemente necesitará un driver controlador en su PC según el sistema opertaivo que utilice. Para las conexiones desde su PC al puerto USB, posiblemente también necesite un cable adaptador.

4.2.2 Leds indicadores de estado

Los switch Catalyst incluyen varios leds (*light-emitting diode*) que proporcionan información del estado del dispositivo y ayudan a solucionar problemas, tanto en el arranque como durante las operaciones en curso. Esta forma visual permite al administrador verificar el estado de funcionamiento del switch sin necesidad de conexión ni de comandos.

LED	Descripción
SYST	Sistema: proporciona una visión general del switch, con tres estados: • **apagado**: el switch no está encendido. • **verde**: encendido y operativo. • **ámbar**: fallo en el arranque (POST) y el IOS no se cargó.
RPS	Muestra el estado de la fuente de alimentación adicional (redundante).
STAT	En verde implica que los leds de los puertos muestren su estado: • **apagado**: el enlace no funciona. • **verde**: el enlace funciona, pero no hay tráfico. • **verde intermitente**: el enlace está funcionando y está pasando tráfico a través de la interfaz. • **ámbar intermitente**: la interfaz está desactivada administrativamente o se ha desactivado de forma dinámica por diferentes razones.
DUPLX	En verde implica que los leds de los puertos muestren su modo duplex: • **verde**: full. • **apagado**: half.
SPEED	En verde implica que los leds de los puertos muestren su velocidad: • **apagado**: 10 Mbps. • **verde**: 100 Mbps. • **verde intermitente**: 1 Gbps.
Puertos	Tiene diferentes significados, dependiendo de la selección hecha desde el botón de modo.

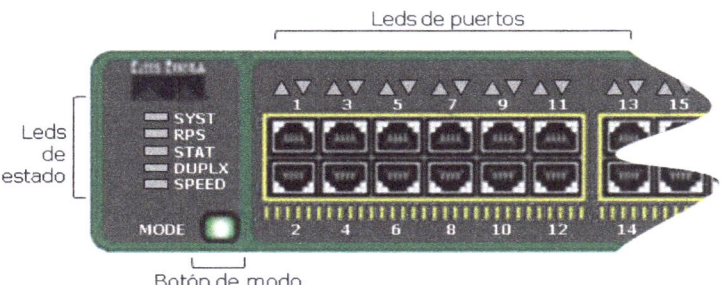

La imagen ilustra la ubicación de los leds de estado y de interfaces en un switch Cisco

4.2.3 Comandos ayuda

Memorizar todos los comandos disponibles resulta difícil, el switch ofrece la posibilidad de ayudas, el signo de interrogación (**?**) y el tabulador del teclado brindan la ayuda necesaria a ese efecto. El tabulador completa los comandos que no recordamos completos o que no queremos escribir en su totalidad.

El **?** colocado inmediatamente después de un comando muestra todos los que comienzan con esas letras, colocado después de un espacio lista todos los comandos que se pueden ejecutar en esa posición.

```
Switch#sh?
show

Switch#show ?
  access-lists      List access lists
  arp               Arp table
  boot              show boot attributes
  cdp               CDP information
  clock             Display the system clock
  crypto            Encryption module
Display the session command history
--More—

Switch#show interfaces ?
  Ethernet          IEEE 802.3
  FastEthernet      FastEthernet IEEE 802.3
  GigabitEthernet   GigabitEthernet IEEE 802.3z
  Vlan              Catalyst Vlans
  etherchannel      Show interface etherchannel information
  switchport        Show interface switchport information
  trunk             Show interface trunk information
  <cr>
```

La ayuda se puede ejecutar desde cualquier modo:

```
Switch#?
Exec commands:
  <1-99>      Session number to resume
  clear       Reset functions
  clock       Manage the system clock
  configure   Enter configuration mode
  connect     Open a terminal connection
  dir         List files on a filesystem
 --More--
```

```
Switch(config)#?
Configure commands:
  access-list          Add an access list entry
  banner               Define a login banner
  boot                 Boot Commands
  cdp                  Global CDP configuration subcommands
  enable               Modify enable password parameters
  end                  Exit from configure mode
  interface            Select an interface to configure
--More—
```

La indicación —**More**— significa que existe más información disponible. La barra espaciadora pasará de página en página, mientras que el Intro lo hará línea por línea.

El acento circunflejo (^) indicará un fallo de escritura en un comando:

```
Switch#show ip interface bief
                        ^
% Invalid input detected at '^' marker.

Switch#sh ip interface brief
```

Los ejecutados comandos quedan registrados en un búfer llamado historial y pueden verse con el comando **show history**:

```
Switch#show history
  en
  conf t
  show ip interface bief
  sh history
  ping 10.0.0.1
  conf t
  show history
```

4.2.4 Comandos de edición

Las diferentes versiones de IOS ofrecen combinaciones de teclas que permiten una configuración del dispositivo más rápida y simple. La siguiente tabla muestra algunos de los comandos de edición más utilizados.

Tecla	Efecto
Delete	Elimina un carácter a la derecha del cursor.
Retroceso	Elimina un carácter a la izquierda del cursor.
TAB	Completa un comando parcial.
Ctrl+A	Mueve el cursor al comienzo de la línea.
Ctrl+R	Vuelve a mostrar una línea escrita anteriormente.
Ctrl+U	Borra una línea.
Ctrl+W	Borra una palabra.
Ctrl+Z	Finaliza el modo de configuración y vuelve al modo EXEC.
Esc-B	Desplaza el cursor hacia atrás una palabra.
Flecha arriba Ctrl+P	Repite hacia adelante los comandos anteriores.
Flecha abajo Ctrl+N	Repite hacia atrás los comandos anteriores.
Flecha dedecha Ctrl+F	Desplaza el cursor hacia la derecha sin borrar caracteres.
Flecha Izquierda Ctrl+B	Desplaza el cursor hacia la izquierda sin borrar caracteres.

4.3 CONFIGURACIÓN INICIAL

4.3.1 Asignación de nombre y contraseñas

Para asignar un nombre al switch, como la primera tarea recomendable (pero no excluyente) de configuración se ingresa desde el modo de configuración global, con el comando **hostname**. Es aconsejable que el nombre del dispositivo sea exclusivo en la red.

```
Switch>enable
Switch#configure terminal
Switch(config)#hostname nombre
```

Los comandos **enable password** y **enable secret** se utilizan para restringir el acceso al modo EXEC privilegiado. El comando enable password se utiliza solo si no se ha configurado previamente enable secret.

Se recomienda habilitar siempre **enable secret**, ya que a diferencia de enable password, la contraseña estará siempre cifrada utilizando el algoritmo MD5 (Message Digest 5).

```
Switch>enable
Switch#configure terminal
Switch(config)#hostname SW_MADRID
SW_MADRID(config)#enable password contraseña
SW_MADRID(config)#enable secret contraseña
```

En la siguiente sintaxis se copia parte de un **show runnig-config** donde se ha configurado como hostname SW_MADRID y como contraseña cisco en la enable secret y la enable password, abajo se ve cómo la contraseña secret aparece encriptada por defecto mientras que la otra se lee perfectamente.

```
Switch>enable
Switch#configure terminal
Enter configuration commands, one per line.  End with CNTL/Z.
Switch(config)#hostname SW_MADRID
SW_MADRID(config)#enable password cisco
SW_MADRID(config)#enable secret cisco

SW_MADRID# show runnig-config
hostname SW_MADRID
!
enable secret 5 $1$EBMD$0rTOiN4QQab7s8AFzsSof/
enable password cisco
```

4.3.2 Contraseñas de consola y telnet

Para configurar la contraseña para consola se debe acceder a la interfaz de consola con el comando **line console 0**:

```
Switch#configure terminal
Switch(config)#line console 0
Switch(config-line)#login
Switch(config-line)#password contraseña
```

El comando **exec-timeout** permite configurar un tiempo de desconexión determinado en la interfaz de consola.

El comando **logging synchronous** impedirá mensajes dirigidos a la consola de configuración que pueden resultar molestos.

Para configurar la contraseña para telnet se debe acceder a la interfaz de telnet con el comando **line vty 0 4**, donde line vty indica dicha interfaz, 0 el número de la interfaz y 4 la cantidad máxima de conexiones en un rango de 0-15 múltiples, en este caso se permiten 5 conexiones múltiples:

```
Switch(config)#line vty 0 4
Switch(config-line)#login
Switch(config-line)#password contraseña
```

El comando **show sessions** muestra las conexiones de telnet efectuadas desde el switch, el comando **show users** muestra las conexiones de usuarios remotos hacia el switch.

```
Switch#show users
    Line         User     Host(s)       Idle         Location
*   1 vty 0               idle          00:00:00     192.168.59.132
    2 vty 1               idle          00:00:02     192.168.59.156

    Interface       User     Mode       Idle         Peer Address
Switch#show sessions
Conn Host            Address        Byte    Idle    Conn Name
    1 10.99.59.49    10.99.59.49    0       1       10.99.59.49
*   2 10.99.55.1     10.99.55.1     0       0       10.99.55.1
```

En todos los casos el comando **login** suele estar configurado por defecto, permite al dispositivo preguntar la contraseña al intentar conectarse.

4.3.3 Asignación de dirección IP

Para configurar la dirección IP a un switch se debe hacer sobre una **interfaz vlan**. Por defecto la VLAN 1 es VLAN nativa del switch, al asignar un direccionamiento a la **interfaz vlan 1** se podrá administrar el dispositivo vía telnet. Es posible la configuración de manera estática o dinámica a través de un servidor DHCP (Dynamic Host Configuration Protocol).

```
SW_2950(config)#interface vlan 1
SW_2950(config-vlan)#ip address [dirección ip + máscara]
SW_2950(config-vlan)#no shutdown

SW_2950(config)#interface vlan 1
SW_2950(config-vlan)#ip address dhcp
SW_2950(config-vlan)#no shutdown
```

Si el switch necesita enviar información a una red diferente a la de administración se debe configurar un gateway.

```
SW_2950(config)#ip default-gateway[IP de gateway]
```

Para verificar la configuración IP establecida en la VLAN de gestión:

```
SW_2950#show interface vlan 1
Vlan1 is up, line protocol is up
  Hardware is EtherSVI, address is 001e.79e9.d8c1 (bia 001e.79e9.
d8c1)
  Internet address is 10.99.59.49/24
  MTU 1500 bytes, BW 1000000 Kbit, DLY 10 usec,
     reliability 255/255, txload 1/255, rxload 1/255
  Encapsulation ARPA, loopback not set
  ARP type: ARPA, ARP Timeout 04:00:00
  Last input 00:00:00, output 00:00:00, output hang never
--More—

SW_2950#show ip interface vlan 1
Vlan3 is up, line protocol is up
  Internet address is 10.99.59.49/24
  Broadcast address is 255.255.255.255
  Address determined by non-volatile memory
  MTU is 1500 bytes
  Helper address is not set
  Directed broadcast forwarding is disabled
  Outgoing access list is not set
  Inbound  access list is not set
  Proxy ARP is enabled
  Local Proxy ARP is disabled
  Security level is default
    --More—
```

4.3.4 Configuración de puertos

La configuración básica de puertos se lleva a cabo mediante la determinación de la velocidad y el modo de transmisión. Por defecto, la velocidad asignada es la establecida según el tipo de puerto.

```
Switch(config)#interface FastEthernet 0/1
Switch(config-if)#speed [10 | 100 | auto]
Switch(config-if)#duplex [full | half | auto]
Switch(config-if)#no shutdown
```

También puede hacerse por rangos de interfaces separando el comienzo del rango y el fin por un guion o por interfaces sueltas separadas por una coma.

```
SW_2960(config)#interface range fastEthernet 0/1 - 10
SW_2960(config-if-range)# speed 100

SW_2960(config)#interface range fastEthernet 0/11 , gigab 0/1
SW_2960(config-if-range)# no shutdown
```

Puede verse la **tabla MAC** con las asociaciones de cada puerto con los siguientes comandos:

```
SW_2960#sh mac-address-table
          Mac Address Table
-------------------------------------------
Vlan    Mac Address      Type        Ports
----    -----------      --------    -----
   3    000f.fee3.bdb3   DYNAMIC     Gi0/1
   3    000f.fee4.8ba9   DYNAMIC     Fa0/38
   5    0024.8116.08dc   DYNAMIC     Fa0/45
   3    24be.0508.1df8   DYNAMIC     Fa0/44
   2    24be.0510.a2d6   DYNAMIC     Fa0/42
   3    24be.0510.a2e0   DYNAMIC     Gi0/2
   3    24be.0510.a2f1   DYNAMIC     Fa0/26
   3    24be.0510.a334   DYNAMIC     Gi0/3


SW_2960#show mac-address-table interface fastEthernet 0/24
          Mac Address Table
-------------------------------------------
Vlan    Mac Address      Type        Ports
----    -----------      --------    -----
   2    24be.0510.a1c0   DYNAMIC     Fa0/24
Total Mac Addresses for this criterion: 1
```

4.3.5 PoE

Un switch Catalyst puede ofrecer **PoE** (*Power over Ethernet*) en sus puertos solo si está diseñado para hacerlo. Debe tener una o más fuentes de alimentación preparadas para brindar la carga adicional que ofrecerá a los dispositivos conectados. PoE está disponible en muchas plataformas incluyendo los Catalyst 3750 PWR, los 4500 y los 6500.

PoE tiene el beneficio adicional de que puede ser gestionado y monitorizado, funciona con teléfonos IP Cisco o con cualquier otro dispositivo compatible. Con un nodo que no necesite funcionar con PoE, como un PC normal, el switch simplemente no ofrece la energía en el cable.

El switch Catalyst podría estar conectado a una **UPS** (*Uninterruptible Power Supply*) o utilizar fuentes alternativas, para que en el caso de que la principal falle siga siendo capaz de alimentar al teléfono IP.

Existen dos métodos de proporcionar PoE a los dispositivos conectados:

- ☞ **ILP** (*Cisco Inline Power*), es un método propietario de Cisco desarrollado antes del estándar IEEE 802.3 AF.

- ☞ **PoE IEEE 802.3af**: (Power over Ethernet), es un método estándar que ofrece compatibilidad entre diferentes fabricantes y cumple la misma función que su antecesor. IEEE 802.3af, comúnmente conocido como PoE (Power over Ethernet), es un estándar de red que permite alimentar dispositivos de red a través de cables Ethernet, utilizando la misma infraestructura que se utiliza para la transmisión de datos. Esto significa que un dispositivo, como un teléfono IP o un punto de acceso inalámbrico, puede recibir energía y datos a través de un único cable, reduciendo la necesidad de cables de alimentación adicionales. El estándar IEEE 802.3af especifica que los dispositivos que suministran energía (PSE, Power Sourcing Equipment) pueden proporcionar hasta 15.4 vatios de potencia, y los dispositivos que la reciben (PD, Powered Device) pueden consumir hasta 12.95 vatios. Este estándar fue publicado en 2003 y es el primer estándar PoE formal, diseñado para dispositivos de bajo consumo. **ILP** (*Cisco Inline Power*), es un método propietario de Cisco desarrollado antes del estándar IEEE 802.3af.

- ☞ **PoE+ IEEE 802.3at**: Es una versión mejorada de PoE que proporciona casi el doble de potencia, hasta 25.3W en el dispositivo que lo recibe, para dispositivos con mayor consumo de energía.

- ☞ **UPoE IEE802bt**: (Universal Power over Ethernet), o alimentación universal a través de Ethernet, es un estándar inicialmente propietario de Cisco, actualmente estandarizado que permite suministrar hasta 60W de potencia a dispositivos a través de un cable Ethernet, utilizando los cuatro pares del cableado. A diferencia del estándar IEEE 802.3bt (PoE++), que también puede suministrar hasta 60 vatios o incluso más, UPoE utiliza todos los pares del cable Ethernet, lo que puede mejorar la eficiencia y la flexibilidad en algunas aplicaciones.

El switch siempre mantiene la energía deshabilitada cuando el puerto está caído, pero tiene que detectar cuándo un dispositivo que necesita alimentación se conecta al puerto. En caso de conexión el switch tiene que comenzar a generar la energía para que el dispositivo pueda inicializarse y hacerse operacional. Solo a partir de ese momento el enlace Ethernet será establecido.

Para **IEEE 802.3AF** los dispositivos comienzan dando un pequeño voltaje a través de los pares transmisores de par trenzado variando de esta forma la resistencia del par.

El método Cisco **ILP** toma un camino distinto al del 802.3AF, en lugar de ofrecer voltajes y chequear el nivel de la resistencia el switch envía un tono a una frecuencia de 340 KHz (340000 ciclos por segundo) en el par transmisor del cable de par trenzado. Cisco **ILP** proporciona la energía sobre los cables de par trenzado 2 y 3, que son los pares de datos, con 48 VDC. **IEEE 802.3AF**, la energía puede ser proporcionada de la misma manera, es decir, sobre los pares 2 y 3 o además sobre los pares 1 y 4.

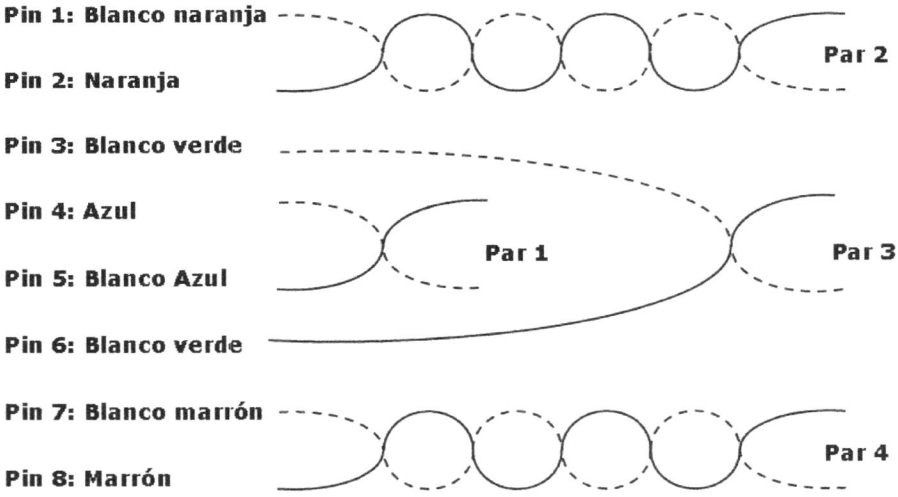

Ahora el dispositivo tiene la posibilidad de encenderse y establecer los enlaces Ethernet. La oferta de energía entregada al dispositivo por defecto puede ser cambiada a un valor más ajustado, esto puede ayudar a suplir menor energía ajustándose a la realidad que los dispositivos necesitan. Con 802.3AF la oferta de energía puede cambiarse detectando la clase de energía del dispositivo. Para Cisco ILP el switch puede intentar efectuar un intercambio de mensajes CDP con el dispositivo. Si la información de CDP es devuelta, el switch podrá descubrir los requerimientos reales del dispositivo, reduciendo la energía a la que realmente necesita.

Con los comandos **debug ilpower controller** y **debug cdp packets**, pueden verse los cambios de energía, en el ejemplo siguiente se muestra como la energía ha sido reducida de 15000 mW a 6300 mW:

```
00:58:46: ILP uses AC Disconnect(Fa1/0/47): state= ILP_
DETECTING_S, event=
PHY_CSCO_DETECTED_EV
00:58:46: %ILPOWER-7-DETECT: Interface Fa1/0/47: Power Device
detected: Cisco PD
00:58:46: Ilpower PD device 1 class 2 from interface (Fa1/0/47)
00:58:46: ilpower new power from pd discovery Fa1/0/47, power_
status ok
00:58:46: Ilpower interface (Fa1/0/47) power status change,
allocated power 15400
00:58:46: ILP Power apply to ( Fa1/0/47 ) Okay
00:58:46: ILP Start PHY Cisco IP phone detection ( Fa1/0/47 )
Okay
00:58:46: %ILPOWER-5-POWER_GRANTED: Interface Fa1/0/47: Power
granted
00:58:46: ILP uses AC Disconnect(Fa1/0/47): state= ILP_CSCO_PD_
DETECTED_S, event=IEEE_PWR_GOOD_EV
00:58:48: ILP State_Machine ( Fa1/0/47 ): State= ILP_PWR_GOOD_
USE_IEEE_DISC_S, Event=PHY_LINK_UP_EV
00:58:48: ILP uses AC Disconnect(Fa1/0/47): state= ILP_PWR_GOOD_
USE_IEEE_DISC_S, event=PHY_LINK_UP_EV
00:58:50: %LINK-3-UPDOWN: Interface FastEthernet1/0/47, changed
state to up
00:58:50: CDP-AD: Interface FastEthernet1/0/47 coming up
00:58:50: ilpower_powerman_power_available_tlv: about sending
patlv on Fa1/0/47
00:58:50: req id 0, man id 1, pwr avail 15400, pwr man -1
00:58:50: CDP-PA: version 2 packet sent out on FastEthernet1/0/47
00:58:51: %LINEPROTO-5-UPDOWN: Line protocol on Interface
FastEthernet1/0/47, changed state to up
```

```
00:58:54: CDP-PA: Packet received from SIP0012435D594D on
interface FastEthernet1/0/47
00:58:54: **Entry NOT found in cache**
00:58:54: Interface(Fa1/0/47) - processing old tlv from cdp,
request 6300, current allocated 15400
00:58:54: Interface (Fa1/0/47) efficiency is 100
00:58:54: ilpower_powerman_power_available_tlv: about sending
patlv on Fa1/0/47
00:58:54: req id 0, man id 1, pwr avail 6300, pwr man -1
00:58:54: CDP-PA: version 2 packet sent out on FastEthernet1/0/47
```

4.4 CONFIGURACIÓN AVANZADA

4.4.1 Seguridad de acceso

La autenticación por usuario añade una función de seguridad. Hay dos métodos para configurar nombres de usuario de cuentas locales: **username password** y **username secret**.

```
Switch(config)#username usuario1 password contraseña1
Switch(config)#username usuario2 password contraseña2
Switch(config)#username usuario secret contraseña
```

El comando **username secret** es más seguro porque utiliza el algoritmo **MD5**, (*Message Digest* 5) para crear las claves.

```
Switch#show running-config
!
username ernesto secret 5 $1$aI44$fJoWcpIOAzTbkCd.bKxPS1
username matias password 0 contraseña
```

El comando **login local** en las configuraciones de línea habilita la base de datos local para autenticación.

```
Switch(config)#line vty 0 15
Switch(config-line)#login local
Switch(config-line)#password contraseña
```

Un añadido de seguridad es el comando **service password-encryption** que encripta con un cifrado leve las contraseñas que no están cifradas por defecto como las de telnet, consola, auxiliar, etc. Una vez cifradas las contraseñas no se podrán volver a leer en texto plano.

Los switches pueden ser configurados por HTTP si el comando **ip http server** está habilitado en el dispositivo. Por defecto la configuración por web viene deshabilitada, por razones de seguridad se recomienda dejarlo desactivado.

 **NOTA:**

Las contraseñas sin encriptación aparecen en texto plano en el show running debiendo tener especial cuidado ante la presencia de intrusos.

4.4.2 Mensajes o banners

Los banners son muy importantes para la red desde una perspectiva legal. Además de advertir a intrusos potenciales, los banners también pueden ser utilizados para informar a administradores remotos de las restricciones de uso.

Los banners están deshabilitados por defecto y deben ser habilitados explícitamente. Use el comando **banner** desde el modo de configuración global para especificar mensajes apropiados.

```
Switch(config)#banner ?
  LINE          c banner-text c, where 'c' is a delimiting
character
  exec          Set EXEC process creation banner
  incoming      Set incoming terminal line banner
  login         Set login banner
  motd          Set Message of the Day banner
```

El **banner motd** de es de poco uso en entornos de producción y se utiliza raramente. El **banner exec**, por el contrario, es útil para mostrar mensajes de administrador, ya que se presenta solo para los usuarios autenticados.

```
SW_2960#configure terminal
Enter configuration commands, one per line. End with CNTL/Z.
SW_2960(config)# banner exec#
Enter TEXT message. End with the character '#'.
```

```
+-----------------------------------------------------------------+
| ADVERTENCIA                                                     |
| -------                                                         |
| Este sistema es para el uso exclusivo de los usuarios          |
| autorizados para fines oficiales. Usted no tiene ninguna       |
| autorización de su uso y para asegurarse de que el sistema     |
| funciona correctamente, las personas que administran esta      |
| red monitorizan toda la actividad. La utilización de este      |
| dispositivo sin consentimiento expreso revela evidencias de    |
| un posible abuso o actividad criminal denunciable a las        |
| autoridades competentes según las leyes vigentes.              |
|                       |                                         |
+-----------------------------------------------------------------+
#
```

4.4.3 Configuración de PoE

PoE se configura de manera sencilla, cada Puerto del switch puede detectar automáticamente la presencia de un dispositivo capacitado para ILP antes de aplicar energía al puerto. También puede configurarse de tal manera que el puerto no acepte ILP. Por defecto todos los puertos del switch intentan descubrir dispositivos que sean ILP para cambiar este comportamiento se utiliza la siguiente serie de comandos:

```
Switch(config)# interface type mod/num
Switch(config-if)# power inline {auto [max milli-watts] | static
[max milli-watts] | never}
```

Por defecto todas las interfaces del switch están configuradas en **auto**, donde el dispositivo y la oferta de energía se descubren automáticamente. La oferta de energía por defecto es 15,4 W (Watts); este valor de máxima energía puede configurarse a través del parámetro **max** de 4000 a 15400 mW.

Es posible configurar una oferta de energía estática con el parámetro **static** si el dispositivo no es capaz de interactuar con cualquiera de los métodos de descubrimiento de energía. Para deshabilitar PoE en el puerto de tal manera que nunca se detecten dispositivos y no se ofrezca energía se utiliza el parámetro **never**.

El estado de la energía se puede verificar en los puertos del switch con el siguiente comando:

```
Switch# show power inline [type mod/num]
```

El siguiente ejemplo proporciona una salida del comando; si la interfaz se muestra como **n/a,** se ha utilizado ILP; de lo contrario es 802.3AF:

```
Switch# show power inline
Module Available Used Remaining
(Watts) (Watts) (Watts)
------ --------- -------- ---------
1 370.0 39.0 331.0
Interface Admin Oper     Power Device        Class Max
(Watts)
--------- ------         ----------          -------
Fa1/0/1 auto on 6.5      AIR-AP1231G-A-K9    n/a 15.4
Fa1/0/2 auto on 6.3      IP Phone 7940       n/a 15.4
Fa1/0/3 auto on 6.3      IP Phone 7960       n/a 15.4
Fa1/0/4 auto on 15.4     Ieee                PD 0 15.4
Fa1/0/5 auto on 4.5      Ieee                PD 1 15.4
Fa1/0/6 static on 15     n/a                 n/a 15.4
Fa1/0/7 auto off 0.0     n/a                 n/a 15.4
```

4.4.4 Etherchannel

Los dispositivos Cisco permiten realizar agregación de enlaces con la finalidad de aumentar el ancho de banda disponible a través de la tecnología **EtherChannel**. La agregación de puertos en Cisco se puede realizar con interfaces Fast Ethernet, Gigabit Ethernet o 10 Gigabit Ethernet.

Con la tecnología EtherChannel es posible añadir hasta 8 enlaces de forma que se comporten como si solo fueran uno, eliminando la posibilidad de formar bucles de capa 2 debido a que el comportamiento de STP sobre estos enlaces es el de un único enlace.

Actualmente existen dos opciones para utilizar como protocolos de negociación en EtherChannel:

- ▶ **PAgP** (*Port Aggregation Protocol*), es un protocolo propietario de Cisco. Los paquetes PAgP son intercambiados entre switch a través de los enlaces configurados para ello. Los vecinos son identificados y sus capacidades comparadas con las capacidades locales.

- ▶ **LACP** (*Link Aggregation Control Protocol*), es la opción abierta y viene definida en el estándar 802.3ad, también conocida como IEEE 802.3 Cláusula 43 "Link Aggregation". El funcionamiento es bastante parecido al de PAgP, pero en este caso se asignan roles a cada uno de los extremos basándose en la **prioridad del sistema**.

EtherChannel puede configurarse de forma manual o dinámicamente utilizando los protocolos de negociación LACP o PAgP, por lo tanto la configuración dependerá de la opción más adecuada que se haya elegido en cada caso.

```
Switch(config)#interface tipo número
Switch(config-if)#channel-group número mode on
```

El modo **on** es un modo de configuración en el cual se establece toda la configuración del puerto de forma manual, no existe ningún tipo de negociación entre los puertos para establecer un grupo. En este tipo de configuración es necesario que ambos extremos estén en modo **on**. Para la configuración de EtherChannel la creación del PortChannel se realizará automáticamente a partir de la configuración del ChannelGroup, llevando asociada la misma numeración. La interfaz EtherChannel es una interfaz lógica que agrupará a todos los enlaces miembros del EtherChannel. Cada interfaz que quiera ser miembro debe de ser asignada a él.

El siguiente comando se utiliza para configurar la manera en que las tramas serán distribuidas en el EtherChannel:

```
Switch(config)#port-channel load-balance metodo
```

Los comandos necesarios para la configuración con el protocolo de negociación PAgP son los siguientes:

```
Switch(config)#interface tipo número
Switch(config-if)#channel-protocol pagp
Switch(config-if)#channel-group número mode {on | {auto |
desirable} [non-silent]}
```

La configuración básica de LACP es muy similar a PAgP, se utilizan los siguientes comandos:

```
Switch(config)#interface tipo número
Switch(config-if)#channel-protocol lacp
Switch(config-if)#channel-group número mode {on | passive |
active}
```

Cada interfaz ha de estar asignada al mismo número de EtherChannel y configurada como **active** o **pasive**. Para la correcta configuración de Etherchannel hay varios puntos clave a tener en cuenta:

- Si se utiliza el modo **on** no se enviarán paquetes LACP o PAgP por lo tanto ambos extremos han de estar en modo **on**.

- Los modos **active** (LACP) o **desirable** (PAgP) preguntarán activamente al otro extremo.

🏴 Los modos **passive** (LACP) o **auto** (PAgP) participarán en el EtherChannel pero solo si reciben primero paquetes desde el otro extremo.

🏴 PAgP modo **desirable** y **auto** por defecto contienen el parámetro **silent** por lo que podrán negociar incluso si no escuchan paquetes desde el otro extremo.

 **NOTA:**

En muchos casos los términos Etherchannel y PortChannel se utilizan como sinónimos, aunque técnicamente no lo son.

En el siguiente ejemplo se han configurado de manera manual las interfaces FastEthernet 0/1 a la 0/4 en el ChannelGroup 1 y las interfaces Fastethernet 0/5 a 0/8 en el ChannelGroup 1 a través del protocolo denegociación LACP.

```
SW_2960(config)#interface range fastEthernet 0/1-4
SW_2960(config-if-range)#channel-group 1 mode on
SW_2960(config-if-range)#exit
SW_2960(config)#interface range fastEthernet 0/5-8
SW_2960(config-if-range)#channel-protocol lacp
SW_2960(config-if-range)#channel-group 2 mode active
SW_2960(config-if-range)#exit
SW_2960(config)#exit

SW-2960#
%SYS-5-CONFIG_I: Configured from console by console

SW_2960#show running-config
Building configuration...

Current configuration : 1396 bytes
!
version 12.2
no service timestamps log datetime msec
no service timestamps debug datetime msec
no service password-encryption
!
hostname SW-2960
!
!
spanning-tree mode pvst
```

```
!
interface FastEthernet0/1
 channel-group 1 mode on
!
...............................
!
interface FastEthernet0/5
 channel-protocol lacp
 channel-group 2 mode active
!
...............................
!
interface Port-channel 1
!
interface Port-channel 2
!
...............................
```

Sobre el mismo ejemplo el show Spanning-Tree muestra el rol que cumplen las interfaces PortChannel en la topología STP.

```
SW_2960#show spanning-tree vlan 1
VLAN0001
  Spanning tree enabled protocol ieee
  Root ID    Priority    32769
             Address     0001.641A.D44B
             Cost        7
             Port        27(Port-channel 1)
             Hello Time  2 sec  Max Age 20 sec  Forward Delay 15
sec

  Bridge ID  Priority    32769  (priority 32768 sys-id-ext 1)
             Address     0090.2B11.0D7C
             Hello Time  2 sec  Max Age 20 sec  Forward Delay 15
sec
             Aging Time  20

Interface         Role Sts Cost      Prio.Nbr Type
---------------- ---- --- --------- -------- --------------------
Po2               Altn BLK 7         128.28   Shr
Po1               Root FWD 7         128.27   Shr
```

Para la verificación del EtherChannel se pueden utilizar los siguientes comandos:

- **show etherchannel summary**
- **show etherchannel port-channel**
- **show etherchannel load-balance**

```
SW_2960#show etherchannel ?
  load-balance   Load-balance/frame-distribution scheme among ports in
                 port-channel
  port-channel   Port-channel information
  summary        One-line summary per channel-group
```

4.4.5 Stackwise

Tradicionalmente, los switches de capa de acceso han sido dispositivos físicos independientes. Si era necesario múltiples switches en un solo lugar, había que configurar los enlaces entre ellos.

Cisco introdujo el **StackWise** y tecnologías **StackWise Plus** para permitir que switches físicos independientes puedan actuar como un único switch lógico. **StackWise** está disponible en modelos de switch como el Cisco Catalyst 3750-E, 3750-X, y 3.850. Para crear un switch lógico en stack, los switches físicos individuales deben estar conectados entre sí utilizando cables especiales para este fin. Cada switch admite dos puertos en stack; los switches están conectados en una cadena tipo margarita, conectándose uno detrás del otro y una conexión final se conecta al primero formando bucle cerrado. Esta conexión a través de los cables stack crea una extensión del entramado de conmutación. Cuando las tramas deben ser enviadas de un switch a otro, se envían a través del bucle de cables de stack.

Switch lógico en stack

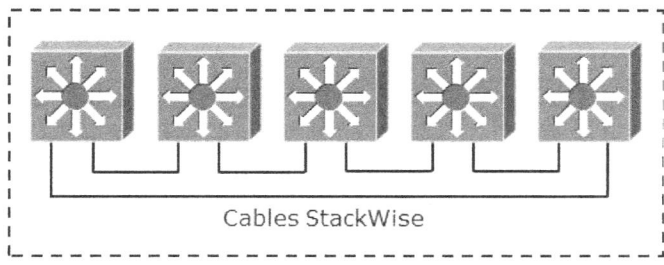

Cables StackWise

Ejemplo de 5 switches conectados en Stack

Una de las ventajas de StackWise es que se pueden realizar cambios en el stack sin interrumpir su funcionamiento. Los switches individuales pueden ser insertados o eliminados sin interrumpir completamente la conectividad entre los switches. El anillo se puede abrir para agregar o remover un switch, pero los switches restantes permanecerán conectados al anillo. En otras palabras, usted puede realizar cambios en la pila sin interrumpir su funcionamiento.

Cuando los switches físicos no forman parte de un stack, cada uno opera de forma independiente y gestiona sus propias funciones. Cuando los switches están conectados como una pila (en stack), mantienen su funcionalidad de conmutación, pero únicamente un switch se convierte en el **master** de la pila y realiza todas las funciones de gestión. De hecho, toda la pila se gestiona a través de una única dirección IP. Si el switch master falla, otros switches miembros pueden asumir su papel.

En una pila, todos los switches utilizan el mismo ID para una instancia de spanning-tree. Aun añadiendo más switches al stack se sigue manteniendo la misma instancia STP para todos.

La elección del rol de cada switch se crea automática o manualmente modificando el valor de la prioridad con el comando **switch** *número* **priority** *1-15*.

```
Switch #show switch

                                           Current
   Switch#   Role      Mac Address     Priority    State
   ----------------------------------------------------------
   *1        Master    001b.90b1.8280     3        Ready
    2        Member    001b.2bea.c380     1        Ready
    3        Member    0007.0e27.7f80     1        Ready
```

NOTA:

Una conexión en StackWise se puede utilizar para conectar hasta nueve switches físicos en forma de anillo cerrado.

RECUERDE:

El *master* contiene almacenados los archivos de configuración que se ejecutan en el stack y cada miembro tiene una copia actualizada de estos archivos con fines de copia de seguridad.

4.4.6 Configuración de SSH

SSH (*Secure Shell*) ha reemplazado a telnet como práctica recomendada para proveer administración remota con conexiones que soportan confidencialidad e integridad de la sesión. Provee una funcionalidad similar a una conexión telnet de salida, con la excepción de que la conexión está cifrada y opera en el puerto 22.

1. Configure la línea vty para que utilice nombres de usuarios locales con el comando **login local**.

2. Asegúrese de que haya una entrada de nombre de usuario válida en la base de datos local. Si no la hay, cree una usando el comando **username** *nombre* **secret** *contraseña*.

3. Deben generarse las claves secretas de una sola vía para que el switch cifre el tráfico SSH. Estas claves se denominan claves asimétricas **RSA** (*Rivest*, *Shamir*, y *Adleman*). Primero configure el nombre de dominio DNS de la red usando el comando **ip domain-name** en el modo de configuración global. Luego para crear la clave RSA, use el comando **crypto key generate rsa** en el modo de configuración global.

4. En muchas versiones actuales de IOS la configuración se las sesiones SSH vienen configuradas por defecto, sin embargo, si fuera necesario habilite las sesiones SSH vty de entrada con el comando de línea vty **transport input ssh**. Para prevenir sesiones de telnet configure el comando no transport input telnet para todas las líneas vty.

5. De manera opcional puede configurarse la versión 2 de SSH con el comando de configuración global **ip ssh version 2**.

```
Switch#
Switch#configure terminal
Enter configuration commands, one per line. End with CNTL/Z.
Switch(config)#hostname CCNA
CCNA(config)#line vty 0 15
CCNA(config-line)#login local
CCNA(config-line)#transport input telnet ssh
CCNA(config-line)#exit
CCNA(config)#username ernesto secret cisco
CCNA(config)#ip domain-name aprenderedes.com
CCNA(config)#crypto key generate rsa
The name for the keys will be: ernesto.aprenderedes.com
Choose the size of the key modulus in the range of 360 to 2048
for your General Purpose Keys. Choosing a key modulus greater
than 512 may take a few minutes.
```

```
How many bits in the modulus [512]: 1024
% Generating 1024 bit RSA keys ...[OK]
00:03:58: %SSH-5-ENABLED: SSH 1.99 has been enabled
```

Puede verificar el estado y las conexiones SSH con los comandos **show ip ssh** y **show ssh**.

```
CCNA#show ip ssh
  SSH Enabled - version 2.0
  Authentication timeout: 120 secs; Authentication retries: 3

CCNA#show ssh
  Connection Version Mode Encryption     State
Username
     0         2.0     IN DES           Session started      ernesto
```

Será posible conectarse usando un cliente SSH público y disponible comercialmente ejecutándose en un host. Algunos ejemplos de estos clientes son PuTTY, OpenSSH, y TeraTerm.

RECUERDE:

El comando username secret cifra la contraseña del usuario por defecto mientras que el comando username password muestra contraseña en texto plano. Ambos comandos tienen el mismo efecto en el dispositivo y permiten establecer niveles de cifrado.

NOTA:

Asegúrese de que los dispositivos destino estén ejecutando una imagen IOS que soporte SSH. Muchas versiones básicas o antiguas no lo soportan.

4.4.7 Guardar la configuración

Las configuraciones actuales son almacenadas en la memoria RAM, este tipo de memoria pierde el contenido al apagarse el switch. Para que esto no ocurra es necesario poder hacer una copia a la NVRAM. El comando **copy** se utiliza con esta finalidad, identificando un origen con datos a guardar y un destino donde se almacenarán esos datos. Se puede guardar la configuración de la RAM a la NVRAM, de la RAM a un servidor TFTP, etc.

Copia de la RAM a la NVRAM:

```
Switch#copy running-config startup-config
```

Copia de la NVRAM a la RAM:

```
Switch#copy startup-config running-config
SW_2960#copy ?
  flash:          Copy from flash: file system
  ftp:             Copy from ftp: file system
  running-config  Copy from current system configuration
  startup-config  Copy from startup configuration
  tftp:            Copy from tftp: file system

SW_2960#copy running-config ?
  flash:          Copy to flash file
  ftp:             Copy to current system configuration
  startup-config  Copy to startup configuration
  tftp:            Copy to current system configuration

SW_2960#copy running-config startup-config
Destination filename [startup-config]?
Building configuration...
[OK]
```

Para la copia a un servidor TFTP se debe tener como mínimo una conexión de red activa hacia el servidor, (verifique la conexión a través de un ping) se solicitará el nombre de archivo con el que se guardará la configuración y la dirección IP del servidor.

```
SW_2960#ping 192.168.1.25

Type escape sequence to abort.
Sending 5, 100-byte ICMP Echos to 192.168.1.25, timeout is 2
seconds:
!!!!!
Success rate is 100 percent (5/5), round-trip min/avg/max =
31/31/32 ms

SW_2960#copy running-config tftp
Address or name of remote host []? 192.168.1.25
Destination filename [SW_2960-confg]?

Writing running-config....!!!!!!!!!!!!!!!!
[OK - 1080 bytes]

1080 bytes copied in 3.074 secs (0 bytes/sec)
```

La función **SCP** (*Secure Copy*) proporciona un método seguro y autenticado para copiar configuraciones de los dispositivos o archivos de imágenes de ellos. SCP se basa en SSH (*Secure Shell*), también requiere que **AAA** (*Authentication, Authorization, y Accounting*) este configurado en el router para determinar si el usuario tiene el nivel de privilegio correcto.

> **RECUERDE:**
>
> El comando copy identifica un origen y un destino para los datos a guardar. El resultado de la copia sobrescribe los datos existentes, por lo tanto, se debe tener especial atención asegurándose de que los datos que se copiarán son los correctos y que no se eliminarán datos sensibles.

Los siguientes comandos muestran el contenido de la RAM y de la NVRAM respectivamente.

```
Switch#show running-config

Switch#show startup-config
```

A continuación, se copia parte de un show startup-config, se observa la cantidad de memoria que se está utilizando, la versión del software IOS, la contraseña cifrada, la configuración de la VLAN1 etc.:

```
SW_2960#show startup-config
Building configuration...

Current configuration : 6318 bytes
!
version 12.2
no service pad
service timestamps debug uptime
service timestamps log uptime
service password-encryption
!
hostname SW_2960
!
enable secret 5 $1$fZxC$SgtgUKRGpUBs15eMoLmyB80
!
vtp mode transparent
ip subnet-zero
--More—
interface Vlan1
```

```
 ip address 192.168.59.49 255.255.255.0
 !
ip default-gateway 192.168.59.1
no ip http server
!
line con 0
 password 7 110461712590E00087A
 login
line vty 0 4
 --More—
```

 **NOTA:**

La memoria RAM es la running-config, su contenido se pierde al apagar y no existe comando para borrado. La memoria NVRAM es la startup-config, no pierde su contenido al apagar.

4.4.8 Borrado de las memorias

Los datos de configuración almacenados en la memoria no volátil no son afectados por la falta de alimentación, el contenido permanecerá en la NVRAM hasta tanto se ejecute el comando **erase** para su eliminación:

```
Switch#erase startup-config
SW_2960#erase startup-config
Erasing the nvram filesystem will remove all configuration files!
Continue? [confirm]
```

Por el contrario, no existe comando para borrar el contenido de la RAM. Si el administrador pretende dejar sin ningún dato de configuración debe reiniciar o apagar el switch. La RAM se borra únicamente ante la falta de alimentación eléctrica:

```
SW_2960#reload
System configuration has been modified. Save? [yes/no]: no
Proceed with reload? [confirm]
```

Para borrar completamente la configuración responda **NO** a la pregunta si quiere salvar.

 **NOTA:**

Tenga especial cuidado al borrar las memorias, asegúrese de eliminar lo que desea antes de confirmar el borrado.

4.4.9 Copia de seguridad del IOS

Cuando sea necesario restaurar o actualizar el IOS puede hacerse desde un servidor TFTP. Es importante que se guarden copias de seguridad de todas las IOS en un servidor central.

El comando para esta tarea es el **copy flash tftp**, verifique el nombre del archivo a guardar mediante el comando **show flash**:

```
SW_2960#show flash
Directory of flash:/

3  -rwx   736   Mar 1 1993 00:00:29 +00:00   vlan.dat4  -rwx
5              May 17 2012 05:49:12 +00:00   private-config.text
5  -rwx 6394   May 17 2012 05:49:12 +00:00   config.text
7  drwx  192   Mar 1 1993 00:07:15 +00:00   c2960-lanbase-
mz.122-25.FX.bin

32514048 bytes total (24172032 bytes free)

SW_2960#copy flash tftp
Source filename []? c2960-lanbase-mz.122-25.FX.bin
Address or name of remote host []? 192.168.1.25
Destination filename [c2960-lanbase-mz.122-25.FX.bin]?

Writing c2960-lanbase-mz.122-25.FX.b
in...!!!!!!!!!!!!!!!!!!!!!!!!!!!!!!!!!!!!!!!!!!!!!!!!!!!!!!!!!!!!!!!!!!!
!!!!!!!!!!!!!!!!!!!!!!!!!!!!!!
[OK - 4414921 bytes]

4414921 bytes copied in 2.746 secs (1607000 bytes/sec)
```

En el proceso inverso al anterior puede utilizarse para IOS corruptas que necesiten ser restablecidas o para actualizar la versión el IOS. Es importante verificar si existe espacio suficiente en la memoria flash antes de iniciar el proceso de copiado con el comando **show flash.** El comando **copy tftp** flash inicia la copia desde el servidor TFTP. El dispositivo pedirá confirmación del borrado antes de copiar en la memoria.

```
SW_2960#show flash
Directory of flash:/

3  -rwx   736   Mar 1 1993 00:00:29 +00:00   vlan.dat4   -rwx
5              May 17 2012 05:49:12 +00:00   private-config.text
5  -rwx 6394   May 17 2012 05:49:12 +00:00   config.text
7  drwx  192   Mar 1 1993 00:07:15 +00:00   c2960-lanbase-
mz.122-25.FX.bin
```

```
32514048 bytes total (24172032 bytes free)
SW_2960#copy tftp flash
Address or name of remote host []? 192.168.1.25
Source filename []? c2960-lanbase-mz.122-25.FX.bin
Destination filename [c2960-lanbase-mz.122-25.FX.bin]?
%Warning:There is a file already existing with this name

Do you want to over write? [confirm]

Erase flash: before copying? [confirm]

Erasing the flash filesystem will remove all files! Continue?
[confirm]
Erasing device... eeeeeeeeeeeeeeeeeeeeeeeeeeeeeeeeeeeeeeeeeeeeeeeee
eeeeeeeeeeeeeeeeeeeeeeeeeeeeeeeeeeeeeeeeeeeeeeeeeeeeeeeeeeeeeeeeeeee
eeeeeeeeeeeeeeeeeeeeeeeee
eeeeeeeeeeeeeeeeeeeeeeeeeeeeeeeeeeeeeeeeeeeeeeeeeeeeeeeeeeeeeeeeeeee
eeeeeeeeeeeeeeeeeeeeeeeeeeeeeeeeeeeeeeeeeeeeeeeeeeeeeeeeeeeeeeeeeeee
eeeeeeeeeee ...erased
Erase of flash: complete
Accessing tftp://192.168.1.25/c2960-lanbase-mz.122-25.FX.bin...
Loading c2960-lanbase-mz.122-25.FX.bin from 192.168.1.25:
!!!!!!!!
!!!!!!!!!!!!!!!!!!!!!!!!!!!!!!!!!!!!!!!!!!!!!!!!!!!!!!!!!!!!!
!!!!!!!!!!!!!!!!!!!!!!!!!!!!!!!!!!!!!!!!!!!!!!!!!!!!!!!!!!!!!!!!!!
!
!!!!!!!!!!!!!!!!!!!!!
[OK - 4414921 bytes]

4414921 bytes copied in 2.699 secs (44443 bytes/sec)
```

 **RECUERDE:**

A pesar de eliminar la configuración de la NVRAM las VLAN no se eliminan debido a que se guardan en un archivo en la memoria flash llamado VLAN.dat.

4.5 RECUPERACIÓN DE CONTRASEÑAS

La recuperación de contraseñas le permite alcanzar el control administrativo de su dispositivo si ha perdido u olvidado su contraseña. Para lograr esto necesita conseguir acceso físico al switch, ingresar sin la contraseña, restaurar la configuración y restablecer la contraseña con un valor conocido.

Paso 1 Conéctese a través del puerto de consola. Apague el switch y vuelva a encenderlo mientras presiona el botón "MODE" (modo) en la parte delantera del switch. Deje de presionar el botón "MODE" luego de varios segundos o una vez que se apaga el LED STAT.

Una información similar a la siguiente debe aparecer en la pantalla:

```
C2950 Boot Loader (C2950-HBOOT-M) Version 12.1(11r)EA1, RELEASE
SOFTWARE (fc1)
Compiled Mon 22-Jul-02 18:57 by federtec
WS-C2950-24 starting...
Base ethernet MAC Address: 00:0a:b7:72:2b:40
Xmodem file system is available.

The system has been interrupted prior to initializing the flash
files
system. The following commands will initialize the flash files
system,
and finish loading the operating system software:
flash_init
load_helper
boot
```

Paso 2 Para inicializar el sistema de archivos y terminar de cargar el sistema operativo, introduzca los siguientes comandos:

```
switch: flash_init
switch: load_helper
switch: dir flash:
Directory of flash:/

3 -rwx    736 Mar 1 1993 00:00 +00:00 vlan.dat
4 -rwx      5 May 1 2012 05:49 +00:00 private-config.text
5 -rwx   6394 May 1 2012 05:49 +00:00 config.text
7 drwx    192 Mar 1 1993 00:07 +00:00 c2960-lanbase-mz.122-35.SE5

32514048 bytes total (24172032 bytes free)
```

No se olvide de escribir los dos puntos (:) después de la palabra "flash" en el comando:

Paso 3 Escriba **rename flash:config.text flash:config.old** para cambiar el nombre del archivo de configuración. Este archivo contiene la definición de la contraseña.

```
switch: rename flash:config.text flash:config.old
```

Paso 4 Escriba **boot** para arrancar el sistema. Responda No a la pregunta:

```
Continue with the configuration dialog? [yes/no]: N
```

Paso 5 En el indicador del modo EXEC privilegiado, escriba **rename flash:config. old flash:config.text** para cambiar el nombre del archivo de configuración al nombre original.

```
Switch#rename flash:flash:config.old config.text
```

Paso 6 Copie el archivo de configuración a la memoria de la siguiente manera:

```
Switch#copy flash:config.text system:running-config
Source filename [config.text]?[enter]
Destination filename [running-config][enter]
```

Paso 7 Se ha vuelto a cargar el archivo de configuración. Cambie las contraseñas anteriores que se desconocen como se indica a continuación:

```
Switch#configure terminal
Switch(config)#no enable secret
Switch(config)#enable password contraseña nueva
Switch(config)#enable secret contraseña nueva
Switch(config)#line console 0
Switch(config-line)#password contraseña nueva
Switch(config-line)#exit
Switch(config)#line vty 0 15
Switch(config-line)#password contraseña nueva
Switch(config-line)#exit
Switch(config)#exit
Switch#copy running-config startup-config
Destination filename [startup-config]?[enter]
Building configuration...
[OK]
```

4.6 CONFIGURACIÓN DE VLAN

La tecnología de VLAN está pensada básicamente para ser implementada la capa de acceso del modelo jerárquico, donde los hosts se agregan a una u otra VLAN de forma estática o de forma dinámica.

- **Configuración estática**. Es la realizada por un administrador creando las VLAN y asignando manualmente los puertos a las respectivas VLAN. Por defecto todos los puertos pertenecen a la VLAN1 hasta que el administrador cambie esta configuración.
- **Configuración dinámica**: se basa en la MAC del dispositivo que se conecte a un puerto determinado, son utilizadas por ejemplo en el caso de utilizar IEEE 802.1X para proporcionar seguridad. Las VLAN dinámicas utilizan algún software de gestión para su funcionalidad.

4.6.1 Proceso de configuración de VLAN

El proceso de configuración de una estática VLAN debe seguir los siguientes pasos:

- Crear la VLAN.
- Opcionalmente nombrar la VLAN.
- Opcionalmente añadir una Voice VLAN
- Asociar uno o más puertos a la VLAN creada.

En la configuración de las VLAN se utiliza un nombre que identificará dicha VLAN, sin embargo, el switch solo tiene en cuenta el rango numérico de la misma. Nombrar una VLAN es una tarea opcional pero que facilita enormemente la tarea de los administradores.

El rango de configuración va desde 1 a 1005 y el rango ampliado va de 1006 a 4094. Las VLAN 1 y las 1002 a la 1005 son rangos reservados.

```
Switch(config)# vlan número
Switch(config-vlan)# name nombre
Switch(vlan)#exit
```

Una vez creada la VLAN es preciso asignar a ésta los puertos necesarios siguiendo el siguiente proceso:

```
Switch(config)#interface tipo de interfaz número Switch(config-
if)#switchport mode access
Switch(config-if)#switchport access vlan número
```

En algunos casos la línea de comandos **switchport mode access** puede suprimirse.

Para añadir una VLAN de voz se utiliza el siguiente comando:

```
Switch(config-if)#switchport voice vlan número
```

Muchos switches Cisco permiten añadir directamente un puerto a una VLAN que todavía no he sido creada, este mecanismo crea la VLAN automáticamente, sin embargo, a pesar de esta funcionalidad lo mejor es crear primero la VLAN y luego asociar el puerto.

```
SW_2960(config)#interface fastEthernet 0/1
SW_2960(config-if)#switchport access Vlan 25
% Access VLAN does not exist. Creating vlan 25
SW_2960(config-if)#
```

RECUERDE:

La VLAN 1 es la VLAN nativa o de administración, que por defecto es a la que se le asigna la dirección IP de gestión del switch.

4.6.2 Eliminación de VLAN

Para eliminar una VLAN desagrupe los puertos que estén asociados con esta anteponiendo un **no** al comando **swtichport**. También es posible asociarlos a otra VLAN para desvincularlos con la VLAN que se borrará. Elimine la VLAN anteponiendo un **no** al comando de configuración. El switch no debe estar en modo **VTP cliente**.

```
Switch(config)#interface tipo de interfaz número
Switch(config-if)#no switchport access vlan número

Switch(config)# no vlan número
Switch(vlan)#exit
```

Si el switch está en modo cliente y no es posible cambiarlo de modo VTP, o ante inconsistencias de VLAN será necesario eliminar el archivo de información de la base de datos de la VLAN que está almacenado en la memoria flash. Tenga especial cuidado de eliminar el archivo VLAN.dat y no otro. A partir del siguiente reinicio todas las VLANs quedarán eliminadas

```
Switch#delete flash:vlan.dat
Delete filename [vlan.dat]?[Enter]
Delete flash:vlan.dat? [confirm][Intro]
```

Si no hay ningún archivo VLAN, aparece el siguiente mensaje:

```
%Error deleting flash:vlan.dat (No such file or directory)
```

 **NOTA:**

Cuando se elimina una VLAN, los puertos asignados a ella quedan inactivos hasta que se asignen a una nueva VLAN.

4.6.3 Verificación de VLAN

En el resumen de la información brindada por un **show vlan** que se muestra a continuación se observa la asociación de las respectivas VLAN, con sus puertos asociados:

```
SW_2960#show vlan

VLAN Name                         Status    Ports
---- -------------------------- --------  ------------------------------
1    default                     active    Fa0/1, Fa0/2, Fa0/3, Fa0/4
2    VENTAS                      active    Fa0/5, Fa0/6, Fa0/7, Fa0/8,
                                           Fa0/10, Fa0/28, Fa0/30
                                           Fa0/9, Fa0/11, Fa0/12, Fa0/13,
3    ADMINISTRACION              active    Fa0/14, Fa0/15, Fa0/16, Fa0/17,
                                           Fa0/18, Fa0/19, Fa0/20, Fa0/21,
4    LOGISTICA                   active    Fa0/22, Fa0/23, Fa0/24, Fa0/25,
                                           Fa0/26, Fa0/27, Fa0/29, Fa0/31,
                                           Fa0/32, Fa0/33, Fa0/34, Fa0/35,
                                           Fa0/36, Fa0/37, Fa0/38, Fa0/39,
                                           Fa0/40, Fa0/41, Fa0/42, Fa0/43,
                                           Fa0/44, Fa0/45, Fa0/46, Fa0/47,
                                           Fa0/48
```

- ▶ **show vlan brief**. Muestra la información de VLAN resumida.
- ▶ **show vtp status**. Muestra la información del estado VTP.
- ▶ **show interface trunk.** Muestra los parámetros troncales.
- ▶ **show spanning-tree vlan Nº**. Muestra información sobre el estado STP.

```
Switch# show spanning-tree vlan 100
VLAN0100
Spanning tree enabled protocol ieee
        Root ID     Priority     4200
        Address 000b.5f65.1f80
        Cost 4
Port 1 (GigabitEthernet0/1)
Hello Time 2 sec Max Age 20 sec Forward Delay 15 sec
Bridge ID Priority 32868 (priority 32768 sys-id-ext 100)
Address 000c.8554.9a80
Hello Time 2 sec Max Age 20 sec Forward Delay 15 sec
Aging Time 300
```

4.6.4 Configuración de la interfaz SVI

Es posible asignar una dirección IP a una interfaz virtual **SVI** (*Switch Virtual Interface*) que identifique a una VLAN en particular, lo que resulta de suma utilidad cuando existe tráfico que entra y sale de dicha VLAN.

Para configurar una **SVI** se utilizan los siguientes comandos:

```
Switch(config)# interface vlan vlan-id
Switch(config-if)# ip address dirección-IP máscara
Switch(config-if)# no shutdown
```

Para que la interfaz SVI funcione correctamente se debe crear previamente la VLAN y que a su vez esté activa y asignada a algún puerto de capa 2 que esté habilitado. La interfaz SVI no debe estar en el estado **shutdown**.

La siguiente sintaxis muestra la configuración de una interfaz SVI:

```
Switch(config)# vlan 100
Switch(config-vlan)# name CCNP
Switch(config-vlan)# exit
Switch(config-if)#interface fastethernet 0/1
Switch(config-if)#switchport access vlan 100
Switch(config)# interface vlan 100
Switch(config-if)# ip address 192.168.0.1 255.255.255.0
Switch(config-if)# no shutdown
```

4.7 CONFIGURACIÓN DEL ENLACE TRONCAL

Por defecto los puertos de capa 2 de los switches son puertos de acceso que por defecto pertenecen a la VLAN1, para que estos funcionen como puertos troncales hay que configurarlos con el comando de interfaz **switchport mode trunk**.

```
Switch(config)# interface tipo número
Switch(config-if)# switchport trunk encapsulation {isl | dot1q |
negotiate}
Switch(config-if)# switchport trunk native vlan número
Switch(config-if)# switchport trunk allowed vlan {vlan-list | all
| {add | except | remove} vlan-list}
Switch(config-if)# switchport mode {trunk | dynamic {desirable |
auto}}
```

En la configuración de los troncales intervienen varios parámetros, en la encapsulación existen tres posibilidades de configuración:

▰ **isl**: el troncal se formará utilizando ISL.

▰ **dot1q**: el troncal se formará utilizando IEEE 802.1Q.

▰ **negotiate**: el troncal se formará utilizando el protocolo **DTP** de Cisco.

El comando **switchport trunk native vlan** solo se utiliza con la encapsulación dot1q e indica que VLAN será la VLAN de administración o nativa, por lo tanto, no llevará etiqueta alguna.

El comando **switchport trunk allowed vlan** se utiliza para añadir o borrar VLAN del troncal, aunque la opción **except** lo que hará será permitir todas excepto la que se indique.

Existen tres modos de un puerto troncal.

▰ **trunk**, por defecto es el estado del puesto troncal (que se recomienda).

▰ **dynamic desirable**, inicia o responde dinámicamente a los mensajes de negociación para elegir si desea iniciar un troncal.

▰ **dynamic auto**, espera pasivamente recibir mensajes de negociación, momento en el que responderá si desea utilizar el troncal.

Es importante tener en cuenta que en los casos donde exista demasiado tráfico el troncal se puede aplicar no solo en una interfaz individual sino en una agregación Fast EtherChannel o Gigabit EtherChannel ampliando así el ancho de banda del enlace.

Para ver el estado de una interfaz troncal se utiliza el comando **show interface trunk**, la sintaxis que sigue muestra un ejemplo:

```
Switch# show interface gigabitethernet 0/2 trunk
Port   Mode   Encapsulation      Status        Native vlan
Gi2/1 on      802.1q             trunking      1
Port          Vlans allowed on trunk
Gi2/1         1-4094
Port          Vlans allowed and active in management domain
Gi2/1         1-2,526,539,998,1002-1005
Port          Vlans in spanning tree forwarding state and not pruned
Gi2/1         1-2,526,539,998,1002-1005
```

4.7.1 Configuración de VLAN nativa

Cuando un switch local recibe tramas doblemente etiquetadas como si se utilizara 802.1Q decide enviarlas a través de las interfaces troncales. El llamado ataque **VLAN Hopping** consiste en engañar al switch como si el enlace fuera un troncal a través de las etiquetas falsas 802.1Q y de la VLAN a donde se quiere llegar.

La clave para el ataque **VLAN Hopping** se basa en que la VLAN nativa no viaja etiquetada. Para solucionar este tipo de ataques se pueden seguir los siguientes pasos:

▹ Configurar la VLAN nativa como una VLAN falsa o una que no esté en uso.

▹ Recortar la VLAN nativa de los enlaces del troncal.

Por ejemplo, si el troncal solo debe llevar las VLAN 10 y 20, se debería configurar la VLAN nativa con un valor de una VLAN que no se esté utilizando, por lo tanto, la VLAN nativa podría recortarse del troncal configurándolo en el propio enlace según muestra la siguiente sintaxis:

```
Switch(config)# vlan 500
Switch(config-vlan)# name Nativa
Switch(config-vlan)# exit
Switch(config)# interface gigabitethernet 1/1
Switch(config-if)# switchport trunk encapsulation dot1q
Switch(config-if)# switchport trunk native vlan 800
Switch(config-if)# switchport trunk allowed vlan remove 800
Switch(config-if)# switchport mode trunk
```

El parámetro **switchport trunk allowed** permite limitar administrativamente las VLAN cuyo tráfico utiliza el troncal.

Otra alternativa es forzar a los troncales 802.1Q para añadir etiquetas a la VLAN nativa, de esta manera el ataque no funcionará porque el switch no eliminará la primera etiqueta de la VLAN nativa etiquetada. Para forzar al switch a etiquetar la VLAN nativa se utiliza el siguiente comando:

```
Switch(config)# vlan dot1q tag native
```

4.7.2 Dynamic Trunking Protocol

DTP (*Dynamic Trunking Protocol*) es un protocolo propietario de Cisco que se utiliza entre switches directamente conectados y que negocia de manera automática la creación de enlaces troncales entre ellos, así como el tipo de encapsulación (ISL o 802.1q).

DTP no funciona entre switches con diferente nombre de dominio VTP, es decir, que solo puede utilizarse entre switches del mismo dominio o bien si uno de los switches no tiene definido un nombre de domino VTP (NULL) y el otro sí.

Si bien DTP puede facilitar la administración del switch, se expone a que los puertos del switch queden comprometidos. Si un puerto mantiene su configuración por defecto donde el trunk está en **auto**, podría ser indagado por un puerto de otro switch también en **auto** u **on** enlazando entonces un troncal.

4.7.3 Enrutamiento entre VLAN

Para que las VLAN puedan establecer comunicación entre ellas debe ser necesarios que el switch sea multicapa o a través de un router comúnmente llamado **router on a stick**. La interconexión puede establecerse directamente a través de interfaces físicas a cada VLAN o con un enlace troncal. Para esto se deben establecer subinterfaces FastEthernet, con su encapsulación y dirección IP correspondiente de manera que cada una de estas subinterfaces pertenezca a un VLAN determinada.

La complementación del filtrado de trama en los switches y las listas de acceso en los routers, hacen que la **seguridad** sea uno de los factores primordiales en el uso de las VLAN.

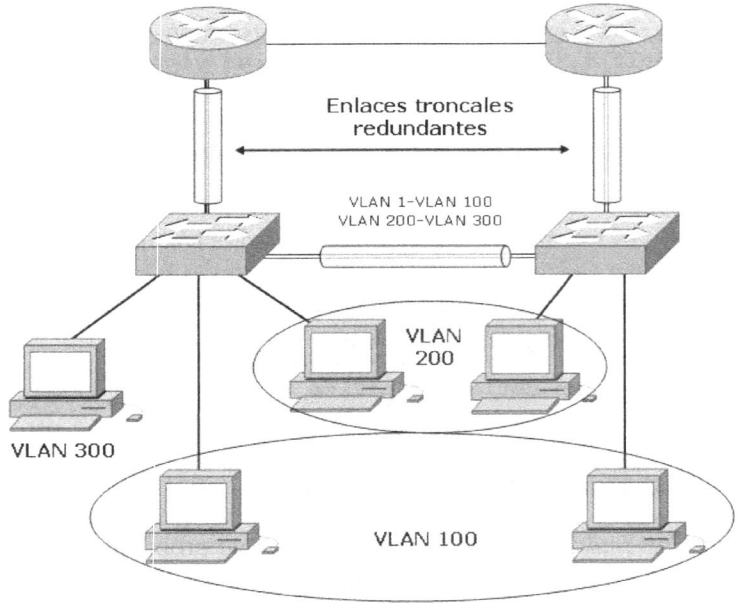

Enrutamiento típico entre VLAN con enlaces troncales redundantes hacia los routers

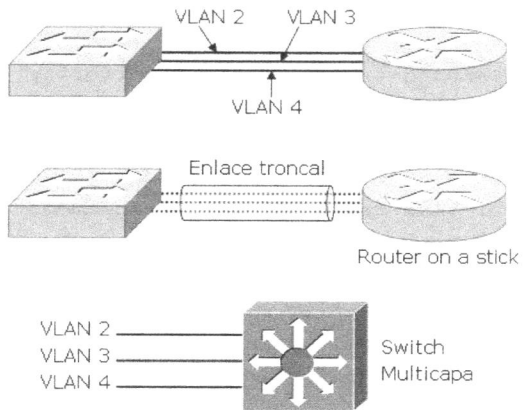

Enrutamiento entre VLAN con diferentes enlaces

Los pasos que siguen establecen las configuraciones de una subinterfaz FastEthernet en un router:

```
Router(config)#interface fastethernet [N°de slot/N°de interfaz.
N°de subinterfaz]
Router(config-subif)#encapsulation [dot1q|ISL] [N°de vlan]
Router(config-subif)#ip address [dirección IP+máscara]
Router(config-subif)#exit
Router(config)#interface fastethernet [N°de slot/N°de interfaz]
Router(config-if)#no shutdown
```

 **RECUERDE:**

Para que la subinterfaz no esté caída se debe ejecutar el comando no shutdown directamente desde la interfaz física.

4.8 CONFIGURACIÓN DE STP

La configuración de **STP** viene habilitada por defecto. Cisco desarrolló PVST+ para que una red pueda ejecutar una instancia de STP para cada VLAN de la red. La creación de distintos switches raíz en STP por VLAN genera una red más redundante. En ciertos casos será necesaria la configuración de la prioridad, cada switch posee la misma prioridad predeterminada (32768) y la elección del puente raíz para cada

VLAN se basará en la dirección MAC. Esta elección en ciertos casos puede no ser la más conveniente.

```
switch(config)#spanning-tree vlan número priority [0-61440]
switch(config)#spanning-tree mode ?
  mst         Multiple spanning tree mode
  pvst        Per-Vlan spanning tree mode
  rapid-pvst  Per-Vlan rapid spanning tree mode

switch(config)#interface Fastethernet N°
switch(config-if)#spanning-tree link-type ?
  point-to-point  Consider the interface as point-to-point
  shared          Consider the interface as shared
```

En ciertos casos será necesario desactivar STP aunque se recomienda enfáticamente no deshabilitar STP. En general, STP no es muy exigente para el procesador.

```
switch(config)#no spanning-tree vlan N°
```

En la siguiente captura se observa resaltado la prioridad y más abajo el estado y roll de los puertos

```
switch#show spanning-tree vlan 1

VLAN0001
  Spanning tree enabled protocol ieee
  Root ID    Priority    8192
             Address     0003.a0ea.f800
             Cost        4
             Port        27 (GigabitEthernet1/0/3)
             Hello Time  2 sec  Max Age 20 sec  Forward Delay 15 sec
  Bridge ID  Priority    32769   (priority 32768 sys-id-ext 1)
             Address     001b.90b1.8680
             Hello Time  2 sec  Max Age 20 sec  Forward Delay 15 sec
             Aging Time 300

Interface         Role Sts Cost      Prio.Nbr Type
---------------   ---- --- --------- -------- ----
Gi1/0/3           Root FWD 4         128.27   P2p
Gi3/0/4           Altn BLK 4         128.132  P2p
```

4.8.1 PortFast y BPDU Guard

Existen métodos adicionales que hacen que la convergencia STP sea más rápida en casos de fallos del enlace. Estos métodos son los siguientes:

- **PortFast**, habilita conectividad rápida para los puertos conectados a estaciones de trabajo o equipos terminales mientras estos están inicializando.

- **Uplink Fast**, habilita el enlace uplink rápido del switch en la capa de acceso cuando existen conexiones duales hacia la capa de distribución.

- **Backbone Fast**, habilita una rápida convergencia en el core de la red después de que un cambio de topología ocurre en STP.

En puertos de switch que conectan solo hacia simples estaciones de trabajo los bucles de capa 2 nunca serán posibles. Los switches Catalyst ofrecen la característica **PortFast** la cual baja los tiempos de cambio de estado de STP. Cuando el enlace de la estación de trabajo se levanta en el puerto PortFast, el switch mueve inmediatamente el estado del puerto a enviando. Una de las características más ventajosas es que las BPDU TCN no son enviadas ante los cambios de estado de los puertos configurados como PortFast.

Por defecto **PortFast** está deshabilitado en todos los puertos. Para configurarlo a todos los puertos de acceso se puede utilizar el siguiente comando:

```
Switch(config)# spanning-tree portfast default
```

Cuando PortFast es habilitado no se espera encontrar ningún dispositivo que genere BPDU, es decir, nada que pueda provocar un bucle. Cuando por error se conecta un switch a un puerto en el que se ha habilitado PortFast, existe un problema potencial de que se genere un bucle y aún más cuando el nuevo switch se anuncia como posible root bridge. La característica **BPDU Guard** fue creada para garantizar la integridad de los puertos del switch PortFast para que si alguna BPDU es recibida, el puerto se ponga inmediatamente en estado **errdisable**. El puerto pasa a una condición de error y es desactivado, teniendo que ser manualmente rehabilitado o automáticamente recuperado a través de la función de un temporizador.

Por defecto **BPDU Guard** está deshabilitado en todos los puertos del switch pudiendo configurarse con el siguiente comando:

```
Switch(config)# spanning-tree portfast bpduguard default
Switch(config-if)# spanning-tree bpduguard enable
```

4.9 CONFIGURACIÓN DE VTP

Los switches que utilizan VTP versión 1 o versión 2 anuncian las VLAN (solo desde la 1 hasta la 1005), números de versión de configuración y parámetros de cada VLAN por los trunk para notificar esta información al resto de los switches de dominio mediante mensajes de multicast. La versión 3 de VTP permite la utilización de VLAN en el rango extendido de 1-4096, lo que haría a VTP compatible con el estándar IEEE 802.1Q.

Por defecto los switches utilizan la versión 1. Cambiar la versión de VTP es tan simple como introducir este comando en el modo de configuración global:

```
Switch(config)# vtp version {1 | 2 | 3}
```

El nombre de dominio soporta un máximo de 32 caracteres y se configura con el siguiente comando:

```
Switch(config)# vtp domain domain-name
```

Por defecto, los switches vienen configurados en modo servidor. Para configurar el modo y la contraseña en las actualizaciones VTP se utilizan los siguientes comandos:

```
Switch(config)# vtp mode { server | client | transparent | off }
Switch(config)# vtp password password [ hidden | secret ]
```

La contraseña se configura únicamente en los clientes y servidores VTP.

El siguiente es un ejemplo de la configuración de un servidor VTP.

```
Switch(config)# vtp version 1
Switch(config)# vtp domain CCNAvtp
Switch(config)# vtp mode server
Switch(config)# vtp password PaSsWoRd
```

La siguiente sintaxis de un **show vtp status** muestra la configuración de un switch servidor.

```
switch#show vtp status
VTP Version : 2
Configuration Revision : 0
Maximum VLANs supported locally : 64
Number of existing VLANs : 5
VTP Operating Mode : Servidor
VTP Domain Name : ccNa
VTP Pruning Mode : Disabled
```

```
VTP V2 Mode : Disabled
VTP Traps Generation : Disabled
MD5 digest : 0x8C 0x29 0x40 0xDD 0x7F 0x7A 0x63
Configuration last modified by 0.0.0.0 at 0-0-00 00:00:00
```

 **NOTA:**

Muchos de los comandos utilizados a lo largo de este capítulo poseen gran cantidad de parámetros opcionales, para facilitar el aprendizaje estos han sido simplificados.

4.10 CASO PRÁCTICO

4.10.1 Configuración de VLAN

Ejemplo de la creación de una VLAN 2 **RRHH** y una VLAN 3 **Ventas** y su asociación a los puertos correspondientes, 12 y 15 **VLAN 3** y los puertos 16 al 24 (configurado por rango) **VLAN 2**.

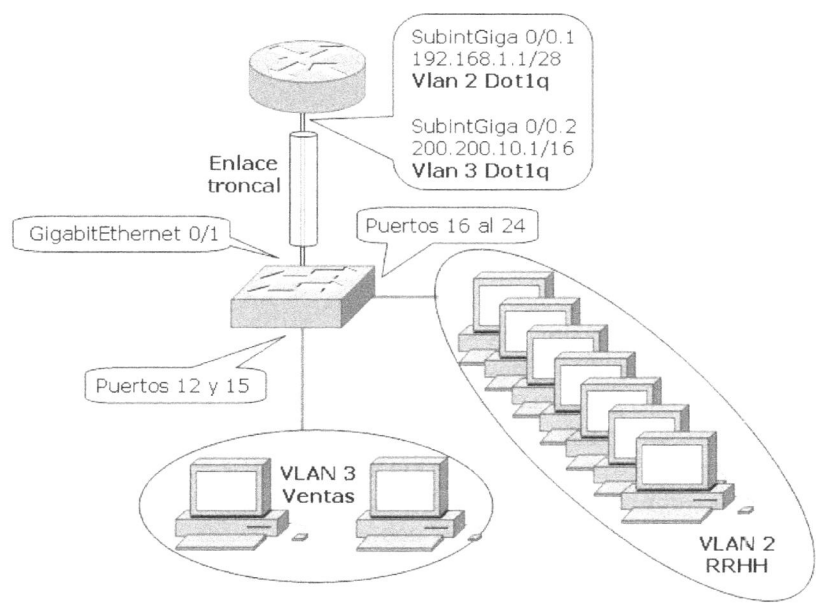

```
Switch(config)# vlan 3
Switch(config-vlan)# name Ventas
Switch(vlan)#exit
VLAN 3 added:
    Name: Ventas
Switch(vlan)#exit
Switch(config)#interface fastethernet 0/12
Switch(config-if)#switchport access vlan 3
Switch(config)#interface fastethernet 0/15
Switch(config-if)#switchport access vlan 3

Switch(config)# vlan 2
Switch(config-vlan)# name RRHH
Switch(vlan)#exit
VLAN 2 added:
    Name: RRHH
Switch(vlan)#exit
Switch(config)#interface fastethernet 0/16-24
Switch(config-if)#switchport access vlan 2
```

El enlace troncal se realiza a través del puerto GigabitEthernet 0/1, según muestra la sintaxis.

```
Switch(config)#interface GigabitEthernet 0/1
Switch(config-if)#switchport mode trunk
```

4.10.2 Configuración del troncal en el router

Para que las VLAN puedan verse, serán necesarios los servicios de un router. El ejemplo muestra la configuración de un enlace troncal sobre dos subinterfaces GigabitEthernet:

```
Router(config)#interface GigabitEthernet 0/0.1
Router(config-subif)#encapsulation dot1q 2
Router(config-subif)#ip address 192.168.1.1 255.255.255.0
Router(config-subif)#exit
Router(config)#interface GigabitEthernet 0/0.2
Router(config-subif)#encapsulation dot1q 3
Router(config-subif)#ip address 200.200.10.1 255.255.255.0
Router(config-subif)#exit
Router(config)#interface GigabitEthernet 0/0
Router(config-if)#no shutdown
```

4.11 FUNDAMENTOS PARA EL EXAMEN

▼ Memorice los parámetros para la configuración de un emulador de consola para la configuración inicial de un switch.

▼ Estudie los comandos básicos para la configuración del switch.

▼ Recuerde los pasos en el proceso de recuperación de contraseñas y para qué sirve cada uno de ellos.

▼ Aprenda como aumentar la seguridad de acceso al switch con SSH.

▼ Recuerde que es, para que sirve y los pasos básicos en el proceso de configuración de VLAN.

▼ Analice otras opciones de creación de VLAN y como eliminarlas.

▼ Memorice los comandos para la configuración de VTP.

▼ Analice el funcionamiento de los routers en el enrutamiento entre VLAN y cuáles son los aspectos básicos para ello.

▼ Recuerde los comandos show que permiten visualizar el funcionamiento de las VLAN.

▼ Memorice los comandos STP y como se puede mejorar una topología STP.

▼ Analice en que se diferencian LACP y PAgP.

▼ Repase para que sirve y cómo funciona PoE

▼ Tenga claro las diferencias entre puerto de acceso, puerto troncal, puerto de voz. Analice sus configuraciones.

▼ Ejercite los pasos para realizar copias de seguridad de las configuraciones y de las IOS.

▼ Piense como se puede aumentar la seguridad en los enlaces troncales.

▼ Ejercite todas las configuraciones en dispositivos reales o en simuladores.

5

ENRUTAMIENTO

5.1 DETERMINACIÓN DE RUTAS IP

Para que un dispositivo de capa tres pueda determinar la ruta hacia un destino debe tener conocimiento de las diferentes rutas hacia él y cómo hacerlo. El aprendizaje y la determinación de estas rutas se lleva a cabo mediante un proceso de enrutamiento dinámico a través de cálculos y algoritmos que se ejecutan en la red o enrutamiento estático ejecutado manualmente por el administrador o incluso ambos métodos.

La información de enrutamiento que el router aprende desde sus fuentes se coloca en su propia tabla de enrutamiento. El router se vale de esta tabla para determinar los puertos de salida que debe utilizar para retransmitir un paquete hasta su destino. La tabla de enrutamiento es la fuente principal de información del router acerca de las redes. Si la red de destino está conectada directamente, el router sabrá de antemano el puerto que debe usar para reenviar paquetes. Si las redes de destino no están conectadas directamente, el router debe aprender y calcular la ruta más óptima a usar para reenviar paquetes a dichas redes. La tabla de enrutamiento se construye mediante uno de estos dos métodos o ambos:

- **Rutas estáticas**. Aprendidas por el router a través del administrador, que establece dicha ruta manualmente, quien también debe actualizar cuando tenga lugar un cambio en la topología.

- **Rutas dinámicas**. Rutas aprendidas automáticamente por el router a través de la información enviada por otros routers, una vez que el administrador ha configurado un protocolo de enrutamiento que permite el aprendizaje dinámico de rutas.

Para poder enrutar paquetes de información un router debe conocer lo siguiente:

▶ **Dirección de destino**: dirección a donde han de ser enviados los paquetes.

▶ **Fuentes de información**: fuente (otros routers) de donde el router aprende las rutas hasta los destinos especificados.

▶ **Descubrir las posibles rutas hacia el destino**: rutas iniciales posibles hasta los destinos deseados.

▶ **Seleccionar las mejores rutas**: determinar cuál es la mejor ruta hasta el destino especificado.

▶ **Mantener las tablas de enrutamiento actualizadas**: mantener conocimiento actualizado de las rutas al destino.

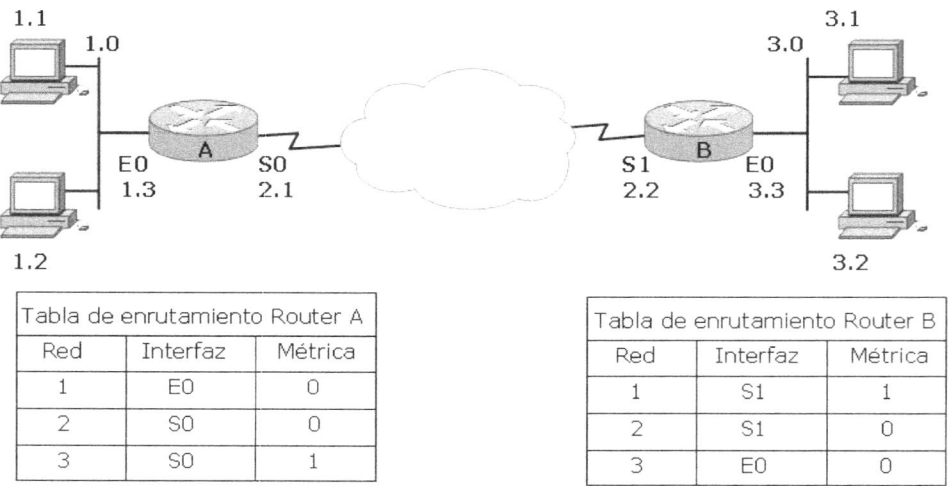

Tabla de enrutamiento Router A		
Red	Interfaz	Métrica
1	E0	0
2	S0	0
3	S0	1

Tabla de enrutamiento Router B		
Red	Interfaz	Métrica
1	S1	1
2	S1	0
3	E0	0

5.1.1 Distancia administrativa

Los routers son multiprotocolos, lo que quiere decir que pueden utilizar al mismo tiempo diferentes protocolos incluidas rutas estáticas. Si varios protocolos proporcionan la misma información de enrutamiento se les debe otorgar un valor administrativo. La distancia administrativa permite que un protocolo tenga mayor prioridad sobre otro si su distancia administrativa es menor. Este valor viene por defecto, sin embargo, el administrador puede configurar un valor diferente si así lo determina.

El rango de las distancias administrativas varía de 1 a 255 y se especifica en la siguiente tabla:

Interfaz física	0
Ruta estática	1
Ruta sumarizada EIGRP	5
BGP externo	20
EIGRP interno	90
IGRP	100
OSPF	110
IS-IS	115
RIP	120
EIGRP externo	170
BGP interno	200
Inalcanzable	255

Valor predeterminado de distancia administrativa

5.1.2 Métricas

Las métricas utilizadas habitualmente por los protocolos de enrutamiento pueden calcularse basándose en una sola o en múltiples características de la ruta. Existen diferentes protocolos de enrutamiento y cada uno utiliza métricas diferentes.

- **Número de saltos**: número de routers por los que pasará un paquete.

- **Tic tac** (Novell): retraso en un enlace de datos usando pulsos de reloj de PC IBM (msg).

- **Coste**: valor arbitrario, basado generalmente en el ancho de banda, el coste económico u otra medida, que puede ser asignado por un administrador de red.

- **Ancho de banda**: capacidad de datos de un enlace. Por ejemplo, un enlace Ethernet de 10Mb será preferible normalmente a una línea dedicada de 64Kb.

▼ **Retraso**: tiempo en mover un paquete de un origen a un destino.

▼ **Carga**: cantidad de actividad existente en un recurso de red, como un router o un enlace.

▼ **Fiabilidad**: normalmente, se refiere al valor de errores de bits de cada enlace de red.

▼ **MTU** (*Maximum Transmission Unit*): longitud máxima de trama en octetos que puede ser aceptada por todos los enlaces de la ruta.

Los valores de la métrica y de la distancia administrativa pueden verse en la tabla de enrutamiento encerrado entre corchetes. El ejemplo se basa en una topología OSPF, donde el primero de los valores corresponde a la DA (110) y el segundo a la métrica.

```
Router# show ip route
Gateway of last resort is not set
172.16.0.0/16 is variably subnetted, 3 subnets, 2 masks
O E2    172.16.20.128/29 [110/20] via 172.16.20.9, 00:00:29,
Serial1
O IA    172.16.20.128/26 [110/74] via 172.16.20.9, 00:01:29,
Serial1
C       172.16.20.8/29 is directly connected, Serial1
O       E2 192.168.0.0/24 [110/20] via 172.16.20.9, 00:01:29,
Serial1
```

5.2 ENRUTAMIENTO ESTÁTICO

Las rutas estáticas se definen administrativamente y establecen rutas específicas que han de seguir los paquetes para pasar de un puerto de origen hasta un puerto de destino. Se establece un control preciso del enrutamiento según los parámetros del administrador.

Las **rutas estáticas por defecto** (default) especifican una puerta de enlace (gateway) de último recurso, a la que el router debe enviar un paquete destinado a una red que no aparece en su tabla de enrutamiento, es decir, que desconoce.

Las rutas estáticas se utilizan habitualmente en enrutamientos desde una red hasta una red de conexión única, ya que no existe más que una ruta de entrada y salida en una red de conexión única, evitando de este modo la sobrecarga de tráfico que genera un protocolo de enrutamiento.

La ruta estática se configura para conseguir conectividad con un enlace de datos que no esté directamente conectado al router. Para conectividad de extremo a extremo, es necesario configurar la ruta en ambas direcciones. Las rutas estáticas permiten la construcción manual de la tabla de enrutamiento.

El comando **ip route** configura una ruta estática, los parámetros siguientes al comando definen la ruta estática.

Una ruta estática se representa con una "S" en la tabla de enrutamiento

```
Router#show ip route

    Codes: C - connected, S - static, I - IGRP, R - RIP, M -
    mobile, B - BGP, D - EIGRP, EX - EIGRP external, O - OSPF,
    IA - OSPF inter area N1 - OSPF NSSA external type 1, N2 -
    OSPF NSSA external type 2, E1 - OSPF external type 1, E2 -
    OSPF external type 2, E - EGP i - IS-IS, su - IS-IS summary,
    L1 - IS-IS level-1, L2 - IS-IS level-2 ia - IS-IS inter
    area, * - candidate default, U - per-user static route o -
    ODR, P - periodic downloaded static route

Gateway of last resort is not set

    161.44.0.0/24 is subnetted, 1 subnets
C       161.44.192.0 is directly connected, Ethernet0
    131.108.0.0/24 is subnetted, 1 subnets
C       131.108.99.0 is directly connected, Serial0
S    198.10.1.0/24 [1/0] via 161.44.192.2
```

 NOTA:

Es necesario configurar una ruta estática en sentido inverso para conseguir una comunicación en ambas direcciones.

5.2.1 Rutas estáticas por defecto

Una ruta estática por defecto (default), predeterminada o de último recurso es un tipo especial de ruta estática que se utiliza cuando no se conoce una ruta hasta un destino determinado, o cuando no es posible almacenar en la tabla de enrutamiento la información relativa a todas las rutas posibles.

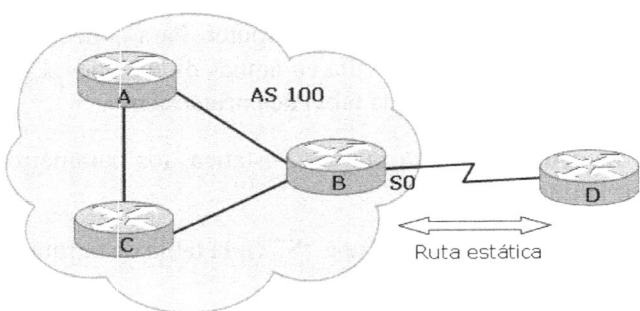

```
Router_B(config)# ip route 0.0.0.0 0.0.0.0 Serial 0
```

El gráfico ilustra un ejemplo de utilización de una ruta estática por default, el router **B** tiene configurada la ruta por defecto hacia el exterior como única salida/ entrada del sistema autónomo **100**, los demás routers aprenderán ese camino gracias a la redistribución que el protocolo hará dentro del sistema autónomo.

Una ruta estática por defecto se representa con una "S*" en la tabla de enrutamiento

```
Router#show ip route

        Codes: C - connected, S - static, I - IGRP, R - RIP, M -
        mobile, B - BGP, D - EIGRP, EX - EIGRP external, O - OSPF,
        IA - OSPF inter area N1 - OSPF NSSA external type 1, N2 -
        OSPF NSSA external type 2, E1 - OSPF external type 1, E2 -
        OSPF external type 2, E - EGP i - IS-IS, su - IS-IS summary,
        L1 - IS-IS level-1, L2 - IS-IS level-2 ia - IS-IS inter
        area, * - candidate default, U - per-user static route o -
        ODR, P - periodic downloaded static route

Gateway of last resort is 161.44.192.2 to network 198.10.1.0

        161.44.0.0/24 is subnetted, 1 subnets
C         161.44.192.0 is directly connected, Ethernet0
        131.108.0.0/24 is subnetted, 1 subnets
C         131.108.99.0 is directly connected, Serial0
S*      198.10.1.0/24 [1/0] via 161.44.192.2
```

5.2.2 Rutas estáticas flotantes

Una **ruta estática flotante** es una ruta estática que el router utiliza para respaldar una ruta dinámica. Debe configurar una ruta estática flotante con una distancia administrativa más alta que la ruta dinámica a la que hará de respaldo.

Recuerde que el router basa su decisión en el concepto de distancia administrativa (AD). La ruta que tenga una distancia administrativa más baja será la que se escoja como primera opción para alcanzar la red de destino y la otra quedará como respaldo. En este caso, el router escogerá la ruta dinámica ante una ruta estática flotante. Por lo tanto, una ruta estática se puede utilizar como una ruta estática flotante con una distancia administrativa más alta que la ruta dinámica como alternativa si se pierde la ruta aprendida por el protocolo de enrutamiento.

5.2.3 Rutas locales

En las nuevas versiones de Cisco IOS aparecen en la tabla de enrutamiento rutas identificadas como "L". Las rutas locales de IPv6 han existido siempre, mientras que las **rutas locales** o **rutas de host** IPv4 fueron añadidas a partir de la característica de enrutamiento Multi-topología (MTR).

Las rutas de host permiten ver en la tabla de enrutamiento la dirección IP de la interfaz del router, mientras que con las versiones anteriores la "C" únicamente identificaba a la red directamente conectada.

Hay tres maneras de crear una ruta de host:

▼ Automáticamente, Cisco IOS instala una ruta de host, cuando una dirección de interfaz está configurada en el router.

▼ Manualmente como una ruta estática configurada para dirigir el tráfico a un dispositivo de destino específico.

▼ Una ruta de host se obtiene de forma automática a través de otros métodos.

En el siguiente ejemplo las direcciones IP asignadas a Ethernet0/0 son 10.1.1.1/30 para IPv4 y 2001:db8::1/64 para el IPv6. Ningunas son rutas de host. Recuerde que una ruta host para el IPv4 tiene la máscara /32, y una ruta del host para el IPv6 tiene la máscara /128.

Para cada direccionamiento IPv4 y IPv6, Cisco IOS instala las rutas de host en las tablas de enrutamiento respectivas. Las rutas locales se identifican con un "L" en la salida del comando **show ip route**. Ahora las direcciones 10.1.1.1/32 y 2001:db8::1/128 aparecen como rutas de host local respectivamente. La ruta FF00::/8 es también una ruta local, pero esta ruta es necesaria para el enrutamiento multicast

```
Router#show ip route

    Codes: L - local, C - connected, S - static, R - RIP, M -
    mobile, B - BGP, D - EIGRP, EX - EIGRP external, O - OSPF,
    IA - OSPF inter area, N1 - OSPF NSSA external type 1, N2
    - OSPF NSSA external type 2, E1 - OSPF external type 1, E2
    - OSPF external type 2, i - IS-IS, su - IS-IS summary, L1
    - IS-IS level-1, L2 - IS-IS level-2, ia - IS-IS inter area,
    * - candidate default, U - per-user static route o - ODR, P
    - periodic downloaded static route, H - NHRP + - replicated
    route, % - next hop override

    Gateway of last resort is not set

C       10.1.1.0/30 is directly connected, Ethernet0/0
L       10.1.1.1/32 is directly connected, Ethernet0/0


Router#show ipv6 route

    IPv6 Routing Table - default - 3 entries
    Codes: C - Connected, L - Local, S - Static, U - Per-user
    Static route, B - BGP, R - RIP, I1 - ISIS L1, I2 - ISIS L2
    IA - ISIS interarea, IS - ISIS summary, D - EIGRP, EX -
    EIGRP external, ND - Neighbor Discovery, O - OSPF Intra, OI
    - OSPF Inter, OE1 - OSPF ext 1, OE2 - OSPF ext 2, ON1 - OSPF
    NSSA ext 1, ON2 - OSPF NSSA ext 2

C   2001:DB8::/64 [0/0]
      via Ethernet0/0, directly connected
L   2001:DB8::1/128 [0/0]
      via Ethernet0/0, receive
L   FF00::/8 [0/0]
      via Null0, receive
```

Las rutas locales tienen la distancia administrativa de 0, que es la misma distancia administrativa que las rutas directamente conectadas "C". Sin embargo, cuando se configura la redistribución, se redistribuyen únicamente las rutas directamente conectadas, pero las rutas locales no.

El comando **show ipv6 route local** se utiliza para verificar solamente las rutas locales IPv6.

5.3 ENRUTAMIENTO DINÁMICO

Los cambios que una red puede experimentar hacen poco factible la utilización de rutas estáticas, el administrador se vería forzado a reconfigurar los routers ante cada cambio. El enrutamiento dinámico permite que los routers actualicen conocimientos ante posibles cambios sin tener que recurrir a nuevas configuraciones. Un protocolo de enrutamiento permite determinar dinámicamente las rutas y mantener actualizadas sus tablas.

Es importante diferenciar los protocolos **enrutados** y los de **enrutamiento**. Un protocolo enrutado lleva una completa información de capa tres, como TCP/IP, IPX, APPLE TALK, Net BEUI. Un protocolo de enrutamiento es el utilizado por los routers para mantener tablas de enrutamiento y así poder elegir la mejor ruta hacia un destino.

Existen dos grandes núcleos de protocolos de enrutamiento:

- **Protocolos de gateway interior** (IGP). Se usan para intercambiar información de enrutamiento dentro de un sistema autónomo. (RIP, EIGRP, OSPF).

- **Protocolos de gateway exterior** (EGP). Se usan para intercambiar información de enrutamiento entre sistemas autónomos. (BGP).

5.3.1 Clases de protocolos de enrutamiento

Todos los protocolos de enrutamiento cumplen las mismas funciones, aprendiendo y determinando cuál es la mejor ruta hacia un destino.

Existen dos clases de protocolos de enrutamiento:

- **Vector distancia**: este tipo de protocolo determina la dirección y la distancia a cualquier red.

- **Estado de enlace**: estos protocolos poseen una idea exacta de la topología de la red y no efectúan actualizaciones a menos que ocurra un cambio en la topología.

Un tercer caso de protocolo de enrutamiento sería un método híbrido como es el caso de **EIGRP**, diseñado por **Cisco**, que combina aspectos de los dos casos anteriores.

Un protocolo de enrutamiento también puede clasificarse como **classfull** (con clase) o **classless** (sin clase), es decir, que pueden no reconocer las máscaras de subred como en el caso de los classfull o sí pueden hacerlo en el caso de los classless.

Los routers que no pasan la información de las subredes son con clase, porque el router solo codifica la clase de red IP para la información de enrutamiento. En cuanto el direccionamiento IP fue adaptándose a las necesidades de crecimiento los protocolos se hicieron más sofisticados, pudiendo manipular máscaras de subred, estos protocolos son los llamados sin clase. Un administrador puede habilitar el comando **ip classless** para el caso que se reciba un paquete hacia una subred desconocida, el router enviará ese paquete a la ruta predeterminada para enviar la trama al siguiente salto.

5.3.2 Sistema autónomo

Un sistema autónomo (AS) es un conjunto de redes bajo un dominio administrativo común. El uso de números de sistema autónomos asignados por entidades (IANA, ARIN, RIPE) solo es necesario si el sistema utiliza algún BGP, o una red pública como Internet.

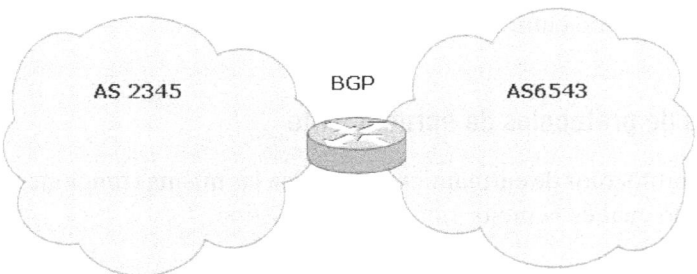

Los sistemas autónomos intercambian información a través de protocolos de gateway exterior como BGP

5.4 ENRUTAMIENTO VECTOR DISTANCIA

Los algoritmos de enrutamiento basados en vectores pasan copias periódicas de una tabla de enrutamiento de un router a otro y acumulan vectores de distancia. Distancia es una medida de longitud, mientras que vector significa una dirección. Las actualizaciones regulares entre routers comunican los cambios en la topología. Cada protocolo de enrutamiento basado en vectores de distancia utiliza un algoritmo distinto para determinar la ruta óptima. El algoritmo genera un número, denominado métrica de ruta, para cada ruta existente a través de la red. Normalmente cuanto menor es este valor, mejor es la ruta.

Los dos ejemplos típicos de protocolos por vector distancia son:

▸ **RIP** (*Routing Information Protocol*). Protocolo suministrado con los sistemas UNIX. Es el protocolo de gateway interior (IGP) más comúnmente utilizado. RIP utiliza el número de saltos como métrica de enrutamiento. Existen dos versiones, RIP v1 como protocolo tipo Classfull y RIP v2, más completo que su antecesor, como protocolo classless.

▸ **IGRP** (*Interior Gateway Routing Protocol*). Protocolo desarrollado por Cisco para tratar los problemas asociados con el enrutamiento en redes de gran envergadura. IGRP es un protocolo tipo classfull.

5.5 BUCLES DE ENRUTAMIENTO

El proceso de mantener la información de enrutamiento puede generar errores si no existe una convergencia rápida y precisa entre los routers. En los diseños de redes complejas pueden producirse bucles o loops de enrutamiento. Los routers transmiten a sus vecinos actualizaciones constantes, si un router **A** recibe de **B** una actualización de una red que ha caído, este transmitirá dicha información a todos sus vecinos incluido el router **B**, quien primeramente le informó de la novedad, a su vez el router **B** volverá a comunicar que la red se ha caído al router **A** formándose un bucle interminable.

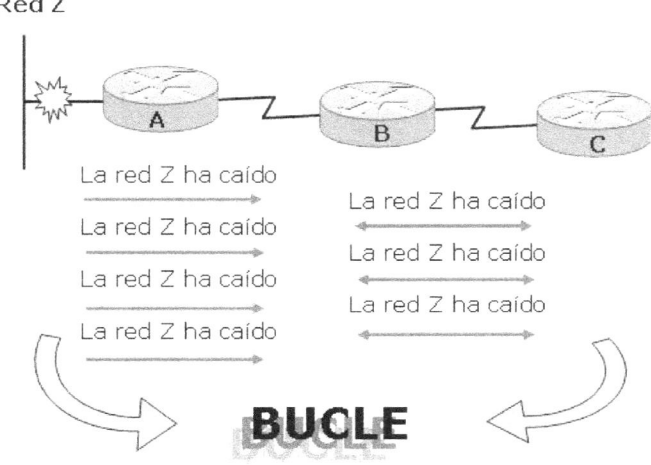

5.5.1 Solución a los bucles de enrutamiento

Los protocolos vector distancia poseen diferentes métodos para evitar los bucles de enrutamiento, generalmente estas herramientas funcionan por sí mismas (por defecto); sin embargo, en algunos casos pueden desactivarse con el consiguiente riesgo que pudiera generar un bucle de red.

5.5.2 Horizonte dividido

Resulta sin sentido volver a enviar información acerca de una ruta a la dirección de donde ha venido la actualización original. A menos que el router conozca otra ruta viable al destino, **horizonte dividido** o **split horizon** no devolverá información por la interfaz donde la recibió.

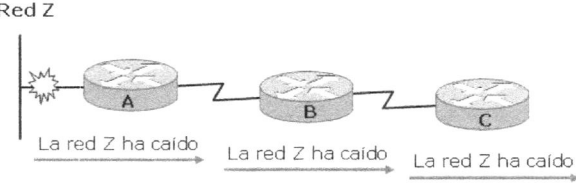

La información fluye en un mismo sentido

5.5.3 Métrica máxima

Un protocolo de enrutamiento permite la repetición del bucle de enrutamiento hasta que la métrica exceda del valor máximo permitido. Los routers agregan a la información de enrutamiento la cantidad de saltos transcurridos desde el origen a medida que los paquetes son enrutados. En el caso de RIP el bucle solo estará permitido hasta que la métrica llegue a 16 saltos.

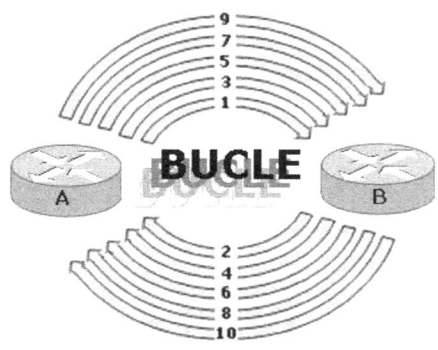

Cuando el paquete sume 16 saltos será descartado por RIP

5.5.4 Envenenamiento de rutas

El router crea una entrada en la tabla donde guarda el estado coherente de la red en tanto que otros routers convergen gradualmente y de forma correcta después de un cambio en la topología. La actualización inversa es una operación complementaria del horizonte dividido. El objetivo es asegurarse de que todos los routers del segmento hayan recibido información acerca de la ruta envenenada. El router agrega a la información de enrutamiento la cantidad máxima de saltos.

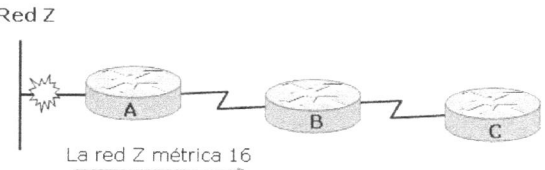

El envenenamiento utiliza la métrica máxima para indicar que se trata de una ruta inalcanzable

5.5.5 Temporizadores de espera

Los temporizadores hacen que los routers no apliquen ningún cambio que pudiera afectar a las rutas durante un periodo de tiempo determinado. Si llega una actualización con una métrica mejor a la red inaccesible, el router se actualiza y elimina el temporizador. Si no recibe cambios óptimos dará por caída la red al transcurrir el tiempo de espera.

 **RECUERDE:**

Los protocolos vector distancia inundan la red con broadcast de actualizaciones de enrutamiento.

5.6 ENRUTAMIENTO ESTADO DE ENLACE

Los protocolos de estado de enlace construyen tablas de enrutamiento basándose en una base de datos de la topología. Esta base de datos se elabora a partir de paquetes de estado de enlace que se pasan entre todos los routers para describir el estado de una red.

El algoritmo **SPF** (*Shortest Path First*) usa una base de datos para construir la tabla de enrutamiento. El enrutamiento por estado de enlace utiliza la información resultante del árbol SFP, a partir de los paquetes de estado de enlace (LSP) creando una tabla de enrutamiento con las rutas y puertos de toda la red.

Los protocolos de enrutamiento por estado de enlace recopilan la información necesaria de todos los routers de la red, cada uno de los routers calcula de forma independiente su mejor ruta hacia un destino. De esta manera se producen muy pocos errores al tener una visión independiente de la red por cada router.

Estos protocolos prácticamente no tienen limitaciones de saltos. Cuando se produce un fallo en la red el router que detecta el error utiliza una dirección multicast para enviar una tabla LSA, cada router recibe y la reenvía a sus vecinos. La métrica utilizada se basa en el coste, que surge a partir del algoritmo de Dijkstra y se basa en la velocidad del enlace.

Los protocolos de estado de enlace son protocolos de enrutamiento de gateway interior, se utilizan dentro de un mismo AS (*Autonomous System*) el que puede dividirse en sectores más pequeños como divisiones lógicas llamadas áreas. El área 0 es el área principal del AS. Esta área también es conocida como área de backbone.

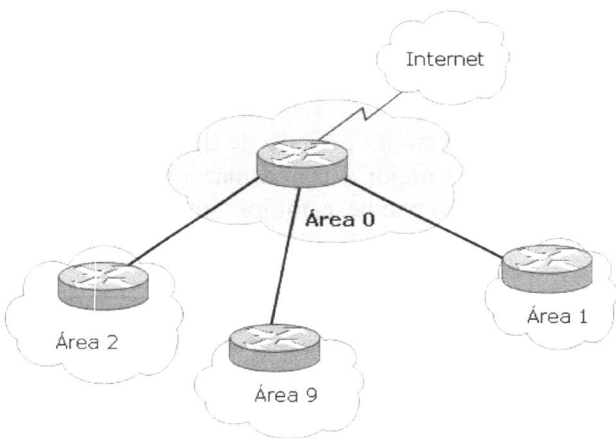

Jerarquía de estado de enlace dentro de un sistema autónomo

Los dos ejemplos típicos de protocolos de estado de enlace son:

▶ **IS-IS** (*Intermediate System to intermediate System*). Protocolo de enrutamiento jerárquico de estado de enlace casi en desuso hoy en día.

▶ **OSPF** (*Open Shortest Path First*). Protocolo de enrutamiento por estado de enlace jerárquico, que se ha propuesto como sucesor de RIP en la comunidad de Internet. Entre las características de OSPF se incluyen el enrutamiento de menor coste, el enrutamiento de múltiples rutas y el balanceo de carga.

5.6.1 Vector distancia Vs Estado de enlace

Los protocolos de estado de enlace son más rápidos y más escalables que los de vector distancia, algunas razones podrían ser:

- ▶ Los protocolos de estado de enlace solo envían actualizaciones cuando hay cambios en la topología.

- ▶ Las actualizaciones periódicas son menos frecuentes que en los protocolos por vector de distancia.

- ▶ Las redes que ejecutan protocolos de enrutamiento por estado de enlace soportan direccionamiento sin clase.

- ▶ Las redes con protocolos de enrutamiento por estado de enlace soportan resúmenes de ruta.

- ▶ Las redes que ejecutan protocolos de enrutamiento por estado de enlace pueden ser segmentadas en distintas áreas jerárquicamente organizadas, limitando así el alcance de los cambios de rutas.

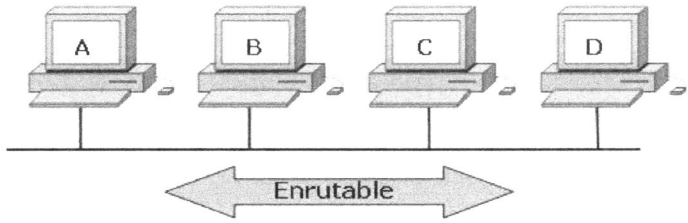

Los protocolos enrutables son utilizados por los PC para poder "hablar" entre ellos

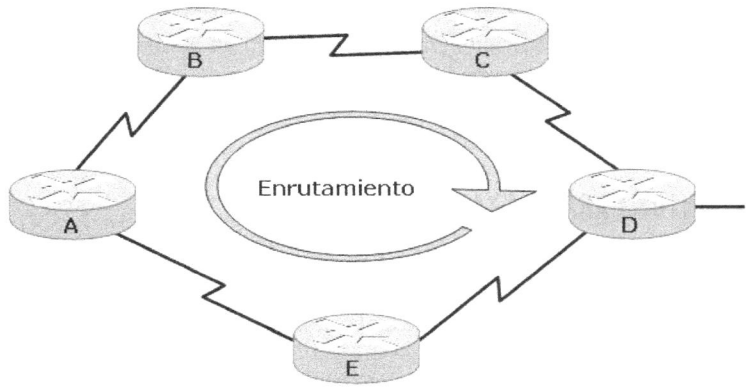

Los protocolos de enrutamiento son utilizados por los routers

 **RECUERDE:**

Protocolo	RIP	RIPv2	IGRP	EIGRP	IS-IS	OSPF
Vector distancia	X	X	X	X		
Estado de enlace					X	X
Resumen automático de ruta	X	X	X	X	X	
Resumen manual de ruta	X	X	X	X	X	X
Soporte VLSM		X		X	X	X
Diseñado por Cisco			X	X		
Convergencia	Lento	Lento	Lento	Muy rápido	Muy rápido	Muy rápido
Distancia administrativa	120	120	100	90	115	110
Tiempo de actualización	30	30	90			
Métrica	Saltos	Saltos	Compuesta	Compuesta	Coste	Coste

NOTA:

El término convergencia hace referencia a la capacidad de los routers de poseer la misma información de enrutamiento actualizada. Las siglas VLSM son las de máscara de subred de longitud variable.

RECUERDE:

Mientras los campos IP se mantienen intactos a lo largo de la ruta, las tramas cambian en cada salto con la MAC correspondiente al salto siguiente.

5.7 FUNDAMENTOS PARA EL EXAMEN

▶ Tome en cuenta las diferencias entre enrutamiento estático y dinámico, aprendizaje de direcciones y cuál es la manera más adecuada para aplicarlas.

▶ Analice las condiciones básicas necesarias para la aplicación de rutas estáticas y rutas estáticas por defecto y cuáles son los parámetros de configuración de cada una de ellas.

▼ Recuerde qué es y para qué sirve un sistema autónomo.

▼ Recuerde qué es la distancia administrativa, como funciona en los procesos de enrutamiento y sus diferentes valores.

▼ Analice y asimile el funcionamiento de los protocolos de enrutamiento.

▼ Estudie cómo funciona un protocolo vector distancia, cuáles son y sus respectivas métricas.

▼ Analice la problemática de los bucles de enrutamientos y sus posibles soluciones razonando el funcionamiento de cada una de ellas.

▼ Recuerde para que se utilizan los **IGP** y los **EGP.**

▼ Piense en que consiste una ruta estática de respaldo o flotante.

▼ Estudie cómo funciona un protocolo de estado de enlace, cuáles son, sus jerarquías y compárelos con los de vector distancia.

▼ Recuerde la diferencia entre protocolos enrutables y de enrutamiento.

6

CONFIGURACIÓN DEL ROUTER

6.1 CONCEPTOS BÁSICOS

Un router es un ordenador construido para desempeñar funciones específicas de capa tres, proporciona el hardware y software necesarios para encaminar paquetes entre redes. Se trata de dispositivos importantes de interconexión que permiten conectar subredes LAN y establecer conexiones de área amplia entre las subredes.

Las dos tareas principales son las de **conmutar** los paquetes desde una interfaz perteneciente a una red hacia otra interfaz de una red diferente y la de **enrutar**, es decir, encontrar el mejor camino hacia la red destino. Además de estas funciones los routers pueden llevar a cabo diferentes desempeños, tales como filtrados, dominios de colisión y broadcast, direccionamiento y traslación de direcciones IP, enlaces troncales, etc.

Además de los componentes de hardware los routers también necesitan un sistema operativo, los routers Cisco funcionan con un sistema operativo llamado **IOS** (*Internetwork Operating System).* Un router puede ser exclusivamente un dispositivo **LAN**, o puede ser exclusivamente un dispositivo WAN, pero también puede estar en la frontera entre una LAN y una WAN y ser un dispositivo LAN y WAN al mismo tiempo.

6.1.1 Componentes principales de un router

Los componentes básicos de la arquitectura interna de un router comprenden:

▸ **CPU**, unidad central de procesamiento es un microprocesador que ejecuta las instrucciones del sistema operativo. Estas funciones incluyen la inicialización del sistema, las funciones de enrutamiento y el control de la interfaz de red. Los grandes routers pueden tener varias CPU.

▸ **RAM**, memoria de acceso aleatorio, se usa para la información de las tablas de enrutamiento, el caché de conmutación rápida, la configuración actual y las colas de paquetes. En la mayoría de los routers, la RAM proporciona espacio de tiempo de ejecución para el software IOS de Cisco y sus subsistemas. El contenido de la RAM se pierde cuando se apaga la unidad. En general, la RAM es una memoria de acceso aleatorio dinámica (DRAM) y puede ampliarse agregando más módulos de memoria en línea doble (DIMM).

▸ **Memoria flash**, se utiliza para almacenar una imagen completa del software IOS de Cisco. Normalmente el router adquiere el IOS por defecto de la memoria flash. Estas imágenes pueden actualizarse cargando una nueva imagen en la memoria flash. El IOS puede estar comprimido o no. En la mayoría de los routers, una copia ejecutable del IOS se transfiere a la RAM durante el proceso de arranque. En otros routers, el IOS puede ejecutarse directamente desde la memoria flash. Agregando o reemplazando los módulos de memoria en línea simples flash (SIMM) o las tarjetas PCMCIA se puede ampliar la cantidad de memoria flash.

▸ **NVRAM**, memoria de acceso aleatorio no volátil se utiliza para guardar la configuración de inicio. En algunos dispositivos, la NVRAM se implementa utilizando distintas memorias de solo lectura programables, que se pueden borrar electrónicamente (EEPROM). En otros dispositivos, se implementa en el mismo dispositivo de memoria flash desde donde se cargó el código de arranque. En cualquiera de los casos, estos dispositivos retienen sus contenidos cuando se apaga la unidad.

▸ **Buses**. La mayoría de los routers contienen un bus de sistema y un bus de CPU. El bus de sistema se usa para la comunicación entre la CPU y las interfaces y/o ranuras de expansión. Este bus transfiere los paquetes hacia y desde las interfaces. La CPU usa el bus para tener acceso a los componentes desde el almacenamiento del router. Este bus transfiere las instrucciones y los datos hacia o desde las direcciones de memoria especificadas.

▼ **ROM**, memoria de solo lectura, se utiliza para almacenar de forma permanente el código de diagnóstico de inicio (Monitor de ROM). Las tareas principales de la ROM son el diagnóstico del hardware durante el arranque del router y la carga del software IOS de Cisco desde la memoria flash a la RAM. Algunos routers también tienen una versión más básica del IOS que puede usarse como fuente alternativa de arranque. Las memorias ROM no se pueden borrar. Solo pueden actualizarse reemplazando los chips de ROM en los routers.

▼ **Fuente de alimentación**, brinda la energía necesaria para operar los componentes internos. Los routers de mayor tamaño pueden contar con varias fuentes de alimentación o fuentes modulares. En algunos de los routers de menor tamaño, la fuente de alimentación puede ser externa al router.

6.1.2 Tipos de interfaces

Las interfaces son las conexiones físicas de los routers con el exterior. Los tres tipos de interfaces características son:

▼ Interfaz de red de área local (LAN).

▼ Interfaz de red de área amplia (WAN) .

▼ Interfaz de consola/AUX.

Estas interfaces tienen chips controladores que proporcionan la lógica necesaria para conectar el sistema a los medios. Las interfaces LAN pueden ser configuraciones fijas o modulares y pueden ser Ethernet o Token Ring. Las interfaces WAN incluyen la Unidad de servicio de canal (CSU) integrada, la RDSI y la serial. Al igual que las interfaces LAN, las interfaces WAN también cuentan con chips controladores para las interfaces. Las interfaces WAN pueden ser de configuraciones fijas o modulares. Los puertos de consola/AUX y los USB son puertos que se utilizan principalmente para la configuración inicial del router. Estos puertos no son puertos de red. Se usan para realizar sesiones terminales desde los puertos de comunicación del ordenador o a través de un módem.

6.1.3 WAN y routers

La capa física WAN describe la interfaz entre el equipo terminal de datos (DTE) y el equipo de transmisión de datos (DCE). Normalmente el **DCE** es el proveedor del servicio, mientras que el **DTE** es el dispositivo localmente conectado. En este modelo, los servicios ofrecidos al DTE están disponibles a través de un módem o **CSU/DSU**.

Cuando un router usa los protocolos y los estándares de la capa de enlace de datos y física asociados con las WAN, opera como dispositivo WAN.

Los protocolos y estándares de la capa física WAN son:

- EIA/TIA -232
- EIA/TIA -449
- V.24
- V.35
- X.21
- G.703
- EIA-530
- RDSI
- T1, T3, E1 y E3
- xDSL
- SONET (OC-3, OC-12, OC-48, OC-192)

Los protocolos y estándares de la capa de enlace de datos WAN:

- Control de enlace de datos de alto nivel (HDLC)
- Frame-Relay
- Protocolo punto a punto (PPP)
- Control de enlace de datos síncrono (SDLC)
- Protocolo Internet de enlace serial (SLIP)
- X.25
- ATM
- LAPB
- LAPD
- LAPF

6.2 INSTALACIÓN INICIAL

En la instalación inicial, el administrador de la red configura generalmente los dispositivos de la red desde un terminal de consola, conectado a través del puerto de consola. Posteriormente y una vez configurados ciertos parámetros mínimos el router puede ser configurado desde distintas ubicaciones:

▶ Si el administrador debe dar soporte a dispositivos remotos, una conexión local por módem con el puerto auxiliar del dispositivo permite a aquél configurar los dispositivos de red.

▶ Dispositivos con direcciones IP establecidas pueden permitir conexiones Telnet para la tarea de configuración.

▶ Descargar un archivo de configuración de un servidor TFTP (Trivial File Transfer Protocol).

▶ Configurar el dispositivo por medio de un navegador HTTP (Hypertext Transfer Protocol).

6.2.1 Conectándose por primera vez

Para la configuración inicial del router se utiliza el puerto de consola conectado a un cable transpuesto o de consola y un adaptador RJ-45 a DB-9 o adaptador USB para conectarse al puerto COM1 del ordenador o a un puerto USB del mismo. Este debe tener instalado un software de emulación de terminal.

Los parámetros de configuración son los siguientes:

▶ El puerto COM adecuado.

▶ 9600 baudios.

▶ 8 bits de datos.

▶ Sin paridad.

▶ 1 bit de parada.

▶ Sin control de flujo.

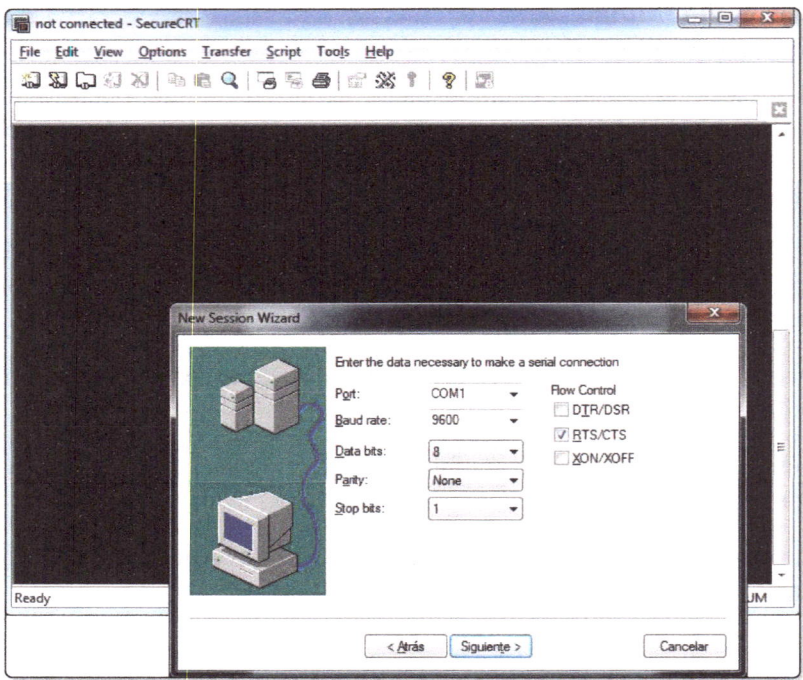

La imagen corresponde a una captura de pantalla de un emulador de terminal

Para utilizar la opción del puerto USB para la configuración inicial, tome en cuenta que posiblemente necesitará un driver controlador en su PC según el sistema operativo que utilice. Para las conexiones desde su PC al puerto USB, posiblemente también necesite un cable adaptador.

6.2.2 Rutinas de inicio

Cuando un router o un switch Catalyst Cisco se ponen en marcha, hay tres operaciones fundamentales que han de llevarse a cabo en el dispositivo de red:

1. El dispositivo localiza el hardware y lleva a cabo una serie de rutinas de detección de este. Un término que se suele utilizar para describir este conjunto inicial de rutinas el **POST** (*Power-on Self Test*), o pruebas de inicio.

2. Una vez que el hardware se muestra en una disposición correcta de funcionamiento, el dispositivo lleva a cabo rutinas de inicio del sistema. El switch o el router inicia localizando y cargando el software del sistema operativo **IOS** secuencialmente desde la Flash, servidor TFTP o la ROM, según corresponda.

3. Tras cargar el sistema operativo, el dispositivo trata de localizar y aplicar las opciones de configuración que definen los detalles necesarios para operar en la red. Generalmente, hay una secuencia de rutinas de arranque que proporcionan alternativas al inicio del software cuando es necesario.

6.2.3 Comandos ayuda

El router proporciona la posibilidad de ayudas pues resulta difícil memorizar todos los comandos disponibles, el signo de interrogación (**?**) y el tabulador del teclado brindan la ayuda necesaria a ese efecto. El tabulador completa los comandos que no recordamos completos o que no queremos escribir en su totalidad.

El **?** colocado inmediatamente después de un comando muestra todos los que comienzan con esas letras, colocado después de un espacio (barra espaciadora+**?**) lista todos los comandos que se pueden ejecutar en esa posición.

La ayuda se puede ejecutar desde cualquier modo:

```
Router#?
Exec commands:
  access-enable    Create a temporary Access-List entry
  access-template  Create a temporary Access-List entry
  bfe              For manual emergency modes setting
  clear            Reset functions
--More--

Router(config)#?
Configure commands:
      aaa          Authentication, Authorization and Accounting.
      alias        Create command alias
      appletalk    Appletalk global configuration commands
      arp          Set a static ARP entry

 --More--
```

Inmediatamente o después de un espacio según la ayuda solicitada:

```
Router#sh?
Show

Router#show ?
  access-expression  List access expression
  access-lists       List access lists
  accounting         Accounting data for active sessions
  aliases            Display alias commands
 --More--
Router(config)#inte?
interface
```

```
Router(config)#interface ?
  CTunnel           CTunnel interface
  FastEthernet      FastEthernet IEEE 802.3
  GigabitEthernet   GigabitEthernet IEEE 802.3z
  Loopback          Loopback interface
  Null              Null interface
  Port-channel      Ethernet Channel of interfaces
  Tunnel            Tunnel interface
  Vif               PGM Multicast Host interface
  Vlan              Catalyst Vlans
  fcpa              Fiber Channel
  range             interface range command
```

La indicación **--More--** significa que existe más información disponible. La barra espaciadora pasará de página en página, mientras que el Intro lo hará línea por línea.

El acento circunflejo (^) indicará un fallo de escritura en un comando:

```
Router#configure terbinal
                 ^
% Invalid input detected at '^' marker.

Router#configure terminal
Enter configuration commands, one per line.  End with CNTL/Z.
Router(config)#
```

Estos comandos quedan registrados en un búfer llamado historial y pueden verse con el comando **show history**, por defecto la cantidad de comandos que se guardan en memoria es de 10, pero puede ser modificado por el administrador utilizando el **history size**:

```
Router#terminal history size ?
<0-256>  Size of history buffer


Router#show history
  en
  conf t
  show arp
  ping 10.0.0.1
  copy run star
  show history
```

6.2.4 Comandos de edición

Las diferentes versiones de IOS ofrecen combinaciones de teclas que permiten una configuración del dispositivo más rápida y simple. La siguiente tabla muestra algunos de los comandos de edición más utilizados.

Tecla	Efecto
Delete	Elimina un carácter a la derecha del cursor.
Retroceso	Elimina un carácter a la izquierda del cursor.
TAB	Completa un comando parcial.
Ctrl+A	Mueve el cursor al comienzo de la línea.
Ctrl+R	Vuelve a mostrar una línea escrita anteriormente.
Ctrl+U	Borra una línea.
Ctrl+W	Borra una palabra.
Ctrl+Z	Finaliza el modo de configuración y vuelve al modo EXEC.
Esc-B	Desplaza el cursor hacia atrás una palabra.
Flecha arriba Ctrl+P	Repite hacia adelante los comandos anteriores.
Flecha abajo Ctrl+N	Repite hacia atrás los comandos anteriores.
Flecha dedecha Ctrl+F	Desplaza el cursor hacia la derecha sin borrar caracteres.
Flecha Izquierda Ctrl+B	Desplaza el cursor hacia la izquierda sin borrar caracteres.

6.3 CONFIGURACIÓN INICIAL

Un router o un switch pueden ser configurados desde distintas ubicaciones, una vez configurados ciertos parámetros mínimos el router puede ser configurado desde distintas ubicaciones:

☞ Si el administrador debe dar soporte a dispositivos remotos, una conexión local por módem con el puerto auxiliar del dispositivo permite a aquél configurar los dispositivos de red (según modelo y antigüedad)

☞ En los equipos más modernos con una configuración básica y desde cualquier sitio de la red el dispositivo puede cargar la configuración a través de algún servidor de gestión centralizada.

☞ Dispositivos con direcciones IP establecidas pueden permitir conexiones Telnet para la tarea de configuración.

▼ Descargar un archivo de configuración de un servidor TFTP (*Trivial File Transfer Protocol*).

▼ Configurar el dispositivo por medio de un navegador HTTP (*Hypertext Transfer Protocol*).

Las rutinas de inicio del software Cisco IOS tienen por objetivo inicializar las operaciones del router. Como se explicó anteriormente, las rutinas de puesta en marcha deben hacer lo siguiente:

▼ Asegurarse que el router cuenta con hardware verificado (POST).

▼ Localizar y cargar el software Cisco IOS que usa el router para su sistema operativo.

▼ Localizar y aplicar las instrucciones de configuración relativas a los atributos específicos del router, funciones del protocolo y direcciones de interfaz.

El router se asegura de que el hardware haya sido verificado. Cuando un router Cisco se enciende, realiza unas pruebas al inicio (POST). Durante este autotest, el router ejecuta una serie de diagnósticos para verificar la operatividad básica de la CPU, la memoria y la circuitería de la interfaz. Tras verificar que el hardware ha sido probado, el router procede con la inicialización del software.

Al iniciar por primera vez un router Cisco, no existe configuración inicial alguna. El software del router le pedirá un conjunto mínimo de detalles a través de un diálogo opcional llamado **Setup**.

El modo **Setup** es el modo en el que inicia un router no configurado al arrancar, puede mostrarse en su forma **básica** o **extendida**.

Se puede salir de este modo respondiendo que **NO** a la pregunta inicial.

```
Would you like to enter the initial configuration dialog?[yes]: No
Would you like to terminate autoinstall? [yes]: INTRO
```

Desde la línea de comandos el router se inicia en el modo EXEC usuario, las tareas que se pueden ejecutar en este modo son solo de verificación ya que NO se permiten cambios de configuración. En el modo **EXEC** privilegiado se realizan las tareas típicas de configuración.

Modo EXEC usuário y modo EXEC privilegiado respectivamente:

```
Router>
Router#
```

Para pasar del modo usuario al privilegiado ejecute el comando **enable**, para regresar **disable**. Esto es posible porque no se ha configurado contraseña, de lo contrario sería requerida cada vez que se pasara al modo privilegiado.

```
Router>
Router>enable
Router#disable
Router>
```

Modo global y de interfaz:

```
Router#configure terminal
Router(config)#interface tipo número

Router>enable
Router#configure terminal
Router(config)#interface ethernet 0
Router(config-if)#exit
Router(config)#exit
Router#
```

Para pasar del modo privilegiado al global debe introducir el comando **configure terminal**, para pasar del modo global al de interfaz ejecute el comando **interface**. Para regresar un modo más atrás utilice el **exit** o **Control+Z** que lo llevará directamente al modo privilegiado.

6.3.1 Comandos show

Saber utilizar e interpretar los comandos show permite el rápido diagnóstico de fallos, en modo usuario se permite la ejecución de los comandos show de forma restringida, desde el modo privilegiado la cantidad es ampliamente mayor.

- **show interfaces**. Muestra las estadísticas completas de todas las interfaces del router.

- **show controllers**. Muestra información específica de la interfaz de hardware.

- **show hosts.** Muestra la lista en caché de los nombres de host y sus direcciones.

- **show users**. Muestra todos los usuarios conectados al router.

- **show sessions**. Muestra las conexiones de telnet efectuadas desde el router.

- **show flash**. Muestra información acerca de la memoria flash (EEPROM) y qué archivos IOS se encuentran almacenados allí.

- **show version**. Despliega información acerca del router y de la imagen de IOS y el valor del registro de configuración del router.

▼ **show protocols**. Muestra el estado global y por interfaz de cualquier protocolo de capa 3 que haya sido configurado.

▼ **show startup-config**. Muestra el archivo de configuración almacenado en la NVRAM.

▼ **show running-config**. Muestra el contenido del archivo de configuración activo.

▼ **show process** Muestra los procesos que se estan ejecutando en la CPU.

▼ **show clock.** Muestra la hora fijada en el router.

▼ **show arp**. Muestra la tabla ARP del router.

▼ **show history**. Muestra un historial de los comandos introducidos.

Modo usuario	Modo privilegiado
Router>show ?	Router#show ?
arp	aaa
cdp	access-lists
class-map	arp
clock	cdp
controllers	class-map
crypto	clock
flash:	controllers
frame-relay	crypto
history	debugging
hosts	dhcp
interfaces	file
ip	flash:
policy-map	frame-relay
privilege	history
protocols	hosts
queue	interfaces
queueing	ip
sessions	logging
ssh	login
tcp	ntp
terminal	policy-map
users	privilege
version	processes
	protocols
	queue
	queueing
	running-config
	sessions
	snmp
	ssh
	startup-config
	tcp
	tech-support
	terminal
	users
	version

Comparativa de los comandos show en los modos usuario y privilegiado

 **NOTA:**

La información que aparece entre corchetes despues de una pregunta es la que el router sugiere como válida bastará con aceptar con un Intro.

6.3.2 Asignación de nombre y contraseñas

La primera tarea recomendable de configuración es asignar un nombre único y exclusivo en la red al router. Desde el modo de configuración global, ejecute el comando **hostname**.

```
Router>enable
Router#configure terminal
Router(config)#hostname nombre

Router#configure terminal
Router(config)#hostname MADRID
MADRID(config)#
```

Los comandos **enable password** y **enable secret** se utilizan para restringir el acceso al modo EXEC privilegiado. El comando enable password se utiliza solo si no se ha configurado previamente enable secret.

Se recomienda habilitar siempre **enable secret**, ya que a diferencia de enable password, la contraseña estará siempre cifrada utilizando el algoritmo MD5 (*Message Digest 5*).

```
Router >enable
Router#configure terminal
Router(config)#enable password contraseña
Router(config)#enable secret contraseña
```

En la siguiente sintaxis se copia parte de un **show runnig-config** donde se ha configurado como hostname del router MADRID y como contraseña cisco en la enable secret y la enable password, abajo se ve cómo la contraseña secret aparece encriptada por defecto mientras que la otra se lee perfectamente.

```
Router>enable
Router#configure terminal
Enter configuration commands, one per line.  End with CNTL/Z.
Router(config)#hostname MADRID
MADRID(config)#enable password cisco
MADRID(config)#enable secret cisco

MADRID# show runnig-config
hostname MADRID
!
enable secret 5 $1$EBMD$0rTOiN4QQab7s8AFzsSof/
enable password cisco
```

6.3.3 Contraseñas de consola, auxiliar y telnet

Para configurar la contraseña para consola se debe acceder a la interfaz de consola con el comando **line console 0**:

```
Router#configure terminal
Router(config)#line console 0
Router(config-line)#login
Router(config-line)#password contraseña
```

El comando **exec-timeout** permite configurar un tiempo de desconexión determinado en la interfaz de consola. El comando **logging synchronous** impedirá mensajes dirigidos a la consola de configuración que pueden resultar molestos.

Para configurar la contraseña para telnet se debe acceder a la interfaz de telnet con el comando **line vty 0 4**, donde line vty indica dicha interfaz, 0 el número de la interfaz y 4 la cantidad máxima de conexiones múltiples a partir de 0, en este caso se permiten 5 conexiones múltiples:

```
Router#configure terminal
Router(config)#line vty 0 4
Router(config-line)#login
Router(config-line)#password contraseña
```

El comando **show sessions** muestra las conexiones de telnet efectuadas desde el router, el comando **show users** muestra las conexiones de usuarios remotos.

```
Router#show users
    Line        User    Host(s)      Idle       Location
*  1 vty 0              idle         00:00:00   192.168.59.132
   2 vty 1              idle         00:00:02   192.168.59.156
   Interface    User    Mode         Idle       Peer Address
Router#show sessions
Conn Host           Address      Byte   Idle   Conn Name
   1 10.99.59.49    10.99.59.49  0      1      10.99.59.49
*  2 10.99.55.1     10.99.55.1   0      0      10.99.55.1
```

Las diferentes sesiones de Telnet abiertas en un router pueden conmutarse con la secuencia de teclas **Ctrl+Shift+6** y luego **x** regresar con 2 veces **intro**.

El comando **clear line** desactivará una sesión de Telnet indeseada. Desde una conexión de consola, puede ejecutarse el comando **disconnet** para cancelar una conexión de un router remoto.

Para configurar la contraseña para auxiliar se debe acceder a la interfaz de auxiliar con el comando **line aux 0**:

```
Router#configure terminal
Router(config)# line aux 0
Router(config-line)#login
Router(config-line)#password contraseña
```

En todos los casos el comando **login** suele estar configurado por defecto, permite que el router pregunte la contraseña al intentar conectarse, con el comando **login local** el router preguntará qué usuario intenta entrar y su respectiva contraseña.

6.3.4 Configuración de interfaces

Las interfaces de un router forman parte de las redes que están directamente conectadas al dispositivo. Estas interfaces activas deben llevar una dirección IP y su correspondiente máscara, como un host perteneciente a esa red.

Las interfaces de LAN pueden ser:

▼ Ethernet a 10 Mbps.
▼ Fastethernet a 100 Mbps.
▼ Gigaethernet a 1000 Mbps.

Las secuencias de comandos para la configuración básica de una interfaz de LAN son los siguientes:

```
Router(config)#interface tipo número
Router(config-if)#ip address dirección IP máscara
Router(config-if)#speed [10|100|1000|auto]
Router(config-if)#duplex [auto|full|half]
Router(config-if)#no shutdown
```

Las interfaces suelen estar deshabilitadas por defecto por el comando **shutdown**, para habilitarlas debe ejecutarse el comando **no shutdown** en el modo de interfaz.

La mayoría de dispositivos llevan ranuras o slots donde se instalan los módulos de interfaces o para ampliar la cantidad de estas. Los slots están numerados y se configuran por delante del número de interfaz separado por una barra.

```
Router(config)#interface tipo slot/int
```

Las interfaces permiten la configuración de subinterfaces que pueden utilizarse como interfaces independientes, pero dentro de un mismo espacio físico.

```
Router(config)#interface tipo número.número de subinterfaz
```

Es posible configurar en la interfaz un texto a modo de comentario que solo tendrá carácter informativo y que no afecta al funcionamiento del router. Puede tener cierta importancia para los administradores a la hora de solucionar problemas.

```
Router(config-if)#description comentario
```

El comando **show interfaces ethernet 0** muestra en la primera línea cómo la interfaz está **UP administrativamente** y **UP físicamente**. Recuerde que si la interfaz no estuviera conectada o si existiesen problemas de conectividad, el segundo **UP** aparecería como **down**.

La tercera línea muestra la descripción configurada a modo de comentario. A continuación, aparece la dirección IP, la encapsulación, paquetes enviados, recibidos, etc.

```
Ethernet0 is up, line protocol is up
  Hardware is Lance, address is 0000.0cfb.6c19 (bia
0000.0cfb.6c19)
  Description: INTERFAZ_DE_LAN
  Internet address is 192.168.1.1/24
  MTU 1500 bytes, BW 10000 Kbit, DLY 1000 usec, rely 183/255,
load 1/255
  Encapsulation ARPA, loopback not set, keepalive set (10 sec)
  ARP type: ARPA, ARP Timeout 04:00:00
  Last input never, output 00:00:03, output hang never
  Last clearing of "show interface" counters never
  Queueing strategy: fifo
  Output queue 0/40, 0 drops; input queue 0/75, 0 drops
  5 minute input rate 0 bits/sec, 0 packets/sec
  5 minute output rate 0 bits/sec, 0 packets/sec
     0 packets input, 0 bytes, 0 no buffer
     Received 0 broadcasts, 0 runts, 0 giants, 0 throttles
0 input errors, 0 CRC, 0 frame, 0 overrun, 0 ignored, 0 abort
     0 input packets with dribble condition detected
     188 packets output, 30385 bytes, 0 underruns
     188 output errors, 0 collisions, 2 interface resets
     0 babbles, 0 late collision, 0 deferred
     188 lost carrier, 0 no carrier
     0 output buffer failures, 0 output buffers swapped out
```

Si el administrador deshabilita la interfaz se verá:

```
Ethernet0 is administratively down, line protocol is down
```

 **NOTA:**

Si una interfaz está administrativamente down no significa que exista un problema, pues el administrador ha decidido dejarla shutdown. Por el contrario, si el line protocol is down existe un problema, seguramente de capa física.

Las **interfaces seriales** se configuran siguiendo el mismo proceso que las Ethernet, se debe tener especial cuidado para determinar quién es el **DCE** (*Data Communications Equipment*) y quién el **DTE** (*Data Terminal Equipment*) debido a que el DCE lleva el sincronismo de la comunicación, este se configurará solo en la interfaz serial del DCE, el comando **clock rate** activará el sincronismo en ese enlace.

```
Router(config)#interface tipo número
Router(config-if)#ip address dirección IP máscara
Router(config-if)#clock rate [300-4000000]
```

Clock rate y ancho de banda no es lo mismo: recuerde que existe un comando **bandwidth** para la configuración del ancho de banda, el router solo lo utilizará para el cálculo de costes y métricas para los protocolos de enrutamiento, mientras que el clock rate brinda la verdadera velocidad del enlace.

```
Router(config-if)#bandwidth ?
  <1-10000000>  Bandwidth in kilobits

MADRID(config)#interface serial 0/0
MADRID(config-if)#ip address 204.20.31.5 255.255.255.240
MADRID(config-if)#clock rate 56000
MADRID(config-if)#description interfaz de salida WEB
MADRID(config-if)#bandwidth 128000
MADRID(config-if)#no shutdown
```

Las **interfaces loopback** son interfaces virtuales que sirven, por ejemplo, para el cálculo de métrica en los protocolos de enrutamiento o a efectos de pruebas de conectividad.

```
Router(config)#interface loopback ?
  <0-2147483647>  Loopback interface number
```

6.4 CONFIGURACIÓN AVANZADA

6.4.1 Seguridad de acceso

La autenticación por usuario añade una función de seguridad. Hay dos métodos para configurar nombres de usuario de cuentas locales: **username password** y **username secret**.

```
Router(config)#username usuario1 password contraseña1
Router(config)#username usuario2 password contraseña2
Router(config)#username usuario secret contraseña
```

El comando **username secret** es más seguro porque utiliza el algoritmo **MD5**, (*Message Digest* 5) para crear las claves.

```
Router#show running-config
!
username ernesto secret 5 $1$aI44$fJoWcpIOAzTbkCd.bKxPS1
username matias password 0 contraseña
```

El comando **login local** en las configuraciones de línea habilita la base de datos local para autenticación.

```
Router(config)#line vty 0 15
Router(config-line)#login local
Router(config-line)#password contraseña
```

Un añadido de seguridad es el comando **service password-encryption** que encripta con un cifrado leve las contraseñas que no están cifradas por defecto como las de telnet, consola, auxiliar, etc. Una vez cifradas las contraseñas no se podrán volver a leer en texto plano.

```
MADRID(config)#line vty 0 4
MADRID(config-line)#password cisco
MADRID(config-line)#login
MADRID(config-line)#^Z
MADRID#
%SYS-5-CONFIG_I: Configured from console by console

MADRID#show running-config
Building configuration...
!
hostname MADRID !
line con 0
line vty 0 4
 password cisco
 login
```

```
MADRID#conf t
Enter configuration commands, one per line.   End with CNTL/Z.
MADRID(config)#service password-encryption
MADRID(config)#^Z
MADRID#
%SYS-5-CONFIG_I: Configured from console by console

MADRID#show running-config
!
line con 0
line vty 0 4
 password 7 0822455D0A16
 login
!
```

NOTA:

Las contraseñas sin encriptación aparecen en texto plano en el show running debiendo tener especial cuidado ante la presencia de intrusos.

Los routers pueden ser configurados por HTTP si el comando **ip http server** está habilitado en el dispositivo. Por defecto la configuración por web viene deshabilitada y por razones de seguridad se recomienda dejarlo desactivado. Para habilitarlo se utiliza el siguiente comando.

```
Router(config)#ip http Server
```

6.4.2 Mensajes o banners

Los banners son muy importantes para la red desde una perspectiva legal. Además de advertir a intrusos potenciales, los banners también pueden ser utilizados para informar a administradores remotos de las restricciones de uso.

Los banners están deshabilitados por defecto y deben ser habilitados explícitamente. Use el comando **banner** desde el modo de configuración global para especificar mensajes apropiados.

```
Router(config)#banner ?
  LINE          c banner-text c, where 'c' is a delimiting
character
  exec          Set EXEC process creation banner
  incoming      Set incoming terminal line banner
  login         Set login banner
  motd          Set Message of the Day banner
```

El **banner motd** de es de poco uso en entornos de producción y se utiliza raramente. El **banner exec**, por el contrario, es útil para mostrar mensajes de administrador, ya que se presenta solo para los usuarios autenticados.

```
Router#configure terminal
Enter configuration commands, one per line. End with CNTL/Z.
Router(config)# banner exec#
Enter TEXT message. End with the character '#'.
+--------------------------------------------------------------+
| ADVERTENCIA                                                  |
| -------                                                      |
| Este sistema es para el uso exclusivo de los usuarios        |
| autorizados para fines oficiales. Usted no tiene ninguna     |
| autorización de su uso y para asegurarse  de que el sistema|
| funciona correctamente, las personas que administran esta    |
| red monitorizan toda la actividad. La utilización de este    |
| dispositivo sin consentimiento expreso revela evidencias de  |
| un posible abuso o actividad criminal denunciable a las      |
| autoridades competentes según las leyes vigentes.            |
|                  |
+--------------------------------------------------------------+
#
```

6.4.3 Configuración de SSH

SSH (*Secure Shell*) ha reemplazado a telnet como práctica recomendada para proveer administración remota con conexiones que soportan confidencialidad e integridad de la sesión. Provee una funcionalidad similar a una conexión telnet de salida, con la excepción de que la conexión está cifrada y opera en el puerto 22.

1. Configure la línea vty para que utilice nombres de usuarios locales con el comando **login local**.

2. Asegúrese de que haya una entrada de nombre de usuario válida en la base de datos local. Si no la hay, cree una usando el comando **username** *nombre* **secret** *contraseña*.

3. Deben generarse las claves secretas de una sola vía para que el switch cifre el tráfico SSH. Estas claves se denominan claves asimétricas **RSA** (*Rivest*, *Shamir*, y *Adleman*). Primero configure el nombre de dominio DNS de la red usando el comando **ip domain-name** en el modo de configuración global. Luego para crear la clave RSA, use el comando **crypto key generate rsa** en el modo de configuración global.

4. En muchas versiones actuales de IOS la configuración se las sesiones SSH vienen configuradas por defecto, sin embargo si fuera necesario habilite las sesiones SSH vty de entrada con el comando de línea vty **transport input ssh**. Para prevenir sesiones de telnet configure el comando no transport input telnet para todas las líneas vty.

5. De manera opcional puede configurarse la versión 2 de SSH con el comando de configuración global **ip ssh version 2**.

```
Router#
Router#configure terminal
Enter configuration commands, one per line. End with CNTL/Z.
Router(config)#hostname CCNA
CCNA(config)#line vty 0 15
CCNA(config-line)#login local
CCNA(config-line)#transport input telnet ssh
CCNA(config-line)#exit
CCNA(config)#username ernesto secret cisco
CCNA(config)#ip domain-name aprenderedes.com
CCNA(config)#crypto key generate rsa
The name for the keys will be: ernesto.aprenderedes.com
Choose the size of the key modulus in the range of 360 to 2048
for your General Purpose Keys. Choosing a key modulus greater
than 512 may take a few minutes.
How many bits in the modulus [512]: 1024
% Generating 1024 bit RSA keys ...[OK]
00:03:58: %SSH-5-ENABLED: SSH 1.99 has been enabled
```

Puede verificar el estado y las conexiones SSH con los comandos **show ip ssh** y **show ssh**.

```
CCNA#show ip ssh
  SSH Enabled - version 2.0
  Authentication timeout: 120 secs; Authentication retries: 3

CCNA#show ssh
  Connection Version Mode Encryption  State            Username
     0       2.0    IN   DES          Session started  ernesto
```

Será posible conectarse usando un cliente SSH público y disponible comercialmente ejecutándose en un host. Algunos ejemplos de estos clientes son PuTTY, OpenSSH, y TeraTerm.

RECUERDE:

El comando username secret cifra la contraseña del usuario por defecto mientras que el comando username password muestra contraseña en texto plano. Ambos comandos tienen el mismo efecto en el dispositivo y permiten establecer niveles de cifrado.

 **NOTA:**

Asegúrese de que los dispositivos destino estén ejecutando una imagen IOS que soporte SSH. Muchas versiones básicas o antiguas no lo soportan.

6.4.4 Resolución de nombre de host

El **DNS** (*Domain Name System*) es una base de datos distribuida en la que se pueden asignar nombres de host a direcciones IPv4 e IPv6 a través del protocolo DNS desde un servidor DNS. Cada dirección IP única puede tener un nombre de host asociado. Seguramente resultará más familiar identificar un dispositivo, un host o un servidor con un nombre que lo asocie a sus funciones o a otros criterios de desempeño.

Por lo general, es más fácil referirse a los dispositivos de red mediante nombres en lugar de direcciones numéricas (servicios tales como Telnet pueden utilizar nombres de host o direcciones). Los nombres de host y direcciones IP se pueden asociar entre sí a través de medios estáticos o dinámicos.

Los routers Cisco permiten mapear estáticamente nombres de host con direcciones IPv4 o IPv6 acelerando el proceso de conversión de nombres a direcciones. Esto se hace creando una tabla de host, que asociará un nombre a una o varias direcciones IP. La asignación manual de nombres de host a direcciones es útil cuando mapeo dinámico no está disponible.

```
Router(config)#ip host nombre [1°dirección IP][2°dirección IP]...
```

Opcionalmente se puede especificar un nombre de dominio predeterminado que el software IOS utilizará para completar las solicitudes de nombres de dominio. Puede especificar un nombre de dominio o una lista de nombres de dominio.

Cualquier nombre de host que no contenga un nombre de dominio completo tendrá el nombre de dominio predeterminado que se añade a éste antes del propio nombre de host.

```
Router(config)# ip domain name nombre
```

```
Router(config)# ip domain list nombre
```

Especifica uno o más hosts (hasta seis) que pueden funcionar como un servidor de nombres para suministrar información de nombre de DNS.

```
Router(config)# ip name-server [1°dirección IP][2°dirección IP]...
```

DNS está activado por defecto. Si estuviese desactivado el siguiente comando habilita la traducción de direcciones basado en DNS.

```
Router(config)# ip domain lookup [source-interface interface-type
interface-number]
```

Una vez creada la tabla de host puede verse con el comando **show host**.

```
CCNA#show host
Default Domain is not set
Name/address lookup uses domain service
Name servers are 255.255.255.255

Codes: UN - unknown, EX - expired, OK - OK, ?? - revalidate
       temp - temporary, perm - permanent
       NA - Not Applicable None - Not defined

Host                    Port  Flags       Age Type   Address(es)
Impresora               None  (perm, OK)  0   IP     192.168.5.6
Router_Internet         None  (perm, OK)  0   IP
192.168.45.8
Servidor_Web            None  (perm, OK)  0   IP
192.168.1.33
Catalyst                None  (perm, OK)  0   IP     10.1.55.3
                                                     10.1.2.3
```

El siguiente es un ejemplo de salida del **debug domain** que corresponde a una consulta DNS de la tabla de host local cuando el dispositivo está configurado como servidor.

```
Apr   4 22:16:35.279: DNS: Incoming UDP query (id#8409)
Apr   4 22:16:35.279: DNS: Type 1 DNS query (id#8409) for host
'ns1.example.com' from 192.0.2.120(1279)
Apr   4 22:16:35.279: DNS: Finished processing query (id#8409) in
0.000 secs
```

A partir de la creación de la tabla de host pueden ejecutarse comandos reemplazando las direcciones IP de los host contenidos en la tabla por el nombre del mismo.

```
CCNA#ping Impresora

Type escape sequence to abort.
Sending 5, 100-byte ICMP Echos to 192.168.5.6, timeout is 2
seconds:
!!!!!
Success rate is 100 percent (5/5), round-trip min/avg/max =
0/12/16 ms
```

6.4.5 Guardar la configuración

Las configuraciones actuales son almacenadas en la memoria RAM, este tipo de memoria pierde el contenido al apagarse el router. Para que esto no ocurra es necesario poder hacer una copia a la NVRAM. El comando **copy** se utiliza con esta finalidad, identificando un origen con datos a guardar y un destino donde se almacenarán esos datos. Se puede guardar la configuración de la RAM a la NVRAM, de la RAM a un servidor TFTP, etc.

Copia de la RAM a la NVRAM:

```
Router#copy running-config startup-config
```

Copia de la NVRAM a la RAM:

```
Router#copy startup-config running-config
Router#copy ?
  flash:          Copy from flash: file system
  ftp:            Copy from ftp: file system
  running-config  Copy from current system configuration
  startup-config  Copy from startup configuration
  tftp:            Copy from tftp: file system

Router#copy running-config ?
  flash:          Copy to flash file
  ftp:            Copy to current system configuration
  startup-config  Copy to startup configuration
  tftp:            Copy to current system configuration

Router#copy running-config startup-config
Destination filename [startup-config]?
Building configuration...
[OK]
```

Para la copia a un servidor TFTP se debe tener como mínimo una conexión de red activa hacia el servidor, (verifique la conexión a través de un ping) se solicitará el nombre de archivo con el que se guardará la configuración y la dirección IP del servidor.

```
CCNA#ping 192.168.1.25

Type escape sequence to abort.
Sending 5, 100-byte ICMP Echos to 192.168.1.25, timeout is 2
seconds:
!!!!!
Success rate is 100 percent (5/5), round-trip min/avg/max =
31/31/32 ms

CCNA#copy running-config tftp
Address or name of remote host []? 192.168.1.25
Destination filename [CCNA-confg]?

Writing running-config....!!!!!!!!!!!!!!!!!
[OK - 1080 bytes]

1080 bytes copied in 3.074 secs (0 bytes/sec)
```

RECUERDE:

El comando copy identifica un origen y un destino para los datos a guardar. El resultado de la copia sobrescribe los datos existentes, por lo tanto, se debe tener especial atención asegurándose de que los datos que se copiarán son los correctos y que no se eliminarán datos sensibles.

Los siguientes comandos muestran el contenido de la RAM y de la NVRAM respectivamente.

```
Router#show running-config
```

```
Router#show startup-config
```

A continuación, se copia parte de un show startup-config, se observa entre otras cosas en la primera línea la cantidad de memoria y la que se está utilizando, luego la versión del software IOS:

```
CCNA#show startup-config
Building configuration...
Using 886 out of 131066 bytes
!
version 11.2
```

```
no service password-encryption
no service udp-small-servers
no service tcp-small-servers
!
hostname MADRID
!
enable secret 5 $1$EBMD$0rTOiN4QQab7s8AFzsSof/
enable password cisco
!
ip host SERVIDOR_WEB 204.200.1.2
ip host ROUTER_A 220.220.10.32
ip host HOST_ADMIN 210.210.2.22
!
interface Ethernet0
 description INTERFAZ_DE_LAN
 ip address 192.168.1.1 255.255.255.0
 shutdown
!
interface Ethernet1
 no ip address
 --More—
```

> **NOTA:**
>
> La memoria RAM es la running-config, su contenido se pierde alapagar y no existe comando para borrado. La memoria NVRAMes la startup-config, no pierde su contenido al apagar.

6.4.6 Borrado de las memorias

Los datos de configuración almacenados en la memoria no volátil no son afectados por la falta de alimentación, el contenido permanecerá en la NVRAM hasta tanto se ejecute el comando **erase** para su eliminación:

```
Router#erase startup-config
```

```
Router#erase startup-config
Erasing the nvram filesystem will remove all configuration files!
Continue? [confirm]
```

Por el contrario, no existe comando para borrar el contenido de la RAM. Si el administrador pretende dejar sin ningún dato de configuración debe reiniciar o apagar el router. La RAM se borra únicamente ante la falta de alimentación eléctrica:

```
Router#reload
System configuration has been modified. Save? [yes/no]: no
Proceed with reload? [confirm]
```

Para borrar completamente la configuración responda **NO** a la pregunta si quiere salvar.

NOTA:

Tenga especial cuidado al borrar las memorias, asegúrese de eliminar lo que desea antes de confirmar el borrado.

6.4.7 Copia de seguridad del Cisco IOS

Cuando sea necesario restaurar o actualizar el IOS se debe hacer desde un servidor TFTP. Es importante que se guarden copias de seguridad de todas las IOS en un servidor central.

El comando para esta tarea es el **copy flash tftp**, verifique el nombre del archivo a guardar mediante el comando **show flash**:

```
Router#show flash

System flash directory:
File  Length    Name/status
  3   33591768  c2900-universalk9-mz.SPA.151-4.M4.bin
  2   28282     sigdef-category.xml
  1   227537    sigdef-default.xml
[33847587 bytes used, 221896413 available, 255744000 total]
249856K bytes of processor board System flash (Read/Write)

Router#copy flash tftp
Source filename []?  c2900-universalk9-mz.SPA.151-4.M4.bin
Address or name of remote host []? 192.168.1.25
Destination filename [c2900-universalk9-mz.SPA.151-4.M4.bin]?

Writing c2900-universalk9-mz.SPA.151-4.M4.b
in....!!!!!!!!!!!!!!!!!!!!!!!!!!!!!!!!!!!!!!!!!!!!!!!!!!!!!!!!!!!!
[OK - 33591768 bytes]

33591768 bytes copied in 3.564 secs (9425000 bytes/sec)
```

En el proceso inverso al anterior puede utilizarse para IOS corruptas que necesiten ser restablecidas o para actualizar la versión el IOS. Es importante verificar si existe espacio suficiente en la memoria flash antes de iniciar el proceso de copiado con el comando **show flash.** El comando **copy tftp** flash inicia la copia desde el servidor TFTP. El dispositivo pedirá confirmación del borrado antes de copiar en la memoria.

```
Router#show flash

System flash directory:
File  Length    Name/status
   3  33591768  c2900-universalk9-mz.SPA.151-4.M4.bin
   2  28282     sigdef-category.xml
   1  227537    sigdef-default.xml
[33847587 bytes used, 221896413 available, 255744000 total]
249856K bytes of processor board System flash (Read/Write)


Router#copy tftp flash
Address or name of remote host []? 192.168.1.25
Source filename []? c2900-universalk9-mz.SPA.151-4.M4.bin
Destination filename [c2900-universalk9-mz.SPA.151-4.M4.bin]?
%Warning:There is a file already existing with this name
Do you want to over write? [confirm]
Erase flash: before copying? [confirm]
Erasing the flash filesystem will remove all files! Continue?
[confirm]
Erasing device...
eeeeeeeeeeeeeeeeeeeeeeeeeeeeeeeeeeeeeeeeeeeeeeeeeeeeeeeeeeeeeeee
eeeeeeeeeeeeeeeeeeeeeeeeeeeeeeeeeeeeeeeeeeeeeeeeeeeeeeeeeeeeeeee
eeeeeeeeeee ...erased
Erase of flash: complete
Accessing tftp://192.168.1.25/c2900-universalk9-mz.SPA.151-4.
M4.bin...
Loading c2900-universalk9-mz.SPA.151-4.M4.bin from 192.168.1.25:
!!!!!!!!!!!!!!!!!!!!!!!!!!!!!!!!!!!!!!!!!!!!!!!!!!!!!!!!!!!!!!!!
!!!!!!!!!!!!!!!!!!!!!!!!!!!!!!!!!!!!!!!!!!!!!!!!!!!!!!!!!!!!!!!!
!!!!!!!!!!!!!!!!!!!!!!!!!!!!!!!!!!!!!!!!!!!!!!!!!!!!!!!!!!!!!!!!
!!!!!!!!!!!!!!!!!!!!!!!!!!!!!!!!!!!!!!!!!!!!!!!!!!!!!!!!!!!!!!!!
!!!!!!!!!!!!!!!!!!!!!!!!!!!!!!!!!!!!!!!!!!!!!!!!!!!!!!!!!!!!!!!!
!!!!!!!!!!!!!!!!!!!!!!!!!!!!!!!!!!!!!!!!!!!!!!!!!!!!!!!!!!!!!!!!
!!!!!!!!!!!!!!!!!!!!!!!!!!!!!!!!!!!!!!!!!!!!!!!!!!!!!!!!!!!!!!!!
!!!!!!!!!!!!!!!!!!!!!!!!!!!!!!!!!!!!!!!!!!!!!!!!!!!!!!!!!!!!!!!!
!!!!!!!!!!!!!!!!!!!!!!!!!!!!!!!!!!!!!!!!!!!!!!!!!!!!!!!!!!!!!!!!
!!!!!!!!!!!!!!!!!!!!!!!!!!!!!!!!!!!!!!!!!!!!!!!!!!!!!!!!!!!!!!!!
!!!!!!!!
[OK - 33591768 bytes]
33591768 bytes copied in 0.569 secs (6198588 bytes/sec)
```

6.4.8 Preferencia de carga del Cisco IOS

Los comandos **boot system** especifican el nombre y la ubicación de la imagen IOS que se debe cargar.

⚐ Indica al router que debe arrancar utilizando la IOS que está ubicada en la memoria flash.

```
Router(config)#boot system flash nombre_archivo
```

⚐ Indica al router que debe buscar la IOS en la memoria ROM.

```
Router(config)#boot system rom
```

⚐ Indica al router que al arrancar cargue la imagen IOS de un servidor TFTP.

```
Router(config)#boot system tftp nombre_archivo IP_servidor
```

 **NOTA:**

Si no existen comandos boot system en la configuración, el router carga por omisión el primer archivo encontrado en la memoria flash y lo ejecuta.

6.4.9 Registro de configuración

Cuando un router arranca, se comprueba el registro de configuración virtual para determinar (entre otras cosas) el modo en que debe entrar tras el arranque, dónde conseguir la imagen del software y cómo gestionar el archivo de configuración de la NVRAM.

Este registro de 16 bits controla funciones como la velocidad en baudios del puerto de la consola, la operación de carga del software, la habilitación o deshabilitación de la tecla de interrupción durante las operaciones normales, la dirección de multidifusión predeterminada, así como establecer una fuente para arrancar el router.

El comando **show version** muestra la información de hardware y de IOS de un router o switch, sobre las últimas líneas se observa el valor del registro de configuración.

El valor del registro para una secuencia de arranque normal debe ser **0x2102** (el 0x indica un valor hexadecimal).

```
Router#show version
Cisco IOS Software, C2900 Software (C2900-UNIVERSALK9-M), Version
15.2(1)M1, RELEASE SOFTWARE (fc1)
Technical Support: http://www.cisco.com/techsupport
Copyright (c) 1986-2009 by Cisco Systems, Inc.
Compiled Wed 02-Dec-09 15:23 by prod_rel_team

ROM: System Bootstrap, Version 15.0(1r)M1, RELEASE SOFTWARE (fc1)

c2921-CCP-1-xfr uptime is 2 weeks, 22 hours, 15 minutes
System returned to ROM by reload at 06:06:52 PCTime Mon Apr 2
1900
System restarted at 06:08:03 PCTime Mon Apr 2 1900
System image file is "flash:c2900-universalk9-mz.SPA.150-1.M1.bin"
Last reload reason: Reload Command


.............................................................

If you require further assistance please contact us by sending
email to export@cisco.com.

Cisco CISCO2921/K9 (revision 1.0) with 475136K/49152K bytes of
memory.
Processor board ID FHH1230P04Y
1 DSL controller
3 Gigabit Ethernet interfaces
9 terminal lines
1 Virtual Private Network (VPN) Module
1 Cable Modem interface
1 cisco Integrated Service Engine-2(s)
   Cisco Foundation 2.2.1 in slot 1
DRAM configuration is 64 bits wide with parity enabled.
255K bytes of non-volatile configuration memory.
248472K bytes of ATA System CompactFlash 0 (Read/Write)
62720K bytes of ATA CompactFlash 1 (Read/Write)


Technology Package License Information for Module:'c2900'


----------------------------------------------------------------
Technology    Technology-package          Technology-package
              Current       Type          Next reboot
----------------------------------------------------------------
ipbase        ipbasek9      Permanent     ipbasek9
security      securityk9    Permanent     securityk9
uc            uck9          Permanent     uck9
data          datak9        Permanent     datak9

Configuration register is 0x2102
```

Para cambiar el campo de arranque del registro de configuración, se hace desde el modo de configuración global, una vez ejecutado el comando se deberá reiniciar el router para que el cambio tenga efecto:

```
Router#configure terminal
Router(config)#config-register 0x2142
```

El valor del registro de configuración se ha cambiado a **0x2142**, observe el siguiente show, el registro solo funcionará al reiniciar el router. Tenga en cuenta que el router preguntará si se desea guardar los cambios a lo que se deberá responder **Yes** con el fin de que quede almacenada dicha modificación.

```
Router#show version
Cisco IOS Software, C2900 Software (C2900-UNIVERSALK9-M), Version
15.0(1)M1, RELEASE SOFTWARE (fc1)
Technical Support: http://www.cisco.com/techsupport
Copyright (c) 1986-2009 by Cisco Systems, Inc.
Compiled Wed 02-Dec-09 15:23 by prod_rel_team

ROM: System Bootstrap, Version 15.0(1r)M1, RELEASE SOFTWARE (fc1)

.................................................................

DRAM configuration is 64 bits wide with parity enabled.
255K bytes of non-volatile configuration memory.
248472K bytes of ATA System CompactFlash 0 (Read/Write)
62720K bytes of ATA CompactFlash 1 (Read/Write)

Configuration register is 0x2142 (will be 0x2102 at next reload)

Router#reload

System configuration has been modified. Save? [yes/no]: yes
Building configuration...
[OK]
Proceed with reload? [confirm]
```

Existen gran cantidad de opciones de valores de registros de configuración, los más importantes a tener en cuenta son los siguientes:

▶ Para entrar al modo de monitor de la **ROM**, configure como el valor del registro de configuración **0xnnn0**. Arranque el sistema operativo manualmente. Para ello ejecute el comando **b** al estar en pantalla el indicador del modo monitor de la ROM.

▼ Para arrancar usando la primera imagen en memoria **Flash**, o para arrancar usando el IOS en memoria **ROM** (dependiendo de la plataforma), fije el registro de configuración en **0xnnn1**.

▼ Para configurar el sistema de modo que arranque automáticamente desde la NVRAM, fije el registro de configuración en cualquier valor entre **0xnnn2** y **0xnnnF**. El uso de los comandos boot system almacenados en la NVRAM es el esquema por defecto.

6.5 CONFIGURACIÓN DE IPV6

6.5.1 Dual-Stack

Una forma de implementar IPv6 en una empresa basada en IPv4 es la funcionalidad dual-stack. De esta forma los routers pueden ser configurados para enrutar paquetes de IPv6 e IPv4 al mismo tiempo independientemente del tipo de direccionamiento que implementen los hosts.

La funcionalidad dual-stack admite la configuración de IPv6 e IPv4 en una interfaz. No es necesario introducir comandos especiales para ello, basta con introducir los comandos de configuración de IPv4 y de IPv6 como lo que se hace normalmente. Será necesaria de manera independiente la configuración de una ruta predeterminada para IPv4 e IPv6.

6.5.2 Configuración estática unicast

Los routers Cisco permiten implementar dos tipos de configuraciones estáticas IPv6.

▼ Configuración completa de 128 bits

▼ Configuración EUI-64

La configuración estática de la dirección completa es simple. La dirección puede estar abreviada o completa con sus 32 dígitos hexadecimales.

```
Router(config)#interface tipo número
Router(config-if)#ipv6 address IPv6/prefijo
```

Para que los routers puedan enviar paquetes IPv6 deben tener habilitado el enrutamiento IPv6.

```
Router(config)#ipv6 unicast-routing
```

Para verificar las configuraciones de las interfaces pueden utilizarse los siguientes comandos:

- **show ipv6 interface**

- **show ipv6 interface brief**

```
Router#show ipv6 interface fastEthernet 0/0
FastEthernet0/0 is up, line protocol is down
  IPv6 is enabled, link-local address is FE80::20A:F3FF:FE58:5101
[TEN]
  No Virtual link-local address(es):
  Global unicast address(es):
    2001:DB8:1111:1::1, subnet is 2001:DB8:1111:1::/64 [TEN]
  Joined group address(es):
    FF02::1
    FF02::2
    FF02::1:FF00:1
    FF02::1:FF58:5101
  MTU is 1500 bytes
  ICMP error messages limited to one every 100 milliseconds
  ICMP redirects are enabled
  ICMP unreachables are sent
  ND DAD is enabled, number of DAD attempts: 1
  ND reachable time is 30000 milliseconds
  ND advertised reachable time is 0 milliseconds
  ND advertised retransmit interval is 0 milliseconds
  ND router advertisements are sent every 200 seconds
  ND router advertisements live for 1800 seconds
  ND advertised default router preference is Medium
  Hosts use stateless autoconfig for addresses.

Router#show ipv6 interface brief
FastEthernet0/0            [up/up]
    FE80::20A:F3FF:FE58:5101
    2001:DB8:1111:1::1
FastEthernet0/1           [administratively down/down]
Vlan1                     [administratively down/down]
```

La configuración conocida como EUI-64 (Extended Unique Identifier) añade una palabra clave para que el router utilice las reglas EUI-64 junto con el prefijo de 64 bits. Cuando el router crea el identificador de interface utilizando las reglas EUI-64 sigue el siguiente proceso:

- Divide la dirección MAC en dos partes iguales, de 6 dígitos hexadecimales.

- Inserta entre las dos mitades FFFE, sumando un total de 16 6 dígitos hexadecimales.

- Invierte el séptimo bit del identificador de la interface.

```
Router(config)#interface tipo número
Router(config-if)#ipv6 address IPv6/prefijo eui-64
```

Al utilizar EUI-64, el valor de la dirección en el comando **ipv6 address** debe ser el del prefijo, y no la dirección completa de 128 bits. Sin embargo, si por error se escribe la dirección de completa, y utiliza el parámetro **eui-64**, se acepta el comando convirtiendo la dirección al prefijo.

6.5.3 Configuración dinámica unicast

Las interfaces de los routers Cisco soportan dos formas de configuración dinámica:

- Stateful DHCP
- SLAAC (*Stateless Address Autoconfiguration*)

Estos comandos habilitan un mecanismo que le indica al router que método utilizar para aprender sus IPv6. Cualquiera de los dos métodos se configura con el comando **ipv6 address**.

```
Router(config)# interface tipo número
Router(config-if)# ipv6 address dhcp

Router(config)# interface tipo número
Router(config-if)#ipv6 address autoconfig
```

El mecanismo de asignación de direcciones de DHCP es básicamente similar en las dos versiones de IPv4 e IPv6. El funcionamiento preciso de DHCPv4 se detalla más adelante.

 **NOTA:**

Para versiones anteriores de IOS el comando para la configuracióndel cliente DHCPv6 en una interfaz es ipv6 dhcp client pd.

6.5.4 Configuración Link-Local

Cisco IOS crea automáticamente la dirección Link-local a partir de la configuración de la dirección IPv6 configurada en la interfaz. Si por ejemplo se ha configurado la interfaz con el parámetro EUI-64 el router calcula la porción perteneciente al identificador de la interfaz y le añade el prefijo FE80::/10.

```
Router(config)#interface fastEthernet 0/0
Router(config-if)#ipv6 address 2001:0:1AB:5::/64 eui-64
Router(config-if)#no shutdown

Router#show ipv6 interface fastEthernet 0/0
FastEthernet0/0 is up, line protocol is up
  IPv6 is enabled, link-local address is FE80::20A:F3FF:FE58:5101
  No Virtual link-local address(es):
  Global unicast address(es):
  2001:0:1AB:5:20A:F3FF:FE58:5101, subnet is 2001:0:1AB:5::/64
[EUI]
  Joined group address(es):
    FF02::1
    FF02::2
    FF02::1:FF58:5101
  MTU is 1500 bytes
  ICMP error messages limited to one every 100 milliseconds
```

6.6 RECUPERACIÓN DE CONTRASEÑAS

La recuperación de contraseñas le permite alcanzar el control administrativo de su dispositivo si ha perdido u olvidado su contraseña. Para lograr esto necesita conseguir acceso físico al router, ingresar sin la contraseña, restaurar la configuración y restablecer la contraseña con un valor conocido.

Paso 1 Conecte un terminal o PC con software de emulación de terminal al puerto de consola del router. Acceda físicamente y apague el router

Paso 2 Retire la memoria flash del slot y encienda el router. Para otros tipos de routers pulse la tecla de interrupción del terminal durante los primeros sesenta segundos del encendido del router. Normalmente la combinación de teclas **control+pausa** dará la señal de interrupción en el router. Aparecerá el símbolo **rommon**>. Si no aparece, el terminal no está enviando la señal de interrupción correcta. En este caso, compruebe la configuración del terminal o del emulador de terminal.

Paso 3 Introduzca el comando **confreg 0x2142** en el símbolo **rommon>** para arrancar desde la memoria flash e ignorar la NVRAM.

Paso 4 En el símbolo **rommon>** introduzca el comando **reset** para reiniciar el router. Esto hace que el router se reinicie, pero ignore la configuración grabada en la NVRAM.

Paso 5 Siga los pasos de arranque normales. Aparecerá el símbolo **router>**.

Paso 6 La memoria RAM estará vacía, copie el contenido de la NVRAN a la RAM. De esta manera recuperará la configuración y también la contraseña no deseada. El nombre de router volverá a ser el original.

```
Router#copy startup-config running-config
MADRID#
```

ATENCIÓN

Si por error ejecuta el comando inverso, es decir de la RAM a la NVRAM borrara todo el contenido de la startup-config dejando el dispositivo sin ningún tipo de configuración.

Paso 7 Cambie la contraseña no deseada por la conocida:

```
MADRID#configure terminal

MADRID (config)#enable secret contraseña nueva
```

Paso 8 Guarde su nueva contraseña en la NVRAM, y si fuera necesario levante administrativamente las interfaces con el comando **no shutdown**:

```
MADRID#copy running-config startup-config
```

Paso 9 Introduzca desde el modo global el comando **config-register 0x2102**.

Paso 10 Introduzca el comando **reload** en el símbolo del nivel EXEC privilegiado. Responda Yes a la pregunta para guardar el registro de configuración y confirme el reinicio:

```
MADRID#reload
System configuration has been modified. Save? [yes/no]: yes
Building configuration...
[OK]
Proceed with reload? [confirm]
```

6.6.1 Protección adicional de archivos y contraseñas

Si un intruso ganara acceso físico al router, podría tomar control del dispositivo a través del procedimiento de recuperación de contraseña. Si la configuración o la imagen del IOS se borran, el operador quizás nunca recupere una copia archivada para restaurar el router.

El comando **no service password-recovery** desactiva todos los accesos a la ROMMON, es un comando oculto de IOS y no tiene argumentos o palabras clave. Si se configura un router con este comando, se desactivan todos los accesos rommon impidiendo la recuperación de contraseñas por la vía tradicional.

```
Router(config)#no service password-recovery
```

Durante, la secuencia de inicio aparecerá el siguiente mensaje:

```
PASSWORD RECOVERY FUNCTIONALITY IS DISABLED
```

Para recuperar un router luego de que se ingresa el comando **no service password-recovery**, se debe efectuar la secuencia interrupción dentro de los cinco segundos luego de que la imagen se descomprima durante el arranque y seguir las indicaciones del dispositivo.

```
The password-recovery mechanism has been triggered, but
is currently disabled.  Access to the boot loader prompt
through the password-recovery mechanism is disallowed at
this point.  However, if you agree to let the system be
reset back to the default system configuration, access
to the boot loader prompt can still be allowed.

Would you like to reset the system back to the default
configuration (y/n)?
```

Finalmente y luego de reiniciado el router puede deshabilitarse la seguridad ROMMON ejecutando el comando **service password-recovery**.

La función de **Resilient Configuration** del IOS de Cisco permite una recuperación más rápida si alguien reformatea la memoria flash o borra el archivo de configuración de inicio en la NVRAM. La copia segura de la configuración de inicio se almacena en la memoria flash junto con la imagen segura del IOS.

Hay dos comandos de configuración global disponibles para configurar las funciones de Resilient Configuration del IOS de Cisco:

▼ **secure boot-image**: habilita Resilient Configuration de la imagen del IOS. Cuando se configura por primera vez, se asegura la imagen actual, al mismo tiempo que se crea una entrada en el registro. Esta función puede ser deshabilitada solo por medio de una sesión de consola anteponiendo un **no** antes del comando.

```
Router(config)# secure boot-image
%IOS_RESILIENCE-5-IMAGE_RESIL_ACTIVE: Successfully secured
running image
```

▼ **secure boot-config**: permite registrar la configuración actual del router y archivarla de manera segura en el dispositivo de almacenamiento permanente. Se mostrará un mensaje del registro en la consola notificando al usuario que la función de adaptabilidad de la configuración ha sido activada. El archivo de configuración está oculto y no puede ser visto o eliminado directamente desde la CLI.

```
Router(config)# secure boot-config
%IOS_RESILIENCE-5-CONFIG_RESIL_ACTIVE: Successfully secured
config archive [flash:.runcfg-19930301-000255.ar]
```

Desde la CLI, el nombre de los archivos puede verse en la salida del comando **show secure bootset**. Restaure la configuración segura al nombre de archivo proporcionado usando el comando **secure boot-config restore** con el nombre de archivo correspondiente.

6.7 PROTOCOLOS DE DESCUBRIMIENTO

6.7.1 CDP

El protocolo **CDP** (*Cisco Discovery Protocol*) se utiliza para obtener información de router y switches que están conectados localmente. El CDP es un protocolo propietario de Cisco, destinado al descubrimiento de vecinos y es independiente de los medios y del protocolo de enrutamiento. Aunque el CDP solamente mostrará información sobre los vecinos conectados de forma directa, constituye una herramienta de gran utilidad.

El Protocolo de descubrimiento de Cisco (CDP) es un protocolo de capa 2 que conecta los medios físicos inferiores con los protocolos de red de las capas superiores.

CDP viene habilitado por defecto en los dispositivos Cisco, los dispositivos de otras marcas serán transparentes para el protocolo. CDP envía actualizaciones por defecto cada 60 segundos y un tiempo de espera antes de dar por caído al vecino (holdtime) de 180 segundos.

6.7.2 Configuración

Como se explicó anteriormente CDP viene habilitado por defecto, sin embargo, si fuera necesario configurarlo se ejecuta desde el modo global:

```
Router(config)#cdp run
```

Hay dos formas de deshabilitar CDP, una es en una interfaz específica para que no funcione particularmente con las conexiones locales y la otra de forma general para que no funcione completamente en ninguna interfaz. Las sintaxis muestran los respectivos comandos desde una interfaz y de modo total.

```
Router#configure terminal
Router(config)# tipo y número de interfaz
Router(config-if)#no cdp enable

Router(config)#no cdp run
```

El ajuste de los temporizadores se realiza con los siguientes comandos.

```
Router(config)#cdp timer segundos
Router(config)#cdp holdtime segundos
```

La lectura del comando **show cdp neighbors detail** es identica al **show cdp entry *** e incluye la siguiente información bien detallada:

- Dirección IP del router vecino.
- Información del protocolo.
- Plataforma.
- Capacidad.
- ID del puerto.
- Tiempo de espera.
- La ID del dispositivo vecino.
- La interfaz local.

Los siguientes datos se agregan en el CDPv2:

▼ Administración de nombres de dominio VTP.

▼ VLAN nativas.

▼ Full o half-duplex.

6.7.3 Verificación

▼ **show cdp neighbors**. Para obtener los nombres y tipos de plataforma de routers vecinos, nombres y versión de IOS.

▼ **show cdp neighbors detail**. Para obtener datos de routers vecinos con más detalle.

▼ **show cdp traffic**. Para saber el tráfico de CDP en el router.

▼ **show cdp interface**. Muestra el estado de todos las interfaces que tienen activado CDP.

▼ **clear cdp counters**. Restaura los contadores a cero.

▼ **clear cdp table**. Borra la información contenida en la tabla de vecinos.

Los siguientes comandos pueden utilizarse para mostrar la versión, la información de actualización, las tablas y el tráfico:

▼ **show cdp traffic**

▼ **show debugging**

▼ **debug cdp adjacency**

▼ **debug cdp events**

▼ **debug cdp ip**

▼ **debug cdp packets**

▼ **cdp timer**

▼ **cdp holdtime**

▼ **show cdp**

Ejemplo de **show cdp neighbors**:

```
Router#sh cdp neighbors

Capability Codes: R-Router, T-Trans Bridge, B-Source Route Bridge
                  S-Switch, H-Host, I-IGMP, r- Repeater, P-Phone

Device ID    Local Intrfce    Holdtme  Capability  Platform    Port ID
Switch       Gig 0/1          155                  3560        Fas 0/1
Router       Gig 0/0          135      R           C2900       Gig 0/0
Router       Gig 0/2          165      R           C1841       Fas 0/0
Phone        Gig 9/26         166      H P M       IP Phone    Port 1


R_2901#show cdp neig detail

Device ID: R_2901
Entry address(es):
  IP address : 192.168.1.2
Platform: cisco C2900, Capabilities: Router
Interface: GigabitEthernet0/0, Port ID (outgoing port):
GigabitEthernet0/0
Holdtime: 168

Version :
Cisco IOS Software, C2900 Software (C2900-UNIVERSALK9-M). Version
15.1(4)M4, RELEASE SOFTWARE (fc2)
Technical Support: http://www.cisco.com/techsupport
Copyright (c) 1986-2012 by Cisco Systems, Inc.
Compiled Thurs 5-Jan-12 15:41 by pt_team

advertisement version: 2
Duplex: full
------------------------
Device ID: AP99INSINTRV
Entry address(es):
  IP address: 10.99.165.30
  IPv6 address: FE80::32F7:DFF:FE5C:A791  (link-local)
Platform: cisco AIR-LAP1142N-E-K9,  Capabilities: Trans-Bridge
Source-Route-Bridge IGMP
Interface: GigabitEthernet2/3,  Port ID (outgoing port):
GigabitEthernet0
```

```
Holdtime : 174 sec

Version :
Cisco IOS Software, C1140 Software (C1140-K9W8-M), Version 15.3(3)
JA5, RELEASE SOFTWARE (fc1)
Technical Support: http://www.cisco.com/techsupport
Copyright (c) 1986-2015 by Cisco Systems, Inc.
Compiled Thu 15-Oct-15 09:05 by prod_rel_team

advertisement version: 2
Duplex: full
Power drawn: 15.400 Watts
Power request id: 51424, Power management id: 2
Power request levels are:15400 14500 0 0 0
Management address(es):
IP address: 10.9.65.30
```

6.7.4 LLDP

El protocolo **LLDP** (*Link Layer Discovery Protocol*) es similar a CDP, pero se basa en el estándar IEEE 802.1ab. Como resultado LLDP funciona en redes de múltiples proveedores.

La información de los vecinos se anuncia mediante la agrupación de atributos en estructuras **TLV** (*Type-Length-Value*). Por ejemplo, un dispositivo puede anunciar su nombre de sistema con un TLV, su dirección de gestión en otro TLV, la descripción del puerto con otro TLV, sus requerimientos de energía en otro TLV, y así sucesivamente. Los anuncios LLDP de convierten en una cadena de varios TLV que pueden ser interpretados por el dispositivo receptor.

LLDP es compatible con los dispositivos que utilizan TLV adicionales tales como los teléfonos de VoIP, los **LLDP-MED** (*Media Endpoint Device*) proveen información más exacta acerca de las políticas de red, como número de VLAN, calidad de servicio necesaria para el tráfico de voz, administración de energía, la gestión de inventarios y datos de localización física.

LLDP soporta por defecto LLDP MED TLVs, pero no puede enviar simultáneamente la TLV básica y TLV-MED por un puerto del switch. LLDP envía solo los TLV básicos a los dispositivos conectados. Si un switch recibe un TLV-MED iniciara el envío de TLV-MED hacia el switch que inicio el envío. Por defecto el tiempo de actualización de los paquetes LLDP es de 30 segundos, el holdtime es de 120 segundos.

6.7.5 Configuración

Por defecto, LLDP está deshabilitado globalmente en un switch Catalyst. Para habilitarlo o deshabilitarlo utilice los siguientes comandos globales de configuración:

```
Switch(config)# lldp run
Switch(config)# end

Switch(config)# no lldp run
Switch(config)# end
```

Una vez LLDP está habilitado, los anuncios se envían y reciben en cada interfaz del switch. Es posible controlar el funcionamiento LLDP en una interfaz determinada con el siguiente comando:

```
Switch(config-if)# [ no ] lldp { receive | transmit }
```

6.7.6 Verificación

Para ver si se está ejecutando o no, utilice el comando **show lldp**.

```
Switch(config)# show lldp neighbors [ type member/module/number ]
[ detail ]
```

Para obtener un resumen de los vecinos que han sido descubiertos:

```
Switch1# show lldp neighbors
Capability codes:
(R) Router, (B) Bridge, (T) Telephone, (C) DOCSIS Cable Device
(W) WLAN Access Point, (P) Repeater, (S) Station, (O) Other
Device ID Local Intf Hold-time Capability Port ID
Switch2 Gi1/0/24 113 B Gi2/0/24
APb838 Gi1/0/23 91 B,R Gi0
SEP2893FEA2E7F4 Gi1/0/22 180 B,T 2893FEA2E7F4:P1
Total entries displayed: 2
```

Para especificar un vecino descubierto por una interfaz determinada:

```
Switch1# show lldp neighbors gig1/0/22 detail
------------------------------------------------
Chassis id: 10.120.48.177
Port id: 2893FEA2E7F4:P1
Port Description: SW PORT
System Name: SEP2893FEA2E7F4.voice.uky.edu
System Description:
Cisco IP Phone 7942G,V6, SCCP42.9-3-1-1S
Time remaining: 124 seconds
System Capabilities: B,T
```

```
Enabled Capabilities: B,T
Management Addresses:
IP: 10.120.48.177
Auto Negotiation - supported, enabled
Physical media capabilities:
      1000baseT(HD)
      1000baseX(FD)
      Symm, Asym Pause(FD)
      Symm Pause(FD)
Media Attachment Unit type: 16
Vlan ID: - not advertised

MED Information:
      MED Codes:
            (NP) Network Policy, (LI) Location Identification
            (PS) Power Source Entity, (PD) Power Device
            (IN) Inventory

H/W revision: 6
F/W revision: tnp42.8-3-1-21a.bin
S/W revision: SCCP42.9-3-1-1S
Serial number: FCH1414A0BA
Manufacturer: Cisco Systems, Inc.
Model: CP-7942G
Capabilities: NP, PD, IN
Device type: Endpoint Class III
Network Policy(Voice): VLAN 837, tagged, Layer-2 priority: 5,
DSCP: 46
Network Policy(Voice Signal): VLAN 837, tagged, Layer-2 priority:
4, DSCP: 32
PD device, Power source: Unknown, Power Priority: Unknown,
Wattage: 6.3
Location - not advertised
Total entries displayed: 1
```

RECUERDE:

Ejecutar un proceso debug desmedido puede saturar al router o al switch hasta hacerlo inoperable. Termine el proceso debug con el comando no debug all o undebug all.

NOTA:

Los switches que utilizan LLDP pueden recoger información detallada de los dispositivos a medida que se unen o dejan la red o cambian de ubicación, exportando la información a través de Cisco MSE (*Management Services Engine*)

6.8 DHCP

DHCP (*Dynamic Host Control Protocol)* desciende del antiguo protocolo **BootP**, permite a un servidor asignar automáticamente direcciones IP y otros parámetros a un host cuando está iniciándose. DHCP ofrece dos principales ventajas:

▼ DHCP permite que la administración de la red sea más fácil y versátil, evitando asignar manualmente el direccionamiento a todos los hosts, tarea bastante tediosa y que generalmente conlleva errores.

▼ DHCP asigna direcciones IP de manera temporal creando un mayor aprovechamiento del espacio en el direccionamiento.

El proceso DHCP sigue los siguientes pasos:

1. El cliente envía un broadcast preguntando por configuración IP a los servidores, **DHCP discover**.

2. Cada servidor en la red responderá con un **Offer**.

3. El cliente considera todas las ofertas y elije una. A partir de este momento el cliente envía un mensaje llamado **Request**.

4. El servidor responde con un **ACK** informando a su vez que toma conocimiento que el cliente se queda con esa dirección IP.

5. Finalmente el cliente envía un **ARP request** para esa nueva dirección IP. Si alguien responde, el cliente sabrá que esa dirección está en uso y que ha sido asignada a otro cliente lo que iniciará el proceso DHCP nuevamente. Este paso se llama **Gratuitous ARP**.

Cuando se detecta un host con una dirección IP 169.254.X.X significa que no ha podido contactar con el servidor DHCP.

6.8.1 Configuración del servidor DHCP

Los siguientes pasos describen la configuración de un router ejecutando IOS como servidor DHCP:

1. Crear un almacén (pool) de direcciones asignables a los clientes.

```
Router(config)# ip dhcp pool nombre del pool
```

2. Determinar el direccionamiento de red y máscara para dicho pool.

```
Router(config-dhcp)# network dirección IP-máscara
```

3. Configurar el período que el cliente podrá disponer de esta dirección.

```
Router(config-dhcp)# lease tiempo estipulado
```

4. Identificar el servidor DNS.

```
Router(config-dhcp)# dns-server dirección IP
```

5. Identificar la puerta de enlace o gateway.

```
Router(config-dhcp)# default-router dirección IP
```

6. Excluir si es necesario las direcciones que por seguridad o para evitar conflictos no se necesita que el DHCP otorgue.

```
Router(config)#ip dhcp excluded-address IP inicio-IP fin
```

Las direcciones IP son siempre asignadas en la misma interfaz que tiene una IP dentro de ese pool. La siguiente sintaxis muestra un ejemplo de configuración dentro de ese contexto:

```
Router(config)# interface fastethernet 0/0
Router(config-if)# ip address 192.168.1.1 255.255.255.0
Router(config)# ip dhcp pool 1
Router(config-dhcp)# network 192.168.1.0 /24
Router(config-dhcp)# default-router 192.168.1.1
Router(config-dhcp)# lease 3
Router(config-dhcp)# dns-server 192.168.77.100
```

Algunos dispositivos IOS reciben direccionamiento IP en algunas interfaces y asignan direcciones IP en otras. Para estos casos DHCP puede importar las opciones y parámetros de una interfaz a otra. El siguiente comando para ejecutar esta acción es:

```
Router(config-dhcp)# import all
```

Este comando es muy útil cuando se debe configurar DHCP en oficinas remotas. El router una vez localizado en su sitio puede determinar el DNS y las opciones locales.

Los servidores DHCP detectan conflictos utilizando ping, mientras que los clientes lo hacen con **Gratuitous ARP**. En cualquiera de los casos si se detecta un conflicto, la dirección se elimina del grupo y no será asignada hasta que un administrador resuelva el conflicto.

El comando **show ip dhcp conflict** muestra el método con el que se ha detectado el conflicto. El comando **clear ip dhcp conflict** permite al administrador borrar el conflicto de la lista para que el servidor pueda volver a ofrecer la dirección.

Los siguientes comandos muestran detalles de la configuración de DHCP:

- **show ip dhcp server statistics**
- **show ip dhcp pool**
- **show ip dhcp binding**

```
R1#show ip dhcp binding
Bindings from all pools not associated with VRF:
IP address Client-ID/Hardware address/User name Lease expiration
Type
192.168.1.101 0063.6973.636f.2d May 12 2007 08:24 PM Automatic
192.168.1.111 0100.1517.1973.2c May 12 2007 08:26 PM Automatic


Router# show ip dhcp pool MIPOOL
Pool MIPOOL:
 Utilization mark (high/low)     : 85 / 15
 Subnet size (first/next)        : 24 / 24 (autogrow)
 VRF name                        : abc
 Total addresses                 : 28
 Leased addresses                : 11
 Pending event                   : none
 2 subnets are currently in the pool :
 Current index          IP address range            Leased addresses
 10.1.1.12              10.1.1.1 - 10.1.1.14        11
 10.1.1.17              10.1.1.17 - 10.1.1.30       0
 Interface Ethernet0/0 address assignment
    10.1.1.1 255.255.255.248
    10.1.1.17 255.255.255.248 secondary
```

6.8.2 Configuración de un cliente DHCP

Configurar IOS para la opción del DHCP como cliente es simple.

```
Router(config)# interface tipo número
Router(config-if)# ip address dhcp
```

Un router puede ser cliente, servidor o ambos a la vez en diferentes interfaces.

6.8.3 Configuración de DHCP Relay

Un router configurado para dejar pasar los **DHCP request** es llamado **DHCP Relay**. Cuando es configurado, el router permitirá el reenvío de broadcast que haya sido enviado a un puerto UDP determinado hacia una localización remota. El DHCP Relay reenvía los *requests* y configura la puerta de enlace en el router local.

```
Router(config-if)# ip helper-address dirección IP
```

6.9 ICMP

El protocolo **ICMP** (*Internet Control Message Protocol*), suministra capacidades de control y envío de mensajes. Herramientas tales como **ping** y **trace** utilizan ICMP para poder funcionar, enviando un paquete a la dirección destino específica y esperando una determinada respuesta.

El campo código de la cabecera ICMP puede contener uno de los siguientes valores:

Campo	Descripción
0	Respuesta de eco.
3	Destino inaccesible.
4	Disminución del tráfico desde el origen.
5	Redireccionar ruta.
8	Solicitud de eco.
11	Tiempo excedido.
12	Problema de Parámetros.
13	Solicitud de marca de tiempo.
14	Respuesta de marca de tiempo.
15	Solicitud de información.
16	Respuesta de información.
17	Solicitud de máscara.
18	Respuesta de máscara.

6.9.1 Ping

El **ping** (*Packet Internet Groper*) es la herramienta de diagnóstico **más utilizada por los** administradores. Mediante esta utilidad puede diagnosticarse el estado, velocidad y calidad de la red de forma rápida y sencilla.

El comando **ping** prueba conectividad de sitio a sitio, en sus dos formas, básica y extendida, enviando y recibiendo paquetes **echo** según muestran las siguientes sintaxis.

```
Router>ping 10.99.60.1

Type escape sequence to abort.
Sending 5, 100-byte ICMP Echos to 10.99.60.1, timeout is 2
seconds:
!!!!!
Success rate is 100 percent (5/5), round-trip min/avg/max =
1/5/16 ms

Router#ping ipv6 2001:0:1ab:5:1111::2

Type escape sequence to abort.
Sending 5, 100-byte ICMP Echos to 2001:0:1ab:5:1111::2, timeout
is 2 seconds:
!!!!!
Success rate is 100 percent (5/5), round-trip min/avg/max =
49/59/63 ms
```

La versión extendida del comando **ping** permite efectuar variantes tales como cantidad y tamaño de paquetes, tiempo entre cada envío, etc. Es una eficaz herramienta de pruebas cuando se desea no solo pruebas de conectividad sino también de carga.

```
Router#ping
Protocol [ip]: ip
Target IP address: 10.99.60.1
Repeat count [5]: 50
Datagram size [100]: 100
Timeout in seconds [2]: 2
Extended commands [n]: n
Sweep range of sizes [n]: n
Type escape sequence to abort.
Sending 50, 100-byte ICMP Echos to 10.99.60.1, timeout is 2
seconds:
!!!!!!!!!!!!!!!!!!!!!!!!!!!!!!!!!!!!!!!!!!!!!!!!!!!
Success rate is 100 percent (50/50), round-trip min/avg/max =
1/2/4 ms
```

La versión extendida del comando **ping** permite efectuar variantes tales como cantidad y tamaño de paquetes, tiempo entre cada envío, etc. Es una eficaz herramienta de pruebas cuando se desea no solo pruebas de conectividad sino también de carga.

La siguiente tabla muestra algunos de los caracteres con los que ping muestra efectividad o fallos en los routers.

Carácter	Descripción
!	Cada signo de exclamación indica la recepción de una respuesta.
.	Cada punto indica agotado el tiempo esperando por una respuesta.
U	El destino resulta inalcanzable.
Q	Destino muy congestionado.
?	Tipo de paquete desconocido.
&	Curso de vida de los paquetes se ha superado.

6.9.2 TTL

Los paquetes IP poseen un campo que especifica el tiempo de vida del paquete. El **TTL** (*Time To Live*) impide que un paquete esté dando vueltas indefinidamente por la red de redes. El valor del TTL contenido en este campo disminuye en una unidad cada vez que el paquete atraviesa un router. Cuando el TTL llega a 0, éste se descarta y se envía un mensaje ICMP de tipo 11 para informar al origen.

 **NOTA:**

Los sistemas operativos añaden un valor de TTL al paquete al salir. Por ejemplo, el valor de TTL de Linux: 64, Windows 11: 128.

6.9.3 Traceroute

Los mensajes ICMP de tipo 11 se pueden utilizar para hacer una traza del camino que siguen los paquetes hasta llegar a su destino.

El comando **traceroute** utiliza el principio de funcionamiento del ping pero mostrando e identificando cada salto a lo largo de la ruta y disminuyendo el valor del TTL en cada salto. Cuando un paquete **echo reply** (ping) no llega a su destino **traceroute** mostrará el salto donde dicho paquete no consigue llegar. Si no se especifica lo contrario el límite de saltos es 30. En rutas extremadamente grandes la traza puede abortarse con las teclas **Ctrl+Shift+6**.

```
Router#traceroute ?
  WORD   Trace route to destination address or hostname
  ip     IP Trace
  ipv6   IPv6 Trace

Router#traceroute 10.99.60.1

Type escape sequence to abort.
Tracing the route to 10.99.60.1

 1 10.99.170.11 0 msec 0 msec 4 msec
 2 81.46.16.48 4 msec 0 msec 4 msec
 3 10.99.60.1 4 msec 0 msec 0 msec
```

El comando **traceroute** también tiene una versión extendida que se puede utilizar para ver qué ruta toman los paquetes para llegar a un destino y comprobar el enrutamiento al mismo tiempo. Esto es útil para solucionar problemas con los bucles de enrutamiento, o para cuando se determina que los paquetes se pierden, si una ruta no está presente, o si los paquetes están siendo bloqueados (por ejemplo, por una ACL o un firewall). Puede utilizar el comando ping extendido con el fin de determinar el tipo de problema de conectividad y, a continuación, utilizar el comando traceroute extendido con el fin de deducir donde se produce exactamente el problema.

El comando termina en cualquiera de estos casos:

▼ El destino responde
▼ Se supera el TTL máximo
▼ El usuario interrumpe la traza con la secuencia de escape

```
Router#traceroute
Protocol [ip]: ip
Target IP address: 102.29.59.1
Source address: 102.29.119.10
Numeric display [n]:
Timeout in seconds [3]:
Probe count [3]:
Minimum Time to Live [1]:
Maximum Time to Live [30]:
Port Number [33434]:
Loose, Strict, Record, Timestamp, Verbose[none]:
Type escape sequence to abort.
Tracing the route to 10.99.59.1
VRF info: (vrf in name/id, vrf out name/id)
  1 102.29.119.7 0 msec 0 msec 0 msec
  2 102.29.52.15 0 msec 0 msec 4 msec
  3 81.46.16.20 4 msec 4 msec 4 msec
  4 102.29.59.1 8 msec *   4 msec
```

6.10 NTP

NTP (*Network Time Protocol*) permite a los routers de la red sincronizar sus configuraciones de tiempo con un servidor NTP. Un grupo de clientes NTP puede obtener información de fecha y hora de una sola fuente y tener configuraciones más consistentes. NTP utiliza el puerto UDP 123 y está documentado en la RFC 1305.

Cuando se implementa NTP en la red, puede configurarse para que se sincronice con un reloj privado o puede sincronizarse con un servidor NTP disponible públicamente en Internet.

Muchos servidores NTP en Internet no solicitan autenticación de sus pares, **NTPv3** (NTP versión 3) y posteriores soportan un mecanismo de autenticación criptográfico entre pares NTP.

6.10.1 Configuración del servidor

En una red configurada con NTP, se designan uno o más routers como *master* NTP, que serán los encargados de mantener el reloj. El siguiente comando habilita un NTP *master*.

```
Router(config)# ntp master estrato
```

NTP utiliza un modelo jerárquico, donde el valor de estrato hace referencia a una fuente externa, como puede ser un reloj atómico.

6.10.2 Configuración del cliente

La configuración manual funciona adecuadamente en un ambiente de una red pequeña, a medida que la red crece se vuelve difícil asegurarse de que todos los dispositivos de la infraestructura estén operando con la fecha sincronizada.

La configuración manual de la fecha y hora se realiza con el comando:

```
Router# clock set hh:mm:ss day month year
Router# clock set 14:38:00 feb 10 2016

Router# show clock
14:38:11.292 PST Tue Feb 10 2016
```

Las asociaciones entre máquinas que ejecutan NTP generalmente tienen una configuración estática. Se da a cada dispositivo la dirección IP de los *masters* NTP.

Es posible obtener una fecha y hora precisas intercambiando mensajes NTP entre cada par de máquinas con una asociación.

Para que el reloj de un cliente NTP sincronice con un servidor NTP se utiliza el siguiente comando:

```
Router(config)# ntp server dirección-IP
```

Los comandos **show ntp status** y **show ntp associations** permiten ver el estado y las asociaciones de los pares NTP.

```
Router#show ntp status
Clock is synchronized, stratum 6, reference is 204.99.239.60
nominal freq is 250.0000 Hz, actual freq is 249.9978 Hz,
precision is 2**18
reference time is D5EC0BCF.3A424882 (15:02:07.227 CET Tue Sep 24
2013)
clock offset is 0.0701 msec, root delay is 3.97 msec
root dispersion is 47.01 msec, peer dispersion is 0.31 msec
```

6.10.3 Configuración zona horaria y horario de verano

Para configurar el desplazamiento de la zona horaria **UTC** (*Coordinated Universal Time)*, utilice el comando **clock timezone** en el modo de configuración global. Para volver a la configuración predeterminada, utilice la forma no de este comando.

```
clock timezone zone-name offset-hours offset-minutes
```

Para configurar el sistema para que cambie automáticamente al horario de verano utilice el comando **clock summer-time** en el modo de configuración global. Para quitar el ajuste del horario de verano, utilice la forma no de este comando.

```
clock summer-time zone { date { date month year hh:mm date month
year hh:mm | month date year hh:mm monthdate year hh:mm } |
recurring week day month hh:mm week day month hh:mm } [offset]
```

6.11 FHRP

La mayoría de los dispositivos finales requieren la configuración de una puerta de enlace para su funcionamiento. Los routers y switches multicapa pueden proporcionar tolerancia a fallos o alta disponibilidad cuando están actuando como puertas de enlace como lo hacen los routers tradicionales.

Los **FHRP** (*First Hop Redundancy Protocol*), hacen referencia a aquellos protocolos orientados a proporcionar IPs y MACs virtuales con el fin de dotar de redundancia y/o balanceo a la red.

Los switch multicapa pueden utilizar los siguientes protocolos:

▼ **HSRP** (*Host Standby Routing Protocol*).
▼ **VRRP** (*Virtual Router Redundancy Protocol*).
▼ **GLBP** (*Gateway Load Balancing Protocol*).

6.11.1 HSRP

HSRP (*Host Standby Router Protocol)* es un protocolo propietario de Cisco que permite que varios routers o switches multicapa aparezcan como una sola puerta de enlace. Cada uno de los routers que proporcionan redundancia es asignado a un grupo HSRP común, un router es elegido como primario o **active** y otro como secundario o **standby**, si existen más routers estarán escuchando en estado **listen**.

La elección del tipo de router está basada en una escala de prioridades en un rango de 0 a 255 y que por defecto toma el valor de 100. El router con la prioridad más alta se convierte en el router **active** del grupo y en caso de que todos los routers tengan la misma prioridad será active aquel con la IP más alta configurada en su interfaz de HSRP.

HSRP v2 añade las siguientes características:

▼ HSRPv2 amplía el número de grupos soportados a 4095 en lugar de 255 con HSRPv1.

▼ HSRP versión 2 utiliza el IPv4 dirección de multidifusión 224.0.0.102 o la dirección IPv6 multicast FF02 :: 66 para enviar paquetes hello en lugar de 224.0.0.2 utilizados por HSRPv1.

▼ HSRP v2 utiliza el rango de direcciones MAC de 0000.0C9F.F000 a 0000.0C9F.FFFF para IPv4 y 0005.73A0.0000 a 0005.73A0.0FFF para IPv6 en los tres últimos dígitos hexadecimales de la dirección MAC indican el número de grupo HSRP.

▼ HSRPv2 tiene soporte para autenticación MD5.

El proceso de configuración se inicia seleccionando un número de grupo HSRP dentro de un rango de 0 a 4095 y asignando un valor para la prioridad:

```
Router(config-if)#standby grupo priority prioridad
```

Al configurar HSRP en una interfaz el router se mueve entre una serie de estados hasta alcanzar el estado final que dependerá de la prioridad y del estado del resto de los miembros del grupo. Los estados HSRP son los siguientes:

▼ **Disabled**, desactivado.
▼ **Init**, iniciándose.
▼ **Listen**, escuchando.
▼ **Speak**, hablando.
▼ **Standby**, en espera.
▼ **Active,** activo.

Los mensajes hello se envían cada 3 segundos. Un router en el estado de standby es el único que monitoriza los hello del router activo. Cuando el temporizador holdtime (3 veces el intervalo hello o 10 segundos) se inicia se presume que el router activo ha caído, el router en el estado standby pasará entonces al estado active y en caso de haber uno o más routers en el estado listen el de mayor prioridad pasará al estado standby.

Para cambiar los temporizadores de HSRP es necesario hacerlo en todos los routers del grupo, el holdtime debería ser siempre al menos 3 veces el intervalo hello. El comando para efectuar dicho cambio es el siguiente:

```
Router(config-if)#standby group timers [msec] hello [msec]
holdtime
```

Una vez que un router es elegido como activo mantendrá su estado incluso si otros routers con mayor prioridad son detectados. Es importante tener en cuenta para evitar que un router no deseado sea elegido como activo, iniciar la red encendiendo primero el router adecuado para cumplir el rol de activo. Este comportamiento es posible corregirlo de manera que el router con mayor prioridad sea siempre el activo, para esto se puede utilizar el siguiente comando:

```
Router(config-if)#standby group preempt [delay [minimum seconds]
[reload seconds]]
```

Por defecto después de aplicar este comando el router del grupo con mayor prioridad siempre será el activo y tomará su rol inmediatamente. La configuración del parámetro **delay minimum** puede efectuarse para esperar un tiempo determinado a partir de que la interfaz esté operativa antes de tomar el rol de activo y **reload**, se fuerza al router a esperar un tiempo determinado a partir del reinicio antes de tomar el rol de activo.

Además de la dirección IP única que cada router tiene configurada en las interfaces que ejecutan HSRP hay una dirección IP común, conocida como IP virtual o de HSRP.

Los host entonces pueden apuntar a esa IP como su puerta de enlace, teniendo la certeza de que siempre habrá algún router respondiendo. Hay que tener en cuenta que tanto la IP real como la de HSRP han de pertenecer al mismo rango.

Para asignar la IP virtual se utiliza el siguiente comando:

```
Router(config-if)#standby grupo ip ip-virtual
```

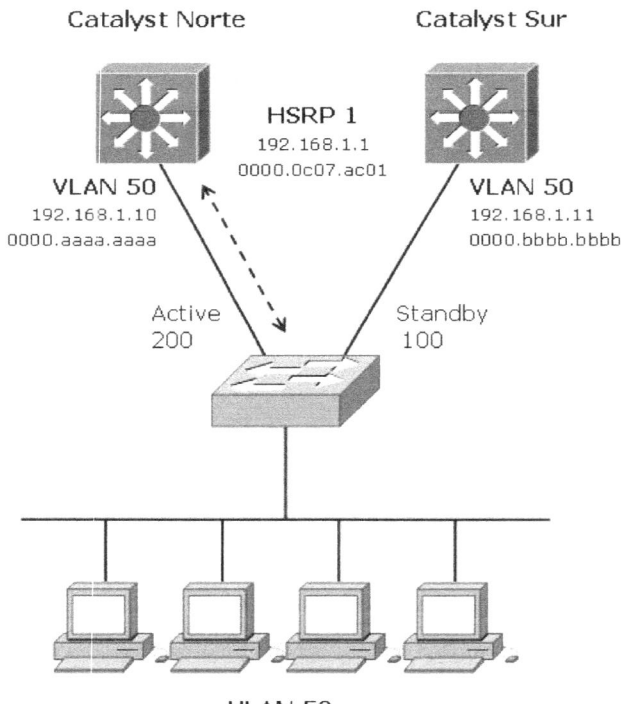

```
Norte(config)# interface vlan 50
Norte(config-if)# ip address 192.168.1.10 255.255.255.0
Norte(config-if)# standby 1 priority 200
Norte(config-if)# standby 1 preempt
Norte(config-if)# standby 1 ip 192.168.1.1
```

HSRP permite ser configurado con dos tipos diferentes de autenticación, todos los miembros del grupo deben coincidir en el tipo y clave. Los dos modos de autenticación HSRP son:

▶ Texto plano. Los mensajes de HSRP son enviados con una cadena en texto plano de hasta ocho caracteres esta cadena debe ser igual en todos los routers del grupo. El siguiente comando puede configurarlo:

```
Switch(config-if)#standby group authentication string
```

▶ MD5. Un cifrado del tipo MD5 (*Message Digest 5*) es computado en una porción de cada mensaje HSRP y en la clave secreta configurada en cada router del grupo.

▶ El hash MD5 es enviado junto con los mensajes HSRP. Cuando un mensaje es recibido el router recalcula el cifrado del mensaje y de su propia clave, en caso de coincidencia el mensaje será aceptado. Este tipo de autenticación es, obviamente, mucho más segura que en texto plano. Para configurarla se utiliza el siguiente comando:

```
Switch(config-if)#standby group authentication md5 key-string [0
| 7] string
```

▶ Por defecto la clave se pone en texto plano, una vez introducida aparecerá encriptada en la configuración. Para copiar y pegar dicha clave en otros routers es posible copiarla ya encriptada y especificar la opción 7 delante de la clave antes de pegarla.

▶ Alternativamente se puede usar una cadena de claves que, aunque hace que la configuración sea más compleja, proporciona mayor flexibilidad. Los comandos son los siguientes:

```
Switch(config)#key chain chain-name
Switch(config-keychain)#key key-number
Switch(config-keychain-key)#key-string [0 | 7] string
Switch(config)#interface type mod/num
Switch(config-if)#standby group authentication md5 key-chain
chain-name
```

Para poder llevar a cabo el balanceo de carga en HSRP es necesario utilizar al menos 2 grupos, para el caso de tener dos switches, SW1 sería activo en un grupo y standby en el otro mientras que SW2 actuaría con el rol contrario a SW1 para esos mismos grupos. El conjunto de host que utilicen estas puertas de enlace deberán ser asignados mitad con una IP y mitad con otra IP.

La siguiente sintaxis corresponde al escenario de abajo. **Catalyst Norte** es activo para el grupo 1 con IP 192.168.1.1 y es standby del grupo 2 con IP 192.168.1.2.

Catalyst Sur tiene una configuración similar, pero tomando el rol contrario para cada grupo.

```
Cat_Norte(config)# interface vlan 50
Cat_Norte(config-if)# ip address 192.168.1.10 255.255.255.0
Cat_Norte(config-if)# standby 1 priority 200
Cat_Norte(config-if)# standby 1 preempt
Cat_Norte(config-if)# standby 1 ip 192.168.1.1
Cat_Norte(config-if)# standby 1 authentication CCna
Cat_Norte(config-if)# standby 2 priority 100
Cat_Norte(config-if)# standby 2 ip 192.168.1.2
Cat_Norte(config-if)# standby 2 authentication CCna
Cat_Sur(config)# interface vlan 50
Cat_Sur(config-if)# ip address 192.168.1.11 255.255.255.0
Cat_Sur(config-if)# standby 1 priority 100
Cat_Sur(config-if)# standby 1 ip 192.168.1.1
Cat_Sur(config-if)# standby 1 authentication CCna
Cat_Sur(config-if)# standby 2 priority 200
Cat_Sur(config-if)# standby 2 preempt
Cat_Sur(config-if)# standby 2 ip 192.168.1.2
Cat_Sur(config-if)# standby 2 authentication CCnP
```

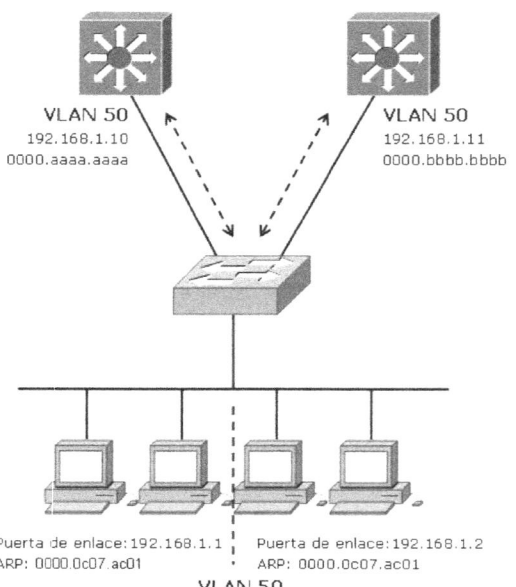

Para ver el estado HSRP puede utilizarse el comando **show standby**.

```
Route"r#show standby [brief] [vlan vlan-id | type mod/num]
```

```
Router#show standby
GigabitEthernet0/0 - Group 1 (version 2)
  State is Active
    9 state changes, last state change 00:14:51
  Virtual IP address is 192.168.1.1
  Active virtual MAC address is 0000.0C9F.F001
    Local virtual MAC address is 0000.0C9F.F001 (v2 default)
  Hello time 3 sec, hold time 10 sec
    Next hello sent in 1.479 secs
  Preemption disabled
  Active router is local
  Standby router is 192.168.1.10
  Priority 110 (default 100)
  Group name is hsrp-Gig0/0-1 (default)
```

Los siguientes ejemplos muestran la salida de este comando.

```
Norte# show standby vlan 50 brief
             P indicates configured to preempt.
             |
Interface Grp    Prio  P   State   Active  addr    Standby
addr
      Group addr
V150      1      200  P Active  local              192.168.1.11
      192.168.1.1
V150      2           100      Standby 192.168.1.11     local
      192.168.1.2
```

```
Norte# show standby vlan 50
Vlan50 - Group 1
      Local state is Active, priority 200, may preempt
      Hellotime 3 sec, holdtime 10 sec
      Next hello sent in 2.248
      Virtual IP address is 192.168.1.1 configured
      Active router is local
      Standby router is 192.168.1.11 expires in 9.860
      Virtual mac address is 0000.0c07.ac01
      Authentication text "CCnA"
      2 state changes, last state change 00:11:58
      IP redundancy name is "hsrp-Vl50-1" (default)
```

```
Vlan50 - Group 2
     Local state is Standby, priority 100
     Hellotime 3 sec, holdtime 10 sec
     Next hello sent in 1.302
     Virtual IP address is 192.168.1.2 configured
     Active router is 192.168.1.11, priority 200 expires in
7.812
     Standby router is local
     Authentication text "CCnA"
     4 state changes, last state change 00:10:04
     IP redundancy name is "hsrp-Vl50-2" (default)

Sur#show standby vlan 50 brief
             P indicates configured to preempt.
             |
Interface Grp Prio P State    Active addr  Standby addr Group addr
Vl50       1   100    Standby 192.168.1.10 local
192.168.1.1
Vl50       2   200 P  Active  local        192.168.1.10
192.168.1.2

Sur#show standby vlan 50
Vlan50 - Group 1
     Local state is Standby, priority 100
     Hellotime 3 sec, holdtime 10 sec
     Next hello sent in 0.980
     Virtual IP address is 192.168.1.1 configured
     Active router is 192.168.1.10, priority 200 expires in
8.128
     Standby router is local
     Authentication text "CCnA"
     1 state changes, last state change 00:01:12
     IP redundancy name is "hsrp-Vl50-1" (default)
Vlan50 - Group 2
     Local state is Active, priority 200, may preempt
     Hellotime 3 sec, holdtime 10 sec
     Next hello sent in 2.888
     Virtual IP address is 192.168.1.2 configured
     Active router is local
     Standby router is 192.168.1.10 expires in 8.500
     Virtual mac address is 0000.0c07.ac02
     Authentication text "CCnA"
     1 state changes, last state change 00:01:16
```

 **RECUERDE:**

- Los routers HSRP deben estar conectados al mismo segmento de red.
- Los routers HSRP deben estar configurados con direcciones IP de la misma subred, si no es así, un router de reserva no sabría cuando el router activo falla.
- Los routers HSRP deben estar configurados con la misma dirección IP virtual.
- Los routers HSRP deben estar configurados con el mismo número de grupo HSRP.
- Los dispositivos finales deben estar configurados con la dirección de puerta de enlace predeterminada correcta.

NOTA:

Los HSRP intercambian mensajes hello entre ellos para comprobar que todo está en orden de manera multicast a través de la dirección IP 224.0.0.2 puerto UDP 1985.

6.11.2 VRRP

VRRP (*Virtual Router Redundancy Protocol*) es un protocolo estándar definido en la RFC 2338, con un funcionamiento y configuración similares a HSRP, una comparación entre ambos es la siguiente:

▶ VRRP proporciona una IP redundante compartida entre un grupo de routers, de los cuales está el activo que recibe el nombre de master mientras que el resto se les conoce como backup. El master es aquel con mayor prioridad en el grupo.

▶ Los grupos pueden tomar un valor entre 0 y 255, mientras que la prioridad asignada a un router puede tomar valores entre 1 y 254 siendo 254 la más alta y 100 el valor por defecto.

▶ La dirección MAC virtual tiene el formato 0000.5e00.01xx, donde xx es el número de grupo en formato hexadecimal.

▶ Los hello de VRRP son enviados cada 1 segundo.

▶ Por defecto los routers configurados con VRRP toman el rol de master en cualquier momento.

▶ VRRP no tiene un mecanismo para llevar un registro del estado de las interfaces de la manera que lo hace HSRP.

El proceso de configuración de VRRP se realiza mediante los siguientes comandos:

▶ Asignación de la prioridad:

vrrp *group priority level*

▶ Cambio del intervalo del temporizador:

vrrp *group* **timers advertise** [*msec*] *interval.*

▶ Para aprender el intervalo desde el router master:

vrrp *group* **timers learn**

▶ Deshabilita la función de automáticamente tomar el rol de master:

no vrrp *group* **preempt**

▶ Cambia el retraso en tomar el rol de master, por defecto es 0 segundos:

vrrp *group* **preempt** [**delay** *seconds*]

▶ Habilita la autenticación:

vrrp *group* **authentication** *string*

▶ Configura la IP virtual:

vrrp *group* **ip** *ip-address* [**secondary**]

La siguiente sintaxis es un ejemplo de configuración:

```
Cat_Norte(config)# interface vlan 50
Cat_Norte(config-if)# ip address 192.168.1.10 255.255.255.0
Cat_Norte(config-if)# vrrp 1 priority 200
Cat_Norte(config-if)# vrrp 1 ip 192.168.1.1
Cat_Norte(config-if)# vrrp 2 priority 100
Cat_Norte(config-if)# no vrrp 2 preempt
Cat_Norte(config-if)# vrrp 2 ip 192.168.1.2
Cat_Sur(config)# interface vlan 50
Cat_Sur(config-if)# ip address 192.168.1.11 255.255.255.0
Cat_Sur(config-if)# vrrp 1 priority 100
Cat_Sur(config-if)# no vrrp 1 preempt
Cat_Sur(config-if)# vrrp 1 ip 192.168.1.1
Cat_Sur(config-if)# vrrp 2 priority 200
Cat_Sur(config-if)# vrrp 2 ip 192.168.1.2
```

La siguiente salida corresponde a los **show vrrp brief** y **show vrrp**:

```
Cat_Norte# show vrrp brief
Interface Grp Pri Time Own Pre State  Master addr  Group addr
Vlan50    1   200 3218     Y   Master 192.168.1.10 192.168.1.1
Vlan50    2   100 3609         Backup 192.168.1.11 192.168.1.2

Cat_Sur# show vrrp brief
Interface Grp Pri Time Own Pre State  Master addr  Group addr
Vlan50    1   100 3609         Backup 192.168.1.10 192.168.1.1
Vlan50    2   200 3218     Y   Master 192.168.1.11 192.168.1.2

Cat_Norte# show vrrp
Vlan50 - Group 1
     State is Master
     Virtual IP address is 192.168.1.1
     Virtual MAC address is 0000.5e00.0101
     Advertisement interval is 1.000 sec
     Preemption is enabled
     min delay is 0.000 sec
     Priority is 200
     Authentication is enabled
     Master Router is 192.168.1.10 (local),
     priority is 200
     Master Advertisement interval is
     1.000 sec
     Master Down interval is 3.218 sec
Vlan50 - Group 2
     State is Backup
     Virtual IP address is 192.168.1.2
     Virtual MAC address is 0000.5e00.0102
     Advertisement interval is 1.000 sec
     Preemption is disabled
     Priority is 100
     Authentication is enabled
     Master Router is 192.168.1.11, priority
     is 200
     Master Advertisement interval is
     1.000 sec
     Master Down interval is 3.609 sec
     (expires in 2.977 sec)

Cat_Sur# show vrrp
Vlan50 - Group 1
     State is Backup
     Virtual IP address is 192.168.1.1
     Virtual MAC address is 0000.5e00.0101
```

```
        Advertisement interval is 1.000 sec
        Preemption is disabled
        Priority is 100
        Authentication is enabled
        Master Router is 192.168.1.10, priority
        is 200
        Master Advertisement interval is
        1.000 sec
        Master Down interval is 3.609 sec
        (expires in 2.833 sec)
    Vlan50 - Group 2
        State is Master
        Virtual IP address is 192.168.1.2
        Virtual MAC address is 0000.5e00.0102
        Advertisement interval is 1.000 sec
        Preemption is enabled
        min delay is 0.000 sec
        Priority is 200
        Authentication is enabled
        Master Router is 192.168.1.11 (local),
        priority is 200
        Master Advertisement interval is
        1.000 sec
        Master Down interval is 3.218 sec
```

6.11.3 GLBP

GLBP (*Gateway Load Balancing Protocol*) es un protocolo propietario de Cisco que sirve para añadir balanceo de carga sin la necesidad de utilizar múltiples grupos a la función de redundancia con HSRP o VRRP.

Múltiples routers o switches son asignados a un mismo grupo, pudiendo todos ellos participar en el envío de tráfico. La ventaja de GLBP es que los host clientes no han de dividirse y apuntar a diferentes puertas de enlace, todos pueden tener la misma. El balanceo de carga se lleva a cabo respondiendo a los clientes con diferentes direcciones MAC, de manera que aunque todos apuntan a la misma IP la dirección MAC de destino es diferente, repartiendo de esta manera el tráfico entre los diferentes routers.

Uno de los routers del grupo GLBP es elegido como "puerta de enlace virtual activa" o **AVG** (*Active Virtual Gateway*), dicho router es el de mayor prioridad del grupo o en caso de no haberse configurado dicha prioridad, será el de IP más alta. El AVG responde a las peticiones ARP de los clientes y la MAC que envía dependerá del algoritmo de balanceo de carga que se esté utilizando.

El AVG también asigna las MAC virtuales a cada uno de los routers del grupo, pudiéndose usar hasta 4 MAC virtuales por grupo. Cada uno de esos routers recibe el nombre de **AVF** (*Active Virtual Forwarder)* y se encarga de enviar el tráfico recibido en su MAC virtual. Otros routers en el grupo pueden funcionar como backup en caso de que el AVF falle.

La prioridad GLBP se configura con el siguiente comando:

```
Switch(config-if)#glbp group priority level
```

El rango de números que pueden usarse para definir grupos asume valores entre 0 y 1023. El rango de prioridades es entre 1 y 255 siendo 255 la más alta y 100 la de por defecto.

Como ocurre en HSRP se tiene que habilitar la función **preempt** en caso de ser necesario, ya que por defecto no está permitido tomar el rol de AVG a no ser que éste falle. El siguiente comando lo configura:

```
Switch(config-if)#glbp group preempt [delay minimum seconds]
```

Para monitorizar el estado de los routers AVG se envían hello cada 3 segundos y en caso de no recibir respuesta en el intervalo de holdtime de 10 segundos, se considera que el vecino está caído. Es posible modificar estos temporizadores con el siguiente comando:

```
Switch(config-if)#glbp group timers [msec] hellotime [msec]
holdtime
```

Para modificar los temporizadores se debe tener en cuenta que el holdtime debería ser al menos 3 veces mayor que el hello.

GLBP también usa mensajes hello para monitorizar los AVF (*Active Virtual Forwarder*). Cuando el AVG detecta que un AVF ha fallado asigna el rol a otro router, el cual podría ser o no otro AVF, teniendo entonces que enviar el tráfico destinado a 2 MAC virtuales.

Para solventar el problema de estar respondiendo a mensajes destinados a dos MAC virtuales se usan dos temporizadores:

▶ **Redirect**. Determina cuándo el AVG dejará de usar la MAC del router que falló para respuestas ARP.

▶ **Timeout**. Cuando expira la MAC y el AVF que había fallado son eliminados del grupo, asumiendo que ese AVF no se recuperará. Los clientes necesitan entonces renovar su memoria y obtener la nueva MAC.

El temporizador **redirect** es de 10 minutos por defecto, pudiendo configurarse hasta un máximo de 1 hora. El temporizador timeout es de 4 horas por defecto, pudiendo configurarse dentro del rango de 18 horas. Es posible ajustar estos valores usando el siguiente comando:

```
Switch(config-if)#glbp group timers redirect redirect timeout
```

GLBP usa una función de "peso" para determinar qué router será el AVF para una MAC virtual dentro de un grupo. Cada router comienza con un peso máximo entre 1 y 255 siendo por defecto 100. Cuando una interfaz en particular falla, el peso es disminuido en el valor que esté configurado. GLBP usa umbrales para determinar si un router puede o no ser el AVF. Si el valor del peso está por debajo de ese umbral el router no puede asumir ese rol, pero si dicho valor volviera a superar el umbral entonces sí podría.

GLBP necesita tener conocimiento sobre qué interfaces utilizarán este mecanismo y cómo ajustar su peso. El siguiente comando especifica dicha interfaz:

```
Switch(config)#track object-number interface type mod/num {line-
protocol | ip routing}
```

El valor **object-number** simplemente referencia el objeto que se está monitorizando y puede tener un valor entre 1 y 500. Las condiciones a verificar pueden ser **line-protocol** o **ip-routing**. Seguidamente es necesario definir los umbrales del peso para lo cual se utiliza el siguiente comando:

```
Switch(config-if)#glbp group weighting maximum [lower lower]
[upper upper]
```

El parámetro **maximum** indica con qué valor se inicia y los valores **lower** y **upper** definen cuándo, o cuándo no, el router puede actuar como AVF.

Finalmente se debe indicar a GLBP qué objetos ha de monitorizar para aplicar los umbrales de "peso". Para ello se utiliza el siguiente comando:

```
Switch(config-if)#glbp group weighting track object-number
[decrement value]
```

El parámetro **value** indica el valor que se disminuirá cuando el objeto monitorizado falle. Por defecto es 10 y puede ser configurado con un valor entre 1 y 254.

El balanceo de carga **AVG** funciona enviando MAC virtuales a los clientes. Previamente estas MAC virtuales han sido asignadas a los AVF permitiendo hasta un máximo de 4 MAC virtuales por grupo.

Los siguientes algoritmos se utilizan para el balanceo de carga con GLBP:

▸ **Round Robin**, cada nueva petición ARP para la IP virtual recibe la siguiente MAC virtual disponible. La carga de tráfico se distribuye equitativamente entre todos los routers del grupo asumiendo que los clientes envían y reciben la misma cantidad de tráfico.

▸ **Weighted**, el valor del peso configurado en la interfaz perteneciente al grupo será la referencia para determinar la proporción de tráfico enviado a cada AVF.

▸ **Host dependent**, cada cliente que envía una petición ARP es respondido siempre con la misma MAC. Es útil para clientes que necesitan que la MAC de la puerta de enlace sea siempre la misma.

El método de balanceo de carga utilizado se selecciona con el siguiente comando:

```
Switch(config-if)#glbp group load-balancing [round-robin |
weighted | host-dependent]
```

En la siguiente figura existen 3 switches multicapa participando en un grupo común GLBP. **Catalyst A** es elegido como AVG y por lo tanto coordina el proceso. El AVG responde todas las peticiones de la puerta de enlace 192.168.1.1. Dicho router se identifica a sí mismo y a **Catalyst B** y **Catalyst C** como AVF del grupo.

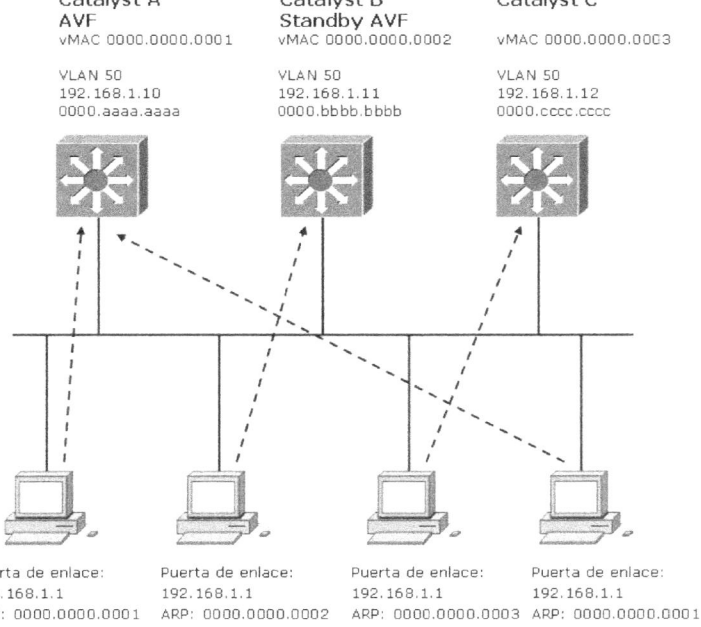

VLAN 50

Para habilitar GLBP se debe asignar una IP virtual al grupo mediante el siguiente comando:

```
Switch(config-if)#glbp group ip [ip-address [secondary]]
```

Cuando en el comando la dirección IP no se configura será aprendida de otro router del grupo. Para el caso puntual de la configuración del posible AVG es necesario especificar la IP virtual para que los demás routers puedan conocerla.

```
CatalystA(config)# interface vlan 50
CatalystA(config-if)# ip address 192.168.1.10 255.255.255.0
CatalystA(config-if)# glbp 1 priority 200
CatalystA(config-if)# glbp 1 preempt
CatalystA(config-if)# glbp 1 ip 192.168.1.1
CatalystB(config)# interface vlan 50
CatalystB(config-if)# ip address 192.168.1.11 255.255.255.0
CatalystB(config-if)# glbp 1 priority 150
CatalystB(config-if)# glbp 1 preempt
CatalystB(config-if)# glbp 1 ip 192.168.1.1


CatalystC(config)# interface vlan 50
CatalystC(config-if)# ip address 192.168.1.12 255.255.255.0
CatalystC(config-if)# glbp 1 priority 100
CatalystC(config-if)# glbp 1 ip 192.168.1.1
```

Utilizando el método de balanceo de carga **round-robin**, cada uno de los PC hace peticiones ARP de la puerta de enlace. Al iniciar los PC de izquierda a derecha el AVG va asignando la siguiente MAC virtual secuencialmente.

Para ver información acerca de la operación de GLBP se pueden utilizar los comandos **show glbp brief** o **show glbp**, como se muestra en los siguientes dos ejemplos:

```
CatalystA# show glbp brief
Interface Grp Fwd Pri State  Address        Active       Standby
Vl50          1    -    200  Active  192.168.1.1
local
        192.168.1.11
Vl50      1   1   7   Active 0007.b400.0101 local
Vl50      1   2   7   Listen 0007.b400.0102 192.168.1.11
Vl50      1   3   7   Listen 0007.b400.0103 192.168.1.13

CatalystB# show glbp brief
```

```
Interface Grp Fwd Pri State  Address          Active         Standby
Vl50      1   1   7   Listen 0007.b400.0101 192.168.1.10
Vl50      1   2   7   Active 0007.b400.0102                 local
Vl50      1   3   7   Listen 0007.b400.0103 192.168.1.13

CatalystC# show glbp brief
Interface Grp Fwd Pri State  Address          Active         Standby
Vl50      1    -   100 Listen     192.168.1.1
192.168.1.10
      192.168.1.11
Vl50      1   1   7   Listen 0007.b400.0101 192.168.1.10 -
Vl50      1   2   7   Listen 0007.b400.0102 192.168.1.11 -
Vl50      1   3   7   Active 0007.b400.0103 local

CatalystA# show glbp
Vlan50 - Group 1
  State is Active
  7 state changes, last state change 03:28:05
  Virtual IP address is 192.168.1.1
  Hello time 3 sec, hold time 10 sec
  Next hello sent in 1.672 secs
  Redirect time 600 sec, forwarder time-out 14400 sec
  Preemption enabled, min delay 0 sec
  Active is local
  Standby is 192.168.1.11, priority 150 (expires in 9.632 sec)
  Priority 200 (configured)
  Weighting 100 (default 100), thresholds: lower 1, upper 100
  Load balancing: round-robin
  There are 3 forwarders (1 active)
  Forwarder 1
  State is Active
  3 state changes, last state change 03:27:37
  MAC address is 0007.b400.0101 (default)
  Owner ID is 00d0.0229.b80a
  Redirection enabled
  Preemption enabled, min delay 30 sec
  Active is local, weighting 100
  Forwarder 2
  State is Listen
  MAC address is 0007.b400.0102 (learnt)
  Owner ID is 0007.b372.dc4a
  Redirection enabled, 598.308 sec remaining (maximum 600 sec)
```

```
Time to live: 14398.308 sec (maximum 14400 sec)
Preemption enabled, min delay 30 sec
Active is 192.168.1.11 (primary), weighting 100 (expires in 8.308
sec)
Forwarder 3
State is Listen
MAC address is 0007.b400.0103 (learnt)
Owner ID is 00d0.ff8a.2c0a
Redirection enabled, 599.892 sec remaining (maximum 600 sec)
Time to live: 14399.892 sec (maximum 14400 sec)
Preemption enabled, min delay 30 sec
Active is 192.168.1.13 (primary), weighting 100 (expires in 9.892
sec)
```

6.12 CASO PRÁCTICO

En base a la topología se han realizado las siguientes tareas de configuración en el router CCNA:

▼ Usuario, contraseña y banner.

▼ Configuración de interfaces FastEthernet y Serial.

▼ Creación de una tabla de hosts.

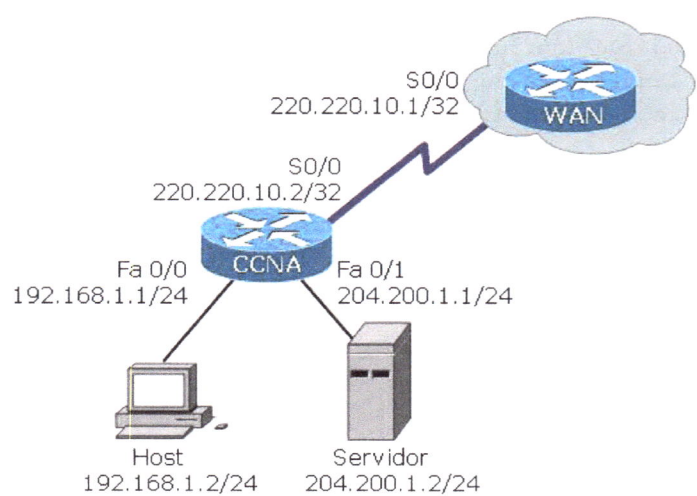

6.12.1 Configuración de usuario y contraseña

En el siguiente caso se han creado dos usuarios **Admin_Sur** con una contraseña **Ansur** y **Admin_Nort** con una contraseña **Anort**. Se configura a continuación la contraseña secret, el mensaje y la línea de consola:

```
Router(config)#hostname CCNA
CCNA(config)#enable secret cisco
CCNA(config)#username Admin_Sur password Ansur
CCNA(config)#username Admin_Nort password Anort
CCNA(config)# banner motd * Usted intenta ingresar en un sistema
protegido por las leyes vigentes*
CCNA(config)#line console 0
CCNA(config-line)#login local
```

Cuando el usuario **Admin_Nort** intente ingresar al router le será solicitado su usuario y contraseña, y luego la enable secret:

```
Press RETURN to get started.

Usted intenta ingresar en un sistema protegido por las leyes
vigentes

User Access Verification

Username: Admin_Nort
Password:***** (contraseña de usuario, Anort)
CCNA>enable
Password:***** (enable secret, cisco)
CCNA#
```

 **NOTA:**

Las contraseñas sin encriptación aparecen en el show running debiendo tener especial cuidado ante la presencia de intrusos.

 **RECUERDE:**

El comando service password-encryption encriptará con un cifrado leve las contraseñas que no están cifradas por defecto como las de telnet, consola, auxiliar, etc. Una vez cifradas las contraseñas no se podrán volver a leer en texto plano.

6.12.2 Configuración de una interfaz FastEthernet

La sintaxis muestra la configuración de una interfaz Fastethernet:

```
CCNA>enable
Password:*******
CCNA#configure terminal
Enter configuration commands, one per line.  End with CNTL/Z.
CCNA(config)#interface Fastethernet 0
CCNA(config-if)#ip address 192.168.1.1 255.255.255.0
CCNA(config-if)#speed 100
CCNA(config-if)#duplex full
CCNA(config-if)#no shutdown
CCNA(config-if)#description Conexion_Host
```

6.12.3 Configuración de una interfaz Serie

El ejemplo muestra la configuración de un enlace serial como **DCE**:

```
CCNA(config)#interface serial 0/0
CCNA(config-if)#ip address 220.220.10.2 255.255.255.252
CCNA(config-if)#clock rate 56000
CCNA(config-if)#bandwidth 100000
CCNA(config-if)#description Conexion_Wan
CCNA(config-if)#no shutdown
```

6.12.4 Configuración de una tabla de host

A continuación, se ha creado una tabla de host con el comando **ip host**

```
CCNA(config)#ip host SERVIDOR 204.200.1.2
CCNA(config)#ip host WAN 220.220.10.1
CCNA(config)#ip host HOST 192.168.1.2
CCNA(config)#exit


CCNA#show host
Host                  Flags      Age    Type    Address(es)
SERVIDOR              (perm, OK)  0      IP      204.200.1.2
ROUTER                (perm, OK)  0      IP      220.220.10.1
HOST                  (perm, OK)  0      IP      192.168.1.2
```

 **RECUERDE:**

En el caso que se muestra arriba si se deseara enviar un ping a la dirección IP 204.200.1.2 bastaría con ejecutar ping SERVIDOR. Por defecto las tablas de host están asociadas al puerto 23 (telnet); si solo se ejecutara SERVIDOR el router intentaría establecer una sesión de telnet con ese host, y solo tienen carácter local.

6.12.5 Configuración dual-stack

En base a la topología se han realizado las siguientes tareas de configuración en el router CCNAv6 para que trabaje en dual-stack:

▶ Habilitación del enrutamiento IPv6.

▶ Configuración de las interfaces FastEthernet 0/0 y FastEthernet 0/1 con direccionamiento estático IPv4 e IPv6.

▶ Configuración de la interfaz Serial 0/2/0 con direccionamiento IPv6 EUI-64.

▶ Configuración de la interfaz FastEthernet 1/0 con direccionamiento dinámico IPv6.

▶ Se realizan pruebas de conectividad desde el router CCNAv6 hacia Host A y Host B. En este último caso de dos formas diferentes.

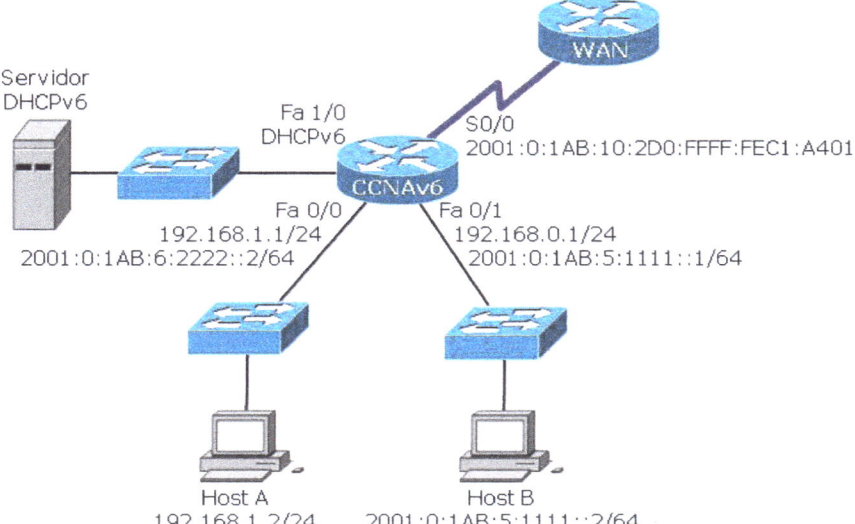

```
CCNAv6(config)#ipv6 unicast-routing

CCNAv6(config)#int fastEthernet 0/0
CCNAv6(config-if)#ipv6 address  2001:0:1AB:6:2222::2/64
CCNAv6(config-if)#ip address 192.168.1.1 255.255.255.0
CCNAv6(config-if)#no shutdown
CCNAv6(config-if)#exit

CCNAv6(config)#interface fastEthernet 0/1
CCNAv6(config-if)#ipv6 address 2001:0:1ab:5:1111::1/64
CCNAv6(config-if)#ip address 192.168.0.1 255.255.255.0
CCNAv6(config-if)#no shutdown
CCNAv6(config-if)#exit

CCNAv6(config)#interface serial 0/2/0
CCNAv6(config-if)#ipv6 address 2001:0:1AB:10::/64 eui-64
CCNAv6(config-if)#no shutdown

CCNAv6(config)#int fastEthernet 1/0
CCNAv6(config-if)#ipv6 address autoconfig
CCNAv6(config-if)#exit
CCNAv6(config)# exit


CCNAv6#show running-config
Building configuration...

Current configuration : 800 bytes
!
.....................
ipv6 unicast-routing
!
!
interface FastEthernet0/0
 ip address 192.168.1.1 255.255.255.0
 duplex auto
 speed auto
 ipv6 address 2001:0:1AB:6:2222::2/64
!
interface FastEthernet0/1
 ip address 192.168.0.1 255.255.255.0
 duplex auto
 speed auto
 ipv6 address 2001:0:1AB:5:1111::1/64
!
```

```
interface Serial0/2/0
 no ip address
 ipv6 address 2001:0:1AB:10::/64 eui-64
!
interface FastEthernet1/0
 no ip address
 ipv6 address autoconfig
.................................

CCNAv6#ping 192.168.1.2

Type escape sequence to abort.
Sending 5, 100-byte ICMP Echos to 192.168.1.2, timeout is 2
seconds:
!!!!!
Success rate is 100 percent (5/5), round-trip min/avg/max =
49/59/63 ms

CCNAv6#ping 2001:0:1ab:5:1111::2

Type escape sequence to abort.
Sending 5, 100-byte ICMP Echos to 2001:0:1ab:5:1111::2, timeout
is 2 seconds:
!!!!!
Success rate is 100 percent (5/5), round-trip min/avg/max =
62/74/125 ms

CCNAv6#ping ipv6 2001:0:1ab:5:1111::2

Type escape sequence to abort.
Sending 5, 100-byte ICMP Echos to 2001:0:1ab:5:1111::2, timeout
is 2 seconds:
!!!!!
Success rate is 100 percent (5/5), round-trip min/avg/max =
49/59/63 ms
```

6.12.6 Configuración dual-stack con túnel

En la siguiente práctica se ha creado un túnel IPv4 entre los router Derecha e Izquierda por el que se enviará tráfico IPv6 intercambiado por las interfaces Tunnel0 de ambos routers.

- ☛ Habilitar el enrutamiento IPv6 en ambos routers

- ☛ Configurar EIGRP 100 en su versión 6.

- ☛ Configurar las interfaces seriales con IPv4 en los dos routers.

- ☛ Crear las interfaces tunnel sobre IPv6 cuyo destino será la interfaz serie del router vecino.

- ☛ Configurar las interfaces GigaEthernet.

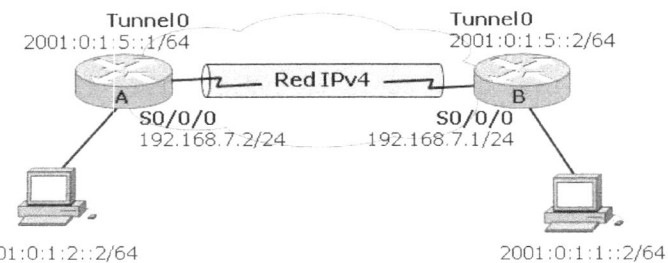

```
Router(config)#hostname Izquierda

Izquierda(config)#ipv6 unicast-routing
Izquierda(config)#hostname Izquierda

Izquierda(config)#interface Tunnel0
Izquierda(config-if)#ipv6 address 2001:0:1:5::1/64
Izquierda(config-if)#ipv6 eigrp 100
Izquierda(config-if)#tunnel source Serial0/0/0
Izquierda(config-if)#tunnel destination 192.168.7.1
Izquierda(config-if)#tunnel mode ipv6ip
Izquierda(config-if)#no shut
Izquierda(config-if)#exit


Izquierda(config)#interface GigabitEthernet0/0
Izquierda(config-if)#ipv6 address 2001:0:1:2::1/64
Izquierda(config-if)#ipv6 eigrp 100
Izquierda(config-if)#ipv6 enable
Izquierda(config-if)#no shut
Izquierda(config-if)#exit

Izquierda(config)#interface Serial0/0/0
Izquierda(config-if)#ip address 192.168.7.2 255.255.255.0
Izquierda(config-if)#ipv6 eigrp 100
```

```
Izquierda(config-if)#no shut

Izquierda(config)#ipv6 router eigrp 100
Izquierda(config-rtr)#no shutdown


Router(config)#hostname Derecha
Derecha(config)#ipv6 unicast-routing

Derecha(config)#interface Tunnel0
Derecha(config-if)#ipv6 address 2001:0:1:5::2/64
Derecha(config-if)#ipv6 eigrp 100
Derecha(config-if)#tunnel source Serial0/0/0
Derecha(config-if)#tunnel destination 192.168.7.2
Derecha(config-if)#tunnel mode ipv6ip
Derecha(config-if)#no shut
Derecha(config-if)#exit

Derecha(config)#interface GigabitEthernet0/0
Derecha(config-if)#ipv6 address 2001:0:1:1::1/64
Derecha(config-if)#ipv6 eigrp 100
Derecha(config-if)#ipv6 enable
Derecha(config-if)#no shut
Derecha(config-if)#exit

Derecha(config)#interface Serial0/0/0
Derecha(config-if)#ip address 192.168.7.1 255.255.255.0
Derecha(config-if)#ipv6 eigrp 100
Derecha(config-if)#clock rate 72000
Derecha(config-if)#no shut
Derecha(config-if)#exit

Derecha(config)#ipv6 router eigrp 100
Derecha(config-rtr)#no shutdown

Derecha#sh ipv6 route
IPv6 Routing Table - 6 entries
Codes: C - Connected, L - Local, S - Static, R - RIP, B - BGP
       U - Per-user Static route, M - MIPv6
       I1 - ISIS L1, I2 - ISIS L2, IA - ISIS interarea, IS - ISIS summary
       O - OSPF intra, OI - OSPF inter, OE1 - OSPF ext 1, OE2 - OSPF ext 2
       ON1 - OSPF NSSA ext 1, ON2 - OSPF NSSA ext 2
       D - EIGRP, EX - EIGRP external
C   2001:0:1:1::/64 [0/0]
     via ::, GigabitEthernet0/0
```

```
L   2001:0:1:1::1/128 [0/0]
      via ::, GigabitEthernet0/0
D   2001:0:1:2::/64 [90/26880256]
      via FE80::260:3EFF:FE48:D6D2, Tunnel0
C   2001:0:1:5::/64 [0/0]
      via ::, Tunnel0
L   2001:0:1:5::2/128 [0/0]
      via ::, Tunnel0
L   FF00::/8 [0/0]
      via ::, Null0
```

La interfaz **tunnel0** muestra el origen y el destino del túnel IPv4 configurado en el router.

```
Derecha#sh int tunnel 0
Tunnel0 is up, line protocol is up (connected)
  Hardware is Tunnel
  MTU 17916 bytes, BW 100 Kbit/sec, DLY 50000 usec,
     reliability 255/255, txload 1/255, rxload 1/255
  Encapsulation TUNNEL, loopback not set
  Keepalive not set
  Tunnel source 192.168.7.1 (Serial0/0/0), destination 192.168.7.2
  Tunnel protocol/transport IPv6/IP
    Key disabled, sequencing disabled
    Checksumming of packets disabled
  Tunnel TTL 255
  Fast tunneling enabled
  Tunnel transport MTU 1476 bytes
  Tunnel transmit bandwidth 8000 (kbps)
  Tunnel receive bandwidth 8000 (kbps)
  Last input never, output never, output hang never
  Last clearing of "show interface" counters never
  Input queue: 0/75/0/0 (size/max/drops/flushes); Total output drops: 1
  Queueing strategy: fifo
  Output queue: 0/0 (size/max)
  5 minute input rate 102 bits/sec, 0 packets/sec
  5 minute output rate 104 bits/sec, 0 packets/sec
     274 packets input, 16447 bytes, 0 no buffer
     Received 0 broadcasts, 0 runts, 0 giants, 0 throttles
     0 input errors, 0 CRC, 0 frame, 0 overrun, 0 ignored, 0 abort
     0 input packets with dribble condition detected
     270 packets output, 16220 bytes, 0 underruns
     0 output errors, 0 collisions, 0 interface resets
      0 unknown protocol drops
     0 output buffer failures, 0 output buffers swapped out
```

6.13 FUNDAMENTOS PARA EL EXAMEN

Este capítulo puede resultar muy extenso, familiarícese primero con la operatividad, la instalación y la configuración inicial del router hasta obtener un manejo fluido. Es imprescindible su dominio. Si no dispone de dispositivos reales puede utilizar simuladores.

- ⚑ Recuerde los componentes principales del router, sus funciones e importancia dentro de su arquitectura.

- ⚑ Estudie y relacione los estándares de WAN con el router.

- ⚑ Memorice los parámetros de configuración del emulador de consola para ingresar por primera vez al router.

- ⚑ Analice los pasos de arranque del router, estudie la secuencia y para qué sirve cada uno de los pasos.

- ⚑ Familiarícese con todos los comandos básicos del router, tenga en cuenta que le servirán para el resto de las configuraciones más adelante.

- ⚑ Recuerde los comandos show más usados, habitúese a su utilización para detectar y visualizar incidencias o configuraciones.

- ⚑ Estudie y analice las propiedades de las distintas interfaces que puede contener el router, recuerde los pasos a seguir en el proceso de configuración de cada una de ellas.

- ⚑ Recuerde los comandos necesarios para efectuar copias de seguridad, los requisitos mínimos y los pasos para cargar desde diferentes fuentes. Tenga en cuenta las diferencias entre startup-config y running-config.

- ⚑ Memorice como se compone el nombre del Cisco IOS y como se obtienen las licencias para su utilización.

- ⚑ Tenga en cuenta la importancia del comando show version y los diferentes valores que puede tomar el registro de configuración.

- ⚑ Recuerde los pasos en el proceso de recuperación de contraseñas y para qué sirve cada uno de ellos. Tenga una idea clara de cuáles son los registros de configuración antes y después de la recuperación.

- ⚑ Recuerde la función y comandos del CDP, qué muestran y para qué se utilizan.

- ⚑ Compare y tenga en cuenta las diferencias entre LLDP y CDP

▶ Configure una topología con DHCP, observe los resultados y analícelos.

▶ Ejercite todas las configuraciones en dispositivos reales o en simuladores.

▶ Ejecute pruebas de conectividad con los comandos **ping** y **traceroute**, saque conclusiones.

▶ Analice la funcionalidad de los protocolos de redundancia.

▶ Estudie los casos donde los FHRP pueden dar fallos.

▶ Ejercite las configuraciones en dispositivos reales o en simuladores.

7

REDES WLAN

7.1 CONCEPTOS BÁSICOS

Una red Ethernet tradicional está definida en los estándares IEEE 802.3. Cada conexión tiene que operar bajo unas condiciones controladas, especialmente en lo que se refiere al enlace físico. Tanto el estado, la velocidad y el modo de **Duplex** deben operar tal como lo describe el estándar. Las **WLAN** (*Wireless LAN*) son redes inalámbricas constituidas de una manera similar, pero definidas en el estándar IEEE 802.11. Los dispositivos Ethernet cableados tienen que recibir y transmitir tramas Ethernet acordes al protocolo **CSMA/CD** (*Carrier Sense Multiple Access/Collision Detect*) en un segmento de red compartido donde los hosts se comunican de modo Half Duplex: cada host puede hablar libremente y posteriormente escuchar si hay colisiones con otros dispositivos que también están intentando hablar. El proceso completo de detectar colisiones en conexiones cableadas de una longitud máxima funciona también cuando la trama viaja desde un origen a un destino antes de llegar al extremo final.

Los enlaces Ethernet Full Duplex o conmutados no sufren colisiones ni compiten por el uso del ancho de banda, aunque siguen las mismas normas que Half Duplex. Aunque las redes inalámbricas se basan en el mismo mecanismo, el medio wireless es más difícil de controlar.

Cuando un PC comparte un segmento de red, lo hace con un número conocido de host; cuando el mismo PC utiliza una red wireless utiliza la atmósfera como medio en la capa de acceso, al igual que otros usuarios que son libres de utilizarla.

Una **WLAN** (*Wireless LAN*) utiliza un medio compartido donde un número indeterminado de host puede competir por el medio en cualquier momento. Las colisiones son un hecho constante en una WLAN porque funciona en modo Half Duplex y siempre dentro de la misma frecuencia. Sólo una estación puede transmitir en un determinado momento de tiempo.

Para lograr el modo Full Duplex todas las estaciones que transmiten y las que reciben deberían hacerlo en frecuencias diferentes. Operación no permitida en IEEE 802.11. Las tramas ACK sirven como un medio rudimentario para la detección de colisiones, pero no logra prevenirlas. El estándar IEEE 802.11 utiliza un método preventivo llamado **CSMA/CA** (*Carrier Sense Multiple Access Collision Avoidance*). Mientras que las redes cableadas detectan las colisiones, las redes inalámbricas intentan evitarlas. Todas las estaciones deben escuchar antes de poder transmitir una trama. Cuando una estación necesita enviar una trama pueden cumplirse estas dos condiciones:

- **Ningún otro dispositivo está transmitiendo**. La estación puede transmitir su trama de inmediato. La estación receptora debe enviar una trama ACK para confirmar que la trama original llegó bien y libre de colisiones.

- **Otro dispositivo está en ese momento transmitiendo una trama**. La estación tiene que esperar hasta que la trama en progreso se haya completado. La estación espera un período aleatorio de tiempo para transmitir su propia trama.

7.1.1 Topologías WLAN

Una red wireless básica no comprende ningún tipo de organización; un PC con capacidad wireless puede conectarse en cualquier parte y en cualquier momento. Naturalmente debe existir algo más que permita enviar o recibir sobre el medio inalámbrico antes de que el PC pueda comunicarse. En la terminología 802.11 un grupo de dispositivos wireless se llama **SSID** (*Service Set Identifier*), que es una cadena de texto incluida en cada trama que se envía. Si hay coincidencia entre receptor y emisor se produce el intercambio. El PC se convierte en cliente de la red wireless y para esto debe poseer un adaptador inalámbrico y un software que interactúen con los protocolos wireless. El estándar 802.11 permite que dos clientes wireless se comuniquen entre sí sin necesidad de otros medios de red, conocido como red *ad-hoc* o **IBSS** (*Independent Basic Service Set*). Como muestra la siguiente figura:

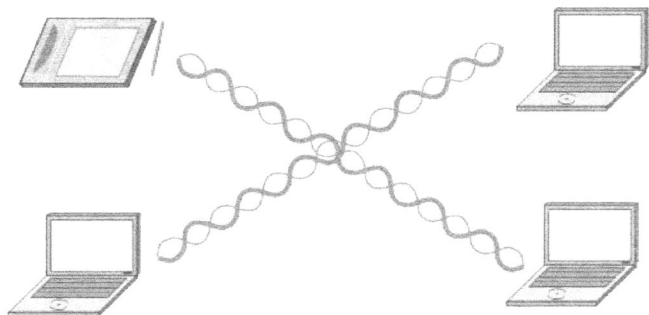

No existe control incorporado sobre la cantidad de dispositivos que pueden transmitir y recibir tramas sobre un medio wireless. También dependerá de la posibilidad de que agentes externos permitan transmitir a otras estaciones sin dificultad, lo que hace que proporcionar un medio adecuado wireless sea difícil.

BSS (*Basic Service Set*) centraliza el acceso y controla sobre el grupo de dispositivos inalámbricos utilizando un **AP** (*Access Point*) como un concentrador de la red. Cualquier cliente wireless intentando usar la red tiene que completar una condición de membresía con el AP. El AP o punto de acceso lleva a cabo ciertas consideraciones antes de permitir transmitir a la estación:

- EL **SSID** debe concordar.
- Una tasa de transferencia de datos compatible.
- Las mismas credenciales de autenticación.

La membresía con el AP se llama asociación, el cliente debe enviar un mensaje de petición de asociación. El AP utiliza un identificador **BSS** único llamado **BSSID** que se basa en la propia dirección MAC de radio del AP. El AP permite o deniega la asociación enviando un mensaje de respuesta de asociación. Una vez asociadas todas las comunicaciones desde y hacia el cliente pasarán por el AP. Los clientes ahora no pueden comunicarse directamente con otros sin la intervención del AP.

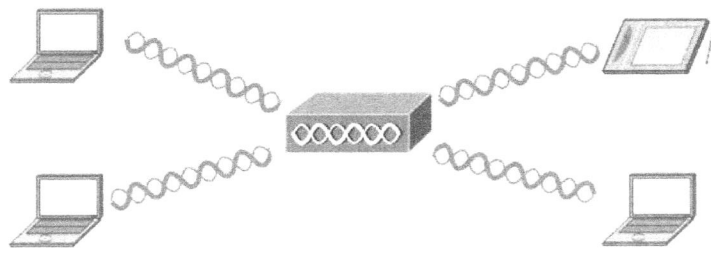

Un AP puede funcionar como un sistema autónomo y a su vez ser un punto de conexión hacia una red Ethernet tradicional porque dispone de capacidad inalámbrica y de cableado. Los AP situados en sitios diferentes pueden estar conectados entre ellos con una infraestructura de switching. Esta topología recibe el nombre en el estándar 802.11 **ESS** (*Extended Service Set*).

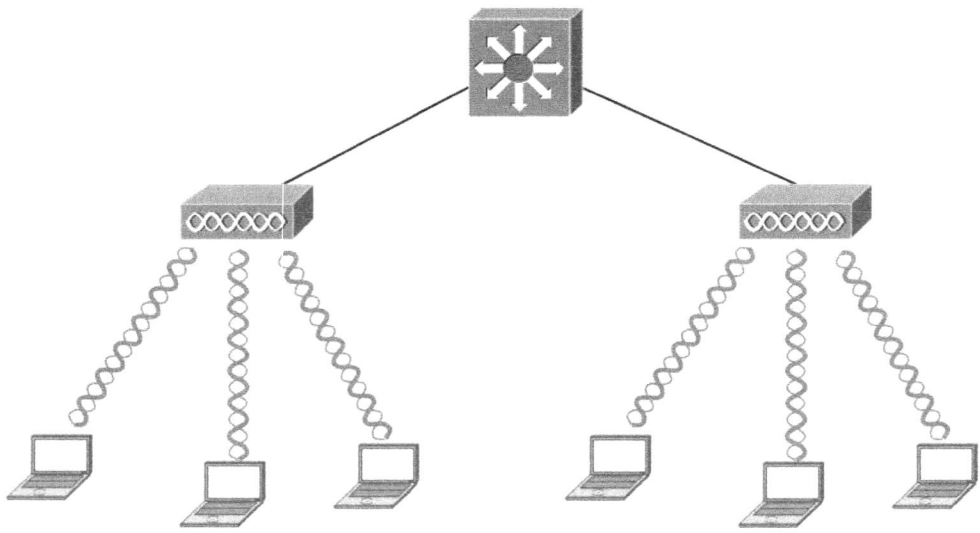

En ESS un cliente puede asociarse con un AP, pero si el cliente se mueve a una localización diferente puede intercambiarse con otro AP más cercano.

7.1.2 Funcionamiento de un AP

La función primaria del AP es puentear datos wireless del aire hasta una red tradicional cableada o hacia otra red inalámbrica a través un **WGB** (*Workgroup Bridge*) o ambas conexiones a la vez. Un AP puede soportar múltiples SSID y aceptar conexiones de un número de clientes wireless de tal manera que éstos se convierten en miembros de la LAN como si fueran conexiones cableadas.

Un AP también puede actuar como un bridge formando un enlace inalámbrico desde una LAN hacia otra en largas distancias. Los enlaces entre los AP son utilizados normalmente para conectividad entre edificios.

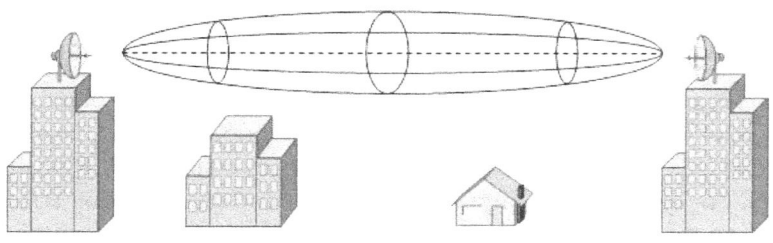

Los AP conectados con antenas direccionales pueden brindar conectividad en grardes distancias

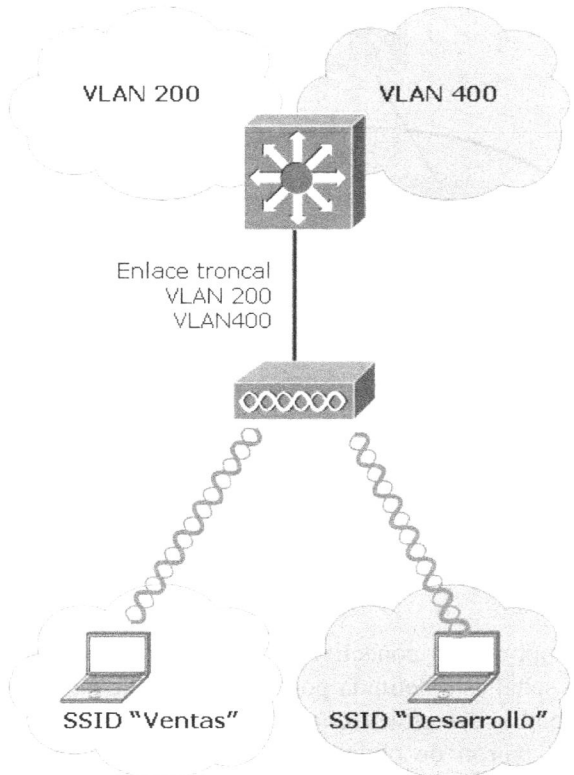

Los AP actúan como un punto central controlando el acceso de los clientes a la red LAN. Cualquier intento de acceso a la WLAN debe establecer inicialmente conexión con el AP, quien permitirá un acceso abierto o restringido según las credenciales de autenticación. Los clientes deben efectuar un saludo de dos vías antes de asociarse. El AP puede solicitar más condiciones antes de la asociación, y antes de permitir el acceso al cliente, como credenciales específicas o volumen de datos.

El AP puede compararse con un mecanismo de traducción donde las tramas de un medio son enviadas a otro en capa 2; también asocia el SSID a una o múltiples VLAN.

Cuando la capacidad del enlace inalámbrico no está presente en algún dispositivo, pero sí es posible conectar el dispositivo a una conexión Ethernet, puede utilizarse un tipo de adaptador **WGB** (*Workgroup Bridge*) para conectar el dispositivo a una red WLAN. Por ejemplo, una impresora que solo tiene una conexión RJ45 el WGB actúa como un adaptador de red inalámbrico externo para ese dispositivo que no tiene ninguno.

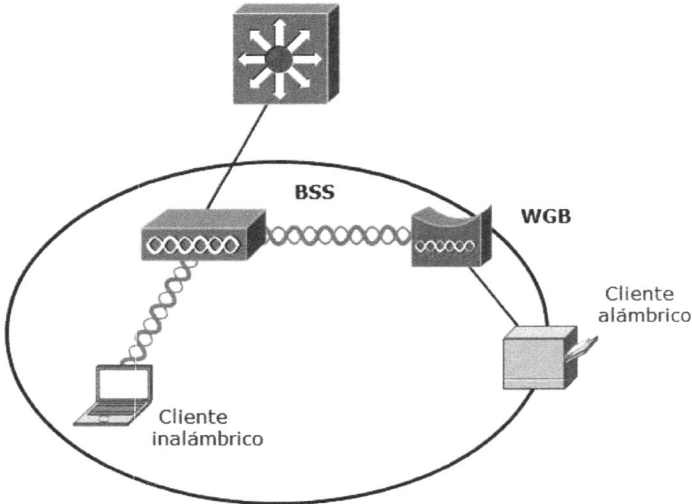

7.1.3 Celdas WLAN

Un AP puede proporcionar conectividad WLAN solamente a los clientes dentro de su cobertura, la señal está definida por la emisión que pueda tener la antena. En un espacio abierto podría describirse como una forma circular alrededor de la antena omnidireccional. El patrón de ondas emitidas tiene tres dimensiones, afectando también a los pisos superiores e inferiores de un edificio.

La ubicación de los AP tiene que estar cuidadosamente planificada para proporcionar cobertura en toda el área necesaria. El hecho de que los clientes sean móviles hace que la cobertura de los AP sea diferente a lo que se espera debido a los objetos que puedan interponerse entre ellos y las antenas.

El área de cobertura del AP se denomina celda. Los clientes dentro de una celda pueden asociarse con el AP y utilizar libremente la WLAN.

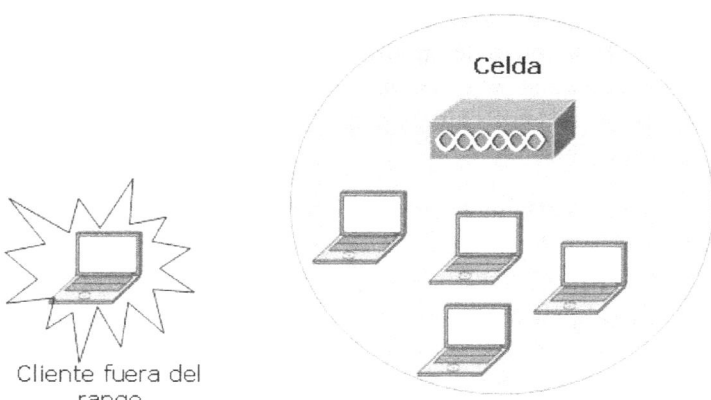

La celda está limitando la capacidad de operación de los clientes a su radio de cobertura. Para expandir el área total de la cobertura WLAN pueden sumarse más celdas en zonas cercanas simplemente distribuyendo los AP en dichas zonas basándose en estándar 802.11 **ESS** (*Extended Service Set*). La idea es que la suma de las celdas pueda cubrir cada una de las áreas donde un cliente esté localizado.

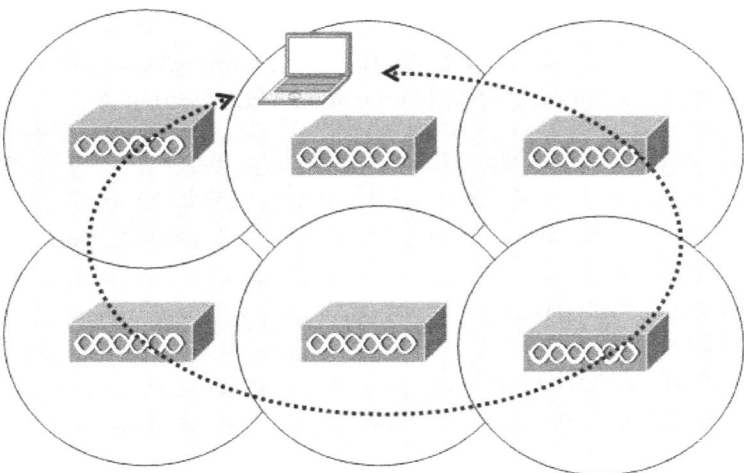

Los clientes pueden moverse desde una celda AP a otra y sus asociaciones se van pasando de un AP a otro, mecanismo llamado **roaming**. Los datos que se están confiando en un AP una vez que el cliente se mueve de celda deben ser confiados por el nuevo AP. Esto minimiza la posibilidad de pérdidas de datos durante el proceso de roaming.

Un buen diseño de una red WLAN intenta aprovechar al máximo la cobertura de un AP minimizando la cantidad de puntos de acceso necesarios para cubrir una zona determinada reduciendo a su vez el coste de la instalación. También es importante recordar que el medio es Half Duplex y que a mayor cantidad de usuarios menor ancho de banda disponible.

Para entornos seguros el tamaño de la celda se reduce en **microceldas** o **picoceldas** bajando la potencia del AP.

7.1.4 Radiofrecuencia en WLAN

Las comunicaciones por **RF** (*Radiofrecuencia*) comienzan con una oscilación transmitida desde un dispositivo que será recibida en uno o varios dispositivos. Esta oscilación de la señal se basa en una constante llamada frecuencia. El transmisor y el receptor deben estar en la misma frecuencia para transmitir la misma señal. Tanto la estación trasmisora como la receptora tienen un dispositivo transmisor unido a una antena que permite recibir y transmitir la señal.

Una señal de RF puede ser medida en función de su potencia o energía en unidades de **Watts (W)** o **miliwatt**, que es una milésima parte de un Watt. Por ejemplo, un teléfono móvil puede tener una potencia aproximada de 200 mW y un punto de acceso WLAN entre 1 y 100 mW.

Un rango de frecuencias se llama banda, como el utilizado en estaciones de radio de **AM** (*Amplitud Modulada*) o **FM** (*Frecuencia Modulada*).

Muchas comunicaciones de WLAN ocurren dentro de la banda de 2,4 GHz comprendido en un rango de 2,412 a 2,484 GHz; mientras que otras utilizan una banda de 5 GHz en un rango de 5,150 a 5,825 GHz. La banda de 5 GHz contiene cuatro bandas separadas y distintas:

  ▼ de 5.150 a 5.250 GHz
  ▼ de 5.250 a 5.350 GHz
  ▼ de 5.470 a 5.725 GHz
  ▼ de 5.725 a 5.825 GHz

La señal emitida por una estación wireless se llama portadora (*carrier*) es una señal constante a una determinada frecuencia. Una estación de radio que sólo transmite la portadora no está emitiendo datos de ningún tipo. Para agregar información, el transmisor debe modular la portadora para insertar la información que desea transmitir. Las estaciones receptoras deben revertir el proceso demodulando la portadora para recuperar la información original. Los métodos de modulación pueden ser diferentes según hagan variar la frecuencia o la amplitud de la señal portadora. Las WLAN utilizan unas técnicas de modulación más complejas porque sus volúmenes de datos son mayores que los de audio.

El principio de la modulación WLAN es empaquetar tantos datos como sean posibles dentro de una señal y de esa manera minimizar las posibles pérdidas por interferencias o ruidos. Cuando los datos se pierden deben ser retransmitidos utilizando más recursos.

Aunque el receptor espera encontrar la portadora en una frecuencia fija, la modulación hace que la portadora varíe cada cierto tiempo. Esta variación de la frecuencia de la portadora se llama canal, a la que se hace referencia con un tipo de numeración. Los canales WLAN están definidos en el estándar 802.11.

7.1.5 Estándares WLAN

Todos los estándares WLAN están incluidos en las series IEEE 802.11. Definen la operación de capa 1 y de capa 2, que incluye las frecuencias, los canales wireless, el rendimiento, la seguridad, la movilidad, etc. La frecuencia de las WLAN utiliza una banda que no tiene licencias lo que permite a cualquiera utilizarla sin ningún permiso. Pero existe una regulación que establece reglas sobre qué frecuencias están disponibles y qué potencias se pueden utilizar.

Los estándares IEEE 802.11 están contenidos en la siguiente tabla:

Estándar	2,4GHz	5GHz	Velocidad	Fecha
802.11	Si	No	2 Mbps	1997
802.11b	Si	No	11 Mbps	1999
802.11a	No	Si	54 Mbps	1999
802.11g	Si	No	54 Mbps	2003
802.11n	Si	Si	600 Mbps	2009
802.11ac	No	Si	6.93 Gbps	2003
802.11ax	Si	Si	4x802.11ac	2019

Los clientes inalámbricos y los AP pueden ser compatibles con uno o más estándares, sin embargo, un cliente y un AP solo pueden comunicarse si ambos soportan y aceptan usar el mismo tipo de normativa.

7.1.6 Agencias reguladoras

Las agencias reguladoras desempeñan un papel crucial para garantizar la estabilidad, seguridad y competencia en las comunicaciones inalámbricas. A través de la regulación, se establecen estándares que promueven la compatibilidad, evitan interferencias y aseguran la protección del consumidor. Además, estas agencias facilitan la innovación al proporcionar un marco regulatorio que permite el desarrollo y despliegue de nuevas tecnologías. Algunas de las agencias reguladoras pueden ser:

- **Federal Communications Commission** (FCC)

- **Electrical and Electronics Engineers** (IEEE)

- **European Telecommunications Standard Institute** (ETSI)

- La alianza **Wi-Fi**

- La alianza **Wireless Ethernet Compatibility** (WECA).

- La asociación **WLANA**

7.2 ARQUITECTURA WLAN

Tradicionalmente la arquitectura WLAN se centra en los AP. Cada uno de los AP funciona como un concentrador de su propio BSS dentro de la celda donde los clientes se localizan para obtener la correspondiente asociación con el AP. El tráfico desde y hacia cada cliente debe pasar por el AP.

Cada AP debe ser configurado individualmente, aunque puede darse el caso de que varios utilicen las mismas políticas. Cada AP opera de manera independiente utilizando su propio canal de RF, la asociación con los clientes y la seguridad. En síntesis, cada AP es autónomo. Por este último motivo la gestión de la seguridad en una red wireless puede ser difícil. Cada AP autónomo maneja sus propias políticas de seguridad, no existe un lugar común para monitorizar la seguridad, detección de intrusos, políticas de ancho de banda, etc.

Gestionar las operaciones de RF de varios AP autónomos puede ser también bastante difícil. Cuestiones como las interferencias, la selección de canales, la potencia de salida, cobertura, solapamientos y zonas negras pueden ser partes conflictivas para la configuración de los AP autónomos.

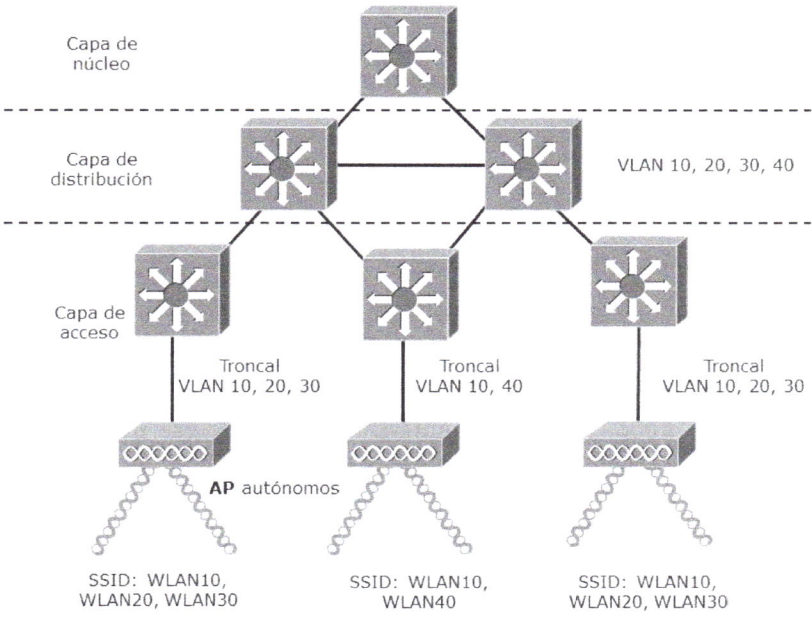

7.2.1 Cisco Wireless Architectures

A medida que la red inalámbrica crece se hace más difícil configurar y administrar cada AP. Cisco ofrece plataformas de gestión como **Cisco Prime Infrastructure** o **Cisco DNA Center** de donde desde una ubicación especifica dentro de la empresa es posible administrar la red wireless.

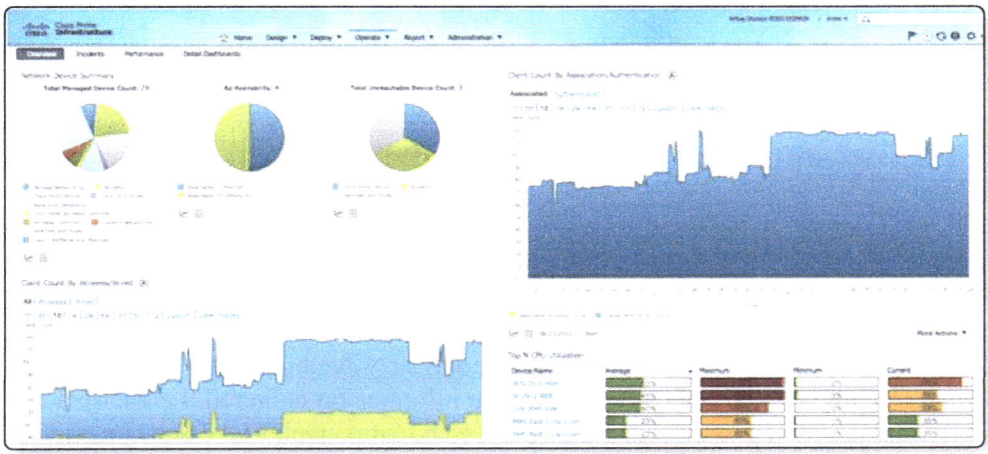

Captura de Pantalla de Cisco Prime Infrastructure

Esta arquitectura **cloud-based AP** envía y almacena toda la gestión de los AP en la nube. Esta arquitectura ofrece las siguientes capacidades centralizadas de tal manera que los dispositivos de la red inalámbrica las reciben independientemente de donde se encuentren:

☞ Seguridad

☞ Desarrollo

☞ Configuración y Administración

☞ Control y monitorización

Los AP **Cisco Meraki** están basados en la nube, una vez que se enciendan y se registren en la nube, se autoconfigurarán. A partir de ese momento se puede administrar el AP desde el panel de control de la nube Meraki.

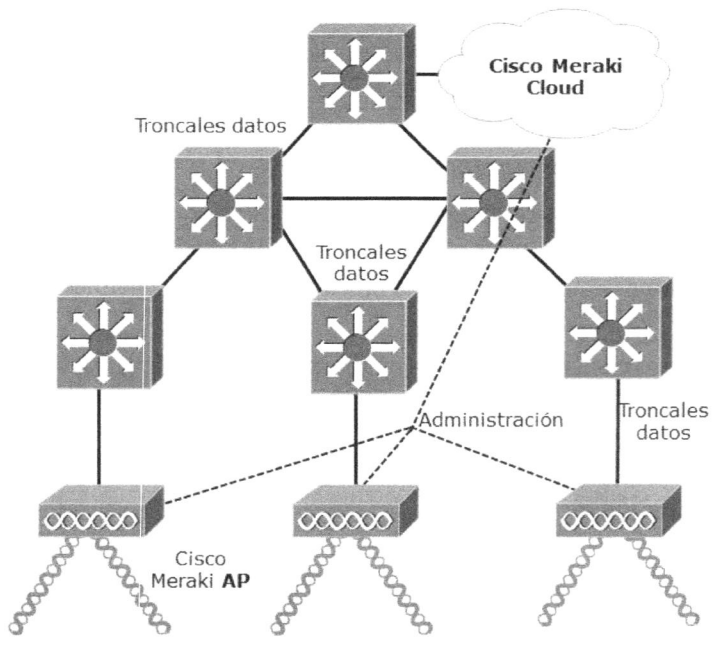

Los procesos de tiempo real involucran enviar y recibir las tramas 802.11, las señales de los AP y los mensajes **probe** con información de la red. La encriptación de los datos también se maneja por paquete y en tiempo real. El AP debe interactuar con los clientes wireless a nivel de capa 2 desde la sub-capa MAC, estas funciones son parte del hardware del AP. Las tareas de gestión no son integrales al manejo de tramas sobre señales RF, de esta forma estas funciones pueden dividirse, facilitando la administración centralizadamente.

Por lo tanto, cuando las funciones del AP se dividen, se puede elegir un AP determinado para llevar la a cabo solamente la operación 802.11 en tiempo real en cuyo caso el AP se llama **LAP** (*Lightweight Access Point*). Los **LAP** reciben su nombre porque realizan menor cantidad de tareas que un AP tradicional autónomo. Mientras que las funciones de gestión se llevan a cabo en el **WLC** (*Wireless LAN Controller*) que es común a varios AP. Las funciones del WLC son la autenticación de usuarios, políticas de seguridad, administración de canales, niveles de potencia de salida, etc.

Esta división de tareas se conoce como arquitectura **split-MAC**, donde las operaciones normales de MAC son separadas en dos ubicaciones distintas, esto ocurre por cada LAP en la red. Cada uno tiene que unirse a sí mismo con un WLC de manera que pueda encender y soportar a los clientes wireless. El WLC se convierte en el concentrador que soporta un número variado de LAP en la red conmutada.

El proceso de asociación del LAP con el WLC se produce a través de un túnel para pasar los mensajes relativos a 802.11 y los datos de los clientes. Los LAP y el WLC pueden estar localizados en la misma subred o VLAN, pero no tiene que ser siempre así. El túnel hace posible el encapsulado de los datos entre ambos AP dentro de nuevos paquetes IP. Los datos tunelizados pueden ser conmutados o enrutados a través de la red del campus según muestra la siguiente figura:

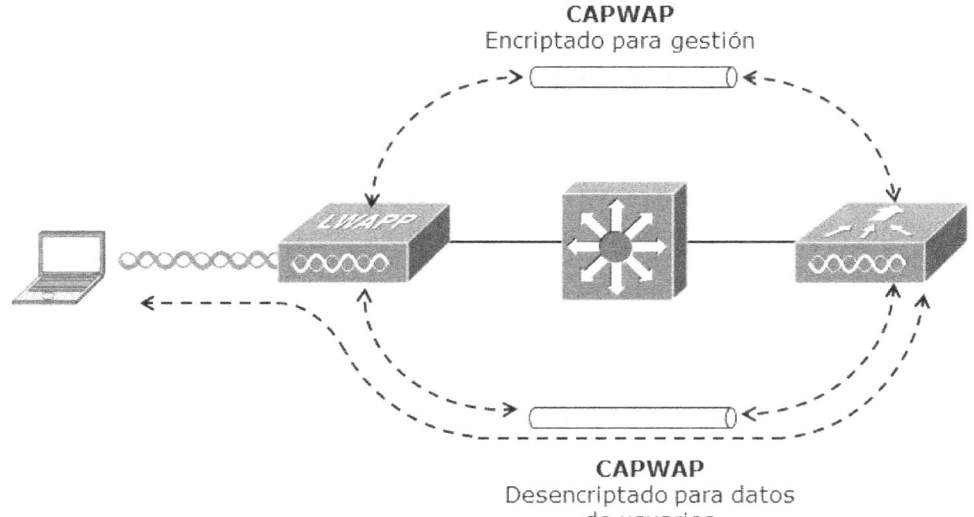

CAPWAP
Encriptado para gestión

CAPWAP
Desencriptado para datos
de usuarios

> **NOTA:**
>
> Los mensajes probe contienen información sobre la red, se envían periódicamente y sirven para anuncia la presencia de una WLAN y para sincronizar a los miembros del conjunto de servicios.

El LAP y el WLC utilizan para intercambiar mensajes a través del túnel el **CAPWAP** (*Control and Provisioning of Wireless Access Points*) y lo hacen de dos modos diferentes:

- **Mensajes de control CAPWAP**, son mensajes utilizados para la configuración del LAP y gestionan la operación. Estos mensajes están autenticados y encriptados de tal manera que el LAP es controlado de manera segura solamente por el WLC.

- **Datos CAPWAP**, los paquetes hacia y desde los clientes wireless son asociados con el LAP. Los datos son encapsulados dentro de LWAPP pero por defecto no están encriptados entre el AP y el WLC. Cuando se habilita la encriptación de los datos en un AP, los paquetes se protegen con el protocolo **DTLS** (*Datagram Transport Layer Security*).

7.2.2 Funciones de los WLC y LAP

Una vez que los túneles CAPWAP se construyen desde el WLC a uno o más LAP, el WLC puede comenzar a ofrecer una cantidad de funciones adicionales:

- **Asignación de canales dinámicos**: el WLC elige la configuración de los canales de RF que usará cada LAP basándose en otros AP activos en el área.

- **Optimización potencia de transmisión**: el WLC configura la potencia de transmisión para cada LAP en función de la cobertura de área necesaria y se ajusta automáticamente de manera periódica.

- **Solución de fallos en la cobertura**: si un LPA deja de funcionar, el hueco que deja la falta de cobertura es solucionado aumentando el poder de transmisión en los LAP que hay alrededor de manera automática.

- **Roaming flexible**: los clientes pueden moverse libremente en capa 2 o en capa 3 con un tiempo de roaming muy rápido.

☞ **Balanceo de carga dinámico**: cuando 2 o más LAP están posicionados para cubrir la misma área geográfica el WLC puede asociar los clientes con el LAP menos usado distribuyendo la carga de clientes entre los LAP.

☞ **Monitorización de RF**: el WLC gestiona cada LAP de manera que pueda buscar los canales y monitorizar el uso de la RF. Escuchando en un canal el WLC puede conseguir información sobre interferencias, ruido, señales de diversos tipos.

☞ **Gestión de la seguridad**: el WLC puede requerir a los clientes wireless que obtengan una dirección IP de un servidor DHCP confiable antes de permitirles su asociación con la WLAN.

Para manejar un gran número de LAP se pueden desplegar varios WLC de manera redundante. La gestión de varios WLC puede requerir un esfuerzo significativo, debido a que el número de AP y clientes para ser monitorizados y gestionados puede ser elevado.

El LAP lleva una configuración muy básica, normalmente está en modo local cuando proporciona BSS y permite que los dispositivos del cliente se asocien a WLAN. Para funcionar en otros modos el AP debe tener una configuración inicial para encontrar un WLC y recibir la configuración completa de tal manera que nunca necesite ser configurado por el puerto de consola. Los siguientes pasos detallan el proceso de inicio que el LAP tiene que completar antes de entrar en actividad:

1. Se obtiene una dirección desde un servidor DHCP.

    • El servidor DHCP debe estar configurado con la opción DHCP 43.
    • Obtenida la IP, el LAP efectúa un broadcast con un mensaje de petición esperando encontrar un WLC en la misma subred. Esta función sólo es posible si existe adyacencia de capa 2.

2. El LAP aprende la dirección IP de los WLC disponibles.

3. Envía una petición de unión al primer WLC que encuentra en la lista de direcciones. Si el primero no responde se intenta con el siguiente. Cuando el WLC acepta al LAP envía una respuesta para hacer efectiva la unión.

4. El WLC compara el código de imagen del LAP con el código que tiene localmente almacenado, el LAP descarga la imagen y se reinicia.

5. El WLC y el LAP construyen un túnel seguro CAPWAP para tráfico de gestión y otro similar no seguro para los datos del cliente.

La mayoría de los AP de Cisco pueden funcionar como autónomos o como LAP, dependiendo de la imagen que tenga cargada. Desde el WLC, también puede configurar un LAP para operar en modos especiales extras, añadiendo más y mejores funcionalidades.

 **RECUERDE:**

CAPWAP está basado en el LWAPP (*Lightweight Access Point Protocol*) y está definido en las RFCs 5415, 5416, 541 y 5418.

7.3 DISEÑO DE WLAN

A partir de un sistema autónomo que puede implementarse en una red hogareña o en una pequeña oficina **SOHO** (*Small Office Home Office*), el diseño puede variar según las necesidades de la empresa o la escalabilidad necesaria.

En entornos de pequeña escala, como ubicaciones de sucursales pequeñas o medianas es posible que no sea necesario el uso de WLC dedicados. En este caso, la función WLC se puede ubicar junto con un AP instalado en el sitio de la sucursal. Esto se conoce como implementación de **WLC Cisco Mobility Express**. Un WLC Mobility Express WLC puede soportar hasta 100 AP.

Para campus pequeños o ubicaciones de sucursales distribuidas, donde el número de AP es relativamente pequeño en cada uno, el WLC puede ubicarse conjuntamente con los switchs instalados en cada sursal., como se muestra en la Figura 27-10. Esto se conoce como una implementación **embedded WLC** porque el WLC está integrado dentro del hardware de conmutación. Esta implementación de Cisco puede soportar hasta 200 AP. Los AP no necesariamente tienen que estar conectados a los switchs que alojan el WLC, pueden estar en otras ubicaciones y unirse al WLC.

Un WLC también puede ubicarse en una posición central en la red, dentro de un centro de datos en una nube privada. Esto se conoce como un despliegue **cloud-based WLC**, donde el WLC existe como una máquina virtual en lugar de un dispositivo físico. Si la plataforma de informática en la nube ya existe, entonces implementar un WLC basado en la nube se vuelve sencillo. Este tipo de controlador puede admitir hasta 3000 AP.

Otro enfoque es instalar el WLC en una ubicación central para que pueda maximizar el número de AP unidos a él. Esto se llama implementación **unificada** o **centralized WLC**, que tiende a seguir el concepto de concentrar todos los recursos que los usuarios necesitan alcanzar en una ubicación central, como un centro de datos o Internet. El tráfico hacia y desde los usuarios inalámbricos viajaría por los túneles CAPWAP. La estabilidad y la implementación de políticas de seguridad aplicables a los usuarios inalámbricos son algunos de los factores más importantes en el diseño unificado. Un WLC centralizado puede soportar un máximo de 6000 AP

El WLC puede conectarse a uno o varios puertos de un switch, ya sea en modo de acceso, troncal o **LAG** (*Link Aggregation Group*). LAG se configura como un mismo grupo lógico como un EtherChannel de modo que los puertos se agrupan para actuar como un enlace más grande. Si falla un puerto individual, el tráfico se redirigirá a los puertos de trabajo restantes. Tome en cuenta que los WLC de Cisco no admiten ningún protocolo de negociación LAG, como LACP o PaGP. Por lo tanto, debe configurar los puertos del switch en modo **on** de manera que los puertos que forman el EtherChannel estén siempre activos.

7.4 SEGURIDAD WLAN

Como concentrador central de **BSS** (*Basic Service Set*) un AP gestiona las WLAN de los clientes dentro de su rango. Todo el tráfico desde y hacia un cliente pasa a través del AP para alcanzar otros clientes en la BSS o clientes cableados localizados en cualquier otro sitio. Los clientes inalámbricos no se pueden comunicar directamente entre sí.

El AP es el dispositivo donde se implementarán varias formas de seguridad, por ejemplo, el control de los miembros WLAN autenticando a los clientes: en caso de un fallo de autenticación no le será permitido el uso de la red wireless. También el AP y sus clientes pueden trabajar juntos para asegurar los datos que fluyen entre ellos.

Cuando un cliente intenta establecer una conexión wireless primero tiene que buscar un AP que sea alcanzable y presentar sus credenciales. El cliente tiene que negociar su admisión y las medidas de seguridad en la siguiente secuencia:

1. Usar un SSID que concuerde con el AP.

2. Autenticarse con el AP.

3. Utilizar un método (opcional) de encriptación de paquetes (privacidad de datos).

4. Utilizar un método (opcional) de autenticación de paquetes (integridad de datos).

5. Construir una asociación con el AP.

En las redes 802.11 los clientes pueden autenticarse con un AP utilizando alguno de los siguientes métodos:

1. **Autenticación abierta**, en este método no utiliza ningún tipo de autenticación, simplemente ofrece un acceso abierto al AP.
2. **Pre-Phared Key** (PSK), se define una clave secreta en el cliente y en el AP. Si la clave concuerda se le concede el acceso al cliente.

El proceso de autenticación en estos dos métodos se termina cuando el AP admite el acceso. El AP posee suficiente información en sí mismo para de manera independiente determinar si el cliente puede o no tener acceso. La autenticación abierta y PSK son considerados métodos antiguos, no escalables y poco seguros. En el caso de la autenticación abierta sólo el SSID es solicitado y aunque hace que la configuración sea extremadamente fácil, no proporciona ningún tipo de medida de seguridad.

7.4.1 WEP

La autenticación compartida (**PSK**) utiliza una clave conocida como **WEP** (*Wireless Equivalence Protocol*) que se guarda en el cliente y en el AP. Cuando un cliente intenta unirse a la WLAN el AP presenta un desafío al cliente quien exhibe su clave WEP para hacer un cómputo y enviar de vuelta la clave y el desafío al AP, si los valores son idénticos el cliente es finalmente autenticado.

La clave WEP también sirve para autenticar cada paquete cuando se envía por la WLAN, sus contenidos son procesados por un mecanismo criptográfico. Cuando los paquetes son recibidos en el otro extremo el contenido se desencripta utilizando la misma clave WEP. Este método de autenticación es, obviamente, más seguro que la autenticación abierta pero aun así tiene su lado negativo:

- No se escala bien porque el uso de una cadena de claves tiene que estar configurada en cada dispositivo.
- No es del todo seguro.
- Las claves permanecen hasta su reconfiguración manual.
- Las claves pueden ser desencriptadas.

7.4.2 Métodos de seguridad EAP

EAP (*Extensible Authentication Protocol*) es el mecanismo básico de seguridad de muchas redes wireless. EAP está definido en la RFC 3748 y fue diseñado para manejar las autenticaciones de usuario vía PPP. Debido a que es extensible permite una variedad de métodos de entornos de seguridad. La RFC 4017 cubre las variantes de EAP que pueden ser utilizadas en WLAN tales como:

▶ **LEAP** (*Lightweight EAP*), desarrollado por Cisco. Se utiliza un servidor RADIUS externo para manejar la autenticación de los clientes.

▶ **EAP-TLS**, definido en la RFC 2716 y utiliza **TLS** (*Transport Layer Security*) para autenticar a los clientes de manera segura. Basado en **SSL** (*Secure Socket Layer*), utilizado para acceder a sesiones Web seguras. Cada AP debe tener un certificado generado por una autoridad certificadora. Cada vez que el cliente intenta autenticarse el servidor crea una clave nueva y será única para cada cliente.

▶ **PEAP** (*Protected EAP o EAP-PEAP*), es similar al EAP-TLS. Requiere un certificado digital sólo en el servidor de autenticación de tal manera que el mismo puede autenticar a los clientes. Cada vez que el cliente intenta autenticarse el servidor crea una clave nueva y será única para cada cliente. Pueden utilizarse cualquiera de estos dos métodos:

  • MS-CHAPv2 (*Microsoft Challenge Handshake Authentication Protocol V2*)

  • GTS (*Generic Token Card*), es un dispositivo de hardware que genera contraseñas de un solo uso para el usuario o una contraseña generada manualmente

▶ **EAP-FAST** (*EAP Flexible Authentication via Secure Tunneling*), es un método de seguridad wireless desarrollado por Cisco. Su nombre indica flexibilidad reduciendo la complejidad de la configuración. No se utilizan certificados digitales. Construye un túnel seguro entre el cliente y el servidor utilizando **PAC** (*Protected Access Credential*) como única credencial para construir el túnel.

7.4.3 WPA

El estándar IEEE 802.11i se centra en resolver los problemas de seguridad en las WLAN, incluso abarca más allá que la autenticación del cliente utilizando claves WEP. **WPA** (*Wi-Fi Protected Access*) utiliza varios de los componentes del estándar 802.11 proporcionando las siguientes medidas de seguridad:

▶ Autenticación de cliente utilizando 802.1x o llave precompartida.

▶ Autenticación mutua entre cliente y servidor.

▶ Privacidad de los datos con **TKIP** (*Temporal Key Integrity Protocol*).

▶ Integridad de los datos utilizando **MIC** (*Message Integrity Check*).

TKIP (*Temporal Key Integrity Protocol*) acentúa la encriptación WEP en hardware dentro de los clientes wireless y el AP. El proceso de encriptación WEP permanece, pero las llaves son generadas más frecuentemente que con los métodos EAP. TKIP genera nuevas llaves por cada paquete. Se crea una llave inicial cuando el cliente se autentica por algún método AEP, la llave se genera con una mezcla de la dirección MAC del transmisor con un número de secuencia. Cada vez que un paquete es enviado la llave WEP se actualiza incrementalmente.

WPA puede utilizar llaves precompartidas para autenticación si no se utilizan servidores de autenticación externos. Para estos casos la llave precompartida se utiliza sólo para la autenticación mutua entre el cliente y el AP. La privacidad de datos y la encriptación no utilizan la llave precompartida. TKIP se encarga de la encriptación de la llave para la posterior encriptación WEP.

El proceso **MIC** (*Message Integrity Check*) se utiliza para generar una huella digital por cada paquete que se envía en la WLAN comparándolo con los contenidos al recibir el paquete. De esta manera se consigue la integridad de los datos para que no puedan modificarse y poder compararlos con la huella enviada. Por cada paquete MIC se genera una llave con un cálculo complejo que solamente pude ser generado en una sola dirección. Para desencriptarlo es necesario conocer la dirección MAC del destino para efectuar los cálculos necesarios.

7.4.4 WPA2

WPA2 (*Wi-Fi Protected Access V2*) está basado en el estándar 802.11i. Se extiende mucho más en las medidas de seguridad que WPA. Para la encriptación de los datos se utiliza **AES-CCMP** (*Advanced Encryption Standard- Counter/CBC-MAC Protocol*) que es un método robusto y escalable adoptado para utilizarlo por muchas organizaciones gubernamentales. Soporta TKIP para la encriptación de los datos y compatibilidad con WPA.

Con WPA o con autenticación EAP un cliente wireless tiene que autenticar al AP que visita, si el cliente se está moviendo de un AP a otro el continuo proceso de autenticación puede llegar a ser tedioso. WPA2 resuelve este problema utilizando **PKC** (*Proactive Key Caching*) donde un cliente se autentica sólo una vez en el primer AP que se encuentra. Si el resto de los AP soportan WPA2 y están configurados como un grupo lógico, la autenticación se pasa automáticamente de un AP a otro.

7.4.5 WPA3

WPA3 nace como reemplazo futuro para WPA2, agregando varios mecanismos de seguridad importantes y superiores que solventan las vulnerabilidades de la versión

2. WPA3 utiliza un cifrado más fuerte con **AES-GCMP** (*Advanced Encryption Standard- Galois/Counter Mode Protocol*). También utiliza **PMF** (*Protected Management Frames*) para evitar actividades maliciosas que puedan suplantar o alterar la operación entre AP y los clientes de un BSS. La clave no se envía, y el intercambio es tal que un observador que capture los paquetes enviados no puede averiguar ni la clave original ni la clave maestra generada.

WPA3 puede utilizarse en dos modos diferentes:

▶ **WPA3-personal**, utiliza el mismo mecanismo de llave compartida que WPA, pero añade AES-CCMP

▶ **WPA3-enterprise**, posee niveles de seguridad más elevados para entornos en los que se requiere mayor seguridad (gobierno, aplicaciones militares, etc.). WPA2-Enterprise utiliza la autenticación EAP de WPA, pero añade también AES-CCMP

RECUERDE:

Tipo de autenticación y encriptación	WPA	WPA2	WPA3
Autenticación con Pre-Shared Keys	Sí	Sí	Yes
Autenticación con 802.1x	Sí	Sí	Sí
Encriptación y MIC con TKIP	Sí	No	No
Encriptación y MIC con AES y CCMP	Sí	Sí	No
Encriptación y MIC con AES y GCMP	No	No	Sí

7.4.6 Integración con dispositivos IoT

Un dispositivo **IoT** (*Internet of Things*) que se conecta a una WLAN es un objeto físico que contiene sensores, software y otras tecnologías para interactuar con Internet y otros dispositivos, generalmente de manera inalámbrica a través de redes inalámbricas. Estos dispositivos "inteligentes" pueden recopilar, procesar y transmitir datos, permitiendo la automatización y la comunicación remota.

Un dispositivo IoT es cualquier objeto, como un termostato, una cámara, un sensor o incluso un vehículo, que ha sido equipado con tecnología para conectarse a Internet y comunicarse con otros dispositivos.

Un IoT utiliza el protocolo DPP (*Device Provisioning Protocol*), también conocido como Wi-Fi Easy Connect, es un protocolo de aprovisionamiento de dispositivos que simplifica el proceso de conexión de dispositivos IoT a redes Wi-Fi, especialmente aquellos con interfaces de usuario limitadas. Es un método seguro y estandarizado que facilita la configuración de dispositivos Wi-Fi, como los del hogar inteligente, eliminando la necesidad de ingresar manualmente las credenciales de la red.

7.5 CASO PRÁCTICO

7.5.1 Configuración de una WLAN

La configuración inicial de un AP de Cisco debe realizarse a través de un cable de consola conectado al puerto serie de un PC. Una vez que el AP tiene una dirección IP y está conectado a la red también puede usar Telnet o SSH para conectarse a su CLI a través de la red cableada. Los AP autónomos admiten sesiones de administración basadas en navegador a través de HTTP y HTTPS. Los LAP pueden administrarse desde una sesión de navegador al WLC.

Un puerto de un switch que posee una conexión por cable a un AP puede configurarse en modo acceso o troncal. En el modo troncal, la encapsulación 802.1Q etiqueta cada trama de acuerdo con el número de VLAN del que proviene. El lado inalámbrico de un AP inherentemente conecta las tramas 802.11 al marcarlas con el BSSID de la WLAN a la que pertenecen. Todas las VLAN cableadas configuradas en el WLC pueden asignarse a las WLAN configuradas en el LAP, estas VLAN se transportan a través del túnel CAPWAP entre los dos dispositivos.

Una vez que el WLC tenga una configuración inicial y una dirección IP puede abrir un navegador web en la dirección de administración del WLC con HTTP o HTTPS. La interfaz gráfica de usuario **GUI** (*Graphical User Interface*) proporciona una manera amigable y efectiva de configurar, administrar, monitorizar y solucionar problemas en la red wireless.

Comience la configuración básica en el administrador del sistema, iniciando una sesión de emulación de terminal con las opciones ya conocidas:

- 9600 baudios
- 8 bits de datos
- 1 bit de detención
- Ninguna paridad
- Sin control del flujo de hardware

```
Welcome to the Cisco Wizard Configuration Tool
. . . . . . . . . . . . . . . . . . . . . . . . .
Enter Administrative User Name (24 characters max): admin
Enter Administrative Password (24 characters max): *****
Service Interface IP Address Configuration [none][DHCP]: none
Enable Link Aggregation (LAG) [yes][NO]: No
Management Interface IP Address: 192.168.60.10
Management Interface Netmask: 255.255.255.0
Management Interface Default Router: 192.168.60.1
Management Interface VLAN Identifier (0 = untagged): 10
. . . . . . . . . . . . . . . . . . . . . . . . .
```

Tanto la **GUI** basada en la web como la CLI requieren que los administradores inicien sesión. Los usuarios pueden autenticarse localmente o con un servidor AAA (*Authentication, Authorization, Accounting*), como **TACACS** + o **RADIUS**.

Siguiendo los objetivos del examen de certificación CCNA 200-301 se ha configurado un WLC utilizando la interfaz GUI en un escenario de pruebas, sobre un direccionamiento privado clase C. Las capturas de pantalla muestran los pasos a seguir. Cada paso de configuración se realiza mediante una sesión de navegador web que está conectada a la dirección IP de administración del WLC.

El primer paso es definir una WLAN en el controlador, de esta forma el WLC vinculará los AP a la interfaz correspondiente, los clientes comenzarán entonces a recibir tramas con la información correspondiente a su WLAN y podrán unirse al BSS. Las WLAN pueden estar asociadas a una VLAN, por lo tanto el tráfico de una VLAN hacia otra solo será posible mediante los servicios de un router a través de la infraestructura de la red cableada.

De forma predeterminada, un WLC tiene una configuración mínima, por lo que no se definen WLAN. Antes de crear una nueva WLAN, hay que tener en cuenta las siguientes cuestiones:

Los WLC admiten un máximo de 512 WLAN, pero solo 16 de pueden configurarse activamente en un AP

▼ Será necesario configurar un SSID

▼ Definir una interfaz del controlador y número de VLAN

▼ Tipo de seguridad inalámbrica

▼ Anunciar cada WLAN a los clientes inalámbricos potenciales consume recursos

Seleccione WLAN en la barra de menú superior, para crear una WLAN nueva haga clic en el botón **Go**. En la siguiente pantalla configure el nombre y el SSID en nuestro caso se ha utilizado el mismo nombre para ambos, **Desarrollo005** (estos no tienen por qué ser idénticos).

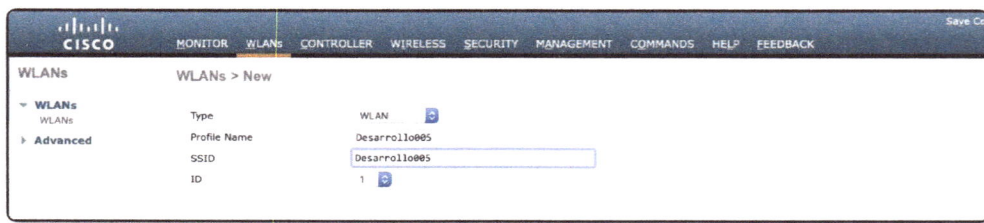

Una vez aplicados los cambios pueden seguir añadiéndose configuraciones tales
como seguridad, QoS, elección de la RF utilizada, también se muestra el estado de
la WLAN y su vinculación con el SSID. Observe que, aunque la página General
muestra una política de seguridad predeterminada para la WLAN la WPA2 con
802.1x, puede realizar cambios a través de la pestaña **Security**.

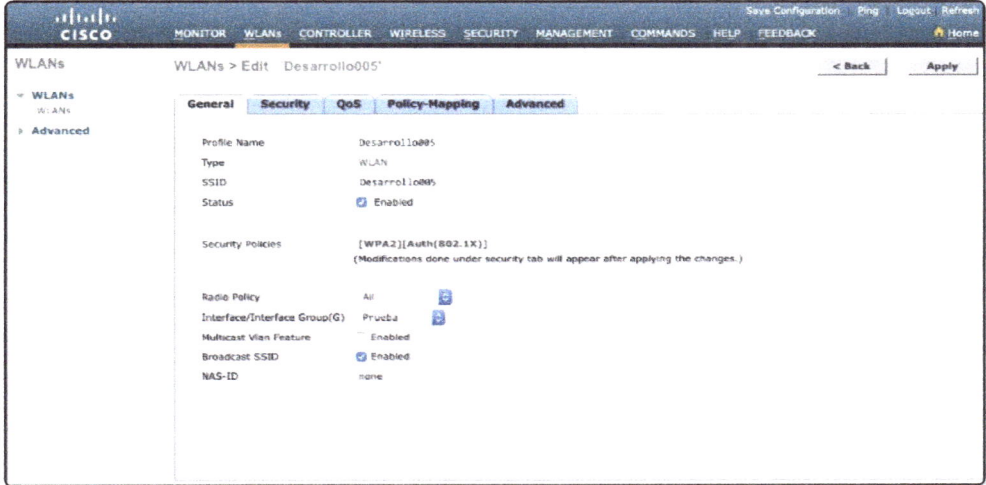

La casilla **Broadcast SSID** permite a los AP transmitir el nombre del SSID
automáticamente. Desmarcar esta casilla para que el nombre del SSID no se difunda
no contribuye en nada sustancial a la seguridad de WLAN.

Defina un servidor RADIUS para comenzar a configurar la seguridad de su nueva WLAN. Si se definen varios servidores, el controlador los probará en orden secuencial. En la captura aparecen dos servidores configurados, 192.168.0.33 y 192.168.0.34.

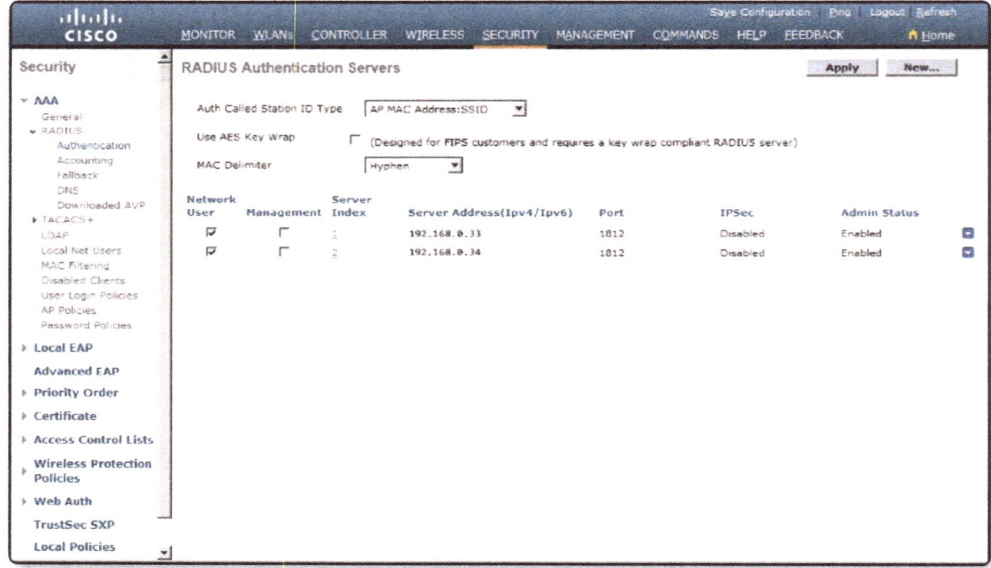

Para añadir un nuevo servidor, ingrese la dirección IP, la clave secreta compartida y el número de puerto, como se muestra la captura siguiente. Como el WLC ya tenía dos servidores RADIUS configurados, el servidor en 192.168.0.35 será por orden el número 3. En **server status** active el servidor para que el controlador pueda comenzar a usarlo.

En la parte inferior de la página, puede seleccionar el tipo de usuario que se autenticará con el servidor:

▼ **Network User**, para autenticar clientes inalámbricos

▼ **Management**, para autenticar administradores inalámbricos

Finalice haciendo clic en **Apply**.

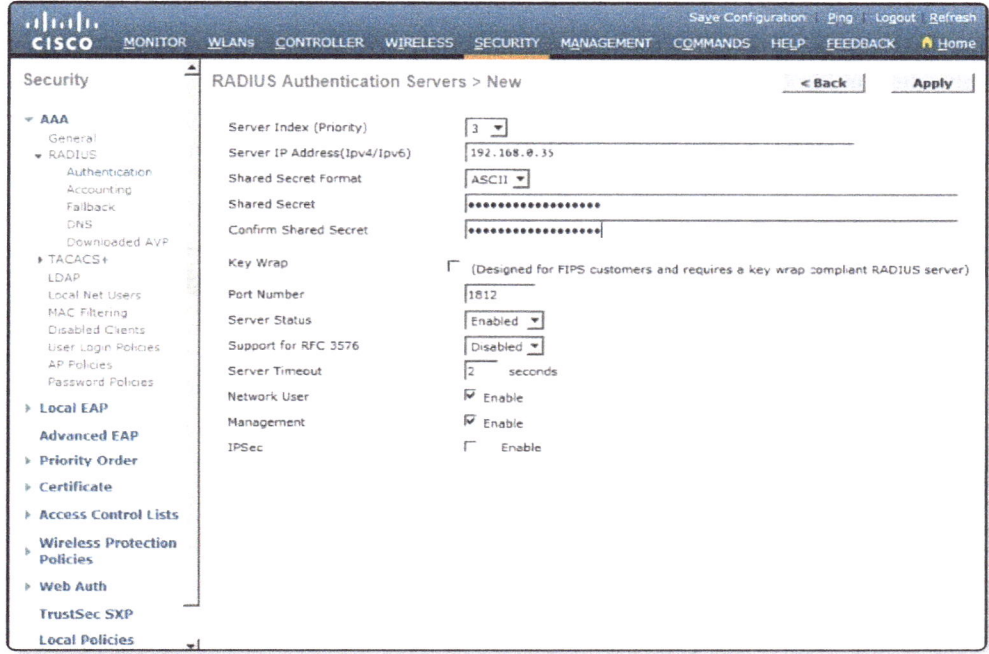

Para crear una nueva interfaz dinámica, acceda a Controlador/ Interfaces, en este caso ya existen dos interfaces llamadas "Administrador" y "Backup". Haga clic en **Nuevo** para definir una nueva interfaz. Ingrese un nombre para dicha interfaz y el número de VLAN al que estará vinculado, en este caso "Prueba" y VLAN10. Finalice con el botón aplicar.

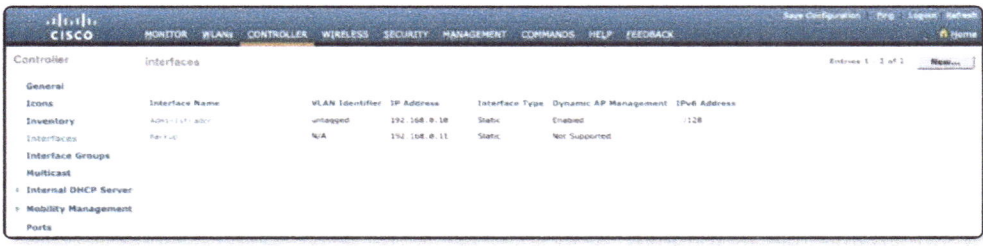

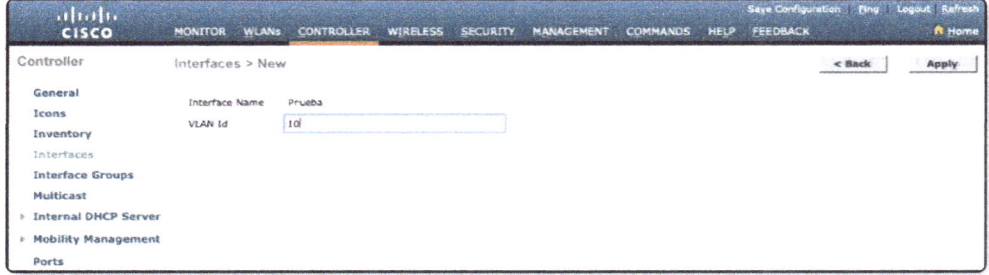

Luego, configure la dirección IP, la máscara y la dirección de la puerta de enlace para la interfaz. En nuestro ejemplo 192.168.0.12 255.255.255.0. También debe definir las direcciones del servidor DHCP primario y secundario que usará el controlador para las solicitudes DHCP de los clientes vinculados a la interfaz, en este caso 192.168.0.101 y 102. Haga clic en el botón Aplicar para completar la configuración de la interfaz y volver a la lista de interfaces.

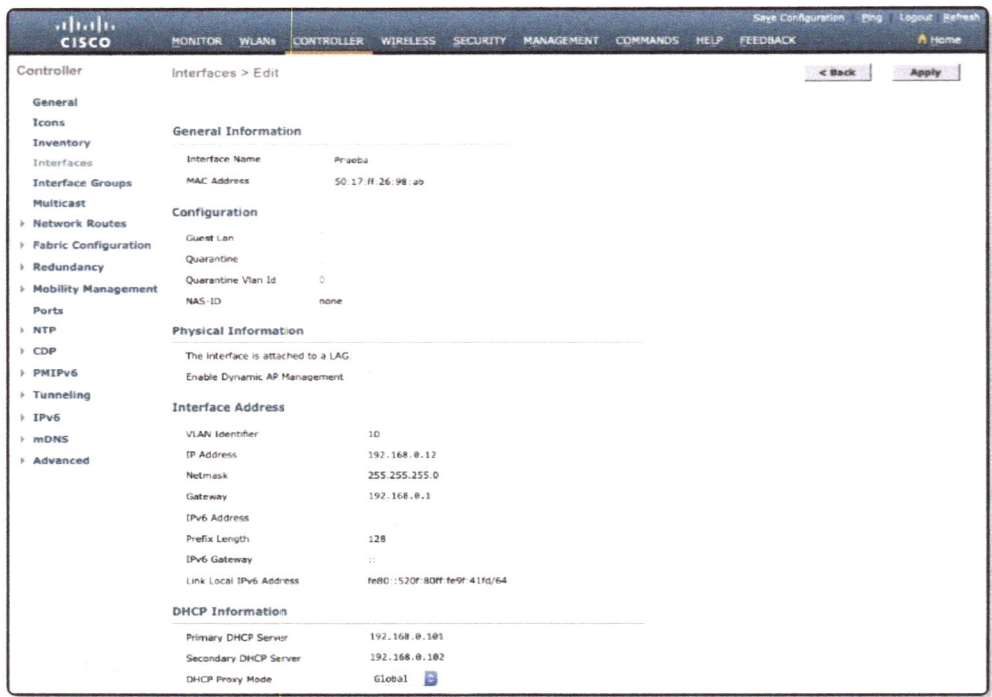

El siguiente paso es configurar los ajustes de la seguridad, desde la pestaña **Security**. Seleccione los ajustes apropiados según las exigencias de la red a nivel de capa 2, salvo que se especifique lo contrario intente configurar las opciones de seguridad más fuertes y fiables.

En la siguiente imagen se ha seleccionado WPA+WPA2 en el menú desplegable y dentro de los parámetros la encriptación WPA2 y AES. En lo que respecta a las claves de autenticación se ha seleccionado PSK. La WLAN **Desarrollo005** solo permitirá autenticación **WPA2-Personal** con clave precompartida **PSK** (*pre-shared key*).

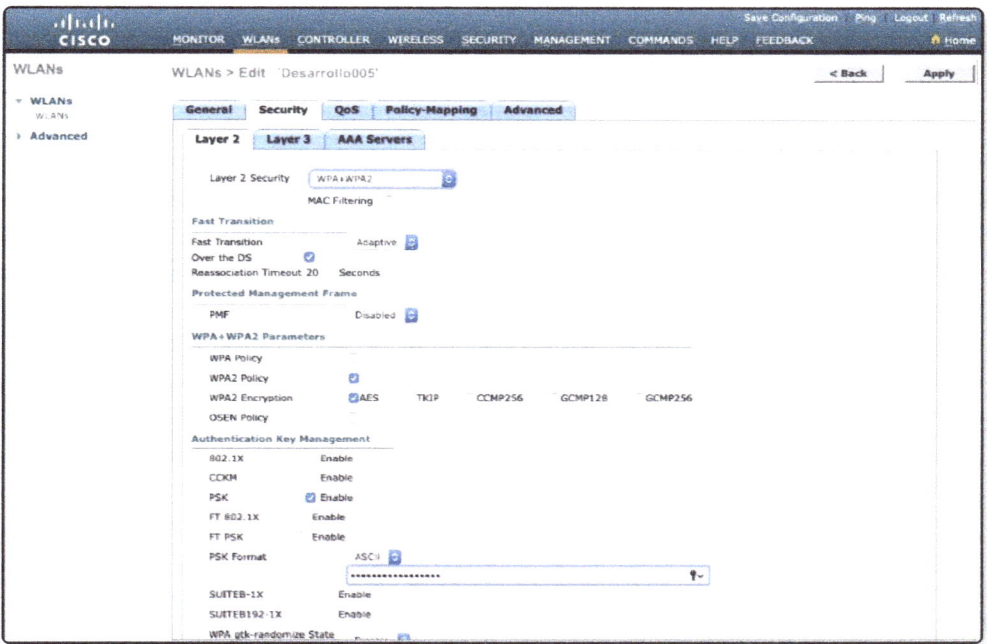

Para usar **WPA2-Enterprise**, marque la opción 802.1X. En ese caso, se usarían 802.1x y EAP para autenticar clientes inalámbricos en uno o más servidores RADIUS. El controlador usaría servidores de la lista que ha definido previamente. Para especificar los servidores que puede usar la WLAN, debe seleccionar la pestaña **Security** y luego la pestaña **AAA Servers**.

Al lado de cada servidor, seleccione una dirección IP específica del servidor en el menú desplegable de servidores definidos globalmente, en este caso 192.168.0.33, 192.168.0.34 y 192.168.0.35 respectivamente. Los servidores se prueban en orden secuencial hasta que uno de ellos responde (puede configurar hasta seis).

Observe las dos capturas siguientes:

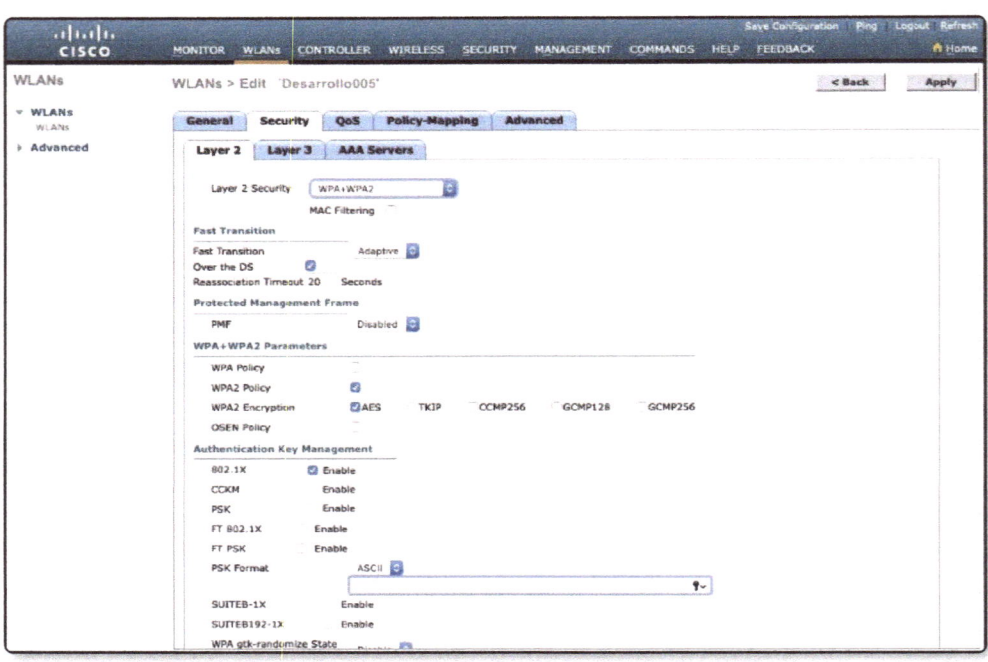

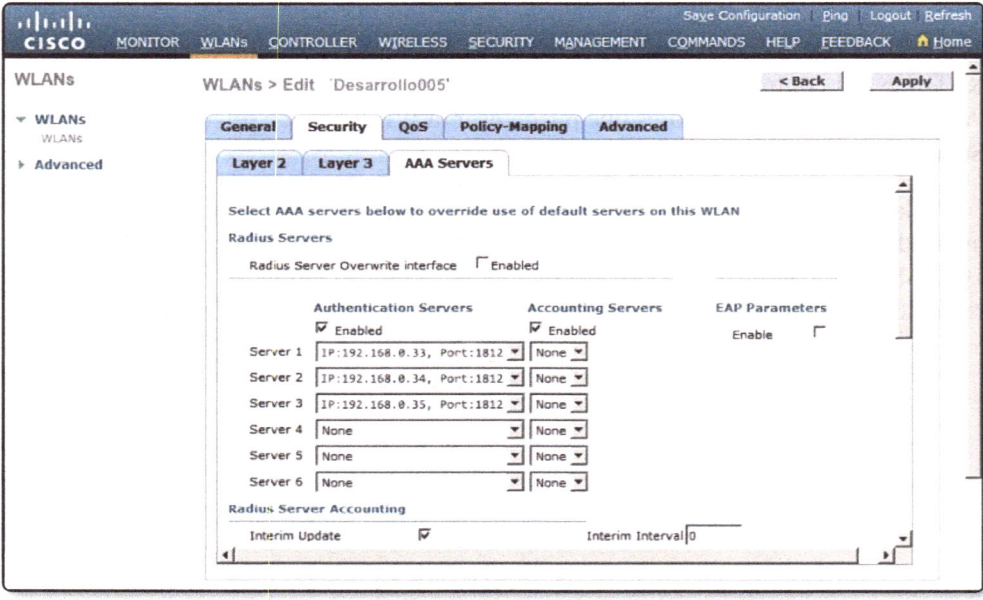

A continuación, siguiendo las exigencias del examen de certificación CCNA, configure la calidad de servicio para la WLAN. Seleccione la pestaña **QoS**, luego en el menú desplegable **Quality of Service QoS** marque la que usted necesite de las siguientes opciones:

- Platinum (voice)
- Gold (video)
- Silver (best effort)
- Bronze (background)

Por defecto, el controlador funciona en best **effort**.

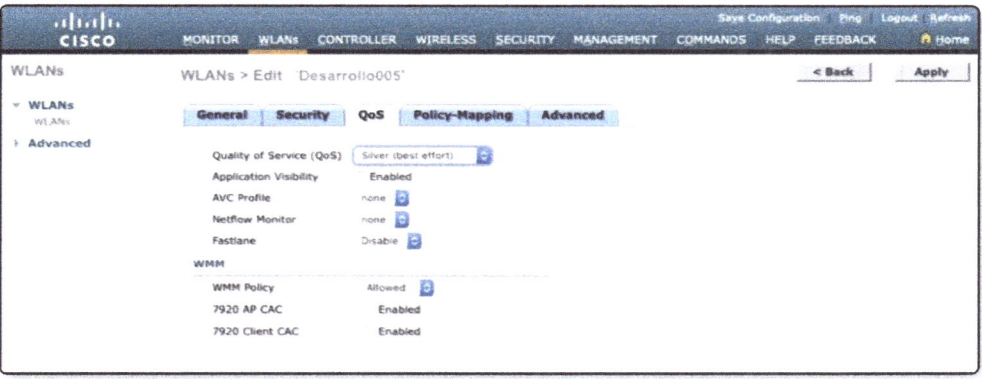

Finalmente, para que la configuración tenga efecto haga clic en el botón **Apply**, se creará la nueva WLAN y se agregará la nueva configuración al WLC.

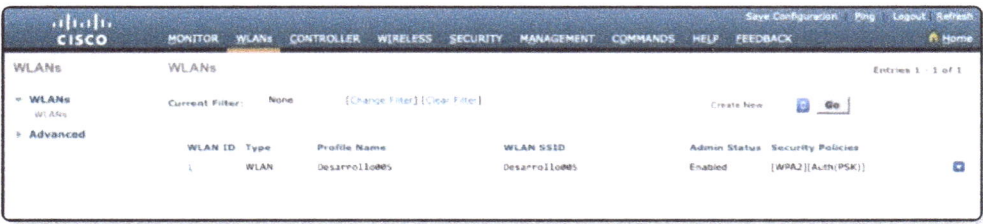

De manera predeterminada, y como medida de seguridad, un controlador no permitirá el tráfico de administración desde una WLAN. Esto significa que no se puede acceder a la GUI o CLI del controlador desde un dispositivo inalámbrico que esté asociado a la WLAN. Sin embargo, siempre se puede acceder a través de sus interfaces cableadas. Este comportamiento se puede modificar globalmente para todas la WLAN, de manera que sea accesible la administración desde cualquier WLAN. Seleccione la pestaña **Management** y luego en la barra lateral **Logs/Mgmt Via Wireless**.

 **NOTA:**

Para este caso práctico se ha tomado como referencia un dispositivo Cisco 5520 WLC

7.6 FUNDAMENTOS PARA EL EXAMEN

▶ Analice el principio del funcionamiento de una WLAN, compárelo con una LAN tradicional y los respectivos métodos para evitar o detectar colisiones.

▶ Recuerde cuales son los dispositivos necesarios para el funcionamiento de una WLAN, tanto en un medio pequeño como en una red empresarial.

▶ Recuerde que es SSID, BSS, BSSID.

▶ Compare el funcionamiento de un AP autónomo y una arquitectura centralizada.

▶ Recuerde los conceptos básicos de radiofrecuencia.

▶ Estudie los estándares WLAN y compárelos.

▶ Recuerde las funciones de los WLC y LAP,

▶ Entienda y analice como construyen los túneles CAPWAP

▶ Estudie los métodos de seguridad, autenticación y encriptación compárelos entre sí.

8

REDES WAN

8.1 REDES DE ÁREA AMPLIA

Una **WAN** (*Wide Area Networks*) define la forma en que los datos se desplazan a través de una zona geográficamente extensa. Las WAN interconectan diferentes LAN utilizando los servicios de un proveedor, que a diferencia del diseño de LAN se hace absolutamente necesario. Las tecnologías de señalización y transporte que utilizan los proveedores de servicios suelen ser transparentes para los usuarios finales y generalmente son tecnologías propietarias. Las operaciones de una WAN se centran principalmente en las capas 1 y 2 del modelo OSI.

8.1.1 Topologías

Una WAN puede utilizar varios tipos de topologías, las siguientes son las más comunes:

▶ Topología **punto-a-punto**: emplea un circuito punto a punto entre dos puntos finales. Típicamente se relaciona con las conexiones de líneas alquiladas dedicadas.

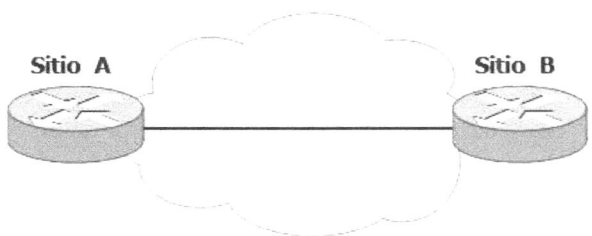

▶ Topología **hub-and-spoke**: se utiliza cuando se necesita una conexión entre múltiples sitios. Una sola interfaz en el hub puede ser compartida por todos los circuitos de remotos.

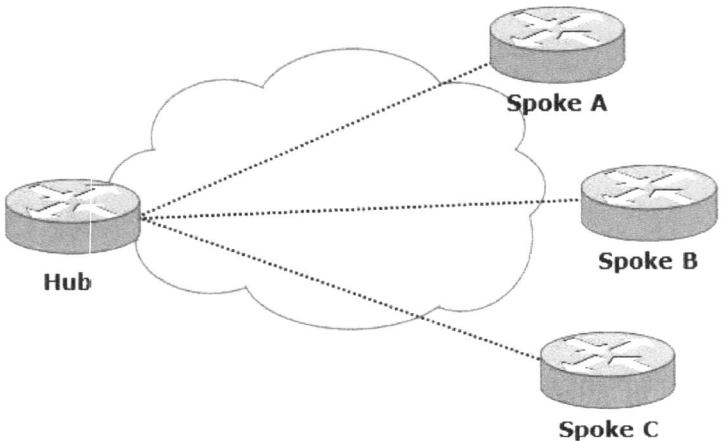

▶ Topología de **malla completa**: cualquier sitio puede comunicarse directamente con cualquier otro sitio. Una desventaja puede ser el gran número de circuitos virtuales que necesitan ser configurados y mantenidos.

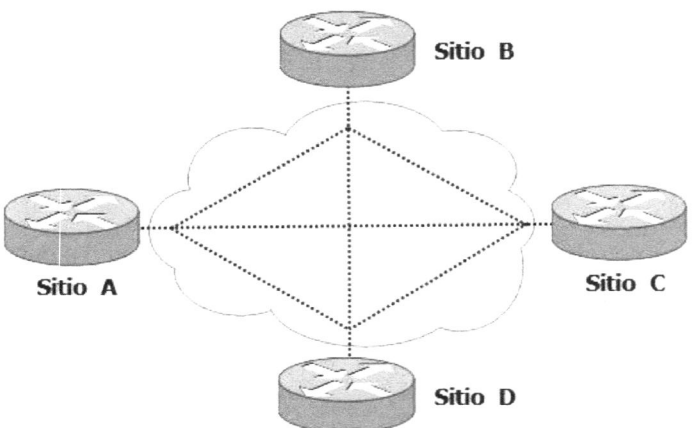

 Topología **dual-homed**: proporciona redundancia, pero es una topología muy costosa.

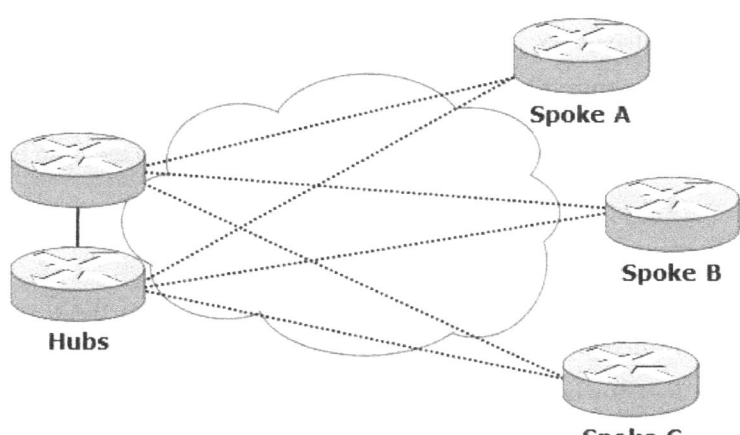

8.1.2 Conectividad

Dentro de una nube WAN generalmente es posible observar varios tipos de conexiones.

 Líneas alquiladas. También denominada conexión punto a punto o línea dedicada. Ofrece una única opción de comunicación por un medio exclusivo para el cliente. Las líneas alquiladas eliminan los problemas de conexión/desconexión de llamada, brindando a su vez mayor privacidad y seguridad. Suelen emplearse en conexiones serie síncronas manteniendo constante la utilización del ancho de banda. Suelen ser las líneas más costosas.

 Circuitos conmutados. Es un método de conmutación donde solo se establece conexión entre el emisor y el receptor únicamente durante el tiempo que dure la transmisión. Las sucesivas conexiones pueden o no utilizar la misma ruta que la anterior.

 Las conexiones de circuito conmutado suelen emplearse para entornos que tengan uso esporádico, enlaces de respaldo o enlaces bajo demanda. Este tipo de servicios también pueden utilizar los servicios de telefonía básicos mediante una conexión asíncrona conectada a un módem. Un ejemplo es el de RDSI.

 Paquetes conmutados. Es un método de conmutación donde los dispositivos comparten un único enlace punto-a-punto o punto-multipunto para transportar paquetes desde un origen hacia un destino a través de una internetwork portadora. Estas redes utilizan circuitos virtuales para ofrecer conectividad, de forma permanente o conmutada (PVC o SVC). El destino es identificado por las cabeceras y el ancho de banda es dedicado, sin embargo, una vez entregada la trama el proveedor puede compartirlo con otros clientes. Un ejemplo es el de Frame-Relay.

▶ **Celdas conmutadas**. Es un método similar al de conmutación de paquetes, solo que en lugar de ser paquetes de longitud variable se utilizan celdas de longitud fija que se transporten sobre circuitos virtuales. Un ejemplo es el de ATM.

8.1.3 Terminología

Los términos y servicios asociados con las tecnologías WAN son cuantiosos, sin embargo, los más utilizados son los siguientes:

▶ **CPE** (*Customer Premises Equipment*): dispositivos ubicados físicamente en el cliente.

▶ **Demarcación**: punto en el que finaliza el CPE y comienza el bucle local.

▶ **Bucle local**: también llamada última milla, es el cableado desde la demarcación hasta la oficina central del proveedor.

▶ **CO**: oficina central donde se encuentra el switch CO, dentro de la red pueden existir varios tipos de CO.

▶ **ISP** (Internet Services Provider): proveedor de servicios o acceso de Internet.

▶ **Telco**: nombre genérico utilizado para designar a una empresa de telecomunicaciones.

▶ **Nube**: grupo de dispositivos y recursos que se encuentran dentro de la de la red de pago.

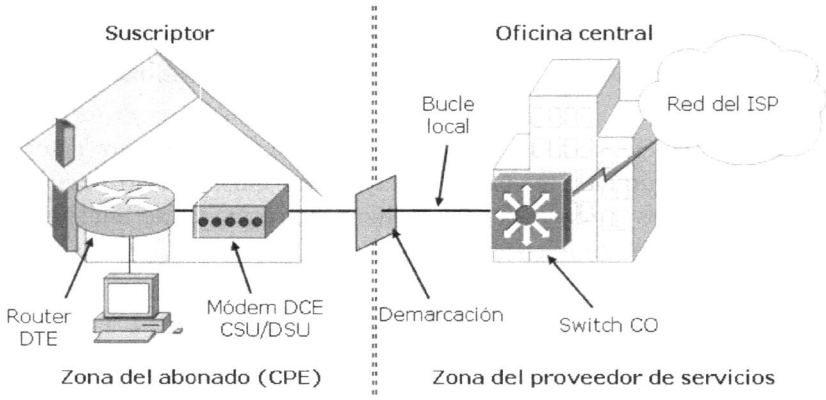

Terminología WAN comúnmente más utilizada

8.1.4 Estándares de capa 1

Los dispositivos WAN soportan los siguientes estándares de capa física:

- EIA/TIA-232.
- EIA/TIA-449.
- V.35.
- X.21.
- EIA-530.
- HSSI.

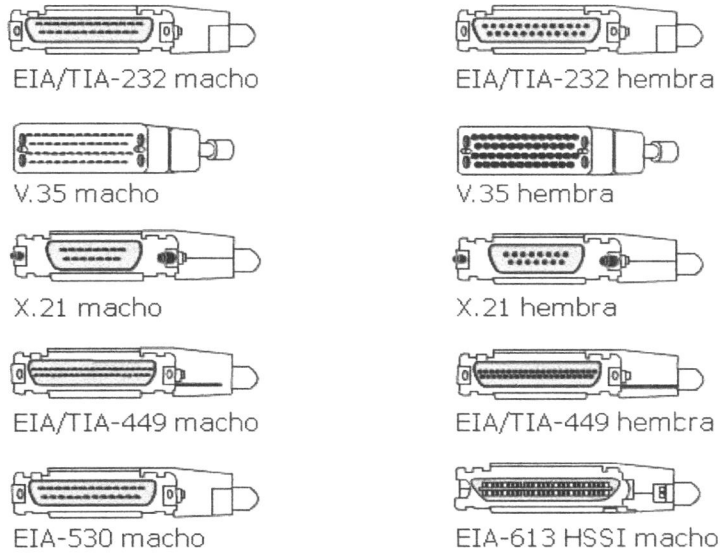

El gráfico ilustra los diferentes tipos de conectores para las interfaces serie

---

**NOTA:**

Las tarjetas WIC (WAN interface Card) utilizan interfaces SmartSerial, lo que reduce notablemente el tamaño de sus antecesoras manteniendo las mismas propiedades.

8.1.5 Estándares de capa 2

Dependiendo de la tecnología WAN utilizada es necesario configurar el tipo de encapsulamiento adecuado.

Entre los tipos de encapsulación WAN se detallan:

- ▼ **HDLC** (*High-Level Data Link Control*): es el tipo de encapsulación por defecto de los routers Cisco, es un protocolo de enlace de datos síncrono propietario.

- ▼ **PPP** (*Point-to-Point Protocol*): es un protocolo estándar que ofrece conexiones de router a router y de host a red. Utiliza enlaces síncronos y asíncronos. Utiliza mecanismos de autenticación como PAP y CHAP.

- ▼ **SLIP** (*Serial Link Internet Protocol*): antecesor de PPP ya casi en desuso.

- ▼ **Frame-Relay**: es un protocolo de enlace de datos conmutado y estándar que maneja varios circuitos virtuales para establecer las conexiones. Posee corrección de errores y control de flujo.

- ▼ **X.25/ LAPB** (Link Access Procedure Balanced): antecesor de Frame-Relay menos fiable que este último.

- ▼ **ATM** (*Asynchonous Transfer Mode*): estándar para la transmisión de celdas de longitud fija. Se utiliza indistintamente para voz, vídeo y datos.

El comando **encapsulation** habilita el encapsulamiento para una interfaz serie.

```
Router(config-if)#encapsulation serial número
```

El comando **show interfaces** muestra el tipo de encapsulación en una interfaz determinada.

```
Router>show interfaces serial 0
Serial 0 is up, line protocol is up
Hardware is MCI Serial
Internet address is 131.108.156.98, subnet mask is
255.255.255.240
MTU 1500 bytes, BW 1544 Kbit, DLY 20000 usec, rely 255/255, load
1/255
Encapsulation HDLC, loopback not set, keepalive set (10 sec)
Last input 0:00:00, output 0:00:00, output hang never
Last clearing of "show interface" counters never
Output queue 0/40, 5762 drops; input queue 0/75, 301 drops
Five minute input rate 9000 bits/sec, 16 packets/sec
Five minute output rate 9000 bits/sec, 17 packets/sec
5780806 packets input,785841604 bytes, 0 no buffer
Received 757 broadcasts, 0 runts, 0 giants
```

8.1.6 Interfaces

Las interfaces seriales WAN responden de forma diferente a las interfaces Ethernet. Es importante poder identificar fallos para resolver posibles incidencias. En muchos casos las interfaces serie tienen errores que no son locales, fallos en las conexiones remotas provocarán caídas inesperadas en dichas interfaces. Los comandos **show interfaces** y **show controllers** brindan soporte logístico para definir errores o conflictos.

```
Router>show interfaces serial 0
Serial 0 is up, line protocol is up
Hardware is MCI Serial
Internet address is 131.108.156.98, subnet mask is
255.255.255.240
MTU 1500 bytes, BW 1544 Kbit, DLY 20000 usec, rely 255/255, load
1/255
Encapsulation HDLC, loopback not set, keepalive set (10 sec)
Last input 0:00:00, output 0:00:00, output hang never
Last clearing of "show interface" counters never
Output queue 0/40, 5762 drops; input queue 0/75, 301 drops
Five minute input rate 9000 bits/sec, 16 packets/sec
Five minute output rate 9000 bits/sec, 17 packets/sec
5780806 packets input,785841604 bytes, 0 no buffer
Received 757 broadcasts, 0 runts, 0 giants
146124 input errors, 87243 CRC, 58857 frame, 0 overrun, 0
ignored, 3 abort
5298821 packets output, 765669598 bytes, 0 underruns
0 output errors, 0 collisions, 2941 interface resets, 0 restarts
2 carrier transitions
Interface status line
```

En la sintaxis anterior se resalta el estado de la interfaz, errores en las tramas, paquetes descartados, etc. Las dos sintaxis que siguen corresponden a un router DCE y un router DTE, observe el detalle del sincronismo y tipo de conexión.

```
RouterDCE# sh controllers serial 0/0
Interface Serial0/0
Hardware is PowerQUICC MPC860
DCE V.35, clock rate 56000
idb at 0x81081AC4, driver data structure at 0x81084AC0
SCC Registers:
General [GSMR]=0x2:0x00000000, Protocol-specific [PSMR]=0x8
Events [SCCE]=0x0000, Mask [SCCM]=0x0000, Status [SCCS]=0x00
Transmit on Demand [TODR]=0x0, Data Sync [DSR]=0x7E7E
Interrupt Registers:
Config [CICR]=0x00367F80, Pending [CIPR]=0x0000C000
```

```
Mask    [CIMR]=0x00200000, In-srv  [CISR]=0x00000000
--More--

RouterDTE#sh controllers serial 0/0
Interface Serial0/0
Hardware is PowerQUICC MPC860
DTE V.35 TX and RX clocks detected
idb at 0x81081AC4, driver data structure at 0x81084AC0
SCC Registers:
General [GSMR]=0x2:0x00000000, Protocol-specific [PSMR]=0x8
Events [SCCE]=0x0000, Mask [SCCM]=0x0000, Status [SCCS]=0x00
Transmit on Demand [TODR]=0x0, Data Sync [DSR]=0x7E7E
Interrupt Registers:
Config [CICR]=0x00367F80, Pending [CIPR]=0x0000C000
Mask    [CIMR]=0x00200000, In-srv  [CISR]=0x00000000
--More--
```

🔔 RECUERDE:

Las interfaces DCE deben tener configurado el clock rate, es decir el sincronismo o velocidad. Una interfaz local DTE puede presentar fallos si la interfaz remota DCE no tiene correctamente configurado el valor del clock rate. Los keepalive deben ser iguales en ambos extremos.

8.2 PPP

PPP (*Point-to-Point Protocol*) es un protocolo WAN de enlace de datos. Se diseñó como un protocolo abierto para trabajar con varios protocolos de capa de red, como IP, IPX y Apple Talk.

Se puede considerar a PPP la versión no propietaria de **HDLC** (*High-Level Data Link Control*), aunque el protocolo subyacente es considerablemente diferente. PPP funciona tanto con encapsulación síncrona como asíncrona porque el protocolo usa un identificador para denotar el inicio o el final de una trama. Dicho indicador se utiliza en las encapsulaciones asíncronas para señalar el inicio o el final de una trama y se usa como una encapsulación síncrona orientada a bit. Dentro de la trama PPP el bit de entramado es el encargado de señalar el comienzo y el fin de la trama PPP. El campo de direccionamiento de la trama PPP es un broadcast debido a que PPP no identifica estaciones individuales.

PPP se basa en el protocolo de control de enlaces **LCP** (*Link Control Protocol*), que establece, configura y pone a prueba las conexiones de enlace de datos que utiliza PPP. El protocolo de control de red **NCP** (*Network Control Protocol*) es un conjunto de protocolos (uno por cada capa de red compatible con PPP) que establece y configura diferentes capas de red para que funcionen a través de PPP. Para IP, IPX y Apple Talk, las designaciones NCP son IPCP, IPXCP y ATALKCP, respectivamente.

PPP provee mecanismos de control de errores y soporta los siguientes tipos de interfaces físicas:

- ▼ Serie síncrona.
- ▼ Serie asíncrona.
- ▼ RDSI.
- ▼ HSSI.

8.2.1 Establecimiento de la conexión

El establecimiento de una sesión PPP tiene tres fases:

1. **Establecimiento del enlace**: en esta fase cada dispositivo PPP envía paquetes LCP para configurar y verificar el enlace de datos.

2. **Autenticación**: fase opcional, una vez establecido el enlace es elegido el método de autenticación. Normalmente los métodos de autenticación son **PAP** y **CHAP**.

3. **Protocolo de capa de red**: en esta fase el router envía paquetes NCP para elegir y configurar uno o más protocolos de capa de red. A partir de esta fase es posible el envío de tráfico a través del enlace.

8.2.2 Autenticación PAP

PAP (*Password Authentication Protocol*) proporciona un método de autenticación simple utilizando un intercambio de señales de dos vías. El proceso de autenticación solo se realiza durante el establecimiento inicial del enlace.

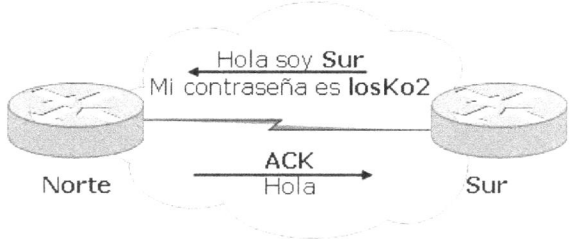

Autenticación simple con PAP

Una vez completada la fase de establecimiento PPP, el nodo remoto envía repetidas veces al router extremo su usuario y contraseña hasta que se acepta la autenticación o se corta la conexión.

 **RECUERDE:**

PAP no es un método de autenticación seguro, las contraseñas se envían en modo abierto y no existe protección contra el registro de las mismas o los ataques externos.

8.2.3 Configuración PPP con PAP

Para activar la encapsulación PPP con autenticación PAP en una interfaz se debe cambiar la encapsulación en dicha interfaz serial, el tipo de autenticación y configurar la dirección IP.

```
Router(config-if)#encapsulation PPP
Router(config-if)#ppp authentication pap
Router(config-if)#ip address dirección máscara
Router(config-if)#no shutdown
```

Defina el nombre de usuario y la contraseña que espera recibir del router remoto.

```
Router(config)#username nombre del remoto password contraseña
```

8.2.4 Autenticación CHAP

CHAP (*Challenge Handshake Authentication Protocol*) es un método de autenticación más seguro que PAP. Se emplea durante el establecimiento del enlace y posteriormente se verifica periódicamente para comprobar la identidad del router remoto utilizando un saludo de tres vías. La contraseña es encriptada utilizando MD5, una vez establecido el enlace el router agrega un mensaje desafío que es verificado por ambos routers, si ambos coinciden, se acepta la autenticación, de lo contrario la conexión se cierra inmediatamente.

Autenticación por desafío con CHAP

RECUERDE:

CHAP ofrece protección contra ataques externos mediante el uso de un valor de desafío variable que es único e indescifrable. Esta repetición de desafíos limita la posibilidad de ataques.

8.2.5 Configuración PPP con CHAP

Defina el nombre de usuario y la contraseña que espera recibir del router remoto

```
Router(config)#username nombre del remoto password contraseña
```

Puede usar el mismo nombre de host en múltiples routers cuando quiera que el router remoto crea que está conectado a un solo router.

Para activar la encapsulación PPP con autenticación CHAP en una interfaz se debe cambiar la encapsulación en dicha interfaz serial, el tipo de autenticación y la dirección IP:

```
Router(config-if)#encapsulation PPP
Router(config-if)#ppp authentication chap
Router(config-if)#ip address IP máscara
Router(config-if)#no shutdown
```

8.2.6 Verificación

▶ **show interfaces**. Muestra el estado de las interfaces con su autenticación.
▶ **debug ppp authentication**. Muestra el proceso de autenticación.

```
Router#show int bri0/0
BRI0 is standby mode, line protocol is down
  Hardware is BRI
  Internet address is 10.1.99.55/24
  MTU 1500 bytes, BW 64 Kbit, DLY 20000 usec,
     reliability 255/255, txload 1/255, rxload 1/255
  Encapsulation PPP, loopback not set
  Last input never, output never, output hang never
  Last clearing of "show interface" counters never
  Input queue: 0/75/0/0 (size/max/drops/flushes); Total output drops: 0
  Queueing strategy: weighted fair
  Output queue: 0/1000/64/0 (size/max total/threshold/drops)
```

```
    Conversations   0/0/16 (active/max active/max total)
    Reserved Conversations 0/0 (allocated/max allocated)
    Available Bandwidth 48 kilobits/sec
  5 minute input rate 0 bits/sec, 0 packets/sec
  5 minute output rate 0 bits/sec, 0 packets/sec
    0 packets input, 0 bytes, 0 no buffer
```

8.3 PPPOE

PPPoE (*Point-to-Point Protocol over Ethernet*) está descrito en la RFC 2516, combina dos estándares ampliamente conocidos como Ethernet y PPP, pudiendo hacer uso de autenticación **PAP** o **CHAP** para añadir seguridad.

Los clientes PPPoE son típicamente ordenadores personales conectados a un ISP a través de una conexión de banda ancha, tales como DSL o cable. El ISP utiliza PPPoE porque es compatible con el acceso de banda ancha de alta velocidad utilizando en su infraestructura de acceso remoto y porque es más fácil de utilizar para los clientes.

PPPoE permite la asignación de direcciones IP autenticadas. En este tipo de aplicación, el cliente y el servidor PPPoE están interconectados mediante los protocolos de capa 2 que se ejecutan sobre un DSL u otra conexión de banda ancha.

Normalmente existen tres métodos de conectar al abonado a la red:

▶ Ubicar un router con capacidades DSL en la casa del abonado. Este router tendrá un módem DSL integrado y un cliente PPPoE. Esta opción evita la necesidad de instalar software PPPoE en los dispositivos del abonado que requieran de conexión. El router proporcionará al abonado DHCP, NAT/PAT y otros servicios como pueden ser DNS.

▶ Ubicar un router sin capacidades DSL en la casa del abonado. Esta opción requiere la instalación adicional de un módem externo en la parte del abonado para terminar la conexión DSL. El router debería tener software PPPoE para proporcionar una conexión constante. Además ejecutará DHCP, NAT/PAT y otros servicios como pueden ser DNS.

▶ Ubicar un módem DSL externo en la casa del abonado. Con esta opción es necesario instalar clientes PPPoE en todos los hosts del abonado que requieran el servicio.

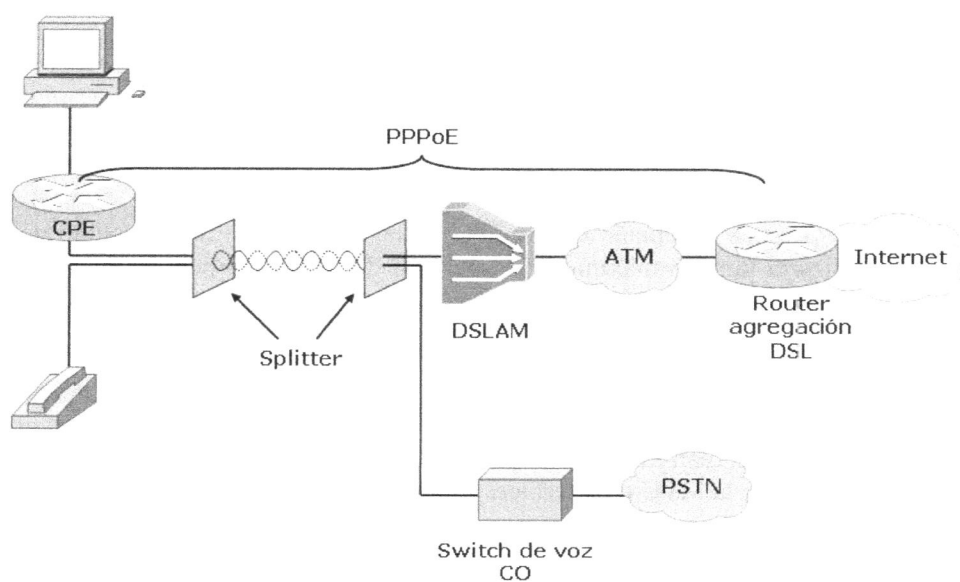

Ejemplo de una conexión PPP sobre ethernet

La capa 1 DSL termina en el DSLAM y quien se encarga de enviar los datos a través del medio existente, ya sea fibra o cobre, hasta la red ATM. Desde el CPE hasta el router de agregación solamente se utilizan las capas 1 y 2 del modelo OSI. Una vez que se negocia la sesión PPP entre CPE y el router de agregación comienza la utilización de la capa 3. El direccionamiento IP que recibe el CPE es asignado por el proveedor usando DHCP. El aprovisionamiento de abonados se realiza por abonado y no por sitio.

Para proporcionar conexiones punto a punto sobre Ethernet cada sesión PPP debe aprender la dirección MAC del par remoto y establecer una sesión única. Esto es realizado por un protocolo incluido en PPPoE que realiza este descubrimiento.

8.3.1 Fases

El proceso de inicialización de PPPoE tiene dos fases adicionales:

▸ **Fase de descubrimiento**. Para iniciar la sesión PPP el CPE debe primero realizar un descubrimiento para identificar la MAC del dispositivo con el que va a establecer la vecindad con el par. El CPE descubre todos los recursos disponibles en el router de agregación y elige uno.

▼ **Fase de sesión PPP**. Una vez que la fase de sesión PPPoE comienza los datos PPP pueden ser transmitidos. Esta transmisión es enteramente unicast entre el CPE y el router de agregación.

8.3.2 Tamaño MTU

Cliente especifica el tamaño de la MTU en la ventana TCP en el saludo de 3 vías. Se utiliza el tamaño máximo de la porción de datos que permite TCP MSS (Maximum Segment Size). Por defecto el tamaño del MSS es de 1460 bytes, cuando la MTU por defecto es de 1500 bytes.

La RFC2516 establece que el tamaño de la carga útil negociada en PPPoE sea de 1492 bytes. La cabecera PPPoE es 6 bytes y hay que sumarle 2 bytes del campo **Protocol-ID**. Si se suman esas 3 cifras se obtiene un valor de 1500 bytes, que es el valor por defecto de la MTU en interfaces Ethernet.

La figura siguiente muestra la estructura de la trama PPPoE:

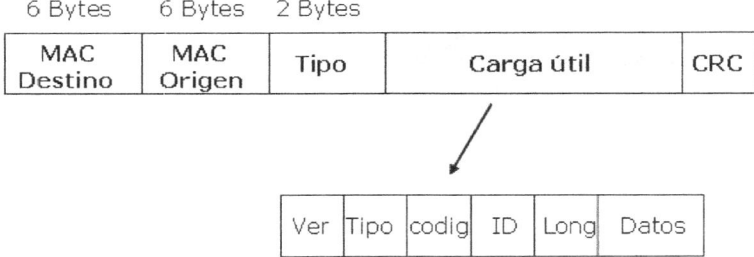

8.3.3 Verificación

Para ver la dirección IP asignada por el **ISP** en la interfaz ejecute el siguiente comando.

```
Router#show ip interface brief

Interface          IP-Address      OK? Method   Status      Protocol

GigabitEthernet0/0 unassigned      YES unset    adm down    down
GigabitEthernet0/1 unassigned      YES unset    up          up
Serial0/0/0        unassigned      YES unset    adm down    down
Serial0/0/1        unassigned      YES unset    adm down    down
Dialer1            10.1.1.2        YES IPCP     up          up
```

El comando **show running-config** muestra la encapsulación y la autenticación. Puede hacerse una búsqueda selectiva utilizando el parámetro **section**.

```
Router#show run | section interface dialer1

interface Dialer1
ip address negotiated
encapsulation ppp
dialer pool 1
dialer-group 1
no cdp enable
ppp authentication pap chap callin
ppp pap sent-username cisco password ccna
ppp chap hostname cisco
ppp chap password ccna
!
ip route 0.0.0.0 0.0.0.0 Dialer1
```

El comando **show interface dialer** muestra entre otros datos la **MTU** y la encapsulación en la interfaz.

```
Router#show interfaces dialer 1
Dialer1 is up, line protocol is up (spoofing)
Hardware is Unknown
Internet address is 212.93.198.1/32
MTU 1500 bytes, BW 56 Kbit, DLY 20000 usec,
reliability 255/255, txload 1/255, rxload 1/255
Encapsulation PPP, loopback not set
DTR is pulsed for 1 seconds on reset
.....................................
```

El proceso de negociación puede verse con el comando **debug**, recuerde siempre terminar el proceso con un **undebug all**.

```
Router#debug ppp negotiation

PPP protocol negotiation debugging is on

Router#
2w3d: Vi1 PPP: No remote authentication for call-out
2w3d: Vi1 PPP: Phase is ESTABLISHING
2w3d: Vi1 LCP: O CONFREQ [Open] id 146 len 10
2w3d: Vi1 LCP: MagicNumber 0x8CCF0E1E (0x05068CCF0E1E)
2w3d: Vi1 LCP: O CONFACK [Open] id 102 Len 15
2w3d: Vi1 LCP: AuthProto CHAP (0x0305C22305)
2w3d: Vi1 LCP: MagicNumber 0xD945AD0A (0x0506D945AD0A)
```

```
2w3d: Di1 IPCP: Remove route to 20.20.2.1
2w3d: Vi1 LCP: I CONFACK [ACKsent] id 146 Len 10
2w3d: Vi1 LCP: MagicNumber 0x8CCF0E1E (0x05068CCF0E1E)
2w3d: Vi1 LCP: State is Open
2w3d: Vi1 PPP: Phase is AUTHENTICATING, by the peer
2w3d: Vi1 CHAP: I CHALLENGE id 79 Len 33 from "6400-2-NRP-2"
2w3d: Vi1 CHAP: O RESPONSE id 79 Len 28 from "John"
2w3d: Vi1 CHAP: I SUCCESS id 79 Len 4
2w3d: Vi1 PPP: Phase is UP
2w3d: Vi1 IPCP: O CONFREQ [Closed] id 7 Len 10
2w3d: Vi1 IPCP: Address 0.0.0.0 (0x030600000000)
2w3d: Vi1 IPCP: I CONFREQ [REQsent] id 4 Len 10
2w3d: Vi1 IPCP: Address 20.20.2.1 (0x030614140201)
2w3d: Vi1 IPCP: O CONFACK [REQsent] id 4 Len 10
2w3d: Vi1 IPCP: Address 20.20.2.1 (0x030614140201)
2w3d: Vi1 IPCP: I CONFNAK [ACKsent] id 7 Len 10
2w3d: Vi1 IPCP: Address 40.1.1.2 (0x030628010102)
2w3d: Vi1 IPCP: O CONFREQ [ACKsent] id 8 Len 10
2w3d: Vi1 IPCP: Address 40.1.1.2 (0x030628010102)
2w3d: Vi1 IPCP: I CONFACK [ACKsent] id 8 Len 10
2w3d: Vi1 IPCP: Address 40.1.1.2 (0x030628010102)
2w3d: Vi1 IPCP: State is Open
2w3d: Di1 IPCP: Install negotiated IP interface address 40.1.1.2
2w3d: Di1 IPCP: Install route to 20.20.2.1
Router#undebug all
```

8.4 MULTILINK PPP

Multilink PPP, se define en el RFC 1990, es una variante del PPP que se utiliza para agregar múltiples enlaces WAN en un solo canal lógico para el transporte de tráfico. Permite el equilibrio de carga de tráfico de diferentes enlaces y permite un cierto nivel de redundancia en de la línea en caso de fallo de un enlace. Proporciona además interoperabilidad entre varios proveedores.

Multilink PPP permite que los paquetes sean fragmentados y que los fragmentos se envíen al mismo tiempo a través de múltiples enlaces punto a punto con la misma dirección remota y que sean re-ensamblados en el destino. Multilink PPP proporciona un ancho de banda bajo demanda y reduce la latencia de transmisión a través de enlaces WAN. Multilink PPP puede trabajar sobre interfaces simples o múltiples síncronas y asíncronas que se han configurado para soportar tanto llamada bajo demanda como encapsulación PPP.

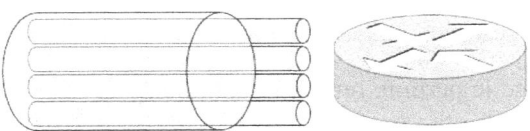

En MLPPP todos los emlaces funcionan como una unidad

Multilink PPP trabaja con interfaces PPP totalmente funcionales. Un grupo Multilink PPP puede tener varios enlaces que conectan los dispositivos pares. Estos enlaces pueden ser enlaces serie o enlaces de banda ancha (Ethernet o ATM). Mientras cada enlace se comporta como una interfaz en serie estándar, todos los enlaces enlazados funcionan como una unidad.

8.4.1 Configuración

El primer paso en la configuración de MLPPP es la configuración de la interfaz.

```
Router(config)# interface multilink-bundle-number
Router(config-if)# ip address ip-address mask
```

Establecer políticas de QoS entrantes y salientes.

```
Router(config-if)# service-policy output policy-map-name
Router(config-if)# service-policy input policy-map-name
```

Especifique un tamaño máximo en unidades de tiempo para fragmentos de paquetes y el intercalado de paquetes.

```
Router(config-if)# ppp multilink fragment
milliseconds[microseconds]
Router(config-if)# ppp multilink interleave
```

La interfaz MLPP debe estar asociada a una interfaz física con encapsulación PPP y habilitado el PPP multilink en dicha interface.

```
Router(config)# interface serial slot/port:timeslot
Router(config-if)# encapsulation ppp
Router(config-if)# ppp multilink
```

Para designar la interfaz a un grupo específico, se utiliza el siguiente comando:

```
Router(config-if)# ppp multilink group-number
```

Cuando se configura el comando **ppp multilink group** en un enlace, el comando aplica las siguientes restricciones en el enlace:

- ▶ El enlace no se le permite unirse a cualquier grupo que no sea la interfaz de grupo indicado.

- ▶ La sesión PPP debe terminarse si el dispositivo par intenta unirse a un grupo diferente.

8.4.2 Verificación

Los comandos **show ppp multilink** y **show interfaces** permiten ver características de la configuración.

```
Router# show ppp multilink
Multilink2, bundle name is 7206-2
  Endpoint discriminator is 7206-2
  Bundle up for 00:00:09, 1/255 load
  Receive buffer limit 12000 bytes, frag timeout 1500 ms
    0/0 fragments/bytes in reassembly list
    0 lost fragments, 0 reordered
    0/0 discarded fragments/bytes, 0 lost received
    0x0 received sequence, 0x3 sent sequence
  Member links:1 active, 1 inactive (max not set, min not set)
    Se3/2, since 00:00:10, 240 weight, 232 frag size
    Se3/3 (inactive)
```

8.5 NAT

NAT (*Network Address Traslation*) permite acceder a Internet traduciendo las direcciones privadas en direcciones IP registradas. Incrementa la seguridad y la privacidad de la red local al traducir el direccionamiento interno a uno externo.

NAT tiene varias formas de trabajar según los requisitos y la flexibilidad de que se disponga, cualquiera de ellas es sumamente importante a la hora de controlar el tráfico hacia el exterior:

- ▶ **Estáticamente**: NAT permite la asignación de una a una entre las direcciones locales y las exteriores o globales.

- ▶ **Dinámicamente**: NAT permite asignar a una red IP interna a varias externas incluidas en un grupo o pool de direcciones.

▼ **PAT** (*Port Address Traslation*): es una forma de NAT dinámica, comúnmente llamada NAT sobrecargado, que asigna varias direcciones IP internas a una sola externa. PAT utiliza números de puertos de origen únicos en la dirección global interna para distinguir entre las diferentes traducciones.

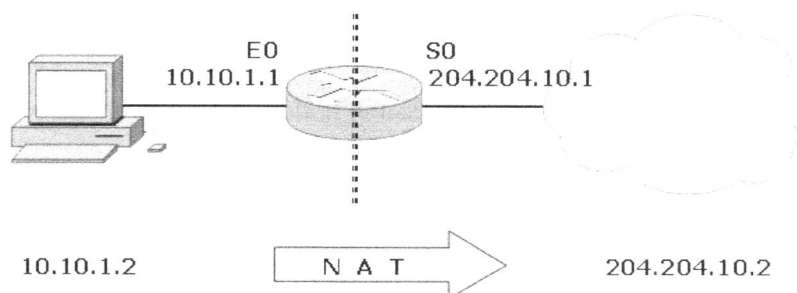

Traducción de una dirección de red estáticamente

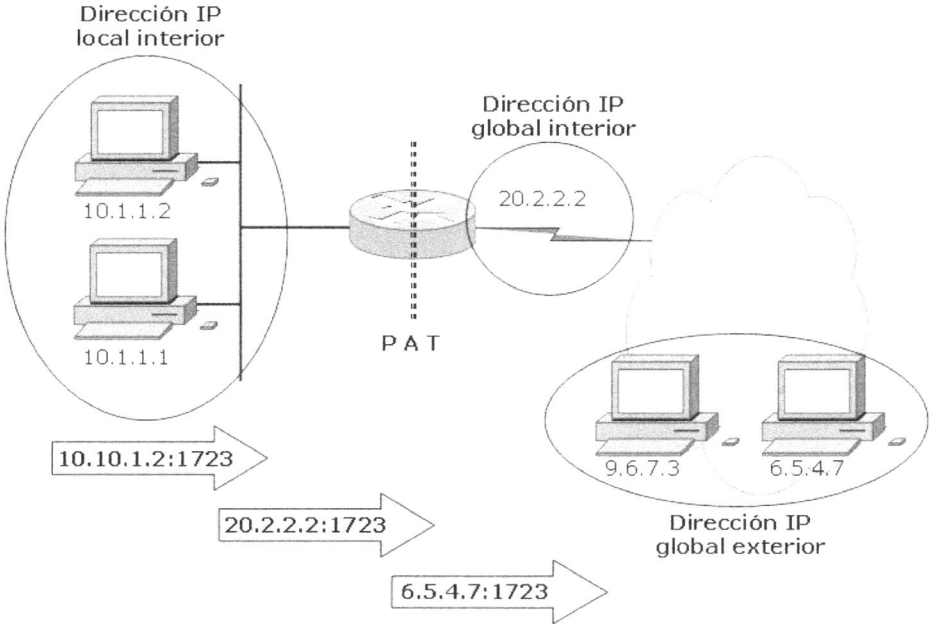

PAT utiliza números de puertos de origen únicos en la dirección global interna para distinguir entre las diferentes traducciones

8.5.1 Terminología NAT

En NAT se utiliza comúnmente la siguiente terminología:

▼ **Dirección local interna**: es la dirección IP asignada a un host de la red interna.

▼ **Dirección global interna**: es la dirección IP asignada por el proveedor de servicio que representa a la dirección local ante el mundo.

▼ **Dirección local externa**: es la dirección IP de un host externo tal como lo ve la red interna.

▼ **Dirección global externa**: es una dirección IP asignada por el propietario a un host de la red externa.

8.5.2 Configuración estática

Para configurar NAT estáticamente utilice el siguiente comando:

```
Router(config)#ip nat inside source static ip-interna ip-global
```

Defina cuáles serán las interfaces de entrada y salida y su correspondiente dirección IP:

```
Router(config)#interface tipo número
Router(config-if)#ip address ip-interna máscara
Router(config-if)#ip nat inside
Router(config-if)#no shutdown
Router(config-if)#exit
Router(config)# interface tipo número
Router(config-if)#ip address ip-global máscara
Router(config-if)#ip nat outside
Router(config-if)#no shutdown
Router(config-if)#exit
```

8.5.3 Configuración dinámica

Para configurar NAT dinámicamente se debe crear un pool de direcciones, para ello utilice el siguiente comando:

```
Router(config)#ip nat pool nombre ip-inicio ip-final netmask máscara
```

Defina una lista de acceso que permita solo a las direcciones que deban traducirse:

```
Router(config)#acces-list 1 permit ip-interna-permitida wildcard
```

Asocie la lista de acceso al pool:

```
Router(config)#ip nat inside source list 1 pool nombre-del-pool
```

Defina las interfaces de entrada y salida:

```
Router(config)#interface tipo número
Router(config-if)#ip address ip-interna máscara
Router(config-if)#ip nat inside
Router(config-if)#no shutdown
Router(config-if)#exit
Router(config)# interface tipo número
Router(config-if)#ip address ip-global máscara
Router(config-if)#ip nat outside
Router(config-if)#no shutdown
Router(config-if)#exit
```

8.5.4 Configuración de PAT

PAT o **NAT sobrecargado** se configura definiendo una lista de acceso que permita solo a las direcciones que deban traducirse:

```
Router(config)#access-list 1 permit ip-interna-permitida wildcard
```

Asocie dicha lista a la interfaz de salida agregando al final el comando **overload**:

```
Router(config)#ip nat inside source list 1 interface tipo número
overload
```

Defina las interfaces de entrada y salida:

```
Router(config)#interface tipo número
Router(config-if)#ip address ip-interna máscara
Router(config-if)#ip nat inside
Router(config-if)#no shutdown
Router(config-if)#exit
Router(config)# interface tipo número
Router(config-if)#ip address ip-global máscara
Router(config-if)#ip nat outside
Router(config-if)#no shutdown
Router(config-if)#exit
```

8.5.5 Verificación

▸ **show ip nat traslations**. Muestra las traslaciones de direcciones IP.
▸ **show ip nat statistics**. Muestra las estadísticas NAT.
▸ **debug ip nat**. Muestra los procesos de traslación de dirección.

```
Router# show ip nat translations

Pro Inside global      Inside local    Outside local  Outside
global

TCP 171.16.233.209     192.168.1.95    ---            ---
UDP 171.16.233.210     192.168.1.89    ---            ---

Router# show ip nat statistics

Total translations: 2 (0 static, 2 dynamic; 0 extended)
Outside interfaces: Serial0
Inside interfaces: Ethernet1
Hits: 135  Misses: 5
Expired translations: 2
Dynamic mappings:
-- Inside Source
access-list 1 pool CCNA refcount 2
 pool CCNA: netmask 255.255.255.240
    start 172.16.233.208 end 172.16.233.221
    type generic, total addresses 14, allocated 2 (14%), misses 0
```

8.6 VPN

Una **VPN** (*Virtual Private Networks*) se utiliza principalmente para conectar dos redes privadas a través de la red pública de datos. Sin embargo, puede tener varias aplicaciones más. Un túnel es básicamente un método para encapsular un protocolo en otro. La existencia de protocolos no enrutables hace que el uso de las VPN sea imprescindible para enviar el tráfico que utiliza este tipo de protocolos. Incluso para otros tipos de protocolos enrutables cuya dificultad de enrutamiento es elevada, se hace más sencillo cuando este se envía por un túnel.

Otra buena razón para la utilización de túneles es evitar los problemas que suelen dar los protocolos de enrutamiento en redes extremadamente grandes debido a que muchas veces su arquitectura no coincide en tipos de protocolos o entre áreas.

Los túneles son sumamente útiles en laboratorios o ambientes de prueba donde se intenta emular las topologías de red más complejas.

Existen muchas variaciones diferentes para la configuración de las VPN, aun para las más comunes. En el caso de este libro se utilizará como ejemplo de configuración la de túneles **GRE** (*Generic Routing Encapsulation*) que es una norma abierta. Existen varias versiones de GRE, la versión 0 es la común, la versión 1 también llamada **PPTP** (*Point to Point Tunneling Protocol*) incluye una capa intermedia PPP, mientras que GRE soporta directamente protocolos de capa 3 como IP e IPX. GRE no utiliza TCP ni UDP, trabaja directamente con IP, identificado con el número 47. Posee características propias de entrega, verificación e integridad.

8.6.1 Funcionamiento

Los routers encapsulan los paquetes IP con la etiqueta **GRE** y los envían por la red al router de destino al final del túnel, el router remoto desencapsula los paquetes quitándoles la etiqueta GRE dejándolos listos para enrutarlos localmente. El paquete GRE pudo haber cruzado una gran cantidad de router para alcanzar su destino, sin embargo, para este, solo ha efectuado un único salto hacia el destino. Esto significa que en el encabezado IP el tiempo de vida del paquete **TTL** (*Time To Live*) se ha incrementado una vez.

La utilización de las VPN obliga muchas veces a los routers a segmentar los paquetes para enviarlos a través del túnel debido a que su tamaño excede la MTU que estos pueden soportar. En ciertos casos pueden existir dificultades con las aplicaciones que ven las cabeceras de los paquetes IP duplicadas, sin embargo, esto ocurre en raros casos. Cuando el router no puede segmentar el paquete debe descartarlos, en estos casos envía mensajes ICMP al dispositivo origen para que regule el tamaño de los paquetes. Como resultado final de este proceso es que para el uso eficaz de las VPN el tamaño de las MTU debe reducirse.

 **NOTA:**

El término "túnel VPN" implica que el paquete encapsulado se ha cifrado, mientras que el término "túnel" se refiere al mecanismo de enviar paquetes de un protocolo encapsulados *dentro de otro*.

8.6.2 IPSec

IPSec (*Internet Protocol security*) es un conjunto de protocolos y algoritmos de seguridad diseñados para la protección del tráfico de red para trabajar con IPv4 e IPv6 de modo transparente o modo túnel que soporta una gran variedad de encriptaciones y autenticaciones. El principio básico de funcionamiento de IPSec es la independencia

322 REDES CISCO. GUÍA DE ESTUDIO PARA LA CERTIFICACIÓN CCNA 200-301 V1.1

algorítmica que le permite efectuar cambios de algoritmos si alguien descubre un fallo crítico o si existe otro más eficaz.

IPSec está diseñado para proporcionar seguridad sobre la capa de red IP, por lo tanto, puede ser utilizado eficazmente sobre protocolos como TCP, UDP, ICMP y otros. Esto es muy importante porque significa que se puede usar IPSec con protocolos o aplicaciones inseguras logrando un excelente nivel de seguridad global.

IPSec se introdujo para proporcionar servicios de seguridad tales como:

▶ **Confidencialidad**: el tráfico se encripta de manera segura para que no pueda ser leído por nadie más que las partes a las que está dirigido.

▶ **Integridad**: certificar la integridad de los datos, asegurando que el tráfico no ha sido modificado a lo largo de su trayecto.

▶ **Autenticación**: autenticar a los extremos reconociendo el tráfico que proviene de un extremo seguro y validado.

▶ **Anti-repetición**: evita que una copia ilegitima de los paquetes se intente utilizar luego para parecer un usuario legitimo.

IPSec utiliza dos protocolos importantes de seguridad:

▶ **AH** (*Authentication Header*) que le permite asegurar que los datos no se han manipulado de forma alguna, y que realmente viene del dispositivo de la fuente correcta. AH no encripta directamente los datos.

▶ **ESP** (*Encapsulating Security Payload*) proporciona encriptación a la carga útil del paquete para el envío seguro de los datos.

La autenticación y la encriptación se utilizan en funciones completamente diferentes, pero absolutamente complementarias. Al usar IPSec, es sumamente recomendable el uso de ambos protocolos.

IPSec tiene dos modos principales de funcionamiento:

▶ **Modo túnel**: todo el paquete IP (datos+cabeceras del mensaje) es cifrado y/o autenticado. Debe ser entonces encapsulado en un nuevo paquete IP para que funcione el enrutamiento. El modo túnel se utiliza para comunicaciones red a red, VPN.

▶ **Modo transporte**: solo la carga útil (los datos que se transfieren) del paquete IP es cifrada y/o autenticada. El enrutamiento permanece intacto, ya que no se modifica ni se cifra la cabecera IP. Este método se usa para comunicaciones de ordenador a ordenador.

8.6.3 SSL VPN

SSL VPN (*Secure Sockets Layer VPN*) es una tecnología emergente que proporciona acceso remoto con las mismas capacidades que una de VPN, sumando la función de SSL que viene integrado en los navegadores Web modernos.

SSL VPN permite a los usuarios remotos autorizados desde cualquier lugar con conexión a Internet utilizar un navegador web para establecer conexiones VPN de acceso remoto, generando mejoras en la productividad y disponibilidad.

SSL VPN tiene algunas características únicas en comparación con otras tecnologías VPN existentes. La más notable es que SSL VPN utiliza el protocolo **SSL** y su sucesor, **TLS** (*Transport Layer Security*), para proporcionar una conexión segura entre usuarios remotos y los recursos de la red interna. Actualmente esta función SSL / TLS está incorporada en todos los navegadores web. A diferencia de la tecnología tradicional IPsec VPN, que requiere la instalación de software cliente IPSec antes de que se pueda establecer una conexión, los usuarios no necesitan instalar ningún software cliente para utilizar SSL VPN. Como consecuencia de este resultado, SSL VPN también se conoce como *clientless VPN* o *Web VPN*.

> **RECUERDE:**
>
> Cisco **AnyConnect** es un software que permite a los usuarios conectarse de forma segura a una red privada virtual (VPN) de una organización, como si estuvieran conectados directamente a la red de la empresa, desde cualquier lugar y dispositivo.

8.6.4 Túnel GRE

Los túneles **GRE** (*Generic Routing Encapsulation*) permiten encapsular cualquier tipo de tráfico. En un principio se utilizaban para encapsular tráfico no IP dentro de las redes IP, pero también permiten la encapsulación de tráfico IP. Funcionan encapsulando la cabecera IP original dentro de la cabecera GRE.

Algunas ventajas y desventajas de los túneles GRE son las siguientes:

▼ Es similar a un túnel IPsec en el sentido de que ambos encapsulan la cabecera original IP.

▼ No ofrece mecanismos de control de flujo.

▼ GRE añade un mínimo de 24 bytes a la cabecera, en los que se incluye la nueva cabecera IP.

▶ Permiten tunelizar cualquier protocolo de capa 3.

▶ Permite que los protocolos de enrutamiento viajen a través del túnel.

▶ A diferencia de los túneles IPsec los túneles GRE no coordinan parámetros antes de enviar tráfico. Mientras el otro extremo del túnel sea alcanzable permite enviar tráfico, sin proporcionar confiabilidad o mirar los números de secuencia. GRE deja estas tareas para protocolos de capas superiores.

▶ GRE ofrece una seguridad limitada mucho más débil que la de IPsec. Cuenta con un proceso de encriptación, pero la clave viaja junto con los paquetes, dejándola expuesta a que sea robada.

▶ A diferencia de IPsec los túneles GRE permiten que el tráfico de los protocolos de enrutamiento viaje a través de ellos. Con IPsec se limita al uso de rutas estáticas, haciendo que la escalabilidad sea un problema.

▶ La combinación de GRE junto con IPsec se denomina **GRE over IPsec** y permite que estos dos mecanismos de tunelización se complementen entre sí.

8.6.5 Configuración de túnel GRE

En la actualidad los túneles GRE se utilizan normalmente para transportar tráfico IP en una red IP o sobre un túnel IPsec. El origen del túnel GRE en un extremo ha de ser el final del túnel en el otro y viceversa. Esta validación es llevada a cabo inicialmente cuando se establece el túnel. Es necesario configurar una subred apropiada y común para el túnel.

La configuración del túnel GRE incluye:

▶ Crear la interfaz túnel.

▶ Origen del túnel. Interfaz o dirección IP local del router.

▶ Destino del túnel. Dirección IP en el extremo remoto.

▶ Modo del túnel. Por defecto GRE/IP.

▶ Tráfico del túnel. Datos que viajan a través del túnel y por lo tanto van encapsulados en GRE.

```
Router(config)#interface tunnel número
Router(config-if)#ip address dirección máscara
Router(config-if)#tunnel source interfaz-oigen
Router(config-if)#tunnel destination ip-destino
Router(config-if)#tunnel mode [gre|ipv6ip] ip
```

8.7 OTRAS TECNOLOGÍAS DE ACCESO WAN

8.7.1 Metro Ethernet

La tecnología Metro Ethernet es un servicio ofrecido por los proveedores de telecomunicaciones para interconectar redes LAN ubicadas a grandes distancias, ejecutando un transporte WAN. Esta tecnología se basada en el estándar Ethernet, y puede cubrir un área metropolitana. Es comúnmente usada como una red de acceso para conectar a las empresas con los abonados y hacia Internet.

Ethernet es la tecnología de red más utilizada por las empresas, por lo que el acceso basado en Ethernet puede ser fácilmente implementado en la red del cliente. Estas características permiten a una empresa conectar sus sucursales en una sola intranet mediante Metro Ethernet.

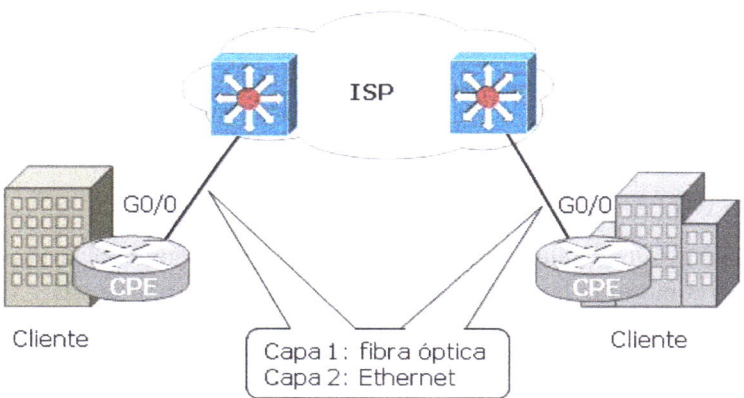

Las redes Metro Ethernet, están soportadas principalmente por medios de transmisión como cobre y fibra óptica, existiendo también soluciones de radio frecuencia.

Los beneficios que ofrece Metro Ethernet son los siguientes:

- **Fiabilidad**, los enlaces pueden constituirse por múltiples conexiones de cobre y/fibra.

- **Fácil administración**, interconectando con Ethernet se simplifica las operaciones de red, administración, manejo y actualización.

- **Fácil implementación**, se emplean interfaces Ethernet que son las más difundidas para las soluciones de red.

▼ **Ancho de banda**, los servicios Metro Ethernet permiten a los usuarios acceder a conexiones de banda ancha a menor costo.

▼ **Flexibilidad**, Metro Ethernet también es una red multiservicio que soporta una amplia gama de aplicaciones, contando con mecanismos donde se incluye soporte como puede ser telefonía IP y video.

8.7.2 DMVPN

DMVPN (*Dynamic Multipoint VPN*) es una solución de software de Cisco para escenarios en los que múltiples sitios remotos necesitan comunicarse entre sí evitando pasar por un sitio central. Este recurso permite crear y eliminar múltiples redes privadas virtuales de una manera fácil, dinámica y escalable.

Las topologías DMVPN pueden utilizar:

▼ Túneles hub-to-spoke
▼ Túneles hub-to-Spoke y spoke-to-spoke

Para que **DMVPN** funcione son necesarias las siguientes tecnologías:

▼ **NHRP** (*Next Hop Resolution Protocol*)
▼ Tuneles **mGRE** (*Multipoint Generic Routing Encapsulation*)
▼ **IPsec** (*IP Security*)

La siguiente figura muestra una topología hub-and-spoke en la que la oficina central actúa como el hub. Cuando por ejemplo los sitios remotos B y C necesitan comunicarse entre ellos un nuevo túnel DMVPN es creado entre dichos sitios.

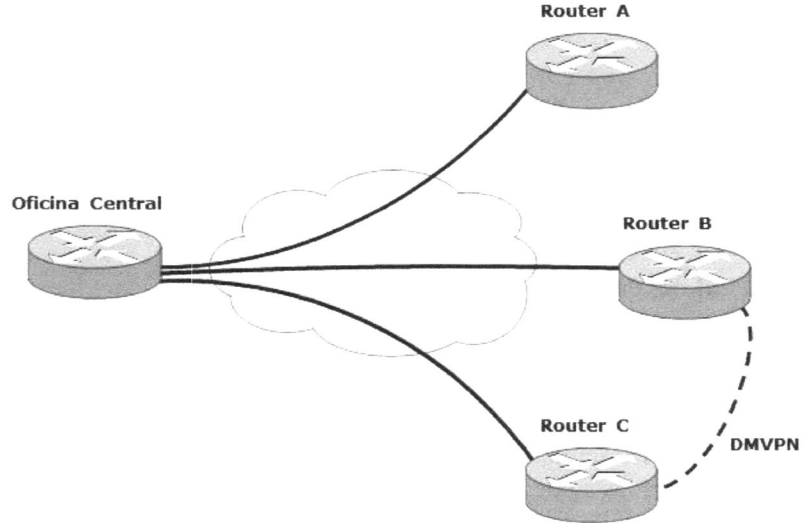

8.7.3 IPsec VTI

IPSec VTI (*Virtual Tunnel Interface*) es una interfaz virtual que encapsula el tráfico de red con IPsec, utilizada para establecer conexiones VPN seguras entre dispositivos. Es una alternativa a las interfaces GRE (*Generic Routing Encapsulation*) o L2TP (*Layer 2 Tunneling Protocol*) para la encapsulación de tráfico IPsec.

La VTI proporciona una interfaz de túnel que se utiliza para encapsular y proteger el tráfico IP. Se utiliza en VPN site-to-site y acceso remoto, proporcionando una alternativa simplificada a las configuraciones que usan listas de acceso y mapas criptográficos.

Ventajas:

▸ Simplifica la configuración de VPN.

▸ Reduce la carga en la CPU.

▸ Permite la protección de tráfico multicast.

Tipos:

▸ VTI Estática (SVTI): Usada para conexiones VPN entre sitios.

▸ VTI Dinámica (DVTI): Usada para VPN de acceso remoto.

8.7.4 MPLS

MPLS (*Multiprotocol Label Switching*) es una tecnología Wan que está definida en la RFC 3031. MPLS proporciona un mecanismo por el cual los paquetes son etiquetados sin la necesidad de examinar la cabecera de capa 3.

En lugar de mirar en la cabecera de capa 3 los dispositivos MPLS sencillamente miran en las etiquetas haciéndolos independientes de los protocolos de capa 3. La etiqueta de un paquete de entrada es examinada y comparada con la base de datos de etiquetas. Basándose en la información contenida en dicha tabla se le asigna una nueva etiqueta para ser asociada al paquete y que sea enviado fuera de la interfaz correspondiente.

MPLS es un mecanismo de conmutación que ejecuta un proceso de conmutar paquetes MPLS incluyendo el análisis de la etiqueta. Esta etiqueta contiene la información de envío necesaria para poder conmutar el paquete dentro del switch MPLS llamado **LSR** que no necesita ejecutar enrutamiento de capa 3. En lugar de mirar en la cabecera de capa 3 los dispositivos MPLS sencillamente miran en las etiquetas haciéndolos independientes de los protocolos de capa 3. La etiqueta de un paquete de entrada es examinada y comparada con la base de datos de etiquetas. Basándose en la información contenida en dicha tabla se le asigna una nueva etiqueta para ser asociada al paquete y que sea enviado fuera de la interfaz correspondiente.

Las etiquetas normalmente corresponden a redes de destino, aunque también podrían corresponder a otro tipo de variables como son VPN de capa 3, circuitos virtuales de capa 2, calidad de servicio, etc. Estas opciones son configurables en cada uno de los dispositivos. Por esta razón MPLS no fue diseñado únicamente para enviar paquetes IP.

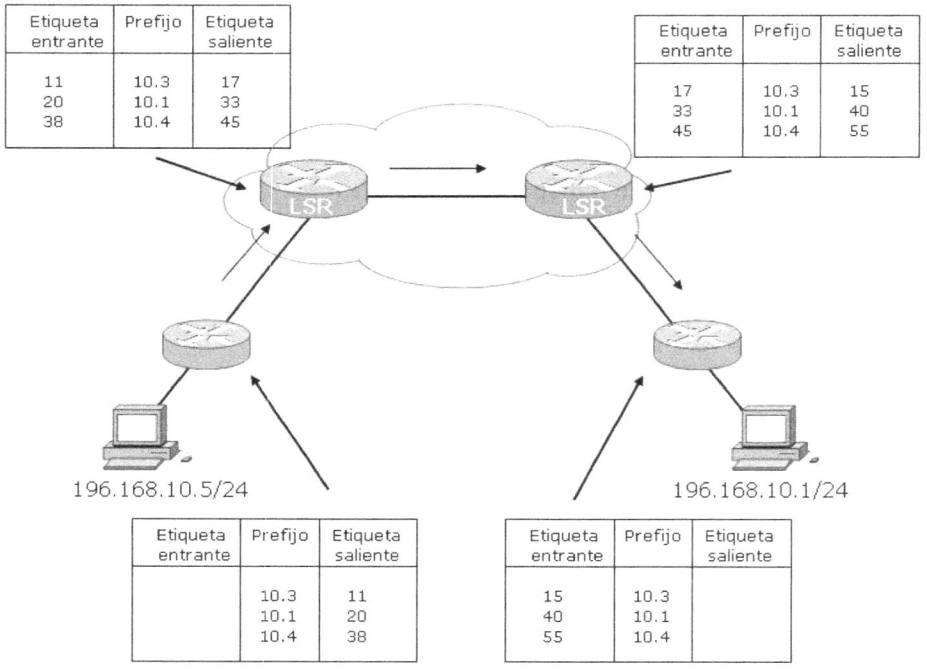

Los principios básicos de enrutamiento también se aplican a MPLS, esencialmente la elección del dispositivo del siguiente salto sin importar la naturaleza del proceso de enrutamiento que se está ejecutando.

La red MPLS, aunque es propiedad del ISP no deja de ser una extensión de la red de la empresa.Las redes MPLS convergen de manera dinámica, soportan múltiples protocolos de enrutamiento y pueden utilizar políticas de calidad de servicio.

El mecanismo de MPLS en los routers Cisco está basado en **CEF** (*Cisco Express Forwarding*) y es un mecanismo necesario para el funcionamiento de estas.

8.7.5 DCL

Las líneas **DSL** (*Digital Suscriber Line*) son soluciones comunes de acceso que cuentan con la ventaja añadida de que se pueden utilizar sobre la infraestructura telefónica existente, lo que hace innecesario desplegar un nuevo cable para su implementación.

La transmisión múltiple de señales a través de un cable se realiza por medio de la modulación de la señal. La modulación es la adición de información a una señal portadora electrónica u óptica. La voz utiliza solamente una pequeña parte de las frecuencias disponibles en los cables de par trenzado.

La implementación de esta tecnología es económica gracias al uso del cableado existente, pero guarda ciertas limitaciones como:

- La distancia del proveedor al cliente.
- Interferencias de radiofrecuencia.
- No puede ser implementada sobre fibra óptica.
- Atenuación y degradación de la señal en largas distancias.

Existen dos variantes de DSL:

- **ADSL**, DSL Asimétrica. Las velocidades de subida y bajada son diferentes. Es la más popular para uso doméstico o pequeñas oficinas.

- **SDSL**, ASL Simétrica. Las velocidades de subida y bajada son idénticas.

8.8 CASO PRÁCTICO

8.8.1 Configuración PPP con CHAP

Las siguientes sintaxis muestran las configuraciones básicas de una conexión serie punto a punto utilizando una encapsulación PPP y una autenticación CHAP:

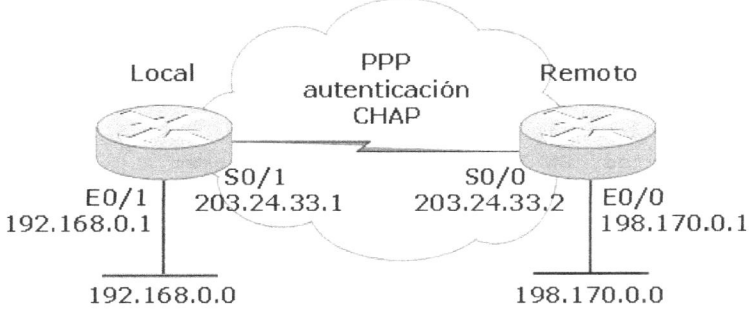

Router Local:

```
Router(config)#hostname Local
Local(config)#username Remoto password cisco
Local(config)#interface serial 0/1
Local(config-if)#encapsulation PPP
Local(config-if)#ppp authentication chap
Local(config-if)#ip address 203.24.33.1 255.255.255.0
Local(config-if)#no shutdown
Local(config-if)#exit
Local(config)#interface ethernet 0/1
Local(config-if)#ip address 192.168.0.1 255.255.255.0
Local(config-if)#no shutdown
Local(config-if)#exit
Local(config)#router ospf 100
Local(config-router)#network 192.168.0.0 0.0.0.255 area 0
Local(config-router)#network 203.24.33.0 0.0.0.255 area 0
```

Router Remoto:

```
Router(config)#hostname Remoto
Remoto(config)#username Local password cisco
Remoto(config)#interface serial 0/0
Remoto(config-if)#clockrate 56000
Remoto(config-if)#encapsulation PPP
Remoto(config-if)#ppp authentication chap
Remoto(config-if)#ip address 203.24.33.2 255.255.255.0
Remoto(config-if)#no shutdown
Remoto(config)#interface ethernet 0/0
Remoto(config-if)#ip address 198.170.0.1 255.255.255.0
Remoto(config-if)#no shutdown
Remoto(config-if)#exit
Remoto(config)#router ospf 100
Remoto(config-router)#network 198.170.0.0 0.0.0.255 area 0
Remoto(config-router)#network 203.24.33.0 0.0.0.255 area 0
```

Verificación en el router Local:

```
Local#sh int serial 0/0
Serial0/0 is up, line protocol is up (connected)
  Hardware is HD64570
  Internet address is 203.24.33.1/24
  MTU 1500 bytes, BW 1544 Kbit, DLY 20000 usec,
     reliability 255/255, txload 1/255, rxload 1/255
  Encapsulation PPP, loopback not set, keepalive set (10 sec)
  LCP Open
  Open: IPCP, CDPCP
  Last input never, output never, output hang never
```

8.8.2 Configuración de NAT dinámico

El ejemplo muestra la configuración de un router con NAT dinámico donde se ha creado un pool de direcciones IP llamado INTERNET, la interfaz entrante es la ethernet 0/0 y la saliente la interfaz serial 0/1:

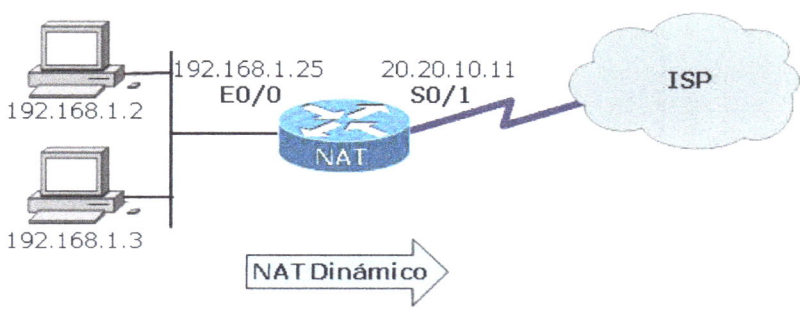

```
Router(config)#ip nat pool INTERNET 20.20.10.20 20.20.10.30 netmask
255.255.255.0
Router(config)#acces-list 1 permit 192.168.1.0 0.0.0.255
Router(config)#ip nat inside source list 1 pool INTERNET
Router(config)#interface ethernet 0/0
Router(config-if)#ip address 192.168.1.25 255.255.255.0
Router(config-if)#ip nat inside
Router(config-if)#no shutdown
Router(config-if)#exit
Router(config)# interface serial 0/1
Router(config-if)#ip address 20.20.10.11 255.255.255.0
Router(config-if)#ip nat outside
Router(config-if)#no shutdown
Router(config-if)#exit

Router#show ip nat translations
Pro Inside global     Inside local     Outside local     Outside global
tcp 20.20.10.22:1025 192.168.1.3:1025 20.20.10.12:23    20.20.10.12:23
icmp20.20.10.22:33    192.168.1.2:33    20.20.10.12:33    20.20.10.12:33
icmp20.20.10.22:34    192.168.1.3:34    20.20.10.12:34    20.20.10.12:34
```

 **RECUERDE:**

Las listas de acceso asociadas a NAT deben permitir solo el acceso a las redes que se van a convertir, sea específico y no utilice el permit any.

8.8.3 Configuración de una VPN de router a router

Se describe a continuación la configuración de un túnel GRE en una VPN de router a router según la siguiente topología.

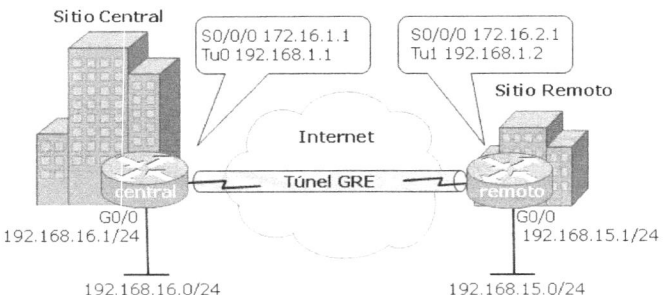

Configuración del router remoto:

```
Router#configure terminal
Router(config)#hostname remoto
remoto(config)#interface Tunnel 0
remoto(config-if)#ip address 192.168.1.1 255.255.255.252
remoto(config-if)#tunnel source serial 0/0/0
remoto(config-if)#tunnel destination 172.16.2.1
remoto(config-if)#no shut
remoto(config-if)#exit
remoto(config)#interface Serial 0/0/0
remoto(config-if)#ip address 172.16.2.2 255.255.255.0
remoto(config-if)#no shutdown
remoto(config-if)#exit
remoto(config)#interface gigabitEthernet 0/0
remoto(config-if)#ip address 192.168.16.1 255.255.255.0
remoto(config-if)#no shutdown
remoto(config-if)#exit

remoto(config)#ip route 192.168.15.0 255.255.255.0 192.168.1.2
remoto(config)#end
```

Configuración del router central:

```
Router#configure terminal
Router(config)#hostname central
central(config)#interface Tunnel1
central(config-if)#ip address 192.168.1.2 255.255.255.252
central(config-if)#tunnel source serial 0/0/0
central(config-if)#tunnel destination 172.16.1.1
central(config-if)#no shut
central(config-if)#exit
central(config)#interface Serial 0/0/0
central(config-if)#ip address 172.16.2.1 255.255.255.0
central(config-if)#no shutdown
```

```
central(config-if)#exit
central(config)#interface gigabitEthernet 0/0
central(config-if)#ip address 192.168.15.1 255.255.255.0
central(config-if)#no shutdown
central(config-if)#exit

central(config)#ip route 192.168.16.0 255.255.255.0 192.168.1.1
central(config)#end

central#sh int tunnel 1
Tunnel1 is up, line protocol is up (connected)
  Hardware is Tunnel
  Internet address is 192.168.1.2/30
  MTU 17916 bytes, BW 100 Kbit/sec, DLY 50000 usec,
     reliability 255/255, txload 1/255, rxload 1/255
  Encapsulation TUNNEL, loopback not set
  Keepalive not set
  Tunnel source 172.16.2.1 (Serial0/0/0), destination 172.16.2.2
  Tunnel protocol/transport GRE/IP
    Key disabled, sequencing disabled
    Checksumming of packets disabled
  Tunnel TTL 255
  Fast tunneling enabled
  Tunnel transport MTU 1476 bytes
  Tunnel transmit bandwidth 8000 (kbps)
  Tunnel receive bandwidth 8000 (kbps)
  Last input never, output never, output hang never
  Last clearing of "show interface" counters never
  Input queue: 0/75/0/0 (size/max/drops/flushes); Total output drops: 1
  Queueing strategy: fifo
  Output queue: 0/0 (size/max)
  5 minute input rate 0 bits/sec, 0 packets/sec
  5 minute output rate 0 bits/sec, 0 packets/sec
   ...................................


remoto#sh ip route
Codes: L-local, C - connected, S - static, R - RIP, M - mobile,
B - BGP
       D-EIGRP, EX-EIGRP external, O-OSPF, IA-OSPF inter area
       N1-OSPF NSSA external type 1, N2-OSPF NSSA external type 2
       E1-OSPF external type 1, E2-OSPF external type 2, E-EGP
       i-IS-IS, L1-IS-IS level-1,L2-IS-IS level-2,ia-IS-IS interarea
       *-candidate default, U - per-user static route, o-ODR
       P-periodic downloaded static route

Gateway of last resort is not set

     172.16.0.0/16 is variably subnetted, 2 subnets, 2 masks
C        172.16.2.0/24 is directly connected, Serial0/0/0
```

```
L        172.16.2.2/32 is directly connected, Serial0/0/0
       192.168.1.0/24 is variably subnetted, 2 subnets, 2 masks
C        192.168.1.0/30 is directly connected, Tunnel0
L        192.168.1.1/32 is directly connected, Tunnel0
S      192.168.15.0/24 [1/0] via 192.168.1.2
       192.168.16.0/24 is variably subnetted, 2 subnets, 2 masks
C        192.168.16.0/24 is directly connected, GigabitEthernet0/0
L        192.168.16.1/32 is directly connected, GigabitEthernet0/0

central#show ip interface brief

Interface          IP-Address      OK? Method Status      Protocol

GigabitEthernet0/0 192.168.15.1    YES manual up          up
Serial0/0/0        172.16.2.1      YES manual up          up
Tunnel1            192.168.1.2     YES manual up          up
```

8.9 FUNDAMENTOS PARA EL EXAMEN

▶ Estudie las terminologías, estándares y conexiones utilizadas en las redes WAN.

▶ Recuerde los tipos de encapsulación de capa 2 de las redes WAN.

▶ Memorice los conceptos sobre PPP y los pasos en el establecimiento de una sesión PPP.

▶ Tenga en cuenta los tipos de autenticaciones PPP y sus diferencias fundamentales.

▶ Analice las diferencias entre PPP, PPPoE y MLPPP

▶ Estudie los fundamentos sobre NAT, los diferentes tipos de traducciones y para qué se utilizan en cada caso.

▶ Recuerde las terminologías empleadas en la tarea de configuración de NAT.

▶ Analice el proceso de traslación de una dirección IP a otra.

▶ Estudie los fundamentos y funciones de una VPN.

▶ Analice la seguridad que debe proporcionar una VPN y el funcionamiento de IPsec.

▶ Estudie, analice y ejercite en dispositivos reales o en simuladores todos los comandos necesarios para las configuraciones de PPP y NAT y todos los comandos para su verificación.

▶ Recuerde que otros tipos de tecnologías de acceso WAN existen, analice para qué emplearía cada una.

▶ Ejercite todas las configuraciones en dispositivos reales o en simuladores.

9

CONFIGURACIÓN DE ENRUTAMIENTO

9.1 ENRUTAMIENTO ESTÁTICO

Para que un dispositivo de capa tres pueda determinar la ruta hacia un destino debe tener conocimiento de las diferentes rutas hacia él y cómo hacerlo. El aprendizaje y la determinación de estas rutas se lleva a cabo mediante un proceso de enrutamiento dinámico a través de cálculos y algoritmos que se ejecutan en la red o enrutamiento estático ejecutado manualmente por el administrador o incluso ambos métodos.

9.1.1 Enrutamiento estático IPv4

La configuración de las rutas estáticas se realiza a través del comando de configuración global de IOS **ip route**. El comando utiliza varios parámetros, entre los que se incluyen la dirección de red y la máscara de red asociada, así como información acerca del lugar al que deberían enviarse los paquetes destinados para dicha red.

La información de destino puede adoptar una de las siguientes formas:

▶ Una dirección IP específica del siguiente router de la ruta.

▶ La dirección de red de otra ruta de la tabla de enrutamiento a la que deben reenviarse los paquetes.

▶ Una interfaz conectada directamente en la que se encuentra la red de destino.
   Router(config)#ip route[*dirección IP de la red destino + máscara*][*IP del primer salto/interfaz de salida*][*distancia administrativa*] [**permanent**]

Donde:

▶ **dirección IP de la red destino+máscara**: hace referencia a la red a la que se pretende tener acceso y su correspondiente máscara de red o subred. Si el destino es un host específico se debe identificar la red a la que pertenece dicho host.

▶ **IP del primer salto/interfaz de salida**: se debe elegir entre configurar la IP del próximo salto (hace referencia a la dirección IP de la interfaz del siguiente router) o el nombre de la interfaz del propio router por donde saldrán los paquetes hacia el destino. Por ejemplo, si el administrador no conoce o tiene dudas acerca del próximo salto utilizará su propia interfaz de salida, de lo contrario es conveniente hacerlo con la IP del próximo salto.

▶ **distancia administrativa**: parámetro opcional (de 1 a 255) que si no se configura será igual a 1. Este valor hará que si existen más rutas estáticas o protocolos de enrutamiento configurados en el router cada uno de estos tendrá mayor o menor importancia según sea el valor de su distancia administrativa. Cuanto más baja, mayor importancia.

Las entradas creadas en la tabla de enrutamiento usando este procedimiento permanecerán en dicha tabla mientras la ruta siga activa. Con la opción **permanent**, la ruta seguirá en la tabla, aunque la ruta en cuestión haya dejado de estar activa.

Las situaciones típicas donde se recomienda la utilización de las rutas estáticas pueden ser las siguientes:

▶ Cuando un circuito de datos es especialmente poco fiable y deja de funcionar constantemente. En estas circunstancias, un protocolo de enrutamiento dinámico podrá producir demasiada inestabilidad, mientras que las rutas estáticas no cambian.

▶ Cuando existe una sola conexión con un solo ISP. En lugar de conocer todas las rutas globales de Internet, se utiliza una sola ruta estática.

▶ Cuando solo se puede acceder a una red a través de una conexión de acceso telefónico. Dicha red no puede proporcionar las actualizaciones constantes que requieren un protocolo de enrutamiento dinámico.

▶ Cuando un cliente o cualquier otra red vinculada no desean intercambiar información de enrutamiento dinámico. Se puede utilizar una ruta estática para proporcionar información acerca de la disponibilidad de dicha red.

La sintaxis muestra una ruta estática que apunta a la red 172.16.0.0 hacia el próximo salto 200.200.10.1 con una distancia administrativa de 120.

```
Router_B(config)#ip route 172.16.0.0 255.255.0.0 200.200.10.1 120
```

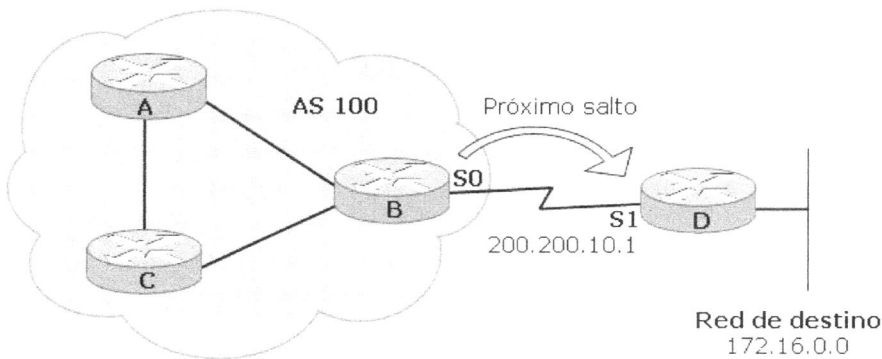

La sintaxis muestra una ruta estática que apunta a la red 172.16.0.0 saliendo por la interfaz serial 0 del propio router con una distancia administrativa de 120.

```
Router_B(config)#ip route 172.16.0.0 255.255.0.0 serial 0 120
```

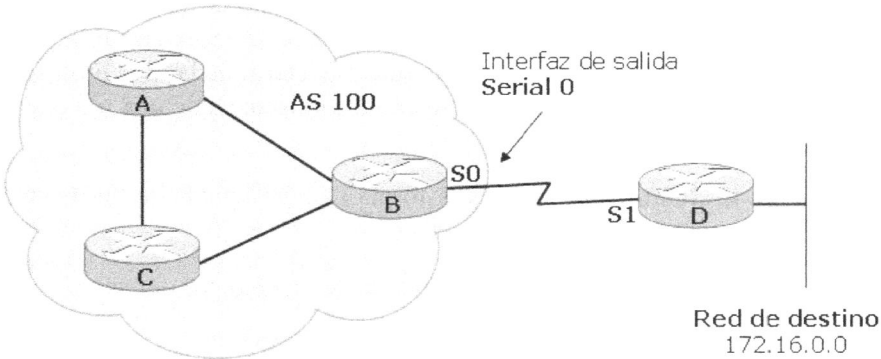

9.1.2 Rutas estáticas por defecto

Cuando el destino al que se pretende llegar son múltiples redes o no se conocen se pueden crear rutas estáticas por defecto como lo muestra la siguiente sintaxis:

```
Router(config)#ip route 0.0.0.0 0.0.0.0[IP del primer salto/
interfaz de salida][distancia administrativa]
```

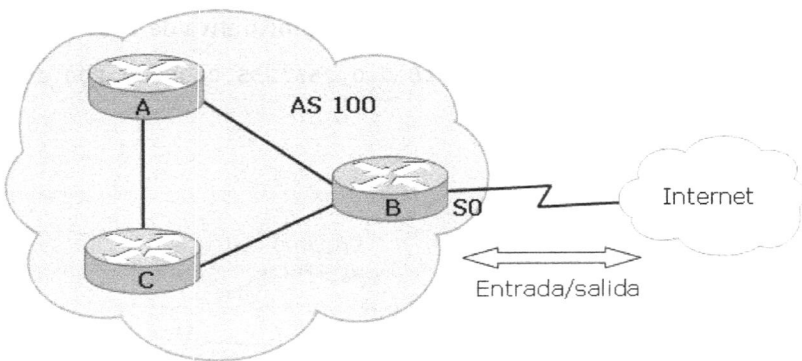

```
Router_B(config)#ip route 0.0.0.0 0.0.0.0 serial 0
```

Observe que los parámetros de configuración en lugar de una dirección de red específica de destino se utilizan ceros en los octetos de red y máscara, el resto de los parámetros serán iguales a las rutas estáticas convencionales.

9.1.3 Red de último recurso

Cuando la información de enrutamiento dinámico no se intercambia con una entidad externa, como puede ser un IPS, la configuración de una red de último recurso suele ser la forma más fácil de generar una ruta predeterminada. Los protocolos de enrutamiento redistribuyen la información sobre la existencia de una red como ruta predeterminada.

El comando **ip default-network** es la forma más apropiada de designar una o varias rutas de red predeterminadas posibles.

La siguiente sintaxis muestra la configuración de una red por defecto o de último recurso:

```
Router(config)#ip default-network[dirección IP de la red de último
recurso]
```

Los routers que no intercambian información de enrutamiento dinámico o que se encuentran en conexiones de acceso telefónico, como RDSI o SVC de Frame-Relay, deben configurarse como una ruta predeterminada por defecto.

9.1.4 Enrutamiento estático IPv6

Las rutas estáticas IPv6 siguen el mismo concepto de configuración que las IPv4. El router debe tener el enrutamiento IPv6 previamente habilitado, el comando **ipv6 route** inicia el proceso de configuración de la ruta estática.

La siguiente es la sintaxis del comando abreviado:

```
Router(config)#ipv6 route[IPv6 de la red destino/prefijo][IP del
primer salto/interfaz de salida][distancia administrativa]
```

La ruta estática apunta hacia la red 2001:0DB8::/32, saliendo por la interfaz giga0/1 y con una distancia administrativa de 120.

```
Router(config)# ipv6 route 2001:0DB8::/32 gigabitethernet0/1 120
```

Al igual que las rutas estáticas IPv4 puede elegirse para la configuración la interfaz local de salida o la IPv6 del próximo salto. La RFC 2461, *Neighbor Discovery for IPv6*, especifica que un router debe ser capaz de identificar la dirección de enlace local de los routers vecinos, pero para rutas estáticas la dirección del próximo salto debe ser configurada como la dirección *link-local* del router vecino.

Las rutas por defecto se representan en el parámetro de la dirección de la siguiente manera "**::/0**".

Un ejemplo de una ruta estática que sale por la interfaz Giga0/0 se configura de la siguiente manera:

```
Router(config)# ipv6 route ::/0 GigabitEthernet0/0
```

 RECUERDE:

En las rutas estáticas el valor de la distancia administrativa por defecto es 1. Cuando se configuran como respaldo al enrutamiento dinámico la distancia administrativa debe ser mayor que la del protocolo.

9.2 ENRUTAMIENTO DINÁMICO

Si se diseñasen redes que utilizaran exclusivamente rutas estáticas sería tedioso administrarlas y no responderían bien a las interrupciones y a los cambios de topología que suelen suceder con cierta frecuencia. Para responder a estos problemas se desarrollaron los protocolos de enrutamiento dinámico.

Los protocolos de enrutamiento dinámico son algoritmos que permiten que los routers publiquen, o anuncien, la existencia de la información de ruta de red IP necesaria para crear la tabla de enrutamiento. Dichos algoritmos también determinan el criterio de selección de la ruta que sigue el paquete cuando se le presenta al router esperando una decisión de conmutar. Los objetivos del protocolo de enrutamiento consisten en proporcionar al usuario la posibilidad de seleccionar la ruta idónea en la red, reaccionar con rapidez a los cambios de la misma y realizar dichas tareas de la manera más sencilla y con la menor sobrecarga del router posible.

Los protocolos de enrutamiento dinámico se configuran en un router para poder describir y administrar dinámicamente las rutas disponibles en la red.

Para habilitar un protocolo de enrutamiento dinámico, se han de realizar las siguientes tareas:

- Seleccionar un protocolo de enrutamiento.
- Seleccionar las redes IP que serán anunciadas.

También se han de asignar direcciones de red/subred y las máscaras de subred apropiadas a las distintas interfaces. El enrutamiento dinámico utiliza difusiones y multidifusiones para comunicarse con otros routers.

El comando **router** es el encargado de iniciar el proceso de enrutamiento, posteriormente se asocian las redes con el comando **network**.

9.2.1 RIP

RIP (*Routing Information Protocol*) es uno de los protocolos de enrutamiento más antiguos utilizado por dispositivos basados en IP. Su implementación original fue para el protocolo Xerox a principios de los ochenta. Ganó popularidad cuando se distribuyó con UNIX como protocolo de enrutamiento para esa implementación TCP/IP. RIP es un protocolo vector de distancia que utiliza la cuenta de **saltos** del router como métrica. La cuenta de saltos máxima de RIP es 15. Cualquier ruta que exceda de los 15 saltos se etiqueta como inalcanzable al establecerse la cuenta de saltos en 16. En RIP la información de enrutamiento se propaga de un router a los otros vecinos por medio de una difusión de IP usando el protocolo UDP y el puerto 520.

El protocolo **RIPv1** es un protocolo de enrutamiento con clase que no admite la publicación de la información de la máscara de red. El protocolo **RIPv2** es un protocolo sin clase que admite CIDR, VLSM, resumen de rutas y seguridad mediante texto simple y autenticación MD5.

Algunas características comparativas entre RIPv1 y RIPv2 son las siguientes:

- RIP es un protocolo de enrutamiento basado en vectores distancia.

- RIP utiliza el número de saltos como métrica para la selección de rutas.

- El número máximo de saltos permitido en RIP es 15.

- RIP difunde actualizaciones de enrutamiento por medio de la tabla de enrutamiento completa cada 30 segundos, por omisión.

- RIP puede realizar equilibrado de carga en un máximo de seis rutas de igual coste (la especificación por omisión es de cuatro rutas).

- RIPv1 requiere que se use una sola máscara de red para cada número de red de clase principal que es anunciado. La máscara es una máscara de subred de longitud fija. El estándar RIPv1 no contempla actualizaciones desencadenadas.

- RIPv2 permite la utilización de VLSM. El estándar RIPv2 permite actualizaciones desencadenadas, a diferencia de RIPv1. La definición del número máximo de rutas paralelas permitidas en la tabla de enrutamiento faculta a RIP para llevar a cabo el equilibrado de carga.

El proceso de configuración de RIP es bastante simple, una vez iniciado el proceso de configuración se deben especificar las redes que participan en el enrutamiento. Si es necesario la versión y el balanceo de ruta.

```
Router(config)#router rip
Router(config-router)#network dirección de red
Router(config-router)#version versión
Router(config-router)#maximum-paths número
```

Donde:

- **Network**: especifica las redes directamente conectadas al router que serán anunciadas por RIP.

- **Version**: adopta un valor de 1 o 2 para especificar la versión de RIP que se va a utilizar. Si no se especifica la versión, el software IOS adopta como opción predeterminada el envío de RIP versión 1 pero recibe actualizaciones de ambas versiones, 1 y 2.

- **maximum-paths** (opcional): habilita el equilibrado de carga.

Algunos de los comandos que se pueden utilizar para la verificación de RIP pueden ser:

- ▼ **show ip route**: muestra la tabla de enrutamiento donde las rutas aprendidas por RIP llevan la letra **R**.

- ▼ **show ip protocols**: muestra la información de los protocolos que se están ejecutando en el router.

- ▼ **debug ip rip**: muestra los procesos que ejecuta RIP

 **NOTA:**

RIP no lleva identificadores de proceso ni de sistema autónomo, por lo tanto, no es posible hacer distinciones entre distintos dispositivos.

9.2.2 RIPNG

RIPng (*Routing Information Protocol new generation*) es la nueva generación de RIP para IPv6 y está basado en RIPv2. Tal como RIPv2, este protocolo es un protocolo de enrutamiento vector distancia que utiliza la cuenta de saltos como métrica, con un máximo de 15, y sus actualizaciones son multicast cada 30 segundos. RIPng utiliza la dirección de multicast FF02::9, ésta es la dirección del grupo multicast de todos los routers que están ejecutando RIPng. RIP envía actualizaciones utilizando UDP puerto 521 dentro de los paquetes IPv6, éstas incluyen el prefijo IPv6 y la dirección del próximo salto de IPv6.

Los pasos para la configuración de RIPng conlleva habilitar el enrutamiento IPv6 de manera global, posteriormente configurar el nombre del proceso correspondiente y especificar las interfaces que participarán en RIPng. La siguiente sintaxis muestra un ejemplo donde el proceso RIPng se llama **ccna**.

```
Router(config)#ipv6 unicast-routing
Router(config)#ipv6 router rip nombre
Router(config)#interface tipo número
Router(config-if)#ipv6 rip nombre enable


Router# show running-config
ipv6 unicast-routing
!
interface FastEthernet0/0.1
```

```
ipv6 address 2012::1/64
ipv6 rip ccna enable
!
interface FastEthernet0/0.2
ipv6 address 2017::1/64
ipv6 rip ccna enable
!
interface FastEthernet0/1.18
ipv6 address 2018::1/64
ipv6 rip ccna enable
!
interface Serial0/0/0.3
ipv6 address 2013::1/64
ipv6 rip ccna enable
!
interface Serial0/0/0.5
ipv6 address 2015::1/64
ipv6 rip ccna enable
!
ipv6 router rip ccna
```

9.3 EIGRP

EIGRPv4 (*Enhanced Interior Gateway Routing Protocol*) es un protocolo vector distancia desarrollado por Cisco, que usa el mismo sistema de métricas sofisticadas que su antecesor **IGRP** (*Interior Gateway Routing Protocol*) y que utiliza **DUAL** (*Diffusing Update Algorithm*) para crear generar las bases de datos de topológica. EIGRP utiliza principios de los protocolos de estado de enlace, es por ello que muchas veces se lo llame protocolo híbrido, aunque sería más correcto llamarlo protocolo de vector distancia avanzado. EIGRP es eficiente tanto en entornos IPv4 como IPv6, los fundamentos no cambian.

EIGRP surge para eliminar las limitaciones de IGRP, aunque sigue siendo sencillo de configurar, utiliza pocos recursos de CPU y memoria. Se trata de un protocolo vector distancia avanzado, manteniendo las mejores características de los protocolos de ese tipo.

EIGRP envía actualizaciones confiables identificando sus paquetes con el protocolo IP número 88. Estas actualizaciones confiables significan que el destino tiene que enviar un acuse de recibo (ACK) al origen, es decir, que debe confirmar que ha recibido los datos.

EIGRP utiliza los siguientes tipos de paquetes IP durante las comunicaciones:

- **Hello**: se envían periódicamente usando una dirección multicast para descubrir y mantener relaciones de vecindad.

- **Update**: anuncian las rutas, se envían de manera multicast.

- **Ack**: se envían para confirmar la recepción de un update.

- **Query**: se usa como consulta de nuevas rutas cuando el mejor camino se ha perdido. Cuando el router que envía la consulta no recibe respuesta de alguno de sus vecinos volverá a enviarla pero esta vez en unicast, y así sucesivamente hasta que reciba un reply o hasta un máximo de 16 envíos.

- **Reply**: es una respuesta a una query, con el camino alternativo o simplemente indicando que no tiene esa ruta.

Mediante los hellos el router descubre a los vecinos, los paquetes son enviados periódicamente para mantenerlos en una lista de vecindad. Cuando no se recibe un hello de un determinado vecino durante un tiempo establecido (hold time) se dará por finalizada la relación de vecindad y será necesario recalcular.

 **NOTA:**

EIGRP combina las ventajas de los protocolos de estado de enlace con las de los protocolos de vector de distancia.

9.3.1 Métrica

EIGRP utiliza una métrica de enrutamiento compuesta. La ruta que posea la métrica más baja será considerada la ruta más óptima. Las métricas de EIGRP están ponderadas mediante constantes desde K1 hasta K5 que convierten los vectores de métrica EIGRP en cantidades escalables.

La métrica utilizada por EIGRP se compone de:

- **K1 = Bandwidth** (ancho de banda): valor mínimo de ancho de banda en kbps en la ruta hacia el destino. Se define como 10 elevado a 7 dividido por el ancho de banda del enlace más lento de todo el camino.

▼ **K2 = Reliability** (fiabilidad): fiabilidad entre el origen y el destino, determinado por el intercambio de mensajes de actividad expresado en porcentajes. Significa lo confiable que puede ser la interfaz, en un rango expresado entre 255 como máximo y 1 como mínimo, normalmente esta constante no se utiliza.

▼ **K3 = Delay** (retraso): retraso de interfaz acumulado a lo largo de la ruta en microsegundos.

▼ **K4 = Carga**: carga de un enlace entre el origen y el destino. Medido en bits por segundo es el ancho de banda real de la ruta. Se expresa en un rango entre 255 como máximo y 1 como mínimo, normalmente esta constante no se utiliza.

▼ **K5 = MTU**: valor de la unidad máxima de transmisión de la ruta expresado en bytes.

La métrica EIGRP se calcula en base a las variables resultantes de las constantes K1 y K3. Se divide por 10^7 por el valor mínimo de ancho de banda, mientras que el retraso es la sumatoria de todos los retrasos de la ruta en microsegundos y todo multiplicado por 256.

$$métrica = 256 \times \left(\frac{10^7}{ancho\,de\,banda} + \sum \frac{retraso}{10} \right)$$

NOTA:

La información de MTU se envía en los mensajes de actualización del protocolo, sin embargo, no se utiliza en el cálculo de la métrica.

9.3.2 DUAL

DUAL (*Diffusing Update Algorithm*) es el algoritmo empleado por EIGRP para encontrar caminos alternativos y libres de bucles para que en el caso de que el camino principal falle usar una de estas rutas alternativas sin tener que recalcular o lo que es lo mismo, sin tener que preguntar a los vecinos acerca de cómo llegar al destino.

La terminología empleada por DUAL se basa en los siguientes conceptos:

- **Advertised Distance** (AD): coste desde el router vecino hacia la ruta al destino.

- **Feasible Distance** (FD): mejor métrica desde el router vecino hasta el destino más la métrica que el router origen necesita para alcanzar a ese vecino.

- **Feasible Condition** (FC): es la condición que ha de cumplirse para añadir un posible camino a la tabla de topologías La **AD** advertida por el vecino ha de ser menor que la **FD**.

- **Feasible Successor** (FS): es la forma de definir un router de respaldo o backup para el caso de que la ruta al vecino a través del cual se enruta tráfico se caiga. El **FS** se habilita sin necesidad de envíos de queries a los vecinos para tratar de averiguar otro posible camino hacia el destino.

DUAL utiliza las métricas para determinar la mejor o mejores rutas hacia un destino. Se pueden tener hasta 16 caminos diferentes hacia un mismo destino.

Hay tres tipos diferentes de caminos o rutas:

- **Internal**, rutas que están directamente configuradas en el router mediante el comando network.

- **Summary**, son rutas internas sumarizadas.

- **External**, rutas redistribuidas en EIGRP.

9.3.3 Queries

Cuando una ruta se cae y no existe un Feasible Successor en la tabla de topologías, se envían **queries** a los routers vecinos para determinar cuál de ellos puede alcanzar al destino. En el caso de que éstos no tengan conocimiento, preguntarán recursivamente a sus respectivos vecinos y así sucesivamente.

En el caso de que nadie resuelva la consulta, comienza un estado conocido como **SIA** (*Stuck In Active*) y el router dará tiempo vencido a la consulta. Este estado se puede evitar con un buen diseño de red.

EIGRP utiliza Split Horizon como mecanismo de prevención de bucles, evitando enviar actualizaciones de rutas en la misma interfaz por la que han sido recibidas.

Las queries se propagarán hasta que algún router responda o hasta que no queden más routers a los que preguntar. Cuando se envía una consulta el router entra en estado **active** y pone en marcha un contador de tiempo, por defecto 3 minutos. Cuando este tiempo expira y no ha recibido respuesta, el router entra en estado SIA. Generalmente el router entra en este estado cuando existe algún bucle o el alcance de las queries no está debidamente limitado y se va más allá del área.

Existen dos maneras de controlar las queries, la primera es mediante sumarización y la segunda es mediante stub routing. Ambos casos se verán más adelante.

9.3.4 Actualizaciones

EIGRP utiliza periódicamente paquetes hello para mantener la relación con sus vecinos, pero el caso de las actualizaciones de enrutamiento es diferente ya que solo se intercambian actualizaciones de ruta en el caso de que se pierda o añada una nueva ruta y estas actualizaciones son incrementales. El único momento que EIGRP utiliza actualizaciones totales es cuando establece las relaciones iniciales con otros routers.

EIGRP utiliza **RTP** (*Reliable Transport Protocol*), que es un protocolo propietario de Cisco para controlar la comunicación entre paquetes EIGRP. Estos paquetes son enviados con un número de secuencia y deben ser confirmados en el destino. Los paquetes Hello y los ACK no necesitan ningún tipo de confirmación mientras que los paquetes update, query y reply sí necesitan confirmación del destino. Las actualizaciones son enviadas mediante el uso de multicast con la dirección 224.0.0.10. Cuando el vecino recibe un multicast confirma la recepción mediante un paquete unicast no confiable.

El uso del direccionamiento multicast demuestra la evolución de este protocolo siendo de esta forma más efectivo que los protocolos que utilizan broadcast, como por ejemplo RIPv1 o IGRP.

9.3.5 Tablas

EIGRP mantiene tres tipos de tablas.

▹ **Tabla de vecindad**, EIGRP comienza a descubrir vecinos vía multicast, esperando confirmaciones vía unicast. La tabla de vecinos es creada y mantenida mediante el uso de paquetes hello. Estos paquetes son enviados en un principio para descubrir a los vecinos y luego se envían periódicamente para mantener información del estado de estos. Hello utiliza la dirección multicast 224.0.0.10. Cada protocolo de capa 3 soportado por EIGRP (IPv4,

IPv6, IPX y Apple Talk) tiene su propia tabla de vecinos, esta información no es compartida entre estos protocolos. La tabla de vecinos sirve para verificar que cada uno de ellos responde a los hellos; en caso de que no responda se enviará una copia vía unicast, hasta un máximo de 16 veces.

▶ **Tabla de topologías**, en ella se listan todos los posibles caminos y todas las posibles redes. Después de que el router conoce quiénes son sus vecinos, es capaz de crear una tabla topológica y de esa manera asignar el successor y el feasible successors para cada una de las rutas. Además de los successors se agregan también las otras rutas que se llaman possibilities. La tabla de topología se encarga de seleccionar qué rutas serán añadidas a la tabla de enrutamiento.

▶ **Tabla de enrutamiento**, es donde constan la o las redes principales en el caso de tener balanceo de carga. La tabla de enrutamiento se construye a partir de la tabla de topología mediante el uso del algoritmo DUAL. La tabla de topología contiene toda la información de enrutamiento que el router conoce a través de EIGRP; por medio de esta información el router puede ejecutar DUAL y así determinar el sucesor y el feasible successor, el sucesor será el que finalmente se agregue a la tabla de enrutamiento.

9.3.6 Equilibrado de carga desigual

EIGRP es el único protocolo de enrutamiento que proporciona la capacidad de hacer equilibrado de carga desigual, los demás protocolos permiten hacer balanceo de carga de forma equitativa a todos los enlaces en el caso de que el coste al destino sea el mismo. Sin embargo, EIGRP mediante el uso de la varianza permite el balanceo de carga del tipo desigual.

El equilibrado se realiza multiplicando la FD por la varianza que por defecto tiene un valor de uno. Si este último valor fuese, por ejemplo, 3 la FD se multiplicaría por 3, por lo tanto, cualquier otra FD que tuviera un valor menor al producto resultante serviría de igual manera para transmitir datos, ahora bien, EIGRP no transmitiría datos de forma equitativa por ambos canales sino que utilizaría las métricas para decidir qué porcentaje enviaría por cada enlace. Por ejemplo, si un enlace es de 3Mbps y otro de 1Mbps enviaría tres veces más datos por el primero.

9.4 CONFIGURACIÓN DE EIGRP

EIGRP es un protocolo de enrutamiento classless o sin clase, es decir, que en las actualizaciones envía tanto el prefijo de red como la máscara de subred. Los protocolos de enrutamiento sin clase son capaces de sumarizar. EIGRP permite sumarizar en cualquier tipo de interfaz y de ruta, algo sumamente importante a la hora de diseñar una red EIGRP escalable.

Para la configuración básica de EIGRP es necesario activar el protocolo con su correspondiente AS (*Autonomous System*) y las redes que participan en el proceso.

```
Router(config)#router eigrp número de sistema autonomo
Router(config-router)#network dirección de red
```

A partir de esta configuración todas las interfaces relacionadas con el comando network comienzan a buscar routers vecinos dentro del mismo AS para establecer una relación de vecindad. Para el caso concreto de que dicha interfaz necesite ser advertida pero que no establezca una relación con el vecino se debe configurar dentro del protocolo de la siguiente manera:

```
Router(config-router)#passive-interface número de interfaz
```

Con esto de evitará el envío de hello por la interfaz en cuestión.

El comando **network** puede individualizar una interfaz especificando una máscara comodín o wildcard:

```
Router(config-router)#network dirección de red [wildcard]

Router(config)#router eigrp 220
Router(config-router)#network 172.16.0.0 0.0.0.255
```

Para el caso que desee desactivar el resumen de ruta, por ejemplo al tener redes discontinuas, puede ejecutar el comando:

```
router(config-router)#no auto-summary
```

Para crear manualmente un resumen de ruta puede hacerlo indicando el **AS** (sistema autónomo EIGRP) y la red de resumen:

```
router(config-router)#ip summary-address eigrp sistema autónomo
dirección de red-máscara
```

9.4.1 Intervalos hello

Los intervalos de saludo y los tiempos de espera se configuran por interfaz y no tienen que coincidir con otros routers EIGRP para establecer adyacencias.

```
Router(config-if)#ip hello-interval eigrp AS segundos
```

Si cambia el intervalo de saludo, asegúrese de cambiar también el tiempo de espera a un valor igual o superior al intervalo hello. De lo contrario, la adyacencia de vecinos se desactivará después de que haya terminado el tiempo de espera y antes del próximo intervalo de saludo.

```
Router(config-if)#ip hold-time eigrp AS segundos
```

El valor en segundos para los intervalos de saludo y de tiempo de espera puede variar entre 1 y 65535.

9.4.2 Filtrados de rutas

EIGRP permite el filtrado de rutas en las interfaces de manera entrante o saliente asociando listas de acceso al protocolo.

```
Router(config)#router eigrp AS
Router(config-router)#distribute-list número ACL [in|out] interfaz
```

9.4.3 Redistribución estática

EIGRP redistribuye rutas aprendidas estáticamente dirigidas hacia un destino en particular o por defecto.

```
Router(config)#ip route red destino[gateway|interfaz]
Router(config)#router eigrp AS
Router(config-router)#redistribute static
```

 **NOTA:**

EIGRP se redistribuye automáticamente con otros sistemas autónomos EIGRP identificando las rutas como EIGRP externo y con IGRP si es el mismo número de sistema autónomo.

9.4.4 Equilibrado de carga

El balanceo de carga en los routers con rutas de coste equivalente suele ser por defecto de un máximo de cuatro. El equilibrado puede modificarse hasta un máximo de seis rutas. EIGRP puede a su vez equilibrar tráfico por múltiples rutas con diferentes métricas utilizando un multiplicador de varianza, por defecto el valor de la varianza es uno equilibrando la carga por costes equivalentes.

```
Router(config)#router eigrp sistema autónomo
Router(config-router)#network dirección de red
Router(config-router)#maximum-paths número máximo
Router(config-router)#variance métrica multiplicador
```

9.4.5 Router Stub

Los routers stub en EIGRP sirven para enviar una cantidad limitada de información entre ellos mismos y los routers de núcleo o core. De esta manera se ahorran recursos de memoria y CPU en los routers stub.

Los routers stub solamente tienen un vecino que acorde con buen diseño de red debería ser un router de distribución, de esta forma el router solo tiene una red que apunta hacia el router de distribución para alcanzar cualquier otro prefijo en la red.

Configurando un router como stub ayuda al buen funcionamiento de la red, las consultas se responden mucho más rápido. Estos routers responden a esas consultas con mensajes de inaccesibles limitando así el ámbito de dichas consultas.

La sintaxis de configuración de EIGRP stub es la siguiente:

```
Router(config-router)# eigrp stub [receive-only|connected|
redistributed|static |summary]
```

9.4.6 Autenticación

La autenticación EIGRP comienza creando una cadena de claves, numerarla y asociarla con la clave correspondiente. Posteriormente se puede configurar un sistema seguro de encriptación como MD5 dentro de la interfaz y habilitar la autenticación dentro de la misma interfaz.

```
Router(config)#key chain nombre
Router(config-keychain)#key número
Router(config-keychain-key)#key-string nombre
Router(config-keychain-key)#exit
Router(config-keychain)#exit
Router(config)#interface tipo número
Router(config-if)#ip authentication mode eigrp AS md5
Router(config-if)#ip authentication key-chain eigrp AS nombre de
la cadena
```

9.4.7 Verificación

Algunos comandos para la verificación y control EIGRP son:

- **show ip route**: muestra la tabla de enrutamiento.
- **show ip protocols**: muestra los parámetros todos los protocolos.
- **show ip eigrp neighbors**: muestra la información de los vecinos EIGRP.
- **show ip eigrp topology**: muestra la tabla de topología EIGRP.
- **debug ip eigrp**: muestra la información de los paquetes.

```
Router#show ip route eigrp
D    172.22.0.0/16 [90/2172416] via 172.25.2.1, 00:00:35, Serial0.1
     172.25.0.0/16 is variably subnetted, 6 subnets, 4 masks
D    172.25.25.6/32 [90/2300416] via 172.25.2.1, 00:00:35, Serial0.1
D    172.25.25.1/32 [90/2297856] via 172.25.2.1, 00:00:35, Serial0.1
D    172.25.1.0/24 [90/2172416] via 172.25.2.1, 00:00:35, Serial0.1
D    172.25.0.0/16 is a summary, 00:03:10, Null0
D    10.0.0.0/8 [90/4357120] via 172.25.2.1, 00:00:35, Serial0.1
```

Métrica [90/4357120], distancia administrativa [90/4357120]

```
Router#show ip protocols
Routing Protocol is "eigrp 100"
  Outgoing update filter list for all interfaces is not set
  Incoming update filter list for all interfaces is not set
  Default networks flagged in outgoing updates
  Default networks accepted from incoming updates
  EIGRP metric weight K1=1, K2=0, K3=1, K4=0, K5=0
  EIGRP maximum hopcount 100
  EIGRP maximum metric variance 1
  Redistributing: eigrp 55
  Automatic network summarization is in effect
  Automatic address summarization:
    192.168.20.0/24 for Loopback0, Serial0
    192.170.0.0/16 for Ethernet0
      Summarizing with metric 128256
  Maximum path: 4
  Routing for Networks:
    172.30.0.0
    192.168.20.0
  Routing Information Sources:
    Gateway          Distance      Last Update
    172.25.5.1              90      00:01:49
  Distance: internal 90 external 170
```

9.5 EIGRPV6

Este protocolo está basado en EIGRP para IPv4, tal como pasa con su antecesor es un protocolo vector-distancia avanzado diseñado por Cisco que utiliza una métrica compleja con actualizaciones confiables y el algoritmo DUAL para converger rápidamente. EIGRP para IPv6 se puede configurar a partir de la versión de IOS 12.4(6)T y posteriores.

EIGRPv6 lleva este nombre no solo porque sea la versión 6 del protocolo, sino porque además es el que se usa con IPv6.

Las siguientes son algunas diferencias entre EIGRP para IPv4 y EIGRP para IPv6:

⚑ EIGRPv6 anuncia prefijos IPv6 junto con su longitud mientras que la versión para IPv4 anuncia sub redes y máscaras.

⚑ EIGRPv6 utiliza la IP *local link* del vecino como siguiente salto. En EIGRP para IPv4 ese concepto no existe.

⚑ EIGRPv6 encapsula los mensajes en paquetes IPv6 y no en paquetes IPv4.

⚑ EIGRPv6 confía en IPv6 para la autenticación.

⚑ EIGRPv6 no tiene concepto de redes classfull por lo que no realiza ninguna sumarización automática tal y como ocurre con EIGRP para IPv4.

⚑ EIGRPv6 no requiere que los vecinos estén en la misma subred para que se establezca la adyacencia.

9.5.1 Configuración

En general la mayoría de los comandos para EIGRPv6 son similares a EIGRPv4 añadiendo el parámetro **ipv6**:

Habilitar el enrutamiento IPv6 y el enrutamiento EIGRPv6 con los comandos de configuración global:

```
Router(config)#ipv6 unicast-routing
Router(config)#ipv6 router eigrp AS
```

Configurar la dirección IPv6 en la interfaz correspondiente. Se puede utilizar cualquiera de estos comandos a nivel de interfaz:

```
Router(config-if)#ipv6 address dirección/prefijo [eui-64]
Router(config-if)#ipv6 enable
```

Configurar EIGRPv6 en la interfaz con el comando **ipv6 eigrp** *AS* donde el AS ha de ser el mismo utilizado en la configuración global.

Habilitar EIGRPv6 globalmente utilizando el comando **no shutdown** dentro de la configuración de EIGRP.

Dentro de la configuración del protocolo se puede configurar un ID con el comando:

```
Router(config-rtr)#router-id ID
```

Hay que prestar especial atención a este último paso, ya que si no se configura un **router-id** EIGRP intentará utilizar primeramente la IP loopback más alta, si no la encuentra intentará hacerlo con la interfaz física con la IP más alta configurada. En ambos casos refiriéndose a IPv4. Si no encuentra ninguna el proceso no se iniciará.

El siguiente es un ejemplo de configuración:

```
Router# show running-config
....................................
ipv6 unicast-routing
interface FastEthernet0/0.1
ipv6 address 2012::1/64
ipv6 eigrp 9
!
interface FastEthernet0/0.2
ipv6 address 2017::1/64
ipv6 eigrp 9
!
interface FastEthernet0/1.18
ipv6 address 2018::1/64
ipv6 eigrp 9
!
interface Serial0/0/0.3
ipv6 address 2013::1/64
ipv6 eigrp 9
!
ipv6 router eigrp 9
no shutdown
router eigrp 10.10.34.3
```

9.5.2 Verificación

Existen varios comandos de verificación, en el siguiente ejemplo se pueden apreciar que son similares a los usados en EIGRP para IPv4 lo que cambia es la palabra **ipv6**:

- ▶ **show ipv6 route**: muestra la tabla de enrutamiento.

- ▶ **show ipv6 protocols**: muestra los parámetros todos los protocolos.

- ▶ **show ipv6 eigrp neighbors**: muestra la información de los vecinos EIGRP.

- ▶ **show ipv6 eigrp topology**: muestra la tabla de topología EIGRP.

- ▶ **show ipv6 eigrp interfaces**: muestra la información de las interfaces que participan en el proceso EIGRP.

```
Router# show ipv6 protocols
IPv6 Routing Protocol is "eigrp 9"
EIGRP metric weight K1=1, K2=0, K3=1, K4=0, K5=0
EIGRP maximum hopcount 100
EIGRP maximum metric variance 1
Interfaces:
      FastEthernet0/0
      Serial0/0/0.1
      Serial0/0/0.2
Redistribution:
None
Maximum path: 16
Distance: internal 90 external 170


Rrouter# show ipv6 route 2099::/64
Routing entry for 2099::/64
Known via "eigrp 9", distance 90, metric 2174976, type internal
Route count is 2/2, share count 0
Routing paths:
FE80::22FF:FE22:2222, Serial0/0/0.2
Last updated 00:24:32 ago
FE80::11FF:FE11:1111, Serial0/0/0.1
Last updated 00:07:51 ago

R3# show ipv6 route eigrp
IPv6 Routing Table - Default - 19 entries
Codes: C - Connected, L - Local, S - Static, U - Per-user Static
```

```
route
      B - BGP, M - MIPv6, R - RIP, I1 - ISIS L1 I2 - ISIS L2, IA -
      ISIS interarea, IS - ISIS summary, D — EIGRP EX - EIGRP
      external O - OSPF Intra, OI - OSPF Inter, OE1 - OSPF ext 1,
      OE2 - OSPF ext 2
      ON1 - OSPF NSSA ext 1, ON2 - OSPF NSSA ext 2

D 2005::/64 [90/2684416]
      via FE80::11FF:FE11:1111, Serial0/0/0.1
      via FE80::22FF:FE22:2222, Serial0/0/0.2
D 2012::/64 [90/2172416]
      via FE80::22FF:FE22:2222, Serial0/0/0.2
      via FE80::11FF:FE11:1111, Serial0/0/0.1
D 2014::/64 [90/2681856]
      via FE80::11FF:FE11:1111, Serial0/0/0.1
D 2015::/64 [90/2681856]
      via FE80::11FF:FE11:1111, Serial0/0/0.1
.....................................
D 2099::/64 [90/2174976]
      via FE80::22FF:FE22:2222, Serial0/0/0.2
      via FE80::11FF:FE11:1111, Serial0/0/0.1
```

9.6 OSPF

OSPFv2 (*Open Shortest Path First*) fue creado a finales de los ochenta. Se diseñó para cubrir las necesidades de las grandes redes IP que otros protocolos como RIP no podían soportar, incluyendo VLSM, autenticación de origen de ruta, convergencia rápida, etiquetado de rutas conocidas mediante protocolos de enrutamiento externo y publicaciones de ruta de multidifusión. El protocolo OSPF versión 2 es la implementación más actualizada, aparece especificado en la RFC 2328.

OSPF funciona dividiendo una Intranet o un sistema autónomo en unidades jerárquicas de menor tamaño. Cada una de estas áreas se enlaza a un área backbone mediante un router fronterizo. Todos los paquetes enviados desde una dirección de una estación de trabajo de un área a otra de un área diferente atraviesan el área backbone, independientemente de la existencia de una conexión directa entre las dos áreas. Aunque es posible el funcionamiento de una red OSPF únicamente con el área backbone, OSPF escala bien cuando la red se subdivide en un número de áreas más pequeñas.

OSPF es un protocolo de enrutamiento por estado de enlace que a diferencia de RIP e IGRP que publican sus rutas solo a routers vecinos, los routers OSPF envían publicaciones del estado de enlace **LSA** (*Link-State Advertisment*) a todos los routers pertenecientes a la misma área jerárquica mediante una multidifusión de IP. La LSA contiene información sobre las interfaces conectadas, la métrica utilizada y otros datos adicionales necesarios para calcular las bases de datos de la ruta y la topología de red. Los routers OSPF acumulan información sobre el estado de enlace y ejecutan el algoritmo **SPF** (*Shortest Path First*), también conocido con el nombre de su creador **Dijkstra**, para calcular la ruta más corta a cada nodo.

Para determinar qué interfaces reciben las publicaciones de estado de enlace, los routers ejecutan el protocolo OSPF **Hello**. Los routers vecinos intercambian mensajes hello para determinar qué otros routers existen en una determinada interfaz y sirven como mensajes de actividad que indican la accesibilidad de dichos routers.

Cuando se detecta un router vecino, se intercambia información de topología OSPF. Cuando los routers están sincronizados, se dice que han formado una adyacencia.

Las LSA se envían y reciben solo en adyacencias. La información de la LSA se transporta en paquetes mediante la capa de transporte OSPF que define un proceso fiable de publicación, acuse de recibo y petición para garantizar que la información de la LSA se distribuye adecuadamente a todos los routers de un área. Los tipos más comunes son los que publican información sobre los enlaces de red conectados de un router y los que publican las redes disponibles fuera de las áreas OSPF.

9.6.1 Métrica

El **coste** es la métrica utilizada por OSPF. Un factor importante en el intercambio de las LSA es la relativa a la métrica. OSPF calcula el coste mediante la siguiente fórmula:

$$Coste = \frac{100.000.000\ bps}{VelocidadEnlace} = \frac{10^8\ bps}{VelocidadEnlace}$$

Si existen varios caminos para llegar al destino con el mismo coste, OSPF efectúa por defecto un balanceo de carga hasta 4 rutas diferentes. Este valor admite hasta 16 rutas diferentes. OSPF calcula el coste de manera acumulativa tomando en cuenta el coste de la interfaz de salida de cada router.

9.6.2 Tablas

Todas las operaciones OSPF se basan en tres tablas, que deben mantenerse actualizadas:

▸ **Tabla de vecinos**: contiene la información sobre los vecinos con los cuáles se realizan intercambios OSPF.

▸ **Tabla de topologías**: mantiene una base datos de todas las LSA recibidas de toda la red.

▸ **Tabla de enrutamiento**: contiene la información necesaria para alcanzar una red de destino.

9.6.3 Mantenimiento de la base de datos

Los protocolos vector distancia anuncian rutas hacia los vecinos, pero los protocolos estado de enlace anuncian una lista de todas sus conexiones. Cuando un enlace se cae se envían **LSA** (*Link-State Advertisement*), que son compartidas por los vecinos como así también una base topológica **LSDB** (*Link-State Database*). Las LSA se identifican con un número de secuencia para reconocer las más recientes, en un rango de 0x8000 0001 al 0xFFFF FFFF. Cuando los routers convergen tienen la misma LDSB, a partir de ese momento SPF es capaz de determinar la mejor ruta hacia el destino. La tabla de topología es la visión que tiene el router de la red dentro del área en que se encuentra incluyendo además todos los routers.

La tabla de topología se actualiza por cada una de las LSA que envían cada uno de los routers dentro de la misma área y que todos estos routers comparten la misma base de datos. Si existen inconsistencias en esta base de datos podrían generarse bucles; es el propio router el encargado de avisar que ha habido algún cambio e informar del mismo.

Algunas de éstos pueden ser:

▸ Pérdida de conexión física o link en algunas de sus interfaces.
▸ No se reciben los hello en el tiempo establecido por sus vecinos.
▸ Se recibe un LSA con información de cambios en la topología.

En cualquiera de los tres casos anteriores el router generará una LSA enviando a sus vecinos la siguiente información:

▸ Si la LSA es más reciente se añade a la base de datos. Se reenvían a todos los vecinos para que actualicen sus tablas y SPF comienza a funcionar.

▸ Si el número de secuencia es el mismo que el router ya tiene registrado en la base de datos, ignorará esta actualización.

✒ Si el número de secuencia es anterior al que está registrado, el router enviará la versión nueva al router que envió la anterior. De esta forma se asegura que todos los routers poseen la última versión.

```
Router#show ip ospf database
            OSPF Router with ID (172.18.6.1) (Process ID 87)
                 Router Link States (Area 10)
Link ID           ADV Router        Age          Seq#        Checksum
Link count
172.18.6.1        172.18.6.1        108          0x80000005 0x008367 4
172.19.2.1        172.19.2.1        144          0x80000004 0x00C25B 1
192.168.2.3       192.168.2.3       109          0x80000006 0x001DDE 4
192.168.2.5       192.168.2.5       109          0x80000006 0x007CFD 3
                 Net Link States (Area 10)
Link ID           ADV Router        Age          Seq#        Checksum
172.18.5.3        172.19.2.1        144          0x80000003 0x001612
192.168.1.1       172.18.6.1        208          0x80000001 0x007CE5
192.168.2.1       172.18.6.1        208          0x80000001 0x0071EF
                 Summary Net Link States (Area 10)
Link ID           ADV Router        Age          Seq#        Checksum
0.0.0.0           172.19.2.1        978          0x80000001 0x00F288
2.2.2.2           172.19.2.1        973          0x80000001 0x0096DC
2.2.2.3           172.19.2.1        973          0x80000001 0x008CE5
2.2.2.4           172.19.2.1        973          0x80000001 0x0082EE
172.19.2.1        172.19.2.1        973          0x80000001 0x00298F
172.20.10.0       172.19.2.1        397          0x80000001 0x00472A
```

9.6.4 Relación de vecindad

OSPF establece relaciones con otros routers mediante el intercambio de mensajes **Hello**. Luego del intercambio inicial de estos mensajes los routers elaboran sus tablas de vecinos, que lista todos los routers que están ejecutando OSPF y están directamente conectados. Los mensajes hello son enviados con la dirección multicast **2240.0.0.5** con una frecuencia en redes tipo broadcast cada 10 segundos, mientras que en las redes nonbroadcast cada 30 segundos.

Una vez que los routers hayan intercambiado los paquetes hello, comienzan a intercambiar información acerca de la red y una vez que esa información haya sincronizado los routers forman adyacencias.

Una vez lograda la adyacencia (estado **Full**), las tablas deben mantenerse actualizadas, las LSA son enviadas cuando exista algún cambio o cada 30 minutos como un tiempo de refresco.

La siguiente lista describe los estados de una relación de vecindad:

- ▶ **Down**, es el primer estado de OSPF y significa que no se ha escuchado ningún hello de este vecino.

- ▶ **Attempt**, este estado es únicamente para redes NBMA, durante este estado el router envía paquetes hello de tipo unicast hacia el vecino, aunque no se hayan recibido hello de ese vecino.

- ▶ **Init**, se ha recibido un paquete hello de un vecino, pero el ID del router no ésta listado en ese paquete hello.

- ▶ **2-Way**, se ha establecido una comunicación bidireccional entre dos routers.

- ▶ **Exstart**, una vez elegidos el DR y el BDR el verdadero proceso de intercambiar información del estado del enlace se hace entre los routers y sus DR y BDR.

- ▶ **Exchange**, en este estado los routers intercambian la información de la base de datos DBD.

- ▶ **Loading**, es en este estado cuando se produce el verdadero intercambio de la información de estado de enlace.

- ▶ **Full**, finalmente los routers son totalmente adyacentes, se intercambian las LSA y las bases de datos de los routers están sincronizadas.

Los mensajes hello se siguen enviando periódicamente para mantener las adyacencias, en el caso de que no se reciban se dará por perdida dicha adyacencia. Tan pronto como OSPF detecta un problema modifica las LSA correspondientes y envía actualizaciones a todos los vecinos. Este proceso mejora el tiempo de convergencia y reduce al mínimo la cantidad de información que se envía a la red.

9.6.5 Router designado

Cuando varios routers están conectados a un segmento de red del tipo broadcast, uno de estos routers del segmento tomará el control y mantendrá las adyacencias entre todos los routers de ese segmento. Ese router toma el nombre de **DR** (*Designate Router*) y será elegido a través de la información que contienen los mensajes hello que se intercambian los routers. Para una eficaz redundancia también se elige un router designado de reserva o **BDR**. Los DR son creados en enlaces multiacceso debido a que el número de adyacencias incrementaría de manera significativa el tráfico en la red, de esta forma el DR y el BDR establecen adyacencias reduciendo significativamente la cantidad de estas.

La elección de un router designado (DR) y un router designado de reserva (BDR) en una topología multiacceso con difusión cumple los siguientes requisitos:

- El router con el valor de prioridad más alto es el router designado **DR**.

- El router con el segundo valor es el router designado de reserva **BDR**.

- El valor predeterminado de la prioridad OSPF de la interfaz es **1**. Un router con prioridad 0 no es elegible. En caso de empate se usa el ID de router.

- ID de router. Este número de 32 bits identifica únicamente al router dentro de un sistema autónomo. La dirección IP más alta de una interfaz activa se elige por defecto.

9.7 TOPOLOGÍAS OSPF

9.7.1 Multiacceso con difusión

Dado que el enrutamiento OSPF depende del estado de enlace entre dos routers, los vecinos deben reconocerse entre sí para compartir información. Este proceso se hace por medio del protocolo **Hello**.

Los paquetes se envían cada 10 segundos (forma predeterminada) utilizando la dirección de multidifusión 224.0.0.5. Para declarar a un vecino caído el router espera cuatro veces el tiempo del intervalo **Hello** (intervalo **Dead**).

Los routers de un entorno multiacceso, como un entorno Ethernet, deben elegir un router designado (**DR**) y un router designado de reserva (**BDR**) para que representen a la red.

Un DR lleva a cabo tareas de envío y sincronización. El **BDR** solo actuará si el **DR** falla. Cada router debe establecer una adyacencia con el DR y el BDR.

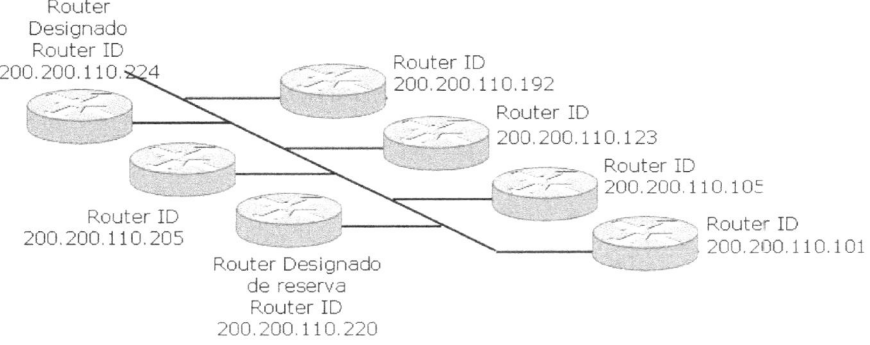

En redes con difusión se lleva a cabo la elección de DR y BDR

 **NOTA:**

Un router se ve a sí mismo listado en un paquete Hello que recibe de un vecino.

9.7.2 NBMA

Las redes **NBMA** son aquellas que soportan más de dos routers pero que no tienen capacidad de difusión. Frame-Relay, ATM, X.25 son algunos ejemplos de redes NBMA. La selección del DR se convierte en un tema importante ya que el DR y el BDR deben tener conectividad física total con todos los routers de la red.

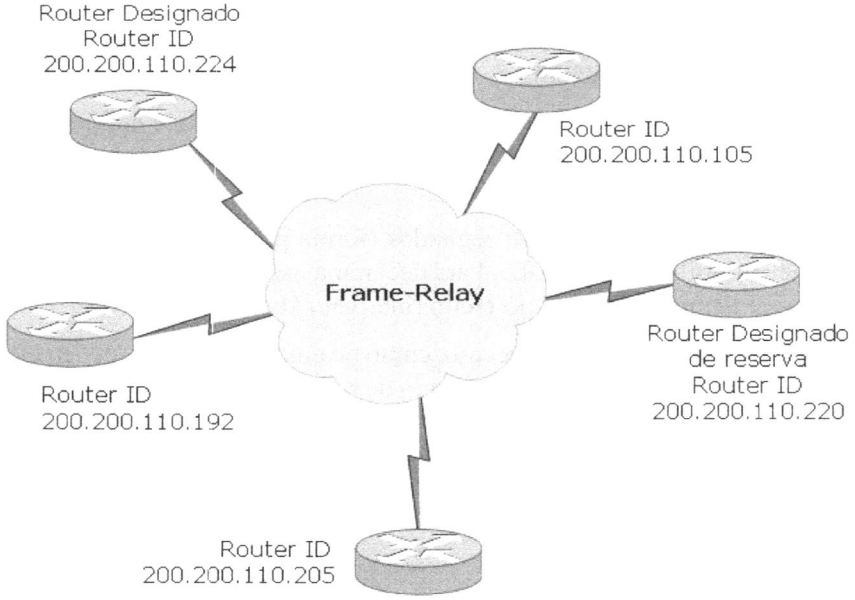

OSPF en redes NBM: debe existir conectividad entre todos los routers

9.7.3 Punto a punto

En redes punto a punto el router detecta dinámicamente a sus vecinos enviando paquetes Hello con la dirección de multidifusión 224.0.0.5. **No se lleva a cabo elección y no existe concepto de DR o BDR.**

Los intervalos Hello y Dead son de 10 y 40 segundos respectivamente.

OSPF en redes punto a punto: no hay elección de DR ni BDR.

9.8 CONFIGURACIÓN DE OSPF EN UNA SOLA ÁREA

Para iniciar el proceso de configuración OSPF se debe identificar el número de proceso. Este número tiene significado local y pueden existir varios procesos OSPF en un mismo router, aunque hay que tener en cuenta que cuantos más procesos más consumo de recursos.

`Router(config)#router ospf número de proceso`

Una vez que el proceso OSPF es habilitado se debe identificar las interfaces que participarán en el mismo, debiendo tener especial cuidado con la utilización de la máscara comodín o wildcard.

`Router(config-router)#network dirección wildcard area núnero`

El parámetro área, asocia las interfaces en un área en particular. El formato del parámetro área es un campo de 32 bits en decimal simple o notación decimal de punto.

A partir de la identificación del área comienzan a intercambiarse los hello, se envían las LSA y el conjunto de los routers comienzan a participar en la red. Cuando el router tiene interfaces en diferentes áreas se llama ABR.

La wildcard permite especificar una red, una subred, una interfaz determinada, un rango de interfaces o todas las interfaces que participarán en el proceso OSPF. Existen varias formas de utilizar el comando network aprovechando la flexibilidad de las wildcard:

☞ Configurando de manera global todas las interfaces.

☞ Configurando las redes a las que pertenecen las interfaces.

☞ Configurando las interfaces una a una.

Estas opciones pueden ser aplicables con mayor eficacia según sea el caso. La primera puede ser de rápida configuración, pero con el consiguiente riesgo de que alguna interfaz no deseada se filtre en el proceso OSPF. El tercer caso es más trabajoso para el administrador, pero más selectivo y seguro.

Observe el siguiente ejemplo:

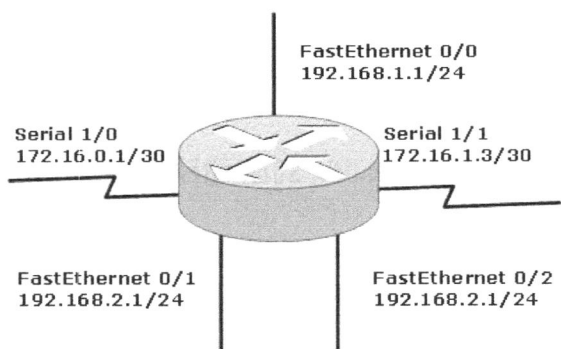

Configurando de manera global todas las interfaces:

```
Router(router-config)# network 0.0.0.0 255.255.255.255 area 0
```

Configurando las redes a las que pertenecen las interfaces:

```
Router(router-config)# network 172.16.0.0 0.0.255.255 area 0
Router(router-config)# network 192.168.100.0 0.0.0.255 area 0
```

Configurando las interfaces una a una:

```
Router(router-config)# network 192.168.1.1 0.0.0.0 area 0
Router(router-config)# network 192.168.2.1 0.0.0.0 area 0
Router(router-config)# network 192.168.3.1 0.0.0.0 area 0
Router(router-config)# network 172.16.0.1 0.0.0.0 area 0
Router(router-config)# network 172.16.1.3 0.0.0.0 area 0
```

9.8.1 Elección del DR y BDR

La elección del DR y del DBR puede manipularse acorde a las necesidades existentes variando los valores de la prioridad dentro de la interfaz o subinterfaz que participe en el dominio OSPF (rango de 1 a 65535).

```
Router#configure terminal
Router(config)#interface tipo número
Router(config-if)#ip ospf priority [1-65535]
```

Esta decisión puede aplicarse también con la creación de una interfaz de Loopback cuyo valor se tendrá en cuenta como prioritario al momento de definir el ID del router.

```
Router(config)#interface loopback número
Router(config-if)#ip address dirección IP máscara
```

9.8.2 Cálculo del coste del enlace

El Cisco IOS determina automáticamente el coste basándose en el ancho de banda de la interfaz, expresado en bps.

$$\frac{10^8 \, bps}{Bandwidth}$$

Para modificar el ancho de banda sobre la interfaz utilice el comando **bandwidth**:

```
Router(config)#interface serial 0/0
Router(config-if)#bandwidth 64
```

Use el siguiente comando de configuración de interfaz para cambiar el coste del enlace:

```
Router(config-if)#ip ospf cost coste
```

El valor por defecto del coste se muestra en la siguiente tabla:

Enlace	Coste
56-kbps serial link	1785
T1 (1.544-Mbps serial link)	64
Ethernet	10
FastEthernet	1
GigabitEthernet	1

 **RECUERDE:**

Para la configuración de OSPF, las interfaces que participan del proceso deben estar configuradas y activas previamente.

9.8.3 Autenticación OSPF

Para crear una contraseña de autenticación en texto simple utilice el siguiente comando dentro de la interfaz:

```
Router(config-if)#ip ospf authentication-key contraseña
```

Para establecer un nivel de encriptación en la contraseña de autenticación puede utilizarse el siguiente comando dentro de la interfaz:

```
Router(config-if)#ip ospf message-digest-key [identificador] md5
[tipo de encriptación]
Router(config)#router ospf número de proceso
Router(config-router)#area número authentication
Router(config-router)#area número authentication message-digest
```

9.8.4 Administración del protocolo Hello

De manera predeterminada, los paquetes de saludo OSPF (Hello) se envían cada 10 segundos en segmentos multiacceso y punto a punto, y cada 30 segundos en segmentos multiacceso sin broadcast (NBMA).

El intervalo muerto (Dead) es el período, expresado en segundos, que el router esperará para recibir un paquete de saludo antes de declarar al vecino desactivado. Cisco utiliza de forma predeterminada cuatro veces el intervalo de Hello. En el caso de los segmentos multiacceso y punto a punto, dicho período es de 40 segundos. En el caso de las redes NBMA, el intervalo muerto es de 120 segundos.

Para configurar los intervalos de Hello y de Dead en una interfaz se deben utilizar los siguientes comandos:

```
Router(config-if)#ip ospf hello-interval segundos
Router(config-if)#ip ospf dead-intervalsegundos
```

9.9 OSPF EN MÚLTIPLES ÁREAS

La capacidad de OSPF de separar una gran red en diferentes áreas más pequeñas se denomina enrutamiento jerárquico. Esta red jerárquica permite dividir un **AS** en redes más pequeñas llamadas áreas que se conectan al área 0 o **área de backbone**. Las actualizaciones de enrutamiento interno como el recálculo de la base de datos se producen dentro de cada área, es decir que si por ejemplo una interfaz se torna inestable el recálculo se circunscribe a su área sin afectar al resto. Esta tarea hace que los cálculos **SPF** solo incluyan al área en cuestión sin que esto afecte a las demás áreas.

Las actualizaciones de estado de enlace **LSU** pueden publicar rutas resumidas entre áreas en lugar de una por red. La información de enrutamiento entre áreas puede ser filtrada haciendo más selectivo y eficaz el enrutamiento dinámico.

Si se consideran los problemas que pueden existir con el crecimiento de una red en OSPF con una sola área, hay varias cuestiones que se deben tener en cuenta:

▱ El algoritmo SPF es ejecutado con mayor frecuencia. Cuanto mayor sean las dimensiones de la red mayor posibilidad de fallos en enlaces o cambios topológicos debiendo recalcular toda la tabla de topologías con el algoritmo SPF. El tiempo de convergencia es mayor cuanto mayor sea el área.

▱ Cuanto mayor sea el área mayor será la tabla de enrutamiento. A pesar de que la tabla de enrutamiento no se envía por completo como en los protocolos vector distancia, cuanto más grande más tiempo se tardará en hacer una búsqueda en ella, con mayor gasto de recursos.

▱ En una red de grandes dimensiones la tabla de topología puede ser inmanejable, intercambiándose entre los routers cada 30 minutos.

Finalmente, la base de datos se incrementa en tamaño y los cálculos aumentan en frecuencia; crece de manera considerable el uso de CPU y memoria afectando directamente a la latencia de la red. Todo esto se traduce en congestiones de red, paquetes perdidos, malos tiempos de convergencia, etc.

9.9.1 Tipos de router

La división en áreas hace que el desempeño de la red mejore notablemente, parte de esta mejora incluye la tecnología empleada y el diseño de un modelo jerárquico eficiente. Los routers dentro de este modelo jerárquico tienen diferentes responsabilidades, a saber:

▱ **Internal router**, es el responsable de mantener una base de datos actualizada y precisa de cada una de las LSA dentro de cada una de las áreas. Al mismo tiempo envía datos hacia otras redes empleando la ruta más corta. Todas las interfaces de este router están dentro de la misma área.

▱ **Backbone router**, las normas de diseño de OSPF requieren que todas las áreas estén conectadas a un área de backbone o área 0. Un router dentro de esta área lleva este nombre.

▱ **Area Border Router** (ABR), este router se encarga de la conexión entre dos o más áreas, mantiene una base topológica de cada una de las áreas a que pertenece y envía actualizaciones LSA a cada una de dichas áreas.

▶ **Autonomous System Boundary Router** (ASBR), este router conecta hacia otros dominios de enrutamiento, normalmente ubicados dentro del área de backbone.

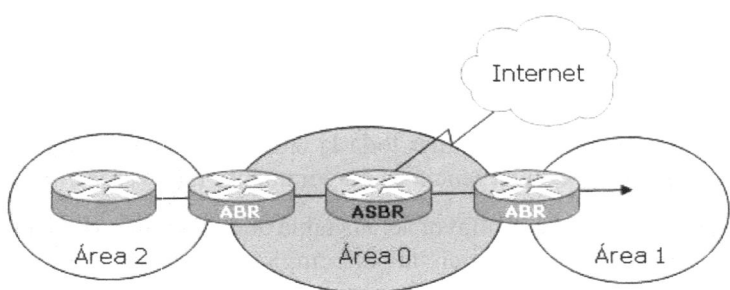

9.9.2 Virtual Links

Para los casos en que el administrador deba configurar un área sin conectividad con el área 0 podrá utilizar los **virtual links**, creando un "puente" entre dos ABR para conectar de forma lógica el área remota con el área 0. De esta manera la información del área entre los dos ABR fluye a través del área intermedia o virtual. Desde el punto de vista de OSPF el ABR tiene una conexión directa con estas tres áreas.

Este escenario puede verse en varios casos:

▶ Una fusión o un fallo aísla un área del área 0.

▶ La existencia de dos áreas 0 debido a una fusión.

▶ Un área es crítica y se requiere configurar un link extra para mayor redundancia (pasando éste por otra área para llegar al área 0).

Aunque los virtuales links son una herramienta que solventa este tipo de situaciones no se debe pensar en ella desde un punto de vista de diseño, deben ser empleadas como soluciones temporales.

Hay que asegurarse de los siguientes puntos antes de implementarlos:

▶ Ambos routers deben compartir un área.

▶ El área de tránsito no puede ser stub.

▶ Uno de los routers ha de estar conectado al área 0.

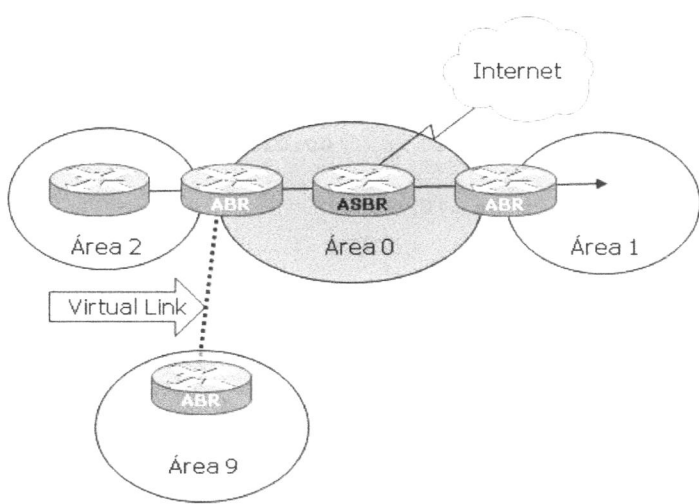

9.9.3 Verificación

Algunos comandos para la verificación y control OSPF son:

- **show ip route**: muestra la tabla de enrutamiento.
- **show ip protocols**: muestra los parámetros del protocolo.
- **show ip ospf neighbors**: muestra la información de los vecinos OSPF.
- **debug ip ospf events**: muestra adyacencias, DR, inundaciones, etc.
- **debug ip ospf packet**: muestra la información de los paquetes.
- **debug ip ospf hello**: muestra las actualizaciones Hello.

```
Router#show ip protocols

Routing Protocol is "ospf 100"

  Outgoing update filter list for all interfaces is not set
  Incoming update filter list for all interfaces is not set
  Router ID 200.200.10.10
  It is an area border and autonomous system boundary router
  Redistributing External Routes from,
  Number of areas in this router is 3. 3 normal 0 stub 0 nssa
  Maximum path: 4

  Routing for Networks:
    192.168.0.0  0.0.0.255 area 0
    192.170.0.0  0.0.0.255 area 0
    192.178.0.0  0.0.0.255 area 0
```

```
    Routing Information Sources:
      Gateway           Distance        Last Update
      192.168.0.1          110          00:01:30
      192.170.0.26         110          16:44:07
      122.178.0.1          110          00:01:30

    Distance: (default is 110)


    Router#show ip ospf neighbor

    Neighbor ID   Pri   State        Dead Time    Address       Interface
    192.168.0.3    1   FULL/DROTHER  00:00:33    192.168.0.3      Gi0/0
    192.168.0.5    1   FULL/DROTHER  00:00:33    192.168.0.5      Gi0/0
    192.168.0.4    1   FULL/BDR      00:00:33    192.168.0.4      Gi0/0
    200.200.1.1    2   FULL/DR       00:00:39    192.168.0.2      Gi0/0
```

 **NOTA:**

La configuración de OSPF en múltiples áreas puede ser muy extensa y complicada.
OSPF multiarea no se ven su totalidad en este libro.

9.10 OSPFV3

OSPFv3 comparte muchas características de OSPFv2, sigue siendo un protocolo de estado de enlace que utiliza el algoritmo de Dijkstra SPF para seleccionar los mejores caminos a través de la red. Las rutas en OSPFv3 son organizadas en áreas con todas las rutas conectadas al área 0 o área de backbone. Los routers OSPFv3 se comunican con sus vecinos intercambiando hello, LSA y también DBD y ejecutan el algoritmo SPF contra la base de datos del estado de enlace acumulada (LSDB).

OSPFv3 utiliza el mismo tipo de paquetes que la versión 2, forma las relaciones de vecinos con el mismo mecanismo y borra las LSA de forma idéntica. Ambas versiones soportan redes NBMA, non-broadcast y punto a punto. OSPFv3 se ejecuta directamente dentro de los paquetes IPv6 y puede coexistir con OSPFv2.

Las direcciones de multicast de OSPFv2 son de 224.0.0.5 y 224.0.0.6, OSPFv6 utiliza las direcciones de multicast FF02::5 para todos los routers OSPF y FF02::6 para todos los DR y BDR. Los routers que ejecutan OSPFv3 pueden soportar varias direcciones por interfaz, incluyendo la dirección *link-local*, la dirección global, la dirección de multicast, las dos direcciones de OSPFv3, etc.

OSPFv2 construye las relaciones entre redes con términos tales como "red" o "subred" lo que implica una dirección IP específica en una interfaz. En cambio, OSPFv3 solamente se ocupa de la conexión a través del enlace hacia su vecino, por lo tanto, en la terminología en OSPFv3 se habla de "link". La dirección link-local es el origen de las actualizaciones y no de la dirección local de unicast.

La autenticación no se incluye dentro de la versión 3. OSPFv3 confía en las capacidades de IPv6 para proporcionar autenticación y encriptación utilizando extensiones de cabecera.

OSPFv3 y OSPFv2 utilizan un conjunto de LSA similares pero que no son del todo idénticas.

9.10.1 Configuración

En general la mayoría de los comandos para OSPFv2 son similares a OSPFv3 añadiendo el parámetro **ipv6**. Asumiendo que IPv6 está habilitado y que las direcciones IPv6 están configuradas correctamente en las interfaces correspondientes, los comandos para habilitar OSPFv3 son los siguientes.

Habilitar el enrutamiento IPv6 y el enrutamiento OSPFv3 con los comandos de configuración global:

```
Router(config)#ipv6 unicast-routing
Router(config)#ipv6 router ospf proceso
Router(config-rtr)#router-id número
```

Identificar el área en la que participa cada interfaz.

```
Router(config-if)#ipv6 ospf proceso area núnero

Router(config-if)#ipv6 ospf priority priority
Router(config-if)#ipv6 ospf cost interface-cost
```

El router ID debe ser un número de 32 bits en formato de dirección decimal IPv4 y tiene que ser único, se puede utilizar para este valor una dirección IPv4 ya establecida en el router. La prioridad funciona de la misma manera que OSPFv2, el valor por defecto de la prioridad es 1. El router con mayor prioridad tiene más posibilidades de ser DR o BDR, mientras que 0 significa que el router no participará de dicha elección. El coste permanece igual en ambas versiones, que por defecto es inversamente proporcional al ancho de banda de la interfaz. El coste se puede modificar con el comando **ipv6 ospf cost**.

Opcionalmente puede configurarse el comando **passive-interface** para evitar que los vecinos descubran la interfaz.

9.10.2 Verificación

Para la verificación de OSPFv3 se pueden emplear muchos de los comandos de la versión 2 con el añadido del parámetro **ipv6**.

▸ **show ipv6 route**: muestra la tabla de enrutamiento IPv6.

▸ **show ipv6 protocols**: muestra los parámetros del protocolo.

▸ **show ipv6 ospf neighbors**: muestra la información de los vecinos OSPFv3. Anadir el parámetro **detail** sirve para mostrar detalles más específicos acerca de los vecinos OSPFv3.

▸ **debug ipv6 ospf events**: muestra adyacencias, DR, inundaciones, etc.

```
RouterA#show ipv6 ospf
Routing Process "ospfv3 1" with ID 10.255.255.1
SPF schedule delay 5 secs, Hold time between two SPFs 10 secs
Minimum LSA interval 5 secs. Minimum LSA arrival 1 secs
LSA group pacing timer 240 secs
Interface flood pacing timer 33 msecs
Retransmission pacing timer 66 msecs
Number of external LSA 0. Checksum Sum 0x000000
Number of areas in this router is 2. 2 normal 0 stub 0 nssa
Area BACKBONE(0) (Inactive)
        Number of interfaces in this area is 1
        SPF algorithm executed 1 times
        Number of LSA 1. Checksum Sum 0x008A7A
        Number of DCbitless LSA 0
        Number of indication LSA 0
        Number of DoNotAge LSA 0
        Flood list length 0
Area 1
        Number of interfaces in this area is 1
        SPF algorithm executed 9 times
        Area ranges are
        2001:0:1::/80 Passive Advertise
        Number of LSA 9. Checksum Sum 0x05CCFF
        Number of DCbitless LSA 0
        Number of indication LSA 0
        Number of DoNotAge LSA 0
        Flood list length 0


Router# show ipv6 ospf neighbor detail
Neighbor 172.16.3.3
```

```
    In the area 1 via interface FastEthernet0/0
    Neighbor: interface-id 3,
link-local address FE80::205:5FFF:FED3:5808
    Neighbor priority is 1, State is FULL, 6 state changes
    DR is 172.16.6.6 BDR is 172.16.3.3
    Options is 0x63F813E9
    Dead timer due in 00:00:33
    Neighbor is up for 00:09:00
    Index 1/1/2, retransmission queue length 0, number of
retransmission 2
    First 0x0(0)/0x0(0)/0x0(0) Next 0x0(0)/0x0(0)/0x0(0)
    Last retransmission scan length is 1, maximum is 2
    Last retransmission scan time is 0 msec, maximum is 0 msec
```

9.11 BGP

BGP (*Border Gateway Protocol*) es un protocolo tipo **path-vector**, aunque mantiene muchas características comunes con los de vector-distancia, diseñado para ser escalable y poder utilizarse en grandes redes creando rutas estables entre las organizaciones. Las rutas son registradas de acuerdo con los sistemas autónomos por donde está pasando y los bucles son evitados rechazando aquellas rutas que tienen el mismo número de sistema autónomo al cual están llegando.

Soporta enrutamiento entre dominios. Los dispositivos, equipos y redes controlados por una organización son llamados sistemas autónomos, **AS**. Esto significa independencia, es decir, que cada organización es independiente de elegir la forma de conducir el tráfico y no se los puede forzar a cambiar dicho mecanismo. Por lo tanto, BGP comunica los AS con independencia de los sistemas que utilice cada organización.

Mientras que los **IGP** están buscando la última información y ajustando constantemente las rutas acordes con la nueva información que se recibe, BGP está diseñado para que las rutas sean estables y que no se estén advirtiendo e intercambiando constantemente. BGP pretende que las redes permanezcan despejadas de tráfico innecesario el mayor tiempo posible.

Existen dos tipos de BGP:

▶ BGP externo (eBGP), es el protocolo de enrutamiento utilizados entre diferentes sistemas autónomos.

▶ BGP interno (iBGP), es el protocolo de enrutamiento utilizado entre routers en el mismo AS.

Este libro se centra en conceptos básicos sobre eBGP.

Como protocolo de enrutamiento externo BGP es utilizado para conectar hacia y desde Internet y para enrutar tráfico dentro de Internet. Existen varias formas de conectar un AS a un ISP. Las principales son las siguientes:

- **Multi-homed** es la conexión a Internet que utiliza enlaces redundantes hacia múltiples ISPs, u otros AS. Es importante controlar cuánto tráfico de enrutamiento se quiere recibir desde Internet.

- **Single-homed**. Este tipo de conexión a Internet utiliza un solo ISP o una única conexión a otro AS. El enrutamiento es muy sencillo teniendo en cuenta que solo existe un camino para alcanzar a cualquier destino de Internet.

La manera más fácil de conectarse a Internet son las rutas por defecto desde todos los proveedores, proporcionando una ruta redundante en caso de que la principal falle. Si solo se recibe una ruta de cada proveedor la utilización de memoria y CPU es muy baja. El punto negativo es que no siempre se elegirán los caminos más cortos, el tráfico se dirigirá simplemente hacia el router frontera más cercano. Si las necesidades de la organización no son exigentes, este tipo de conexión es la adecuada.

Existen tres formas de conectarse a Internet:

1. Aceptar solo rutas por defecto desde todos los ISP. En este caso los consumos de recursos serán muy bajos y la selección de rutas se hará utilizando el router BGP más cercano. Algunos de los problemas que pueden surgir es el enrutamiento **sub-óptimo** (menos adecuado).

2. Aceptar algunas rutas, más las rutas por defecto desde los ISP. En este caso el consumo de recursos de memoria y CPU será medio. El router seleccionará la ruta específica y si no la conoce lo hará a través del router BGP más cercano. Puede producirse enrutamiento sub-óptimo con las redes conectadas más allá del ISP.

3. Aceptar todas las rutas desde todos los ISP, en este caso el consumo de recursos es alto, pero en contra posición siempre se elegirá la ruta más directa.

La autenticación es una parte importante en BGP sobre todo para proveedores de servicios. Sin autenticación estos ISP estarían expuestos a múltiples ataques desde Internet. La autenticación de BGP consiste en abordar una clave o contraseña entre los vecinos de tal manera que se envíe un *hash* **MD5** con cada paquete BGP.

9.11.1 Configuración básica

BGP ha sido diseñado para conectar diferentes sistemas autónomos entre sí. Los pasos para habilitar BGP consisten en identificar el sistema autónomo local e identificar a los vecinos con su correspondiente sistema autónomo. La configuración también debe incluir las redes que se quieren anunciar.

Para iniciar el proceso BGP se utiliza la siguiente sintaxis:

```
Router(config)# router bgp autonomous-system-number
```

A diferencia de muchos otros protocolos BGP solo puede ejecutar un proceso en cada router. Al intentar configurar más de un proceso BGP el router mostrará el número de proceso que se está ejecutando actualmente.

BGP no se conecta a otros routers de manera automática, hay que predefinirlos. El comando **neighbor** es utilizado para definir cada uno de los vecinos y su correspondiente sistema autónomo. Si el AS del vecino es el mismo que el local, habrá una conexión **iBGP** (*Internal BGP*); si el vecino posee un AS diferente, la conexión es **eBGP** (*External BGP*). Una vez que los vecinos son definidos habrá más comandos dentro del comando **neighbor** que se utilizarán para definir las políticas del filtrado de rutas etc.

La siguiente sintaxis muestra la configuración del comando **neighbor**:

```
Router(config-router)# neighbor ip-address remote-as autonomous-
system-number
```

El comando **network** configura las redes que van a ser originadas por este router. Hay una diferencia notable entre el uso del comando **network** en BGP y en otros protocolos de enrutamiento. Con este comando no se identifican las interfaces que van a ejecutar BGP, sino que se identifican las redes que se van a propagar. Se pueden utilizar múltiples comandos network, tantos como se requiera. El parámetro de la máscara es muy útil en BGP puesto que puede funcionar con subnetting y supernetting. La sintaxis del comando es la siguiente:

```
Router(config-router)# network network-number mask network-mask
```

Un **peer-goup** es un grupo de vecinos que comparten la misma política de actualizaciones. Los routers son listados como miembros del mismo peer-group de tal manera que las políticas asociadas con el grupo lo serán también del router. De esta forma las políticas son aplicadas a cada vecino, aunque también se pueden definir parámetros individuales personalizando a cada uno de los vecinos, además de aplicar una regla general propia del peer-group.

El comando **neighbor peer-group-name** es utilizado para crear el peer-group y asociar a los pares dentro de un sistema autónomo. Una vez que el peer-group ha sido definido los miembros son configurados con el comando **neighbor peer-group**.

```
Router(config-router)# neighbor peer-group-name peer-group
Router(config-router)# neighbor ip-address | peer-group-name
remote-as autonomoussystem-number
Router(config-router)# neighbor ip-address peer-group peer-group-
name
```

9.11.2 Verificación

Los comandos show para BGP brindan una información clara acerca de las sesiones de BGP y de las opciones de enrutamiento:

▶ **show ip bgp**, muestra la tabla de enrutamiento de BGP.

```
Router# show ip bgp
BGP table version is 22, local router ID is 192.168.0.231
Status codes: s suppressed, d damped, h history, * valid, > best,
i - internal, r RIB-failure
Origin codes: i - IGP, e - EGP, ? ñ incomplete
   Network         Next Hop      Metric    LocPrf  Weight  Path
*>i4.0.0.0         100.2.4.4     0         100     0 400 I
*>i5.0.0.0         100.2.3.2     0         100     0 300 I
*>i100.2.3.0/29 100.2.3.2       0          100     0 300 I
*>i100.2.4.0/29 100.2.4.4       0          100     0 400 I
*>i130.16.0.0     100.2.3.2     0         100     0 300 I
r>i167.55.0.0     167.55.191.3 281600      100     0 I
```

▶ **show ip bgp neighbors**, muestra la información de la conexión TCP hacia los vecinos, así como el tipo y número de mensajes BGP que están intercambiándose con cada vecino. Cuando la conexión se establece los vecinos intercambian actualizaciones.

```
Router# show ip bgp neighbors
BGP neighbor is 10.1.1.1, remote AS 100, external
BGP version 4, remote router ID 172.31.2.3
BGP state = Established, up for 00:19:10
```

▶ **show processes cpu**, muestra los procesos activos y se usa para identificar los procesos que consumen demasiados recursos, pueden ordenarse por cantidad de recursos consumidos.

▶ **show ip bgp summary**, muestra el estado de las sesiones de BGP y también el número de prefijos aprendidos en cada sesión.

 Otro comando de gran utilidad es el **debug**, como todos estos comandos debe utilizarse con la debida precaución. Mostrará la información real de los eventos que se están ejecutando:

`Router# `**`debug ip bgp [dampening | events | keepalives | updates]`**

NOTA:

La configuración de BGP puede ser muy extensa y complicada. BGP no se ven su totalidad en este libro

9.12 CASO PRÁCTICO

9.12.1 Configuración de EIGRP

La sintaxis muestra la configuración de un sistema autónomo 100 con EIGRP.

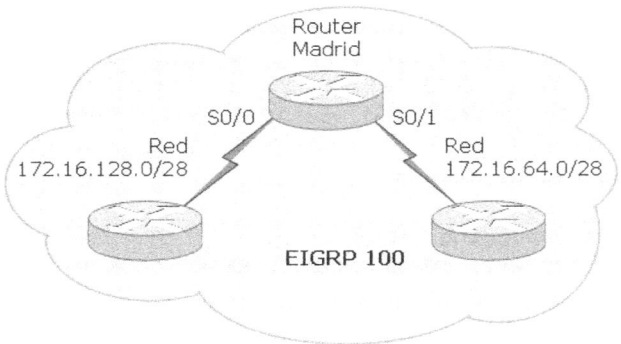

```
Madrid(config)#router eigrp 100
Madrid(config-router)#network 172.16.128.0 0.0.15.255
Madrid(config-router)#network  172.16.64.0 0.0.15.255
Madrid(config-router)#eigrp log-neighbor-changes
Madrid(config)#interface serial 0/0
Madrid(config-if)#ip address 172.16.128.1 255.255.255.240
Madrid(config-if)#bandwidth 64
Madrid(config-if)#clock rate 250000
Madrid(config-if)#no shutdown
Madrid(config)#interface serial 0/1
Madrid(config-if)#ip address 172.16.64.1 255.255.255.240
Madrid(config-if)#bandwidth 64
Madrid(config-if)#clock rate 250000
Madrid(config-if)#no shutdown
```

```
Madrid#show ip eigrp neighbors
IP-EIGRP neighbors for process 100
H    Address          Interface      Hold Uptime     SRTT    RTO    Q   Seq
                                     (sec)           (ms)        Cnt Num
0    172.16.128.2     Se0/0          12   00:09:12   40      1000   0   8
1    172.16.64.2      Se0/1          11   00:05:01   40      1000   0   6

Madrid#show ip route
Codes: L-local, C-connected, S-static, R-RIP, M-mobile, B-BGP
       D-EIGRP, EX-EIGRP external, O-OSPF, IA-OSPF inter area
       N1-OSPF NSSA external type 1, N2-OSPF NSSA external type 2
       E1-OSPF external type 1, E2 OSPF external type 2, E-EGP
       i-IS-IS,L1-IS-IS level-1,L2-IS-IS level-2,ia-IS-IS inter area
       *-candidate default, U-per-user static route, o-ODR
       P-periodic downloaded static route

Gateway of last resort is not set

     172.16.0.0/16 is variably subnetted, 4 subnets, 2 masks
C     172.16.64.0/28 is directly connected, Serial0/1
L     172.16.64.1/32 is directly connected, Serial0/1
C     172.16.128.0/28 is directly connected, Serial0/0
L     172.16.128.1/32 is directly connected, Serial0/0
D 192.168.10.0/24 [90/405122] via 172.16.128.2, 00:02:36, Serial0/0
D 204.10.20.0/24 [90/4051225] via 172.16.64.2, 00:00:11, Serial0/1

Madrid#debug eigrp packets

EIGRP Packets debugging is on
    (UPDATE, REQUEST, QUERY, REPLY, HELLO, ACK )

Madrid#

EIGRP: Received HELLO on Serial0/1 nbr 172.16.64.2
  AS 100, Flags 0x0, Seq 9/0 idbQ 0/0

EIGRP: Received HELLO on Serial0/0 nbr 172.16.128.2
  AS 100, Flags 0x0, Seq 9/0 idbQ 0/0

EIGRP: Sending HELLO on Serial0/0
  AS 100, Flags 0x0, Seq 9/0 idbQ 0/0 iidbQ un/rely 0/0

EIGRP: Sending HELLO on Serial0/1
  AS 100, Flags 0x0, Seq 9/0 idbQ 0/0 iidbQ un/rely 0/0

EIGRP: Received HELLO on Serial0/1 nbr 172.16.64.2
  AS 100, Flags 0x0, Seq 9/0 idbQ 0/0
```

9.12.2 Configuración de filtro de ruta

En el ejemplo que sigue se han creado dos listas de acceso estándar, la ACL 10 denegará cualquier información de enrutamiento de la red 192.168.20.0, mientras que la ACL 20 enviará información de enrutamiento EIGRP de la red 200.20.20.0. Ambas listas se asocian al protocolo de enrutamiento EIGRP 100.

```
Router#configure terminal
Router(config)#access-list 10 deny 192.168.50.0 0.0.0.255
Router(config)#access-list 10 permit any
Router(config)#access-list 20 permit 200.20.20.0 0.0.0.255
Router(config)#router eigrp 100
Router(config-router)#distribute-list 10 in Serial 0/0
Router(config-router)#distribute-list 20 out Serial 0/1
Router(config-router)#network 172.16.0.0
Router(config-router)#network 192.168.10.0
```

9.12.3 Configuración de redistribución estática

En el ejemplo se ilustra un router como única salida y entrada para el sistema autónomo 100. La distribución estática permite que todos los routers implicados en el mismo sistema conozcan la ruta estática como salida predeterminada.

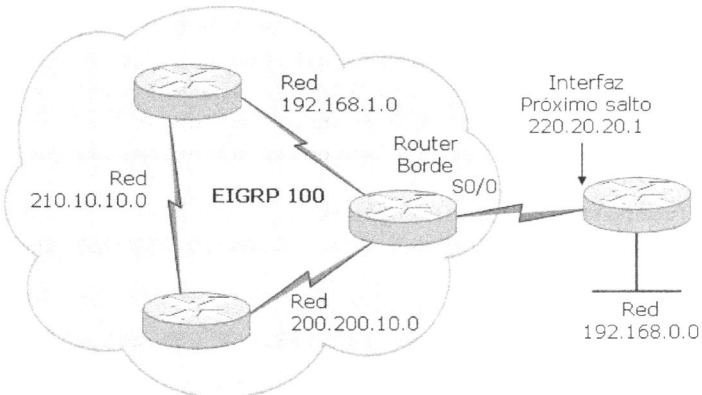

```
Borde(config)#ip route 192.168.0.0 255.255.255.0 220.20.20.1 120

Borde(config)#router eigrp 100
Borde(config-router)#network 192.168.1.0
Borde(config-router)#network 200.200.10.0
Borde(config-router)#redistribute static
Borde(config-router)#passive-interface serial 0
```

9.12.4 Configuración de OSPF en una sola área

En el ejemplo se muestra la sintaxis de la configuración de **OSPF 100** en un router (RouterDR).

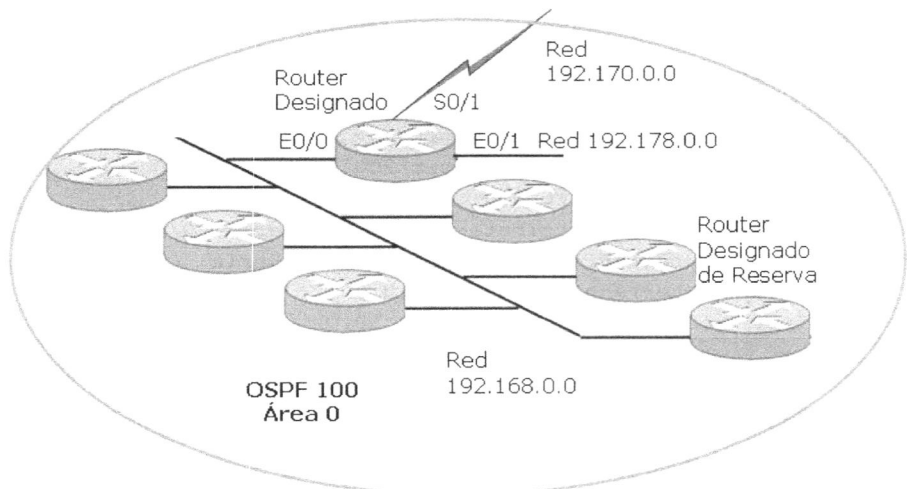

```
RouterDR(config)#router ospf 100
RouterDR(config-router)#network 192.168.0.0 0.0.0.255 area 0
RouterDR(config-router)#network 192.170.0.0 0.0.0.255 area 0
RouterDR(config-router)#network 192.178.0.0 0.0.0.255 area 0
RouterDR(config-router)#area 0 authentication
RouterDR(config-router)#area 0 authentication message-digest
RouterDR(config-if)#exit
RouterDR(config)#interface loopback 1
RouterDR(config-if)#ip address 200.200.10.10 255.255.255.0
RouterDR(config-if)#exit
RouterDR(config)#interface Giga 0/0
RouterDR(config-if)#ip address 192.168.0.2 255.255.255.0
RouterDR(config-if)#no shutdown
RouterDR(config-if)#ip ospf priority 2
RouterDR(config-if)#bandwidth 64
RouterDR(config-if)#ip ospf cost 10
RouterDR(config-if)#ip ospf message-digest-key 1 md5 AlaKran
RouterDR(config-if)#ip ospf hello-interval 20
RouterDR(config-if)#ip ospf dead-interval 60
RouterDR(config-if)#exit
```

```
RouterDR#show ip ospf
 Routing Process "ospf 100" with ID 200.200.10.10
 Supports only single TOS(TOS0) routes
 Supports opaque LSA
 SPF schedule delay 5 secs, Hold time between two SPFs 10 secs
 Minimum LSA interval 5 secs. Minimum LSA arrival 1 secs
 Number of external LSA 0. Checksum Sum 0x000000
 Number of opaque AS LSA 0. Checksum Sum 0x000000
 Number of DCbitless external and opaque AS LSA 0
 Number of DoNotAge external and opaque AS LSA 0
 Number of areas in this router is 1. 1 normal 0 stub 0 nssa
 External flood list length 0
    Area BACKBONE(0)
        Number of interfaces in this area is 1
        Area has no authentication
        SPF algorithm executed 3 times
        Area ranges are
        Number of LSA 2. Checksum Sum 0x017580
        Number of opaque link LSA 0. Checksum Sum 0x000000
        Number of DCbitless LSA 0
        Number of indication LSA 0
        Number of DoNotAge LSA 0
        Flood list length
```

El router se ve a sí mismo listado en la lista de vecinos, si se observa en el **show ip ospf neighbor** del router remoto el RouterDR aparecerá como DR a partir del ID tomado de la interfaz de loopback.

```
RouterDR#sh ip ospf neighbor

Neighbor ID   Pri    State        Dead Time    Address       Interface
192.168.0.3   1    FULL/DROTHER   00:00:33     192.168.0.3     Gi0/0
192.168.0.5   1    FULL/DROTHER   00:00:33     192.168.0.5     Gi0/0
192.168.0.4   1    FULL/BDR       00:00:33     192.168.0.4     Gi0/0


Remoto#sh ip ospf neighbor

Neighbor ID    Pri    State        Dead Time    Address       Interface
192.168.0.3    1    FULL/DROTHER 00:00:39       192.168.0.3     Gi0/0
192.168.0.5    1    FULL/DROTHER 00:00:39       192.168.0.5     Gi0/0
200.200.10.10 2    FULL/DR       00:00:39       192.168.0.2     Gi0/0
```

9.12.5 Configuración de OSPF en múltiples áreas

Muchas de las configuraciones y comandos detallados en los párrafos anteriores pueden aplicarse al siguiente ejemplo. La figura ilustra una topología OSPF de múltiples áreas y los comandos utilizados para su configuración.

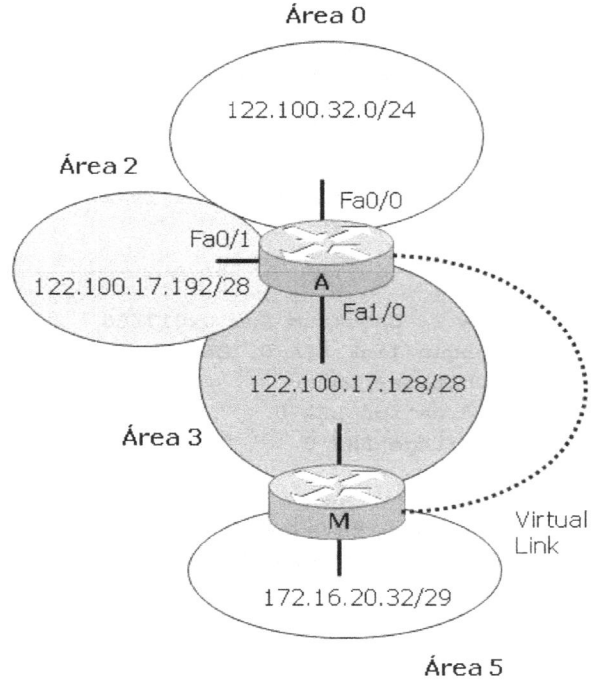

```
RouterA(config)# router ospf 220
RouterA(config-router)# network 122.100.17.128 0.0.0.15 area 3
RouterA(config-router)# network 122.100.17.192 0.0.0.15 area 2
RouterA(config-router)# network 122.100.32.0 0.0.0.255 area 0
RouterA(config-router)# network 10.10.10.33 0.0.0.0 area 0
RouterA(config-router)# area 0 range 172.16.20.128 255.255.255.192
RouterA(config-router)# area 3 virtual-link 10.10.10.30
RouterA(config-router)# area 2 stub
RouterA(config-router)# area 3 stub no-summary
RouterA(config-router)# area 3 default-cost 15

RouterA(config-router)# interface loopback 0
RouterA(config-if)# ip address 10.10.10.33 255.255.255.255
```

```
RouterA(config-if)# interface FastEthernet0/0
RouterA(config-if)# ip address 122.100.17.129 255.255.255.240
RouterA(config-if)# ip ospf priority 100

RouterA(config-if)# interface FastEthernet0/1
RouterA(config-if)# ip address 122.100.17.193 255.255.255.240
RouterA(config-if)# ip ospf cost 10
RouterA(config-if)# interface FastEthernet1/0
RouterA(config-if)# ip address 122.100.32.10 255.255.255.240
RouterA(config-if)# no keepalive
RouterA(config-if)# exit

RouterM(config)# loopback interface 0
RouterM(config-if)# ip address 10.10.10.30 255.255.255.255
RouterM(config)# router ospf 220
RouterM(config-router)# network 172.16.20.32 0.0.0.7 area 5
RouterM(config-router)# network 10.10.10.30 0.0.0.0 area 0
RouterM(config-router)# area 3  virtual-link 10.10.10.33
```

9.12.6 Configuración básica de OSPFv3

La configuración básica de OSPFv3 del router A se muestra en la siguiente sintaxis, mientras que el router B está configurado de una manera similar:

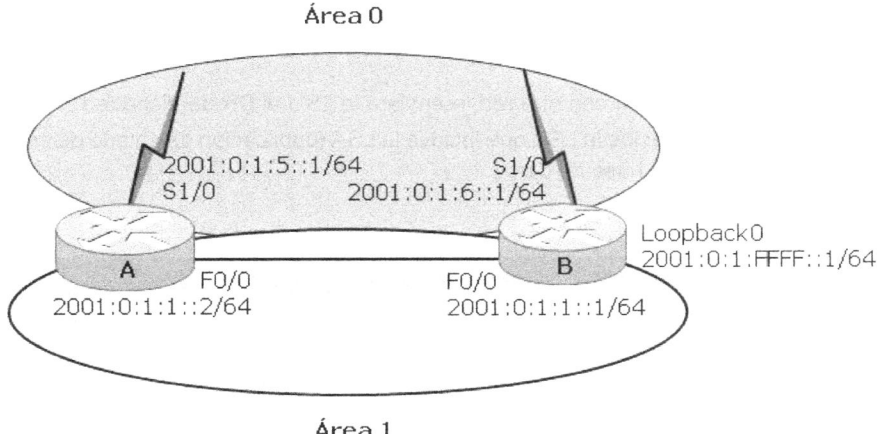

```
RouterA#configure terminal
RouterA(config)#ipv6 unicast-routing
RouterA(config)#ipv6 cef
```

```
RouterA(config)#ipv6 router ospf 1
RouterA(config-rtr)#router-id 10.255.255.1
RouterA(config-rtr)#interface fastethernet0/0
RouterA(config-if)#description Local LAN
RouterA(config-if)#ipv6 address 2001:0:1:1::2/64
RouterA(config-if)#ipv6 ospf 1 area 1
RouterA(config-if)#ipv6 ospf cost 10
RouterA(config-if)#ipv6 ospf priority 20
RouterA(config-if)#interface serial 1/0
RouterA(config-if)#description multi-point line to Internet
RouterA(config-if)#ipv6 address 2001:0:1:5::1/64
RouterA(config-if)#ipv6 ospf 1 area 0
RouterA(config-if)#ipv6 ospf priority 20
```

 **NOTA:**

Muchos de los comandos utilizados a lo largo de este capítulo poseen gran cantidad de parámetros opcionales, para facilitar el aprendizaje estos han sido simplificados.

 RECUERDE:

OSPF mantiene la información de enrutamiento siguiendo este orden:

- 1. Un router advierte un cambio de estado de un enlace y hace una multidifusión de un paquete LSU (actualización de estado de enlace) con la IP 224.0.0.6.
- 2. El DR acusa recepción e inunda la red con la LSU utilizando la dirección de multidifusión 224.0.0.5.
- 3. Si se conecta un router con otra red, reenviará la LSU al DR de dicha red.
- 4. Cuando un router recibe la LSU que incluye la LSA (publicación de estado de enlace) diferente, cambiará su base de datos.

RECUERDE:

En principio, el router intentará utilizar un ID buscando interfaces virtuales o loopback, si no encuentra configuración de estas lo hará con la interfaz física con la dirección IP más alta.

Los valores de los intervalos de Hello y de Dead deben coincidir en los router adyacentes para que OSPF funcione correctamente.

Ante la posibilidad de flapping los routers esperan unos instantes antes de recalcular su tabla de enrutamiento.

9.12.7 Configuración básica de BGP

El ejemplo que sigue muestra la configuración básica de los comandos requeridos para que BGP funcione entre sistemas autónomos. Según muestra la topología el router A en el AS-200 está conectado a los routers en los AS-300, AS-400, AS-500 y AS-600.

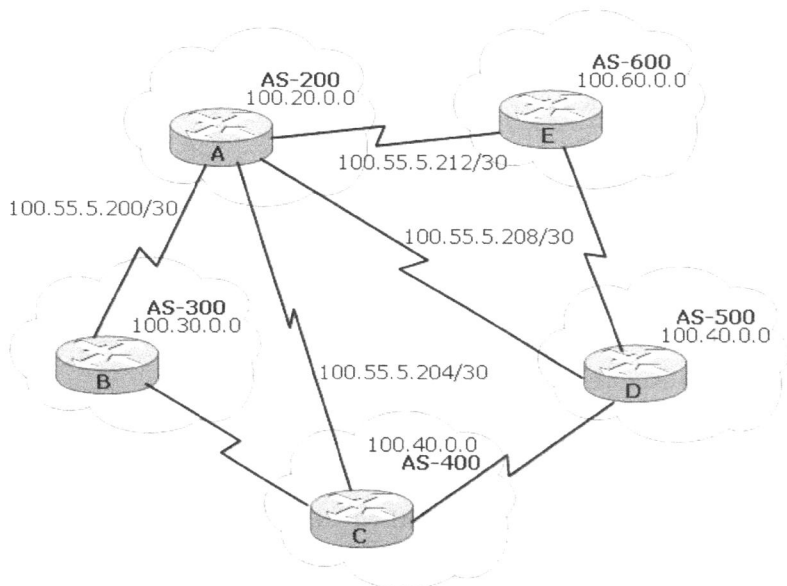

```
RouterA(config)# interface Serial0/0.1
RouterA(config-int)# ip address 190.55.5.201 255.255.255.252
!
RouterA(config)# interface Serial0/0.2
RouterA(config-int)# ip address 190.55.5.205 255.255.255.252
!
RouterA(config)# interface Serial0/0.3
RouterA(config-int)# ip address 190.55.5.209 255.255.255.252
!
RouterA(config)# interface Serial0/0.4
RouterA(config-int)# ip address 190.55.5.213 255.255.255.252
!
RouterA(config)# router bgp 200
RouterA(config-router)# neighbor 190.55.5.202 remote-as 300
RouterA(config-router)# neighbor 190.55.5.206 remote-as 400
RouterA(config-router)# neighbor 190.55.5.210 remote-as 500
RouterA(config-router)# neighbor 190.55.5.214 remote-as 600
RouterA(config-router)# network 190.10.35.8 255.255.255.252
RouterA(config-router)# network 190.10.27.0 255.255.255.0
RouterA(config-router)# network 190.10.100.0 255.255.255.0
```

9.13 FUNDAMENTOS PARA EL EXAMEN

▶ Recuerde las condiciones necesarias para la utilización de rutas estáticas.

▶ Analice las diferencias entre las rutas estáticas y las rutas estáticas por defecto, cuáles emplear en cada situación y los comandos para su configuración.

▶ Tenga en cuenta las directrices recomendables a la hora de configurar un enrutamiento estático.

▶ Recuerde conceptos aprendidos como métrica, distancia administrativa, sistema autónomo, **IGP** y **EGP.**

▶ Diferencie el enrutamiento estático y el dinámico, compárelos.

▶ Recuerde los conceptos fundamentales sobre el tipo de protocolo que es EIGRP, su funcionamiento, tipos de tablas que utiliza y topologías.

▶ Analice el funcionamiento de DUAL y cómo descubre las rutas.

▶ Estudie las métricas utilizadas por EIGRP, cuáles son las constantes y cómo funcionan y las que lo hacen por defecto.

▶ Observe las diferencias entre EIGRPv4 y EIGRPv6.

▶ Estudie todos los comandos completos utilizados para la configuración de EIGRP, incluidos los de verificación de funcionamiento.

▶ Memorice los conceptos fundamentales sobre el tipo de protocolo que es OSPF, su funcionamiento y los tipos de tablas que utiliza.

▶ Recuerde las diferentes topologías sobre las que puede funcionar OSPF, en qué caso existe elección de DR y BDR y cómo se hace tal elección.

▶ Analice la métrica y elección de ruta de OSPF.

▶ Estudie todos los comandos completos utilizados para la configuración de OSPF, incluidos los de verificación de funcionamiento.

▶ Tenga un concepto claro del funcionamiento de OSPF en múltiples áreas.

▶ Observe las diferencias entre OSPFv2 y OSPFv3.

▶ Estudie los conceptos básicos de funcionamiento de BGP.

▶ Tenga en claro cuáles son las diferencias entre un iBGP y un eBGP.

▶ Practique las configuraciones en dispositivos reales o en simuladores.

10

SEGURIDAD

10.1 CONCEPTOS BÁSICOS

Mantener una red protegida garantiza la seguridad de la red y de los usuarios y salvaguarda los intereses comerciales de la empresa. Esto requiere vigilancia de parte de los profesionales de seguridad en redes, quienes deberán estar constantemente al tanto de las nuevas y evolucionadas amenazas y ataques a las redes, así como también de las vulnerabilidades de los dispositivos y aplicaciones. La mayor motivación de la seguridad en redes es el esfuerzo por mantenerse un paso más adelante de los intereses malintencionados.

Además de encargarse de las amenazas que provienen de fuera de la red, los profesionales de redes deben también estar preparados para amenazas que provengan desde dentro de la misma. Las amenazas internas, ya sean intencionales o accidentales, pueden causar aún más daño que las amenazas externas, por el acceso directo y conocimiento de la red y datos corporativos. Las principales vulnerabilidades de los dispositivos finales son los ataques de virus, gusanos y troyanos.

10.1.1 Virus

Un virus informático es un programa que tiene por objeto alterar el normal funcionamiento del ordenador sin el permiso o el conocimiento del usuario. Los virus, habitualmente, reemplazan archivos ejecutables por otros infectados con el código de este. Los virus pueden destruir, de manera intencionada, los datos almacenados en un ordenador, aunque también existen otros más inofensivos, que solo se caracterizan por ser molestos.

Los virus informáticos tienen, básicamente, la función de propagarse a través de un software, no se replican a sí mismos, son muy nocivos y algunos contienen además una carga dañina con distintos objetivos, desde una simple broma hasta realizar daños importantes en los sistemas o bloquear las redes informáticas generando tráfico inútil.

El funcionamiento de un virus informático es conceptualmente simple. Se ejecuta un programa que está infectado, en la mayoría de las ocasiones por desconocimiento del usuario. El código del virus queda alojado en el ordenador, aun cuando el programa que lo contenía haya terminado de ejecutarse. El virus toma entonces el control de los servicios básicos del sistema operativo, infectando, de manera posterior, archivos ejecutables que sean llamados para su ejecución. Finalmente, se añade el código del virus al programa infectado y se graba en el disco duro, con lo cual el proceso de replicado se completa.

10.1.2 Gusanos

Un gusano (*Worm*) es un programa que tiene la propiedad de duplicarse a sí mismo. Los gusanos utilizan las partes automáticas de un sistema operativo que generalmente son invisibles al usuario.

A diferencia de un virus, un gusano no precisa alterar los archivos de programas, sino que reside en la memoria y se duplica a sí mismo. Los gusanos casi siempre causan problemas en la red (aunque sea simplemente consumiendo ancho de banda), mientras que los virus siempre infectan o corrompen los archivos del ordenador que atacan. Mientras que los virus requieren un programa huésped para ejecutarse, los gusanos pueden ejecutarse solos.

Es algo usual detectar la presencia de gusanos en un sistema cuando, debido a su incontrolada replicación, los recursos del sistema se consumen hasta el punto de que las tareas ordinarias del mismo son excesivamente lentas o simplemente no pueden ejecutarse.

Los gusanos se basan en una red de ordenadores para enviar copias de sí mismos a otros terminales en la red y son capaces de llevar esto a cabo sin intervención del usuario, propagándose utilizando Internet, basándose en diversos métodos, como SMTP, IRC o P2P, entre otros.

10.1.3 Troyanos

En informática se denomina troyano a un programa malicioso que se presenta al usuario como un software aparentemente legítimo e inofensivo, pero que al ejecutarlo ocasiona daños.

Los troyanos pueden realizar diferentes tareas, pero en la mayoría de los casos crean una puerta trasera que permite la administración remota a un usuario no autorizado. Un troyano no es estrictamente un virus informático y la principal diferencia es que los troyanos no propagan la infección a otros sistemas por sí mismos.

Los troyanos están diseñados para permitir a un individuo el acceso remoto a un sistema. Una vez ejecutado el troyano, el individuo puede acceder al sistema de forma remota y realizar diferentes acciones sin necesitar permiso. Las acciones que el individuo puede realizar en el equipo remoto dependen de los privilegios que tenga el usuario en el ordenador remoto y de las características del troyano.

10.1.4 Ransomware

El ransomware es un tipo de software malicioso (malware) que cifra o bloquea el acceso a archivos y datos en un equipo o sistema, exigiendo un pago (rescate) para restaurar el acceso. Es una forma común de ciberataque que puede causar grandes daños a individuos y organizaciones.

El ransomware se introduce en un sistema a través de diversas vías, como correos electrónicos de phishing, sitios web comprometidos, o exploit kits que aprovechan vulnerabilidades de software. Una vez dentro, el ransomware cifra los datos relevantes o bloquea el acceso a la interfaz del sistema, haciendo que los datos sean inaccesibles.

RECUERDE:

El phishing es una técnica de ciberdelincuencia que consiste en el envío de correos electrónicos o mensajes falsos para obtener información confidencial de los usuarios. Los exploits kits consisten en código malicioso para explotar vulnerabilidades en simples búsquedas web y software de visualización de documentos.

10.1.5 Advanced Persistent Threat

Una **APT** (*Advanced Persistent Threat*) tal como su nombre lo indica, es una amenaza avanzada persistente que utiliza técnicas de hackeo continuas, clandestinas y avanzadas para acceder a un sistema y permanecer allí durante un tiempo prolongado, con consecuencias potencialmente destructivas.

El propósito global de un ataque de APT es obtener acceso continuo al sistema. Los cibercriminales implantan malware que permite crear una red de puertas traseras y túneles utilizados para desplazarse por los sistemas de manera desapercibida. Una vez dentro, los hackers utilizan técnicas como el quebrantamiento de contraseñas para acceder a los derechos de administrador, aumentar el control sobre el sistema y obtener mayores niveles de acceso.

Debido al nivel de esfuerzo necesario para llevar a cabo un ataque de este tipo, las APT suelen asociarse con objetivos de alto valor, como países y grandes corporaciones, con el objetivo de robar información durante un largo período de tiempo.

 **RECUERDE:**

El malware (malicious software) es un programa o código informático diseñado con fines maliciosos que se ejecuta sin el conocimiento o consentimiento del usuario, y que realiza actividades perjudiciales para el usuario o para el sistema en el que se ejecuta.

10.1.6 Mitigación de ataques

El principal recurso para la mitigación de ataques de virus y troyanos es el software antivirus. El software antivirus y los programas anti-malware ayudan a prevenir que los hosts sean infectados y así poder diseminar código malicioso. Requiere mucho más tiempo limpiar ordenadores infectados que mantener al software antivirus actualizado en los propios terminales.

Concienciar y capacitar a los usuarios finales para que sean conscientes de la necesidad de la confidencialidad de los datos personales y corporativos. Deben estar entrenados para actuar ante posibles amenazas con procedimientos y políticas de seguridad ante la pérdida de datos. Esto también implica que la empresa debe desarrollar y publicar políticas de seguridad formales para que sigan sus empleados, usuarios y socios comerciales

La mayoría de las vulnerabilidades descubiertas en el software tienen relación con el desbordamiento de buffer. Un buffer es un área de la memoria utilizada por los procesos para almacenar datos temporariamente. Un desbordamiento en el buffer ocurre cuando un buffer de longitud fija llena su capacidad y un proceso intenta almacenar datos más allá de ese límite máximo. Esto puede dar por resultado que los datos extra sobrescriban localizaciones de memoria adyacentes o causen otros comportamientos inesperados. Los desbordamientos de buffer son generalmente el conducto principal a través del cual los virus, gusanos y troyanos hacen daño.

Los gusanos dependen más de la red que los virus. La mitigación de gusanos requiere diligencia y coordinación por parte de los profesionales de la seguridad en redes. La respuesta a una infección de un gusano puede separarse en cuatro fases:

- **Fase de contención**: consiste en limitar la difusión de la infección del gusano de áreas de la red que ya están infectadas. La contención requiere el uso de ACL y firewalls.
- **Fase de inoculación**: durante la fase de inoculación todos los sistemas no infectados reciben un parche del vendedor apropiado para la vulnerabilidad.
- **Fase de cuarentena**: incluye el rastreo y la identificación de máquinas infectadas dentro de las áreas contenidas y su desconexión, bloqueo o eliminación.
- **Fase de tratamiento**: consiste en terminar el proceso del gusano, eliminar archivos modificados o configuraciones del sistema que el gusano haya introducido e instalar un parche para la vulnerabilidad que el gusano usaba para explotar el sistema.

Los virus, gusanos y troyanos pueden hacer lentas a las redes o detenerlas completamente y corromper o destruir datos. Hay opciones de hardware y software disponibles para mitigar estas amenazas.

10.2 SEGURIDAD EN LA RED

Una de las principales premisas a tomar en cuenta en la protección de una red son las ubicaciones de infraestructura, como armarios de red y centros de datos, que deben permanecer bloqueadas de forma segura. El acceso con credenciales a ubicaciones confidenciales es una solución escalable que ofrece una pista de auditoría de identidades y marcas de tiempo cuando se otorga el acceso. Actualmente las credenciales biométricas elevan los mecanismos de acceso aún más lejos al proporcionar un factor que representa al usuario en "algo que es". El fundamento es utilizar algún atributo físico del cuerpo de un usuario para identificar de manera única a esa persona. Por ejemplo, la huella digital se puede escanear y usar como factor de autenticación.

La mayoría de las amenazas desde dentro de la red revelan los protocolos y tecnologías utilizados en la red de área local o la infraestructura conmutada. Estas amenazas internas caen, básicamente, en dos categorías: falsificación y DoS.

▶ **Ataques de falsificación**: son ataques en los que un dispositivo intenta hacerse pasar por otro falsificando datos. Por ejemplo, la falsificación de direcciones MAC ocurre cuando un ordenador envía paquetes de datos cuya dirección MAC corresponde a otro ordenador. Como este, existen otros tipos de ataques de falsificación.

▶ **Ataques de DoS** (*Denial of Service*): hacen que los recursos de un ordenador no estén disponibles para los usuarios a los que estaban destinados. Los hackers usan varios métodos para lanzar ataques de DoS.

Además de prevenir y denegar tráfico malicioso, la seguridad en redes también requiere que los datos se mantengan protegidos. La criptografía, el estudio y práctica de ocultar información, es ampliamente utilizada en la seguridad de las redes modernas. Hoy en día, cada tipo de comunicación de red tiene un protocolo o tecnología correspondiente, diseñado para ocultar esa comunicación de cualquier otro que no sea el usuario al que está destinada.

Los datos inalámbricos pueden ser cifrados utilizando varias aplicaciones de criptografía. Se puede cifrar una conversación entre dos usuarios de teléfonos IP y también pueden ocultarse con criptografía los archivos de un ordenador. La criptografía puede ser utilizada en casi cualquier comunicación de datos. De hecho, la tendencia apunta a que todas las comunicaciones sean cifradas.

Los tres objetivos principales de la seguridad de la red son:

▶ **Confidencialidad**
▶ **Integridad**
▶ **Disponibilidad**

La criptografía asegura la confidencialidad de los datos. La seguridad de la información comprende la protección de la información y de los sistemas de información de acceso, uso, revelación, interrupción, modificación o destrucción no autorizados. El cifrado provee confidencialidad al ocultar los datos que van en texto plano.

Algunos ejemplos para proporcionar confidencialidad a la red pueden ser:

▶ Utilizar los mecanismos de seguridad de red como, por ejemplo, los firewalls y las listas de control de acceso.

▶ Exigir credenciales apropiadas, por ejemplo, nombres de usuario y contraseñas, para acceder a los recursos de red específicos.

▶ Cifrar todo el tráfico de manera que un atacante no pueda descifrar el tráfico que se apropió de la red.

La integridad de datos asegura que estos no han sido modificados en tránsito. La integridad de datos podría realizar la autenticación de origen para verificar que el tráfico se origina en la fuente que realmente lo envió. Algunos ejemplos de violaciones de integridad incluyen:

▶ Modificar la apariencia de una página web corporativa.

▶ Interceptar y alterar una transacción de comercio electrónico.

▶ Modificación de los registros financieros almacenados electrónicamente.

La disponibilidad de datos es una forma de medición de la accesibilidad a los datos o recursos. Por ejemplo, si un servidor no está disponible cinco minutos al año, tendría una disponibilidad del 99,999 %. Algunos ejemplos de cómo un atacante podría intentar poner en peligro la disponibilidad de una red son:

▶ Enviar incorrectamente datos formateados a un dispositivo conectado en red, dando como resultado un error de excepción no controlada.

▶ Inundar un sistema de red con una cantidad excesiva de tráfico o de solicitudes. Esto consumiría los recursos del sistema de procesamiento y evitaría que el sistema respondiese a las solicitudes legítimas (ataque de denegación de servicio DoS).

Hay varios tipos diferentes de ataques de red que no son virus, gusanos o troyanos. Para mitigar los ataques es útil tener a los diferentes tipos de ataques categorizados. Al categorizarlos es posible abordar tipos de ataques en lugar de ataques individuales. No hay un estándar sobre cómo categorizar los ataques de red. El método utilizado en este caso clasifica los ataques en tres categorías principales

10.2.1 Ataques de reconocimiento

Los ataques de reconocimiento consisten en el descubrimiento y mapeo de sistemas, servicios o vulnerabilidades sin autorización. Los ataques de reconocimiento muchas veces emplean el uso de sniffers de paquetes y escáneres de puertos, los cuales están ampliamente disponibles para su descarga gratuita en Internet. El reconocimiento es análogo a un ladrón vigilando un vecindario en busca de casas vulnerables para robar, como una residencia sin ocupantes o una casa con puertas o ventanas fáciles de abrir.

Los ataques de reconocimiento son generalmente precursores de ataques posteriores con la intención de ganar acceso no autorizado a una red o interrumpir el funcionamiento de esta.

Los ataques de reconocimiento utilizan varias herramientas para ganar acceso a una red:

- ▶ **Sniffers de paquetes**: es una aplicación de software que utiliza una tarjeta de red en modo promiscuo para capturar todos los paquetes de red que se transmitan a través de una LAN.

- ▶ **Barridos de ping**: es una técnica de escaneo de redes básica que determina qué rango de direcciones IP corresponde a los hosts activos.

- ▶ **Escaneo de puertos**: escaneo de un rango de números de puerto TCP o UDP en un host para detectar servicios abiertos.

- ▶ **Búsquedas de información en Internet**: pueden revelar información sobre quién es el dueño de un dominio particular y qué direcciones han sido asignadas a ese dominio.

10.2.2 Ataques de acceso

Los ataques de acceso explotan vulnerabilidades conocidas en servicios de autenticación, FTP y web, para ganar acceso a cuentas web, bases de datos confidenciales y otra información sensible. Un ataque de acceso puede efectuarse de varias maneras. Un ataque de acceso generalmente emplea un ataque de diccionario para adivinar las contraseñas del sistema. También hay diccionarios especializados para diferentes idiomas.

Hay cinco tipos de ataques de acceso:

1. **Ataques de contraseña**: el atacante intenta adivinar las contraseñas del sistema. Un ejemplo común es un ataque de diccionario.

2. **Explotación de la confianza**: el atacante usa privilegios otorgados a un sistema en una forma no autorizada, posiblemente causando que el objetivo se vea comprometido.

3. **Redirección de puerto**: se usa un sistema ya comprometido como punto de partida para ataques contra otros objetivos. Se instala una herramienta de intrusión en el sistema comprometido para la redirección de sesiones.

4. **Ataque *Man in the Middle*** : el atacante se ubica en medio de una comunicación entre dos entidades legítimas para leer o modificar los datos que pasan entre las dos partes.

5. **Desbordamiento de buffer**: el programa escribe datos más allá de la memoria de buffer. Un resultado del desbordamiento es que los datos válidos se sobrescriben o explotan para permitir la ejecución de código malicioso.

10.2.3 Ataques de denegación de servicio

Los ataques de denegación de servicio (**DoS**) envían un número extremadamente grande de solicitudes en una red o Internet. Estas solicitudes excesivas hacen que la calidad de funcionamiento del dispositivo víctima sea inferior. Como consecuencia, el dispositivo atacado no está disponible para acceso y uso legítimo. Al ejecutar explotaciones o combinaciones de explotaciones, los ataques de DoS desaceleran o colapsan aplicaciones y procesos. Un ataque distribuido de denegación de servicio (**DDoS**) es similar en intención al ataque de DoS, excepto en que el ataque DDoS se origina en varias fuentes coordinadas.

Los ataques de DoS más comunes son:

- **Ping de la muerte**: se trata de una solicitud de eco en un paquete IP más grande que el tamaño de paquete máximo de 65535 bytes. Enviar un ping de este tamaño puede colapsar el nodo objetivo. Una variante de este ataque es colapsar el sistema enviando fragmentos ICMP, que llenen los buffers de reensamblado de paquetes en el objetivo.

- **Ataque Smurf**: el atacante envía un gran número de solicitudes ICMP a direcciones broadcast, todos con direcciones de origen falsificadas de la misma red que la víctima. Si el dispositivo de enrutamiento que envía el tráfico a esas direcciones de broadcast reenvía los broadcasts, todos los hosts de la red destino enviarán respuestas ICMP, multiplicando el tráfico por el número de hosts en las redes. En una red broadcast multiacceso cientos de máquinas podrían responder a cada paquete.

- **Inundación TCP/SYN**: se envía una inundación de paquetes SYN TCP, generalmente con una dirección de origen falsa. Cada paquete se maneja como una solicitud de conexión, causando que el servidor genere una conexión a medio abrir devolviendo un paquete SYN-ACK TCP y esperando un paquete de respuesta de la dirección del remitente. Sin embargo, como la dirección del remitente es falsa, la respuesta nunca llega. Estas conexiones a medio abrir saturan el número de conexiones disponibles que el servidor puede atender, haciendo que no pueda responder a solicitudes legítimas hasta después de que el ataque haya finalizado.

10.2.4 Spoofing

El spoofing, o suplantación de identidad, es una técnica de ciberseguridad donde un atacante se hace pasar por otra persona o entidad para engañar a las víctimas y obtener información o acceso a sistemas. En esencia, es una forma de falsificación o burla utilizada para ganar la confianza de las víctimas y, así, lograr sus objetivos maliciosos.

El spoofing se puede manifestar de diversas formas, como la suplantación de correos electrónicos, llamadas telefónicas, páginas web o incluso perfiles en redes sociales. La idea central es que la víctima sea inducida a creer que está interactuando con una persona o entidad legítima, cuando en realidad está siendo manipulada por el atacante.

Tipos comunes de spoofing:

- **Spoofing de correo electrónico**: falsificación de la dirección de correo electrónico del remitente para que parezca que el mensaje proviene de una fuente legítima.

- **Spoofing de llamadas telefónicas**: cambiar el número de identificación de la llamada para que parezca que proviene de un número local o de una empresa conocida.

- **Spoofing de web**: falsificación de la dirección URL de un sitio web para dirigir a las víctimas a una página maliciosa.

- **Spoofing de redes sociales**: creación de perfiles falsos que imitan a empresas o personas conocidas.

10.2.5 Defensa contra ataques a la red

Los ataques de inundación reconocimiento pueden ser mitigados de varias maneras. Utilizar una autenticación fuerte es una primera opción para la defensa contra sniffers de paquetes. El cifrado también es efectivo en la mitigación de estos. Si el tráfico está cifrado, es prácticamente irrelevante si un sniffer de paquetes está siendo utilizado, ya que los datos capturados no son legibles.

El software anti-sniffer y las herramientas de hardware detectan cambios en el tiempo de respuesta de los hosts para determinar si los hosts están procesando más tráfico del que sus propias cargas de tráfico indicarían. Una infraestructura conmutada es la norma hoy en día, lo cual dificulta la captura de datos que no sean los del dominio de colisión inmediato, que probablemente contenga solo un host.

Es imposible mitigar el escaneo de puertos. Sin embargo, el uso de un **IPS** (*Intrusion Prevention System*) y un firewall puede limitar la información que puede ser descubierta con un escáner de puerto, y los barridos de ping pueden ser detenidos si se deshabilitan el eco y la respuesta al eco ICMP en los routers de borde. Los IPS basados en red y los basados en host pueden notificar al administrador cuando está tomando lugar un ataque de reconocimiento. Esta advertencia permite al administrador prepararse mejor para el ataque o notificar al ISP sobre el lugar desde donde se está lanzando el reconocimiento.

Un número sorprendente de ataques de acceso se lleva a cabo a través de simples averiguaciones de contraseñas o ataques de diccionario de fuerza bruta contra las contraseñas. El uso de protocolos de autenticación cifrados o de *hash*, en conjunción con una política de contraseñas fuerte, reduce enormemente la probabilidad de ataques de acceso exitosos.

Hay prácticas específicas que ayudan a asegurar una política de contraseñas fuerte:

- Deshabilitar cuentas luego de un número específico de autenticaciones fallidas.

- Usar una contraseña de una sola vez (**OTP**) o una contraseña cifrada.

- Usar contraseñas fuertes. Las contraseñas fuertes tienen por lo menos seis caracteres y contienen letras mayúsculas y minúsculas, números y caracteres especiales.

La criptografía es un componente crítico de una red segura. Se recomienda utilizar cifrado para el acceso remoto a una red. Además, el tráfico del protocolo de enrutamiento también debería estar cifrado. Cuanto más cifrado esté el tráfico, menos oportunidad tendrán los hackers de interceptar datos con ataques *Man in the Middle*.

Un ataque de DoS puede ser truncado usando tecnologías antifalsificación (*anti-spoofing*) en routers y firewalls de perímetro. Hoy en día, muchos ataques de DoS son ataques distribuidos de DoS llevados a cabo por hosts comprometidos en varias redes. Mitigar los ataques DDoS requiere diagnóstico y planeamiento cuidadoso, así como también cooperación de los **ISP**.

También, y aunque la calidad de servicio (**QoS**) no ha sido diseñada como una tecnología de seguridad, una de sus aplicaciones, la implementación de políticas de tráfico (*traffic policing*), puede ser utilizada para limitar el tráfico ingresante de cualquier cliente dado en un router borde.

Los routers y switches Cisco soportan algunas tecnologías anti-falsificación como seguridad de puerto, snooping de DHCP, IP Source Guard, inspección de ARP dinámico y ACL. Las ACL permiten realizar el filtrado de paquetes para controlar qué paquetes se mueven a través de la red y a dónde se les permite ir, clasificar el tráfico, controlar el ancho de banda, etc.

El tráfico del plano de datos consiste sobre todo en el tráfico generado por los usuarios y los paquetes que se reenvían a través del router a través del plano de datos. La seguridad del plano de datos se puede implementar con el uso de ACL, mecanismos *antispoofing* y funciones de seguridad de nivel 2. Los switches Cisco Catalyst pueden utilizar las funciones integradas para proteger a nivel de la capa

2. Las siguientes son las herramientas de seguridad de nivel 2 integradas en los switches Cisco Catalyst:

- **Port security**: evita la suplantación de direcciones MAC y los ataques de inundaciones de direcciones MAC

- **DHCP snooping**: previene los ataques de cliente en el servidor DHCP y en el router

- **Dynamic ARP Inspection** (DAI): añade seguridad a ARP mediante el uso de la tabla DHCP snooping para minimizar el impacto del envenenamiento ARP y los ataques de suplantación

- **IP Source Guard**: evita la suplantación de direcciones IP mediante el uso de la tabla DHCP snooping

10.3 FIREWALLS

El firewall es un dispositivo, sistema o grupo de sistemas que aplica una política definida y restrictiva en el control de acceso en las redes, monitoriza el tráfico entrante y saliente y decide si debe permitir o bloquear un tráfico específico según dicha política. Un firewall puede ser hardware, software o ambos a la vez.

Al principio, los firewalls inspeccionaban los paquetes coincidentes con grupos de reglas preestablecidas, con la opción de reenviar o descartar esos paquetes. Este tipo de filtrado de paquetes, llamado *stateless*, funciona sin importar si el paquete es parte de un flujo de datos existente. Cada paquete se filtra de manera similar a una ACL, basándose exclusivamente en los valores de los parámetros contenidos en el encabezado del paquete. Los firewalls sin estados no son dispositivos autónomos, la funcionalidad de firewall es proporcionada por los routers o servidores de la red.

Los firewalls con estados filtran los paquetes basándose en la información extraída de los datos que fluyen y se almacenan en él. Este tipo de firewall stateful es capaz de determinar si un paquete pertenece a un flujo de datos existente. Las reglas estáticas, como las de los firewalls stateless, son suplementadas por reglas dinámicas creadas en tiempo real para definir estos flujos activos. Los firewalls con estados ayudan a mitigar ataques de DoS que explotan conexiones activas a través de dispositivos de red.

 **RECUERDE:**

Los firewalls son la primera línea de defensa en seguridad de la red. Establecen una barrera entre las redes internas seguras, controladas y fiables y las redes externas poco fiables como Internet.

10.3.1 Características de los firewalls

Las siguientes son algunas ventajas y desventajas del uso de los firewalls en una red:

▼ Previenen la exposición de los hosts y las aplicaciones sensibles a usuarios no confiables

▼ Examinan el flujo de datos de los protocolos, previniendo la explotación de fallos en los mismos

▼ Puede bloquearse el acceso de datos maliciosos a servidores y clientes

▼ Hace que la aplicación de una política de seguridad se torne simple, escalable y robusta

▼ Mejora la administración de la seguridad de la red al reducir el control de acceso a la misma.

▼ Si está mal configurado, el firewall puede tener consecuencias serias

▼ Muchas aplicaciones no pueden pasar a través del firewall en forma segura

▼ Los usuarios pueden intentar buscar maneras de sortear el firewall para recibir material bloqueado, exponiendo la red a potenciales ataques

▼ El rendimiento de la red puede disminuir

▼ Puede hacerse *tunneling* de tráfico no autorizado o puede disfrazárselo como tráfico legítimo

---

👤 RECUERDE:

■ 1. Mantener parches actualizados, instalándolos cada semana o día si fuera posible, para prevenir los ataques de desbordamiento de buffer y la escalada de privilegios.

■ 2. Cerrar los puertos innecesarios y deshabilitar los servicios no utilizados.

■ 3. Utilizar contraseñas fuertes y cambiarlas seguido.

■ 4. Controlar el acceso físico a los sistemas.

■ 5. Evitar ingresos innecesarios en páginas web.

■ 6. Realizar copias de resguardo y probar los archivos resguardados regularmente.

■ 7. Educar a los empleados en cuanto a los riesgos de la ingeniería social y desarrollar estrategias para validar las entidades a través del teléfono, del correo electrónico y en persona.

■ 8. Cifrar y poner una contraseña a datos sensibles.

■ 9. Implementar hardware y software de seguridad como firewalls, IPS, dispositivos de red privada virtual, software antivirus y filtrado de contenidos y UPS para suministro eléctrico.

■ 10. Desarrollar una política de seguridad escrita para la compañía.

10.3.2 Diseño de redes con firewalls

La seguridad en redes consiste en crear y mantener una política de seguridad, incluyendo una política de seguridad de firewall. Las siguientes recomendaciones sirven como punto de inicio para implementar una política de seguridad con firewall.

▼ Instalar los firewalls en las fronteras de seguridad claves

▼ Los firewalls son el principal dispositivo de seguridad, pero no es aconsejable depender exclusivamente de ellos para la seguridad de una red

▼ Denegar todo el tráfico por defecto y permitir solo los servicios necesarios

▼ Asegurar que el acceso físico al firewall esté controlado

▼ Monitorizar regularmente los registros del firewall

▼ Administrar y controlar regularmente la configuración en el firewall

▼ Los firewalls protegen principalmente contra ataques técnicos que se originan fuera de la red. Los ataques internos tienden a no ser de naturaleza técnica

Algunos diseños son tan simples como la designación de una red externa y una interna, determinadas por dos interfaces en un firewall. La red externa no es confiable, mientras que la interna sí lo es. El tráfico proveniente de la red interna pasa a través del firewall hacia afuera con pocas o ninguna restricción. El tráfico que se origina fuera generalmente es bloqueado o permitido muy selectivamente. Al tráfico de retorno que proviene de la red externa, asociado con tráfico de origen interno, se le permite pasar de la interfaz no confiable a la confiable.

Un diseño más complicado puede involucrar tres o más interfaces en el firewall. En este caso, generalmente se trata de una interfaz externa, una interna y una **DMZ** (*Demilitarized Zone*). En la seguridad de las redes, a menudo se hace referencia a una zona desmilitarizada como una porción de red conectada con un firewall donde es común permitir tipos específicos de tráfico desde fuera.

Las características de este diseño se resumen en:

▼ El flujo de tráfico circula libremente de la interfaz interna a la externa y la DMZ

▼ Se permite libremente el paso del tráfico que proviene de la DMZ por la interfaz externa

> ☛ El tráfico de la interfaz externa generalmente se bloquea salvo que esté asociado con tráfico de origen interno o de la DMZ

> ☛ En interfaz DMZ es común permitir tráfico desde fuera, siempre que sea el tipo de tráfico correcto y que su destino sea la DMZ (por ejemplo, correo electrónico, DNS, HTTP o HTTPS)

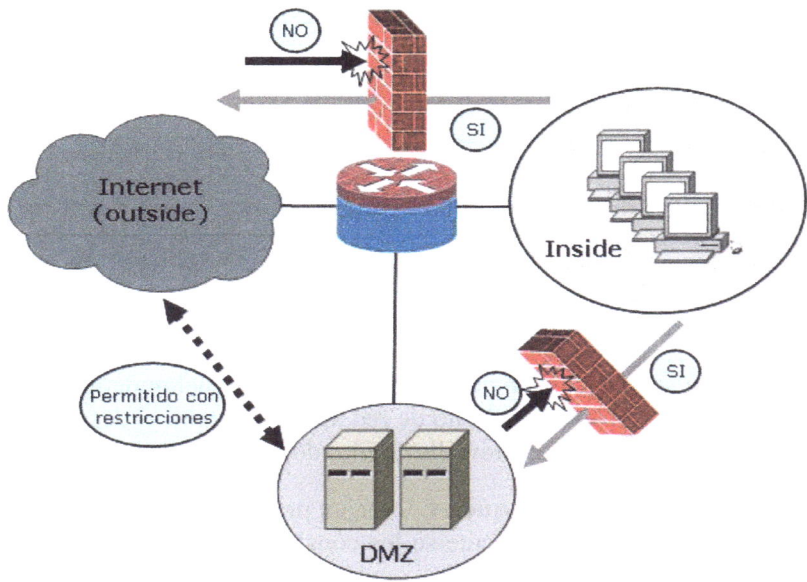

En un escenario de defensa por capas, los firewalls proporcionan seguridad perimetral de toda la red y de los segmentos de red internos en el núcleo.

La defensa por capas usa diferentes tipos de firewalls que se combinan para agregar profundidad a la seguridad de la organización. El tráfico sigue la siguiente secuencia:

1. El tráfico que ingresa de la red no confiable se topa con un filtro de paquetes inicial en el router más externo

2. El tráfico se dirige a un potente firewall dentro de la DMZ donde se aplican más reglas al tráfico y se descartan paquetes sospechosos

3. El tráfico apunta ahora al router interior, donde se moverá al host de destino interno solo si ha superado con éxito el filtrado entre el router externo y la red interna

Las recomendaciones finales en el diseño de una red con firewalls pueden ser las siguientes.

▼ Un número importante de las intrusiones proviene de hosts dentro de la red.

▼ Los firewalls no ofrecen protección contra instalaciones de módems no autorizadas.

▼ El firewall no puede reemplazar a los administradores y usuarios informados.

▼ Una defensa profunda debe incluir almacenamiento externo para resguardo y recuperación de desastres y una topología de hardware redundante.

10.3.3 Tipos de firewall

Antes de adoptar alguna de las varias opciones de solución de firewall, es importante llevar a cabo un análisis de coste contra los posibles riesgos. No siempre la solución más costosa es la más adecuada.

Cualquiera que sea la decisión que se tome en la adquisición de una solución de firewall, es crítico contar con un diseño de red apropiado para el desarrollo exitoso del firewall. Hay varios tipos de firewalls de filtrado, incluyendo los siguientes.

▼ **Firewall de filtrado de paquetes**: trabajan principalmente en la capa de Red del modelo OSI y generalmente se los considera dispositivos de capa 3. Sin embargo, analizan tráfico basándose en información de capa 4 como protocolo y números de puerto de origen y destino. El filtrado de paquetes utiliza las ACL para determinar si permite o deniega tráfico basándose en direcciones IP de origen y destino, protocolo, tipo de paquete y números de puerto origen y destino. Los firewalls de filtrado de paquetes generalmente son parte de un router con funcionalidad de firewall.

▼ **Stateful firewall**: los firewalls con estados son la tecnología de firewall más versátil y común, están clasificados como de capa de Red. Proporcionan filtrado de paquetes con estados utilizando la información de conexiones establecidas, almacenadas en una tabla de estados. Los firewalls **Stateful** usan dicha tabla para monitorizar el proceso de comunicación. El dispositivo examina la información en los encabezados de paquetes de capa 3, aunque, para algunas aplicaciones, también puede analizar tráfico de capas 4 y 5. Cada vez que se accede a un servicio externo, el firewall stateful retiene ciertos detalles de la solicitud y guarda el estado de la solicitud en la tabla de estados. Dicha tabla contiene las direcciones de origen y destino, los números de puertos, información de secuencias TCP y etiquetas adicionales por cada conexión

TCP o UDP asociada con esa sesión particular. Cuando el sistema externo responde a una solicitud, el firewall compara los paquetes recibidos con el estado previamente almacenado para permitir o denegar el acceso a la red. El firewall permite la entrada de datos solo si existe una conexión apropiada que justifique su paso.

▶ **Proxy firewall**: filtra según información de las capas 3, 4, 5 y 7 del modelo de referencia OSI. La mayoría del control y filtrado del firewall se hace por software. Los servidores proxy pueden aportar otras funciones como contenido de caché y seguridad, ya que evitan conexiones directas desde fuera de la red. Sin embargo, esto puede afectar a otras funciones y a las aplicaciones que respaldan.

▶ **Firewall para gestión unificada de amenazas** (UTM): es un dispositivo UTM que combina de forma independiente las funciones de un stateful firewall, con prevención de intrusiones y antivirus. También puede incluir otros servicios como la gestión en la nube. Este firewall se centra en la sencillez y en la facilidad de uso.

10.3.4 NGFW

Firewall de última generación (NGFW) son los Cisco Firepower, son evoluciones de todos los firewalls anteriores, no solamente filtran paquetes, sino que pueden detener amenazas como malware avanzado y ataques en la capa de aplicación. Las ventajas incluyen un firewall de última generación pueden ser:

▶ Funciones estándar de firewall como la inspección de estados

▶ Prevención de intrusiones integrada

▶ Detección de aplicaciones y control para visualizar y bloquear aplicaciones que puedan generar riesgos

▶ Actualizar rutas para añadir futuras fuentes de información

▶ Técnicas que permitan hacer frente a los cambios en las amenazas para la seguridad

NGFW centrado en las amenazas es un tipo de firewall que cuenta con las funciones de un firewall de última generación tradicional pero también ofrece detección y solución de amenazas avanzadas.

Las ventajas incluyen un NGFW centrado en las amenazas de última generación pueden ser:

▶ Reconoce los sectores que corren más riesgo, gracias a su completa visibilidad del contexto

▶ Reaccionar rápidamente a los ataques a través de la automatización de una seguridad inteligente que establece políticas y refuerza sus defensas de manera dinámica

▶ Detecta de manera más efectiva las actividades evasivas o sospechosas gracias a la vinculación de la red y el evento del terminal

▶ Reduce de manera significativa el tiempo entre la detección y la limpieza a través de una seguridad retrospectiva que monitoriza de manera continua para buscar actividades y comportamientos sospechosos incluso después de una inspección inicial

▶ Simplifica la gestión y reduce la complejidad gracias a políticas unificadas que aportan protección durante todo el ciclo del ataque

10.4 IPS

Un **IPS** (*Intrusion Prevention System*) monitoriza el tráfico de capas 3 y 4 y analiza los contenidos y la carga de los paquetes en búsqueda de ataques sofisticados insertos en ellos, que pueden incluir datos maliciosos pertenecientes a las capas 2 a 7. Las plataformas IPS de Cisco utilizan una mezcla de tecnologías de detección, incluyendo detecciones de intrusiones basadas en firma, basadas en perfil y de análisis de protocolo. Este análisis, más profundo, permite al IPS identificar, detener y bloquear ataques que pasarían a través de un dispositivo firewall tradicional. Cuando un paquete pasa a través de una interfaz en un IPS, no es enviado a la interfaz de salida o confiable hasta haber sido analizado previamente.

Los sistemas de detección de intrusiones **IDS** (*Intrusion Detection Systems*) fueron implementados para monitorizar de manera pasiva el tráfico de la red. Un IDS copia el tráfico de red y lo analiza en lugar de reenviar los paquetes reales. Compara el tráfico capturado con firmas maliciosas conocidas de manera *offline* del mismo modo que el software que busca virus. Esta implementación *offline* de IDS se conoce como "modo promiscuo". Al operar con una copia del tráfico el IDS no tiene efectos negativos sobre el flujo real de paquetes del tráfico reenviado; sin embargo, no puede evitar que el tráfico malicioso de ataques de un solo paquete alcance el sistema objetivo antes de aplicar una respuesta para detener el ataque.

El sistema de prevención de intrusiones **IPS** se apoya en la tecnología IDS ya existente. A diferencia del IDS, un dispositivo IPS se implementa en modo en línea y no permite el paso de tráfico malicioso respondiendo inmediatamente. Esto significa que todo el tráfico de entrada y de salida debe fluir a través de él para ser procesado. El IPS no permite que los paquetes ingresen al lado confiable de la red sin ser analizados primero. Puede detectar, calificar y tratar inmediatamente un problema según corresponda.

Las tecnologías IDS e IPS pueden complementarse entre sí basándose en las soluciones de cada una de ellas y en los objetivos de seguridad de la organización. Las tecnologías IDS e IPS se despliegan como sensores, que pueden ser cualquiera de los siguientes dispositivos:

- Un router configurado con software IPS Cisco IOS

- Un dispositivo diseñado específicamente para proporcionar servicios IDS o IPS dedicados

- Un módulo de red instalado en un dispositivo de seguridad adaptable, switch o router

Las características del IDS en modo promiscuo son las siguientes:

- No tiene impacto sobre la red, no crea latencia ni genera jitter
- La acción de respuestas no puede detectar los paquetes disparadores
- No tiene impacto sobre la red si el sensor falla o se sobrecarga
- Se requieren ajustes correctos para las acciones de respuesta
- Se necesita una política de seguridad bien definida
- Son más vulnerables a técnicas de evasión.

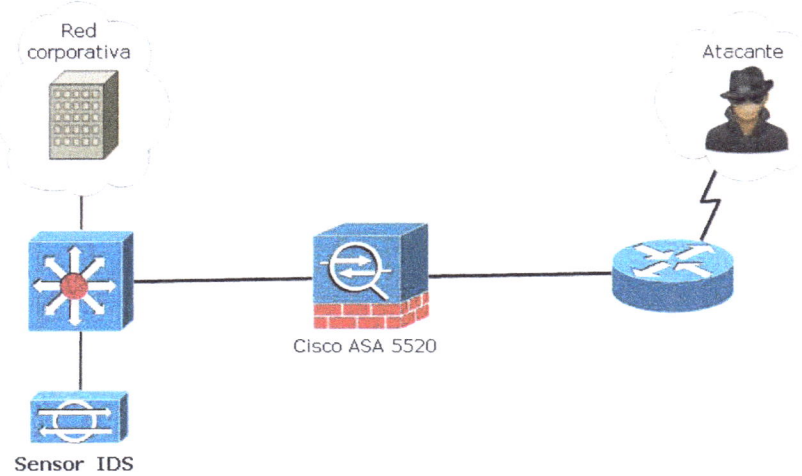

Red corporativa

Atacante

Cisco ASA 5520

Sensor IDS

Las características del IPS en modo en línea son las siguientes:

▶ Detiene los paquetes disparadores
▶ Puede tener algún impacto sobre la red, al crear latencia o jitter
▶ Los posibles problemas de los sensores afectan al tráfico de la red
▶ Puede utilizar técnicas de normalización de flujo
▶ Se necesita una política de seguridad bien definida

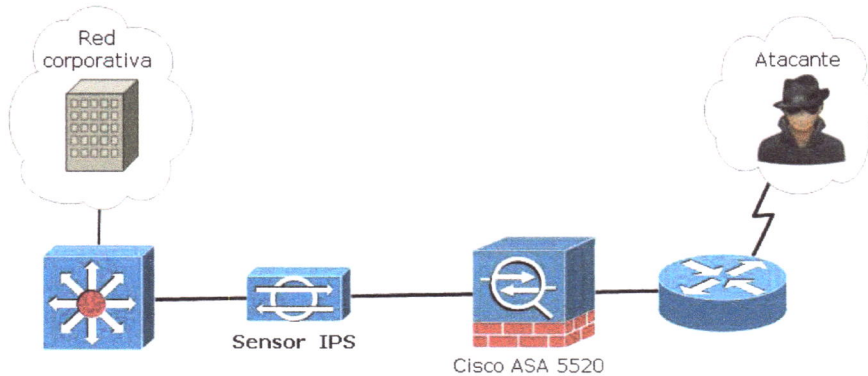

NOTA:

Otros tipos de firewalls pueden ser:

■ Firewall de traducción de direcciones (NAT)
■ Host-based firewall
■ Transparent firewall
■ Hybrid firewall

10.4.1 Firmas IPS

Las firmas IPS, son paquetes criptográficos que se añaden a la IOS del Router que funciona como firewall. Estos paquetes de firmas se instalan en la memoria flash del router o en una memoria USB conectada permanentemente al dispositivo.

Cuando los sensores escanean los paquetes de la red, utilizan las firmas para detectar algún tipo de actividad intrusiva, como ataques de DoS, y responder con acciones predefinidas. Estas firmas identifican puntualmente gusanos, virus, anomalías en los protocolos o tráfico malicioso específico.

Cuando un sensor encuentra una coincidencia entre una firma y un flujo de datos, realiza una acción, como dejar constancia del evento en el registro o enviar una alarma al software de administración del IDS o IPS.

Las firmas se dividen en tres partes bien definidas:

- **Tipo**
- **Alarma**
- **Acción**

Las actualizaciones de firma requieren una suscripción y una llave de la licencia válidas de los Servicios de Cisco para IPS.

10.4.2 NGIPS

La nueva generación de IPS Cisco (**NGIPS**) son sistemas dedicados modulares y escalables de protección contra amenazas y ciberataques. Un NGIPS recibe nuevas reglas sobre normas y firmas cada dos horas, para que el sistema de seguridad esté constantemente actualizado. El Firepower NGIPS se integra a la red sin necesidad de grandes cambios de hardware.

A través del Firepower Management Center, pueden visualizarse más datos contextuales de la red y ajustar su seguridad en tiempo real. Monitoriza aplicaciones, señales de peligro, perfiles de host, trayectorias de archivos, sandboxing, información de vulnerabilidades y visualiza sistemas operativos de los dispositivos. Estos datos son utilizados para optimizar la seguridad de la red.

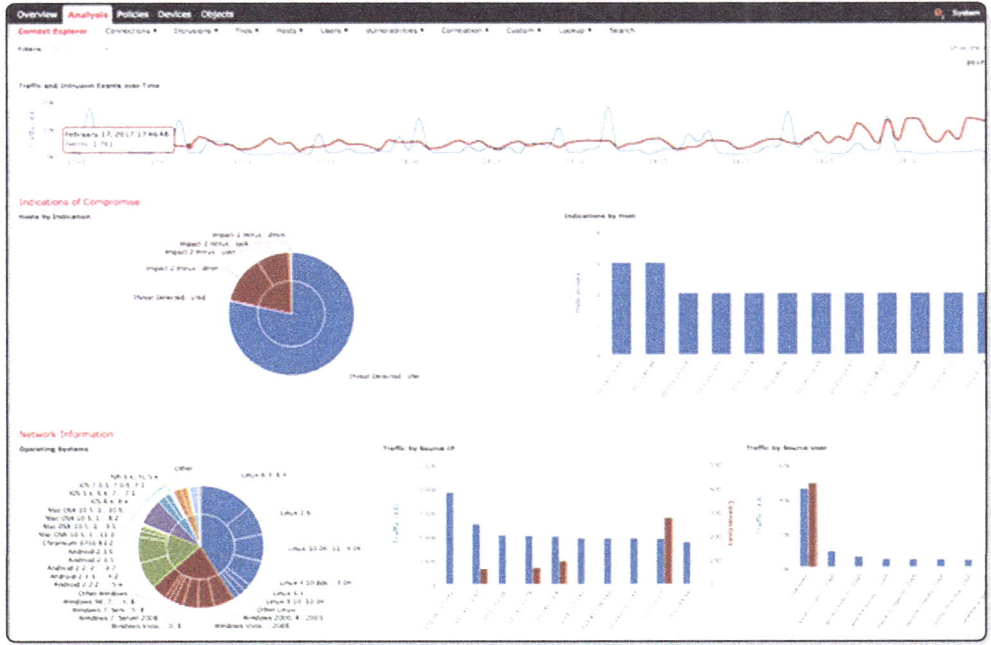

Captura de Pantalla de Firepower Management Center

NOTA:

Sandboxing es una técnica de seguridad que ejecuta procesos en un espacio virtual controlado y supervisado.

Algunas de las características de los NGIPS pueden ser:

▶ **Detección de intrusiones**: para evitar vulnerabilidades, el **NGIPS** puede marcar los archivos sospechosos y analizarlos en busca de amenazas no identificadas.

▶ **Nube pública**: puede aplicarse en nubes públicas y privadas para gestionar las amenazas. Los NGIPS están basados en la arquitectura abierta de Cisco y admite Azure, AWS, VMware y más hipervisores.

▶ **Segmentación interna de redes**: se ajusta fácilmente a la planificación de la red con un mecanismo de implementación que utiliza los requisitos de varias organizaciones internas.

▶ **Vulnerabilidad y gestión de parches**: la información de los NGIPS puede utilizarse para solucionar las vulnerabilidades más importantes en menos tiempo y con menos recursos.

10.5 AAA

Los dispositivos Cisco ofrecen varios niveles de seguridad. La forma más simple de autenticación son las contraseñas. Los inicios de sesión de solo contraseña son muy vulnerables a ataques de fuerza bruta. Este método no ofrece registros de auditoría de ningún tipo. Cualquiera que tenga la contraseña puede ganar acceso al dispositivo y alterar la configuración.

AAA (*Authentication, Authorization, Accounting*) provee una mejor solución al hacer que todos los dispositivos accedan a la misma base de datos de usuarios y contraseñas en un servidor central. Cada una de las partes se detalla a continuación:

▶ **Authentication**. El proceso de autenticación se encarga de verificar que el usuario es quien dice ser, por ejemplo, mediante el uso de un nombre de usuario y contraseña. La autenticación AAA local utiliza una base de datos local para la autenticación. Este método almacena los nombres de usuario y sus correspondientes contraseñas localmente y los usuarios se autentican en la base de datos local. Este método no es muy seguro y puede mejorarse con la autenticación basada en servidor.

▶ **Authorization**. El proceso de autorización determina a qué recursos tiene acceso el usuario una vez que se ha autenticado. En general, la autorización se implementa usando una solución de AAA basada en servidor

▶ **Accounting**. El proceso de auditoría se encarga de registrar la actividad realizada por el usuario una vez que haya sido autenticado. Los servidores AAA mantienen un registro detallado de absolutamente todo lo que hace el usuario una vez autenticado en el dispositivo.

10.5.1 RADIUS y TACACS+

RADIUS (*Remote Authentication Dial-In User Service*). está definido en la RFC 2865 y **TACACS+** (*Terminal Access Control Access Control Server Plus*) en la RFC 1492. Ambos protocolos se encargan de proporcionar servicios AAA. RADIUS utiliza UDP, puerto 1645 o el 1812 para la autenticación y el puerto UDP 1646 o el 1813 para los registros de auditoría, mientras que TACACS+ utiliza TCP puerto 49.

Tanto TACACS+ como RADIUS son protocolos de administración, pero cada uno soporta diferentes capacidades y funcionalidades. La elección de uno sobre otro depende de las necesidades de la organización. Las diferencias entre ambos se enumeran a continuación:

1. RADIUS fue desarrollado por Livingston Enterprises; es un protocolo AAA abierto de estándar IETF con aplicaciones en acceso a las redes y movilidad IP.

2. TACACS+ es una mejora de Cisco del protocolo TACACS original, es un protocolo enteramente nuevo que es incompatible con todas las versiones anteriores de TACACS.

3. El protocolo RADIUS esconde las contraseñas durante la transmisión, el resto del paquete se envía en texto plano.

4. RADIUS combina autenticación y autorización en un solo proceso.

5. RADIUS es muy popular entre los proveedores de servicio VoIP.

6. RADIUS no permite especificar qué comandos puede utilizar el usuario después de iniciar una sesión en el router, simplemente permite o deniega el acceso al equipo.

7. TACACS+ tiene dos métodos de autorizar el uso de comandos en el router:

   • Especificando en el servidor TACACS+ los comandos que se permite usar a un determinado usuario o grupo.

   • Confiando en los niveles de privilegio. Se lanza una consulta al servidor TACACS+ para ver si el usuario o grupo puede usar un determinado comando en un determinado nivel de privilegio.

8. El protocolo DIAMETER es el reemplazo programado para RADIUS. DIAMETER usa un nuevo protocolo de transporte llamado **SCTP** (*Stream Control Transmission Protocol*) y TCP en lugar de UDP.

9. RADIUS no soporta los siguientes protocolos:

   • AppleTalk Remote Access (ARA) protocol.
   • NetBIOS Frames Protocol Control protocol.
   • Novell Asynchronous Services Interface (NASI).
   • X.25 PAD connection.

10. TACACS+ ofrece soporte multiprotocolo, como IP y AppleTalk.

11. TACACS+ proporciona servicios AAA separados.

12. Las extensiones al protocolo TACACS+ proporcionan más tipos de códigos de solicitud y respuesta de autenticación que los que estaban en la especificación TACACS original.

13. TACACS+ separa completamente los procesos de autenticación y autorización y soporta más protocolos que RADIUS, mientras que RADIUS los unifica.

10.5.2 Configuración AAA local y basada en servidor

El comando **aaa new-model** sirve para habilitar AAA. Si se utiliza la forma **no** delante quedará deshabilitado. Defina una lista nombrada de los métodos de autenticación y luego aplíquela a las interfaces con el comando **aaa authentication login**.

```
Router(config)# aaa new-model
Router(config)# aaa authentication login {default | list-name}
method1 [method2...]
```

AAA basado en servidor debe identificar los servidores TACACS+ y RADIUS que el servicio AAA debe consultar al autenticar y autorizar usuarios. Una vez habilitado AAA en el dispositivo debe indicar el servidor que se utilizará.

El comando **radius-server host** se utiliza para indicar el servidor RADIUS.

```
Router(config)# radius-server host {hostname | ip-address} [auth-
port port-number] [acct-port port-number][timeout seconds]
[retransmit retries] [key string] [alias{hostname | ip-address}]
```

El comando **tacacs-server host**, se utiliza para indicar el servidor TACACS.

```
tacacs-server host {hostname | ip-address} [key string] [nat]
[port [integer]] [single-connection] [timeout [integer]]
no tacacs-server host {host-name | host-ip-address}
```

Los siguientes comandos son adicionales a la configuración de AA basada en servidor:

▶ Ambos comandos cumplen la misma función de configuración de la clave de autenticación para la comunicación entre el router y el servidor.

```
[no] radius-server key {0 string | 7 string | string}
[no] tacacs-server key {0 string | 7 string | string}
```

▶ No es un comando específico de AAA. Sirve para especificar un usuario y contraseña.

```
username root password
```

▶ Especifica los métodos de autenticación para usar en interfaces seriales PPP.

```
[no] aaa authentication ppp {default | list-name} method1
[method2...]
```

▶ Permite definir el grado de acceso de los usuarios.

```
[no] aaa authorization {network | exec | commands level |
reverse-access} {default | listname}[method1 [method2...]]
```

▶ Permite guardar un registro con los comandos que ha utilizado cada usuario.

```
[no] aaa accounting {auth-proxy | system | network | exec |
connection | commands level} {default | list-name} [vrf vrf-name]
{start-stop | stop-only | none} [broadcast] group group-name
```

10.5.3 Verificación AAA

Para ver los atributos recolectados en una sesión AAA, utilice el siguiente comando:

```
Router# show aaa user {all | unique id}
```

Es posible obtener información de todos los usuarios bloqueados, con el comando:

```
Router# show aaa local user lockout
```

Este último comando no proporciona información sobre todos los usuarios que ingresan a un dispositivo, sino sobre aquellos que han sido autenticados o autorizados usando AAA o cuyas sesiones están siendo monitorizadas por el módulo de registro de auditoría de AAA.

Existen varios comandos **debug** que se pueden utilizar usar para este propósito, que como siempre que se utilicen con comandos **debug** ha de hacerse con cuidado y con la plena seguridad de no saturar el procesador.

La siguiente tabla muestra los principales comandos **debug**:

Comando	Descripción
debug aaa authentication	Muestra información sobre los eventos de autenticación.
debug aaa authorization	Muestra información sobre los eventos de autorización.
debug aaa accounting	Muestra información sobre los eventos de auditoría.
debug radius	Muestra información relativa a RADIUS.
debug tacacs	Muestra información relativa a TACACS+.

RECUERDE:

Ejecutar un proceso debug desmedido puede saturar al router o al switch hasta hacerlo inoperable. Termine el proceso debug con el comando no debug all o undebug all.

10.6 DHCP SNOOPING

Los usuarios maliciosos intentan enviar información falsa a los switches o host intentando utilizar mecanismos de burla falseando las puertas de enlace. El objetivo del atacante es interceptar el tráfico enviando paquetes al afectado como si éste fuera la puerta de enlace o el router. El atacante puede obtener información del tráfico de paquetes antes de que lleguen a su verdadero destino. Los switches Catalyst poseen mecanismos de protección ante estos ataques que se describen a continuación:

Un servidor DHCP proporciona la información que un cliente necesita para operar dentro de una red. Un atacante puede activar un servidor DHCP falso en el mismo segmento en que se encuentra el cliente; cuando el cliente hace la petición DHCP el falso servidor podría enviar el DHCP reply con su propia dirección IP sustituyendo a la verdadera puerta de enlace. Los paquetes destinados hacia fuera de la red local serían enviados al servidor del atacante que podrá enviarlos a la dirección correcta pero primero podrá examinar cada paquete que va interceptando. El atacante está en el medio del camino, el cliente nunca se da cuenta de ello, acción conocida como **man-in-the-middle**.

Los switches Catalys poseen la característica **DHCP Snooping** para prevenir este tipo de ataque. Cuando está configurado, los puertos están categorizados como confiables o no confiables. Los servidores DHCP legítimos pueden encontrarse en puertos confiables, mientras que todos los demás hosts están detrás de los puertos no confiables. Un switch intercepta todas las peticiones DHCP que vienen de los puertos no confiables antes de pasarlas a la VLAN correspondiente. Cualquier respuesta DHCP reply viniendo desde un puerto no confiable se descarta, además el puerto pasará al estado errdisable.

DHCP Snooping mantiene un registro de todos los enlaces de los DHCP completados, lo que significa que posee conocimiento de las direcciones MAC, direcciones IP, tiempo de alquiler, etc. del cliente. El siguiente comando configura DHCP Snooping en el switch:

```
Switch(config)#ip dhcp snooping
```

El siguiente paso consiste en identificar la VLAN donde DHCP Snooping se implementará:

```
Switch(config)#ip dhcp snooping vlan vlan-id [vlan-id]
```

Posteriormente se configuran los puertos confiables donde están localizados los servidores DHCP reales:

```
Switch(config)#interface type mod/num
Switch(config-if)#ip dhcp snooping trust
```

Para los puertos no confiables se permite un número ilimitado de peticiones DHCP, para limitarlo se puede utilizar el siguiente comando:

```
Switch(config)#interface type mod/num
Switch(config-if)#ip dhcp snooping limit rate rate
```

El parámetro **rate** tiene un rango de 1 a 2048 paquetes DHCP por segundo.

Puede, además, configurarse el switch para que use la opción DHCP 82 descripta en la RFC 3046. Añadiendo la opción 82 la información acerca del cliente que ha generado la petición DHCP es más amplia. Además, la respuesta DHCP (en caso de que la hubiera) traerá contenida la información de la opción 82. El switch intercepta la respuesta y compara los datos de la opción 82 para confirmar que la respuesta viene de un puerto válido en el mismo. Esta característica está habilitada por defecto; no obstante, para habilitar la opción 82 se utiliza el siguiente comando:

```
Switch(config)# ip dhcp snooping information option
```

El estado del DHCP Snooping puede verse con el siguiente comando:

```
Switch#show ip dhcp snooping [binding]
```

El parámetro **binding** se utiliza para mostrar todas las relaciones conocidas de DHCP que han sido recibidas.

En el siguiente ejemplo se observa la configuración de DHCP Snooping, las interfaces FastEthernet 0/5 a la 0/16 son consideradas no confiables, la cantidad de peticiones están limitadas a 3 por segundo. El servidor DHCP conocido está localizado en la interfaz GigaEthernet 0/1:

```
Switch(config)#ip dhcp snooping
Switch(config)#ip dhcp snooping vlan 104
Switch(config)#interface range fastethernet 0/5 - 16
Switch(config-if)#ip dhcp snooping limit rate 3
Switch(config-if)#interface gigabitethernet 0/1
Switch(config-if)#ip dhcp snooping trust

Switch#show ip dhcp snooping
Switch DHCP snooping is enabled
DHCP snooping is configured on following VLANs:
104
Insertion of option 82 is enabled
Interface       Trusted    Rate limit (pps)
---------------------- ------- ----------------
FastEthernet0/35   no      3
FastEthernet0/36   no      3
GigabitEthernet0/1   yes     unlimited
```

En algunos entornos es necesario utilizar ordenadores o dispositivos específicos en la red para capturar flujos de tráfico y examinar los paquetes. De esta manera se sondea dentro de las cabeceras de capa 2, 3 y 4 para ver como dichos paquetes son tratados en la red.

Si hay uno varios switches entre los segmentos los dominios de colisión se separarán y no se enviarán las tramas en cuestión al puerto donde se encuentre conectado el analizador de tráfico.

10.7 SEGURIDAD DE PUERTOS

Los switches Catalyst poseen una característica llamada **port-security** que controla las direcciones MAC asignadas a cada puerto. Para iniciar la configuración de seguridad de puertos en un switch se comienza con el siguiente comando:

```
Switch(config-if)#switchport port-security
```

Posteriormente se deben identificar un conjunto de direcciones MAC permitidas en ese puerto. Estas direcciones pueden ser configuradas explícitamente o de forma dinámica a través del tráfico entrante por ese puerto, en cada interfaz que utiliza **port-security** se debe especificar un número máximo de direcciones MAC que serán permitidas:

```
Switch(config-if)#switchport port-security maximum max-addr
```

La siguiente sintaxis muestra la configuración de direcciones MAC para un puerto a un máximo de 5:

```
Switch(config-if)#switchport port-security maximum 5
```

También se puede definir estáticamente una o más direcciones MAC en una interfaz, cualquiera de las direcciones configuradas tendrá permitido el acceso a la red a través de ese puerto:

```
Switch(config-if)#switchport port-security mac-address mac-addr
```

El rango de MAC permitidas va desde 1 a 1024. Cada interfaz configurada con port-security aprende dinámicamente las direcciones MAC por defecto y espera que esas direcciones aparezcan en esa interfaz en el futuro. Este proceso se llama *sticky MAC addresses*. Las direcciones MAC se aprenden cuando las tramas de los hosts pasan a través de la interfaz, que aprende hasta el número máximo de direcciones que tiene permitidas. Las direcciones aprendidas también son eliminadas si los hosts conectados no transmiten en un período determinado.

Si el número de direcciones estáticas dado es menor que el número máximo de direcciones que puede aprender dinámicamente, el resto de las direcciones se aprenderán dinámicamente. Por lo tanto, se debe tener un control apropiado sobre cuantas direcciones se deben permitir.

Finalmente se debe definir cómo una interfaz con seguridad de puerto debería reaccionar si ocurre un intento de violación para eso se utiliza el siguiente comando:

```
Switch(config-if)# switchport port-security violation {shutdown |
restrict |protect}
```

Cuando más del número máximo de direcciones MAC permitidas o una dirección MAC desconocida se detecta se interpreta como una violación. El puerto del switch toma algunas de las siguientes acciones cuando ocurre una violación:

- **Shutdown**, el puerto automáticamente se pone en el estado **errdisable**, lo que hace dejarlo inoperable y tendrá que ser habilitado manualmente o utilizando la recuperación de errdisable.

- **Restrict**, el puerto permanente activo pero los paquetes desde las direcciones MAC que están violando la restricción son eliminados. El switch continúa ejecutando el temporizador de los paquetes que están violando la condición y puede enviar un trap de SNMP a un servidor Syslog para alertar de lo que está ocurriendo.

- **Protect**, el puerto sigue habilitado pero los paquetes de las direcciones que están violando la condición son eliminados, no queda ninguna constancia de lo que está aconteciendo en el puerto.

Un ejemplo del modo **restrict** se detalla en la siguiente sintaxis:

```
interface GigabitEthernet0/11
switchport access vlan 991
switchport mode access
switchport port-security
switchport port-security violation restrict
spanning-tree portfast
```

Cuando el número máximo de direcciones MAC se excede se guarda un log cuya sintaxis se muestra a continuación:

```
Jun 3 17:18:41.888 EDT: %PORT_SECURITY-2-PSECURE_VIOLATION:
Security violation
occurred, caused by MAC address 0000.5e00.0101 on port
GigabitEthernet0/11.
```

En caso de que se cumpla la condición restrict o protect se deberían eliminar las direcciones MAC que no son permitidas con el siguiente comando:

```
Switch#clear port-security dynamic [address mac-addr | interface
type mod/num]
```

En el modo **shutdown** la acción de port-security es mucho más drástica. Cuando el número máximo de direcciones MAC es sobrepasado el siguiente mensaje log indica que el puerto ha sido puesto en modo errdisable:

```
Jun 3 17:14:19.018 EDT: %PM-4-ERR_DISABLE: psecure-violation
error detected on
Gi0/11, putting Gi0/11 in err-disable state
Jun 3 17:14:19.022 EDT: %PORT_SECURITY-2-PSECURE_VIOLATION:
Security violation occurred, caused by MAC address 0003.a089.efc5
on port GigabitEthernet0/11.
Jun 3 17:14:20.022 EDT: %LINEPROTO-5-UPDOWN: Line protocol on
Interface Gigabit Ethernet0/11, changed state to down
Jun 3 17:14:21.023 EDT: %LINK-3-UPDOWN: Interface
GigabitEthernet0/11, changed state to down
```

El estado de un puerto puede verse con el comando **show port-security interface**:

```
Switch#show port-security interface gigabitethernet 0/11
Port Security :                Enabled
Port Status :                  Secure-shutdown
Violation Mode :               Shutdown
Aging Time :                   0 mins
Aging Type :                   Absolute
SecureStatic Address Aging :   Disabled
Maximum MAC Addresses :        1
Total MAC Addresses :          0
Configured MAC Addresses :     0
Sticky MAC Addresses :         0
Last Source Address :          0003.a089.efc5
Security Violation Count :     1
```

Para ver un resumen rápido del estado del puerto puede utilizarse el siguiente comando:

```
Switch#show interfaces status err-disabled
Port Name Status Reason
Gi0/11 Test port err-disabled psecure-violation
```

Hay que recordar que cuando un puerto está en el estado errdisable se debe recuperar manualmente o de manera automática. La secuencia de comandos para la recuperación manual es la siguiente:

```
Switch(config)#interface type mod/num
Switch(config-if)#shutdown
Switch(config-if)#no shutdown
```

Finalmente se puede ver un resumen del estado de port-security con el siguiente comando:

```
Switch#show port-security
Secure Port MaxSecureAddr CurrentAddr SecurityViolation Security
Action
(Count) (Count) (Count)
------------------------------------------------------------
Gi0/11              5            1                0           Restrict
Gi0/12              1            0                0           Shutdown
------------------------------------------------------------
Total Addresses in System (excluding one mac per port) : 0
Max Addresses limit in System (excluding one mac per port) : 6176
```

10.8 AUTENTICACIÓN BASADA EN PUERTO

Los switches Catalyst pueden soportar autenticación basada en puerto que resulta una combinación de autenticación **AAA** (*Authentication, Authorization, Accounting*) y de port-security. Esta característica se basa en el estándar IEEE 802.1X, cuando está habilitado un puerto del switch no pasará tráfico hasta que el usuario se autentique con el switch. Si la autenticación es satisfactoria el usuario podrá utilizar el puerto con normalidad.

En la autenticación basada en puerto tanto el switch (autenticador) como el PC del usuario (suplicante) tienen que soportar el estándar 802.1X usando **EAPOL** (*Extensible Authentication Protocol over LAN*). Dicho estándar es un protocolo que se ejecuta entre el cliente y el switch que está brindando el servicio de red. Si el cliente del PC está configurado para utilizar 802.1X pero el switch no lo soporta, el PC abandona el protocolo y se comunica normalmente; pero a la inversa, es decir, si el switch está configurado con autenticación y el PC no lo soporta, el puerto del switch permanecerá en estado "no autorizado" de manera que no enviará tráfico a ese cliente.

Un puerto del switch con 802.1X comienza en el estado **no autorizado**, de tal manera que solamente el único tipo de datos que permite pasar es del propio protocolo 802.1X. Tanto el cliente como el switch pueden comenzar la sesión 802.1X. El estado **autorizado** del puerto finaliza cuando el usuario del puerto termina la sesión causando que el cliente 802.1X informe al switch que regrese al estado no autorizado. El switch puede finalizar la sesión del usuario cuando lo crea necesario; en caso de que así ocurra, el cliente tiene que re-autenticarse para continuar utilizando el puerto.

10.8.1 Configuración de 802.1X

La autenticación basada en puerto puede ser administrada por uno o más servidores **RADIUS** (*Remote Authentication Dial-In User Service*). Aunque muchos switches Cisco soportan otros métodos de autenticación solo RADIUS soporta el estándar 802.1X.

El método de autenticación real de RADIUS tiene que ser configurado inicialmente y luego el 802.1X. Los siguientes pasos muestran dicha configuración:

1. **Habilitación de AAA en el switch**. Por defecto **AAA** está deshabilitado; para habilitarlo se utiliza el siguiente comando:

   ```
   Switch(config)#aaa new-model
   ```

   El parámetro **new-model** hace referencia al método de listas que se van a utilizar para la autenticación.

2. **Definición de los servidores RADIUS externos**. En primer lugar se define cada servidor junto con la clave compartida; esta cadena solamente es conocida por el switch y el servidor y proporciona una clave de encriptación para la autenticación del usuario.

   ```
   Switch(config)#radius-server host {hostname | ip-address} [key
   string]
   ```

   Este comando debe repetirse según tantos servidores existan en la red.

3. **Definición del método de autenticación 802.1X**. Con el siguiente comando los servidores de autenticación RADIUS que se han definido en el switch utilizarán la autenticación 802.1X:

   ```
   Switch(config)#aaa authentication dot1x default group radius
   ```

4. **Habilitación de 802.1x en el switch**.

   ```
   Switch(config)#dot1x system-auth-control
   ```

5. **Configuración de los puertos del switch con 802.1X**.

   ```
   Switch(config)#dot1x system-auth-control
   Switch(config)# interface type mod/num
   Switch(config-if)#dot1x port-control {force-authorized | force-
   unauthorized | auto}
   ```

Donde:

- **force-authorized**: el puerto es forzado para que siempre autorice cualquier conexión de cliente, no es necesario la autenticación; este es el estado por defecto para todos los puertos cuando 802.1X está habilitado.

- **force-unauthorized**: el puerto es forzado para no autorizar nunca la conexión de un cliente, como resultado ese puerto no pasará al estado autorizado.

- **Auto**: el puerto utiliza un intercambio de 802.1X para moverse desde el estado **unauthorized** hacia el estado **authorized** cuando la autenticación resulte satisfactoria. Esto requiere una aplicación capaz de soportar dicho estándar en el PC del cliente.

  Por defecto todos los puertos del switch están en el estado **force-authorized** pero si el objetivo es la utilización de 802.1X los puertos deben estar configurados en **auto**, de tal manera que se emplee dicho mecanismo de autenticación.

6. **Permitir múltiples host en un puerto del switch**. El estándar 802.1X soporta casos en los cuales múltiples host están conectados a un simple puerto del switch ya sea a través de un hub o de otros switchs de acceso. En este caso se debe configurar el puerto con el siguiente comando:

```
Switch(config-if)#dot1x host-mode multi-host
```

El comando **show dot1x all** se utiliza para verificar las operaciones de 802.1X en cada puerto del switch donde está configurado.

El siguiente es un ejemplo de autenticación basada en 802.1X, donde hay configurados dos servidores RADIUS y varios puertos del switch están utilizando 802.1X para autenticación y asociación con la VLAN 100:

```
Switch(config)#aaa new-model
Switch(config)#radius-server host 100.30.1.1 key PruebaCCNP
Switch(config)#radius-server host 100.30.1.2 key OtraCCNP
Switch(config)#aaa authentication dot1x default group radius
Switch(config)#dot1x system-auth-control
Switch(config)#interface range FastEthernet0/1 - 40
Switch(config-if)#switchport access vlan 100
Switch(config-if)#switchport mode access
Switch(config-if)#dot1x port-control auto
```

10.9 LISTAS DE ACCESO

Desde la primera vez que se conectaron varios sistemas para formar una red, ha existido una necesidad de restringir el acceso a determinados sistemas o partes de la red por motivos de seguridad, privacidad y otros. Mediante la utilización de las funciones de filtrado de paquetes del software IOS, un administrador de red puede restringir el acceso a determinados sistemas, segmentos de red, rangos de direcciones y servicios, basándose en una serie de criterios. La capacidad de restringir el acceso cobra mayor importancia cuando la red de una empresa se conecta con otras redes externas, como otras empresas asociadas o Internet.

Los routers se sirven de las **ACL** (*Access Control List*) para identificar el tráfico. Esta identificación puede usarse posteriormente para filtrarlo y conseguir una mejor administración y rendimiento del tráfico global de la red. Las listas de acceso constituyen una eficaz herramienta para el control de la red, añaden la flexibilidad necesaria para filtrar el flujo de paquetes que entra y sale de las diferentes interfaces del router.

Las ACL trabajan utilizando entradas de control de acceso, **ACE** (*Access Control Entries*), en un listado secuencial de condiciones de permiso o prohibición que se aplican a direcciones IP o a protocolos IP de capa superior.

Las listas de acceso identifican el tráfico que ha de ser filtrado en su tránsito por el router, pero no pueden filtrar el tráfico originado por el propio router.

Las listas de acceso pueden aplicarse también a los puertos de líneas de terminal virtual para permitir y denegar tráfico Telnet entrante o saliente, no es posible bloquear el acceso Telnet desde el mismo router.

Se pueden usar listas de acceso IP para establecer un control más fino o la hora de separar el tráfico en diferentes colas de prioridades y personalizadas. Una lista de acceso también puede utilizarse para identificar el tráfico "interesante" que sirve para activar las llamadas del enrutamiento por llamada telefónica bajo demanda (DDR). Las listas de acceso son mecanismos opcionales del software Cisco IOS que pueden ser configurados para filtrar o verificar paquetes con el fin de determinar si deben ser retransmitidos hacia su destino, o bien descartados.

Cuando un paquete llega a una interfaz, el router comprueba si el paquete puede ser retransmitido verificando su tabla de enrutamiento. Si no existe ninguna ruta hasta la dirección de destino, el paquete es descartado. A continuación, el router comprueba si la interfaz de destino está agrupada en alguna lista de acceso. De no ser así, el paquete puede ser enviado al búfer de salida. Si el paquete de salida está destinado a un puerto, que no ha sido agrupado a ninguna lista de acceso de salida, dicho paquete será enviado directamente al puerto destinado. Si el paquete de salida está destinado a un puerto que ha sido agrupado en una lista de acceso saliente, antes de que el paquete pueda ser enviado al puerto destinado será verificado por una serie de instrucciones de la lista de acceso asociada con dicha interfaz. Dependiendo del resultado de estas pruebas, el paquete será admitido o denegado.

Para las listas salientes, un **permit** significa enviar al búfer de salida, mientras que **deny** se traduce en descartar el paquete.

Para las listas entrantes un permit significa continuar el procesamiento del paquete tras su recepción en una interfaz, mientras que deny significa descartar el paquete.

Cuando se descarta un paquete IP, ICMP devuelve un paquete especial notificando al remitente que el destino ha sido inalcanzable.

10.9.1 Prueba de las condiciones de una ACL

Las instrucciones de una lista de acceso operan en un orden lógico secuencial. Evalúan los paquetes de principio a fin, instrucción a instrucción. Si la cabecera de un paquete se ajusta a una instrucción de la lista de acceso, el resto de las instrucciones de la lista serán omitidas, y el paquete será permitido o denegado según se especifique en la instrucción competente.

Si la cabecera de un paquete no se ajusta a una instrucción de la lista de acceso, la prueba continúa con la siguiente instrucción de la lista.

El proceso de comparación sigue hasta llegar al final de la lista, cuando el paquete será denegado implícitamente.

Una vez que se produce una coincidencia, se aplica la opción de permiso o denegación y se pone fin a las pruebas de dicho paquete. Esto significa que una condición que deniega un paquete en una instrucción no puede ser afinada en otra instrucción posterior.

La implicación de este modo de comportamiento es que el orden en que figuran las instrucciones en la lista de acceso es esencial. Hay una instrucción final que se aplica a todos los paquetes que no han pasado ninguna de las pruebas anteriores. Esta condición final se aplica a todos esos paquetes y se traduce en una condición de denegación del paquete.

En lugar de salir por alguna interfaz, todos los paquetes que no satisfacen las instrucciones de la lista de acceso son descartados.

Esta instrucción final se conoce como la denegación implícita de todo, al final de cada lista de acceso. Aunque esta instrucción no aparece en la configuración del router, siempre está activa. Debido a dicha condición, es necesario que en toda lista de acceso exista al menos una instrucción permit, en caso contrario la lista de acceso bloquearía todo el tráfico.

10.10 TIPOS DE LISTAS DE ACCESO

10.10.1 Listas de acceso estándar

Las listas de acceso estándar solo comprueban las direcciones de origen de los paquetes que solicitan enrutamiento. El resultado es el permiso o la denegación de la salida del paquete por parte del protocolo, basándose en la dirección IP de la red-subred-host de origen.

10.10.2 Listas de acceso extendidas

Las listas de acceso extendidas comprueban tanto la dirección de origen como la de destino de cada paquete. También pueden verificar protocolos especificados, números de puerto y otros parámetros.

10.10.3 Listas de acceso con nombre

Permiten asignar nombres en lugar de un rango numérico en las listas de acceso estándar y extendidas.

10.11 APLICACIÓN DE LAS ACL

Las listas de acceso expresan el conjunto de reglas que proporcionan un control añadido para los paquetes que entran en interfaces de entrada, paquetes que se trasmiten por el router y paquetes que salen de las interfaces de salida del router.

Una vez creada, una ACL debe asociarse a una o varias interfaces de forma que analice todos los paquetes que pasen por estas ya sea de manera entrante o saliente según corresponda el caso. La manera de determinar cuál de los casos es el que corresponde es pensar si los paquetes van hacia la red en cuestión (saliente) o si vienen de ella (entrante).

Las ACL deben ubicarse donde más repercutan sobre la eficacia. Las reglas básicas son:

▼ Ubicar las ACL extendidas lo más cerca posible del origen del tráfico denegado. De esta manera, el tráfico no deseado se filtra sin atravesar la infraestructura de red.

▼ Como las ACL estándar no especifican las direcciones de destino, colóquelas lo más cerca del destino posible.

10.11.1 ACL para tráfico entrante

Los paquetes entrantes son procesados antes de ser enrutados a una interfaz de salida, si el paquete pasa las pruebas de filtrado, será procesado para su enrutamiento (evita la sobrecarga asociada a las búsquedas en las tablas de enrutamiento si el paquete ha de ser descartado por las pruebas de filtrado).

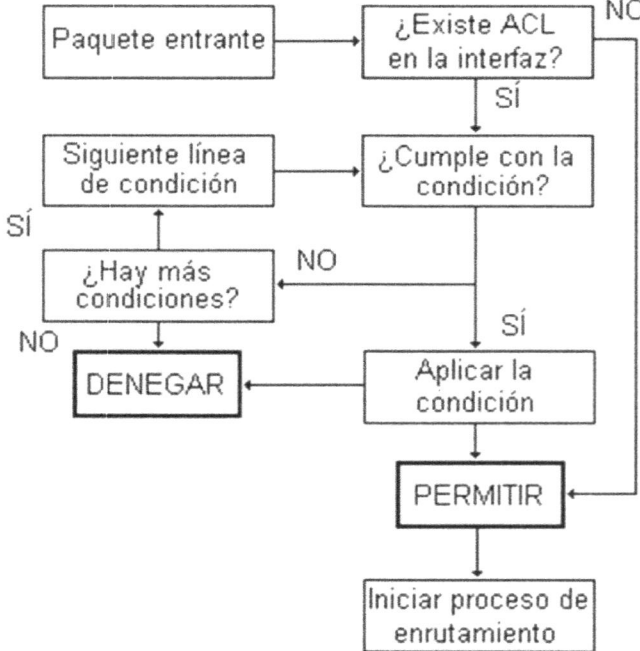

Procesamiento de una ACL entrante, el paquete entrante es filtrado antes de su enrutamiento

RECUERDE:

Las listas de acceso no actúan sobre paquetes originados en el propio router, como las actualizaciones de enrutamiento o las sesiones telnet salientes.

10.11.2 ACL para tráfico saliente

Los paquetes entrantes son enrutados a la interfaz de salida y después son procesados por medio de la lista de acceso de salida antes de su transmisión.

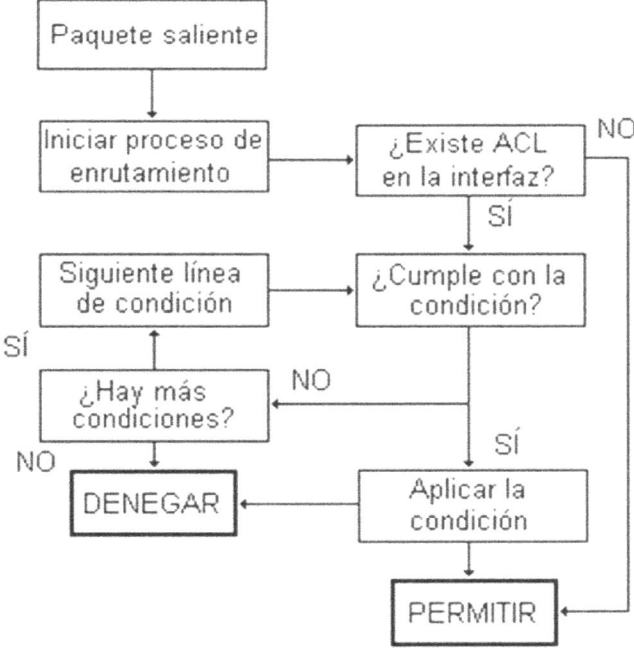

Procesamiento de una ACL saliente, el paquete saliente debe ser enrutado antes de su respectivo filtrado

NOTA:

El estudio de este libro se basa en las listas de acceso IP.

10.12 MÁSCARA COMODÍN

Puede ser necesario probar condiciones para un grupo o rango de direcciones IP, o bien para una dirección IP individual. La comparación de direcciones tiene lugar usando máscaras que actúan a modo de comodines en las direcciones de la lista de acceso, para identificar los bits de la dirección IP que han de coincidir explícitamente y cuáles pueden ser ignorados. El enmascaramiento wildcard para los bits de direcciones IP utiliza los números 1 y 0 para referirse a los bits de la dirección. Teniendo en cuenta que:

▶ Un bit de máscara wildcard **0** significa "comprobar el valor correspondiente".

▶ Un bit de máscara wildcard **1** significa "No comprobar (ignorar) el valor del bit correspondiente".

Para los casos más frecuentes de enmascaramiento wildcard se pueden utilizar abreviaturas.

▶ **Host** = máscara comodín 0.0.0.0, utilizada para un host específico.

▶ **Any** = 0.0.0.0 255.255.255.255, utilizado para definir a cualquier host, red o subred.

En el caso de permitir o denegar redes o subredes enteras se deben ignorar todos los hosts pertenecientes a dicha dirección de red o subred. Cualquier dirección de host será leída como dirección de red o subred.

Por ejemplo, el siguiente caso de una dirección IP clase B:

172.16.32.0 255.255.224.0

Dirección IP	172	16	32	0
En binarios	10101100	00010000	00100000	00000000
Máscara	255	255	224	0
En binarios	11111111	11111111	11100000	00000000
Wildcard	00000000	00000000	00011111	11111111
Resultado	Se tienen en cuenta 8 bits	Se tienen en cuenta 8 bits	Se tienen en cuenta 3 bits, se ignoran 5	Ignorados

Wildcard: 0.0.31.255

Reste la máscara de subred 255.255.224.0 al valor 255.255.255.255:

$$
\begin{array}{r}
255.255.255.255 \\
-\ 255.255.224.000 \\
\hline
000.000.031.255
\end{array}
$$

El resultado es la máscara wildcard **0.0.31.255**.

10.13   PROCESO DE CONFIGURACIÓN DE LAS ACL NUMERADAS

El proceso de creación de una ACL se lleva a cabo creando la lista y posteriormente asociándola a una interfaz entrante o saliente. Las ACL numeradas llevan un número identificativo que las identifica según sus características. La siguiente tabla muestra los rangos de listas de acceso numeradas:

ACL	Rango	Rango extendido
IP estándar	1-99	1300-1999
IP extendida	100-199	2000-2699
Prot, type code	200-299	
DECnet	300-399	
XNS estándar	400-499	
XNS extendida	500-599	
Apple Talk	600-699	
Ethernet	700-799	
IPX estándar	800-899	
IPX extendida	900-999	
Filtros Sap	1000-1099	

10.13.1 Configuración de ACL estándar

Las listas de acceso IP estándar verifican solo la dirección de origen en la cabecera del paquete IP (capa 3).

```
Router(config)#access-list[1-99][permit|deny][dirección de origen]
[máscara comodín]
```

Donde:

- **1-99**: identifica el rango y número de lista.

- **Permit|deny**: indica si esta entrada permitirá o bloqueará el tráfico a partir de la dirección origen.

- **Dirección de origen**: identifica la dirección IP de origen.

- **Máscara comodín** (wildcard): identifica los bits del campo de la dirección que serán comprobados.

NOTA:

La máscara predeterminada es 0.0.0.0 (coincidencia de todos los bits).

Una vez configurada asocie la ACL estándar a la interfaz a través del siguiente comando dentro del modo de dicha interfaz.

```
Router(config-if)#ip access-group[N° de ACL][in|out]
```

Donde:

- **Número de lista de acceso**: indica el número de lista de acceso que será aplicada a esa interfaz.

- **In|out**: selecciona si la lista de acceso se aplicará como filtro de entrada o de salida.

10.13.2 Configuración de ACL extendida

Las listas de acceso IP extendidas pueden verificar otros muchos elementos, incluidas opciones de la cabecera del segmento (capa 4), como los números de puerto.

- Direcciones IP de origen y destino, protocolos específicos.

- Números de puerto TCP y UDP.

El proceso de configuración de una ACL IP extendida es el siguiente:

```
Router(config)#access-list[100-199][permit|deny][protocolo]
[dirección de origen][máscara comodín][dirección de destino]
[máscara comodín][puerto][establisehed][log]
```

⚑ **100-199**: identifica el rango y número de lista.

⚑ **Permit|deny**: indica si la entrada permitirá o bloqueará el tráfico desde la dirección origen hacia el destino.

⚑ **Protocolo**: como por ejemplo IP, TCP, UDP, ICMP.

⚑ **Dirección origen**, **dirección destino**: identifican direcciones IP de origen y destino.

⚑ **Máscara comodín**: son las máscaras wildcard. Identifica los bits del campo de la dirección que serán comprobados.

⚑ **Puerto** (opcional): puede ser, por ejemplo, **lt** (menor que), **gt** (mayor que), **eq** (igual a), o **neq** (distinto que) y un número de puerto de protocolo correspondiente.

⚑ **Establisehed** (opcional): se usa solo para TCP de entrada. Esto permite que el tráfico TCP pase si el paquete utiliza una conexión ya establecida (por ejemplo, posee un conjunto de bits ACK).

⚑ **Log** (opcional): envía un mensaje de registro a la consola a un servidor syslog determinado.

Algunos de los números de puerto más conocidos, se detallan con mayor profundidad más adelante:

21	FTP
23	Telnet
25	smtp
69	tftp
53	dns
80	http
109	pop 2

La asociación de las ACL a una interfaz en particular se realiza en el modo de interfaz aplicando el siguiente comando.

```
Router(config-if)#ip access-group[N° de ACL][in|out]
```

Donde:

▶ **Número de lista de acceso**: indica el número de lista de acceso que será aplicada a esa interfaz.

▶ **In|out**: selecciona si la lista de acceso se aplicará como filtro de entrada o de salida.

10.13.3 Configuración de una ACL en la línea de telnet

Para evitar intrusiones no deseadas en las conexiones de telnet se puede crear una lista de acceso estándar y asociarla a la Line VTY. El proceso de creación se lleva a cabo como una ACL estándar denegando o permitiendo un origen hacia esa interfaz. El modo de asociar la ACL a la Línea de telnet es el siguiente:

```
router(config)#line vty 0 4
router(config-line)#access-class[N° de ACL][in|out]
```

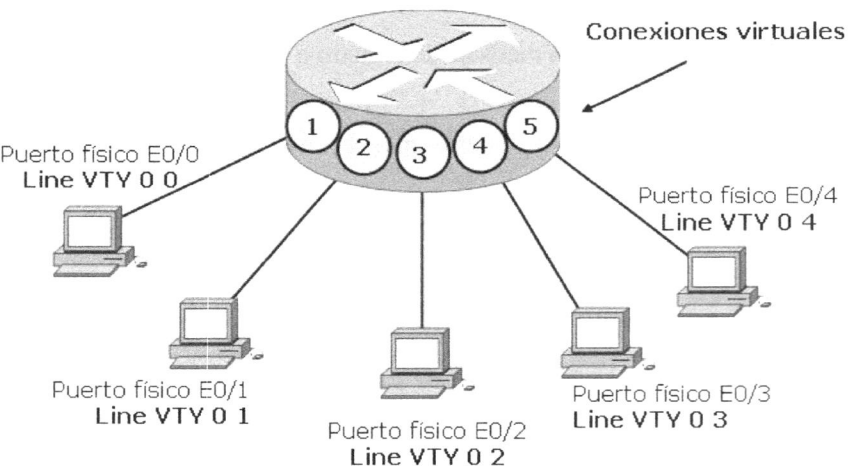

10.13.4 Mensajes de registro en las ACL

Al final de una sentencia ACL, el administrador tiene la opción de configurar el parámetro **log**. Cuando este parámetro se configura, se comparan los paquetes en búsqueda de una coincidencia con la sentencia. El dispositivo registra en una función de registro habilitada, como la consola, el buffer interno del router o un servidor syslog. Los mensajes de registro se generan en la primera coincidencia de paquete y luego en intervalos de cinco minutos.

La habilitación del parámetro log en una ACL puede afectar seriamente al rendimiento del dispositivo. Cuando se habilita el registro, los paquetes son transmitidos por conmutación de proceso o por conmutación rápida. El parámetro log debe ser usado solamente si la red está bajo ataque y el administrador está intentando determinar quién es el atacante. En este punto, el administrador debe habilitar el registro por el tiempo que sea necesario para reunir la información suficiente y luego deshabilitarlo.

El siguiente ejemplo muestra los mensajes emergentes de una ACL extendida configurada con el parámetro log.

```
01:24:23:%SEC-6-IPACCESSLOGDP:list ext1 permitted icmp 10.1.1.15
-> 10.1.1.61 (0/0), 1 packet
01:25:14:%SEC-6-IPACCESSLOGDP:list ext1 permitted icmp 10.1.1.15
-> 10.1.1.61 (0/0), 7 packets
01:26:12:%SEC-6-IPACCESSLOGP:list ext1 denied udp 0.0.0.0(0) ->
255.255.255.255(0), 1 packet
01:31:33:%SEC-6-IPACCESSLOGP:list ext1 denied udp 0.0.0.0(0) ->
255.255.255.255(0), 8 packets
```

10.13.5 Comentarios en las ACL

Las ACL permiten agregar comentarios para facilitar su comprensión o funcionamiento. El comando **remark** no actúa sobre las sentencias de las ACL pero brindan a los técnicos la posibilidad de una visión rápida sobre la actividad de las listas.

Los comentarios pueden agregarse tanto a las ACL nombradas como también a las numeradas, la clave reside en agregar los comentarios antes de la configuración de los permisos o denegaciones.

La sintaxis muestra una ACL nombrada con el comando **remark**:

```
Router(config)#ip access-list[standard|extended] nombre
Router(config[std|ext]nacl)#remark comentario
```

La sintaxis muestra una ACL numerada con el comando remark:

```
Router(config)#ip access-list [número] remark comentario
```

10.14 LISTAS DE ACCESO IP CON NOMBRE

Con listas de acceso IP numeradas, para modificar una lista tendría que borrar primero la lista de acceso y volver a introducirla de nuevo con las correcciones necesarias.

En una lista de acceso numerada no es posible borrar instrucciones individuales. Las listas de acceso IP con nombre permiten eliminar entradas individuales de una lista específica. El borrado de entradas individuales permite modificar las listas de acceso sin tener que eliminarlas y volver a configurarlas desde el principio. Sin embargo, no es posible insertar elementos selectivamente en una lista.

10.14.1 Configuración de una lista de acceso nombrada

Básicamente, la configuración de una ACL nombrada es igual a las extendidas o estándar numeradas. Si se agrega un elemento a la lista, este se coloca al final de la misma. No es posible usar el mismo nombre para varias listas de acceso. Las listas de acceso de diferentes tipos tampoco pueden compartir nombre.

```
Router(config)#ip access-list[standard|extended] nombre
Router(config[std|ext]nac1)#[permit|deny][condiciones de prueba]
Router(config)#Interfaz asociación de la ACL
Router(config-if)#ip access-group nombre [in|out]
```

Para eliminar una instrucción individual, anteponga no a la condición de prueba.

```
Router(config[std|ext]nac1)#no[permit|deny][condiciones de prueba]
```

10.15 ELIMINACIÓN DE LAS ACL

Una ACL puede ser modificada sin necesidad de desasociarla de la interfaz si luego mantiene el mismo número o nombre. Para eliminar una ACL anteponga el parámetro **no** a los comando de configuración y vuelva a crear la ACL:

```
Router(config)#no access-list[N° de lista de acceso]

Router(config)#no ip access-list[standard|extended] nombre
```

Si es fuese necesario eliminarla completamente siga el siguiente orden de configuración:

▷ Desde el modo interfaz donde se aplicó la lista desasociar dicha ACL anteponiendo un **no** al comando. Tenga en cuenta que en una interfaz puede tener asociadas varias ACL.

▷ Posteriormente desde el modo global elimine la ACL.

10.16   LISTAS DE ACCESO IPV6

El desempeño de las ACL estándar IPv6 es idéntico a las ACL IPv4. A partir de las IOS versión 12.0 (23) S y 12.2 (13) T o versiones posteriores esto se amplía también a las ACL extendidas. Para configurar una ACL IPv6, en primer lugar se debe entrar en el modo de configuración de ACL IPv6.

```
Router(config)# ipv6 access-list nombre
```

A continuación, configurar cada entrada de la lista de acceso para permitir o denegar tráfico específico.

```
Router(config-ipv6-acl)# {permit | deny} protocol {source-ipv6-
prefix/prefix-length | any | host source-ipv6-address | auth}
[operator port] {destination-ipv6-prefix/prefix-length | any | host
destination-ipv6-address | auth} [operator port]
```

Una vez creada la ACL se debe aplicar a una interfaz específica de entrada o salida.

```
Router(config-if)# ipv6 traffic-filter nombre {in | out}
```

La denegación implícita al final de cada ACL también está presente en las ACL IPv6, pero además hay algunos hechos adicionales a tener en cuenta.

▷ Cada ACL IPv6 contiene normas implícitas para permitir el descubrimiento de vecinos de IPv6. El proceso de descubrimiento de vecinos se sirve de la capa de red IPv6.

▷ Las ACL IPv6, por defecto, permiten enviar y recibir paquetes IPv6 en una interfaz.

▷ Las listas de acceso IPv6 niegan implícitamente todos los servicios que no estén específicamente permitidos.

Las reglas sobre el descubrimiento de vecinos IPv6 funcionan de manera similar a como lo hace ARP en IPv4. Estas reglas no se modifican aún cuando se aplica una ACL a una interfaz.

Las sentencias implícitas que se agregan al final de cada ACL IPv6 son las siguientes:

```
permit icmp any any nd-na
permit icmp any any nd-ns
deny ipv6 any any
```

Donde:

- **nd-na** (*Neighbor Discovery-Neighbor Advertisement*): esta instrucción permite enviar los mensajes **na** que sirven para descubrir las direcciones de capa 2 de otros nodos.

- **nd-ns** (*Neighbor Discovery-Neighbor Solicitation*): esta instrucción permite recibir los mensajes **ns** que llegan como respuesta al mensaje **na** enviado previamente.

Estas reglas de descubrimiento de vecinos pueden ser modificadas anteponiendo la instrucción explícita **deny ipv6 any any**. En el caso de añadir una denegación explicita como esta, tendrá prioridad sobre los permisos implícitos sobre el descubrimiento de vecinos.

La siguiente sintaxis es un ejemplo de una configuración básica de una ACL IPv6 nombrada "**CCNA**". En letras resaltadas en gris se detallan las sentencias implícitas.

```
Switch(comfit)# ipv6 access-list CCNA
Switch(config-ipv6-acl)# deny tcp any any gt 5000
Switch config-ipv6-acl)# deny ::/0 lt 5000 ::/0 log
Switch(config-ipv6-acl)# permit icmp any any
Switch(config-ipv6-acl)# permit any any
Switch(config-ipv6-acl)# permit icmp any any nd-na
Switch(config-ipv6-acl)# permit icmp any any nd-ns
Switch(config-ipv6-acl)# deny ipv6 any any
Switch(config-ipv6-acl)# exit
Switch(config)# interface gigabitethernet 1/0/3
Switch(config-if)# no switchport
Switch(config-if)# ipv6 address 2001::/64 eui-64
Switch(config-if)# ipv6 traffic-filter CCNA out
```

10.17 OTROS TIPOS DE LISTAS DE ACCESO

10.17.1 Listas de acceso dinámicas

Este tipo de ACL depende de telnet a partir de la autenticación de los usuarios que quieran atravesar el router y que han sido previamente bloqueados por una ACL extendida. Una ACL dinámica añadida a la ACL extendida existente permitirá tráfico a los usuarios que son autenticados en una sesión de telnet por un período de tiempo en particular.

10.17.2 Listas de acceso reflexivas

Permiten el filtrado de paquetes IP en función de la información de la sesión de capa superior. Mayormente se utilizan para permitir el tráfico saliente y para limitar el entrante en respuesta a las sesiones originadas dentro del router.

10.17.3 Listas de acceso basadas en tiempo

Este tipo de ACL permite la configuración para poner en actividad el filtrado de paquetes solo en períodos de tiempo determinados por el administrador. En algunos casos puede ser muy útil la utilización de ACL en algunos momentos del día o particularmente en solo algunos días de la semana.

10.17.4 Listas de acceso de infraestructura

Las **iACL** (*infrastructure Access Control Lists*), son básicamente ACL extendidas que controlan el acceso a recursos de red. Permiten que solo dispositivos autorizados se comuniquen con otros dispositivos que forman parte de la infraestructura de la red como routers y switchs.

10.18 PUERTOS Y PROTOCOLOS MÁS UTILIZADOS EN LAS ACL

10.18.1 Puertos TCP

Número de puerto	Comando	Protocolo
7	echo	Echo
9	discard	Discard
13	daytime	Daytime
19	chargen	Character Generator
20	ftp-data	FTP Data Connections
21	ftp	File Transfer Protocol
23	telnet	Telnet
25	smtp	Simple Mail Transport Protocol
37	time	Time
53	domain	Domain Name Service
43	whois	Nicname
49	tacacs	TAC Access Control System
70	gopher	Gopher
79	finger	Finger
80	www-http	World Wide Web
101	hostname	NIC Hostname Server
109	pop2	Post Office Protocol v2
110	pop3	Post Office Protocol v3
111	sunrpc	Sun Remote Procedure Call
113	ident	Ident Protocol
119	nntp	Network News Transport Protocol
179	bgp	Border Gateway Protocol
194	irc	Internet Relay Chat
496	pim-auto-rp	PIM Auto-RP
512	exec	Exec
513	login	Login
514	cmd	Remote commands
515	lpd	Printer service
517	talk	Talk
540	uucp	Unix-to-Unix Copy Program

10.18.2 Puertos UDP

Número de puerto	Comando	Protocolo
7	echo	Echo
9	discard	Discard
37	time	Time
42	nameserver	IEN116 name service
49	tacacs	TAC Access Control System
53	domain	Domain Name Service
67	bootps	Bootstrap Protocol server
68	bootpc	Bootstrap Protocol client
69	tftp	Trivial File Transfer Protocol
111	sunrpc	Sun Remote Procedure Call
123	ntp	Network Time Protocol
137	netbios-ns	NetBios name service
138	netbios-dgm	NetBios datagram service
139	netbios-ss	NetBios Session Service
161	snmp	Simple Network Management Protocol
162	snmptrap	SNMP Traps
177	xdmcp	X Display Manager Control Protocol
195	dnsix	DNSIX Security Protocol Auditing
434	mobile-ip	Mobile IP Registration
496	pim-auto-rp	PIM Auto-RP
500	isakmp	Internet Security Association and Key Management Protocol
512	biff	Biff
513	who	Who Service
514	syslog	System Logger
517	talk	Talk
520	rip	Routing Information Protocol

10.18.3 Protocolos

Comando	Descripción
eigrp	Cisco EIGRP routing protocol
gre	Cisco GRE tunneling
icmp	Internet Control Message Protocol
igmp	Internet Gateway Message Protocol
ip	Any Internet Protocol
ospf	OSPF routing protocol
pcp	Payload Compression Protocol
tcp	Transmission Control Protocol
udp	User Datagram Protocol

RECUERDE:

Las listas de acceso extendidas deben colocarse normalmente lo más cerca posible del origen del tráfico que será denegado, mientras que las estándar, lo más cerca posible del destino.

El siguiente esquema muestra la jerarquía de los protocolos más utilizados en las listas de acceso.

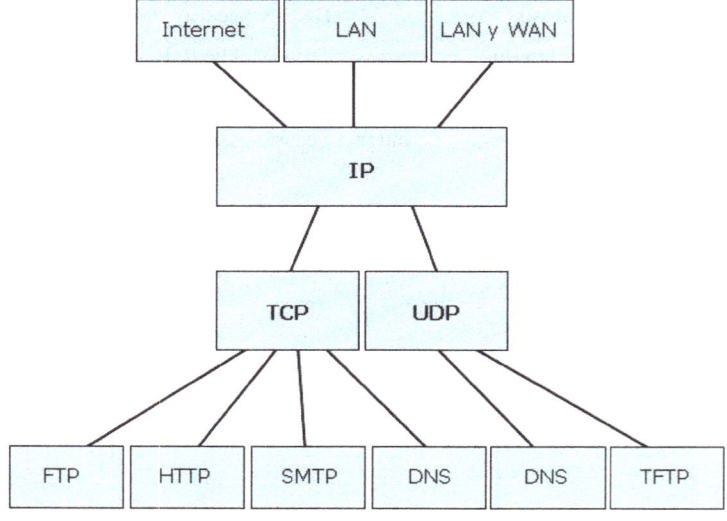

RECUERDE:

El orden en el que aparecen las instrucciones en la lista de acceso es fundamental para un filtrado correcto. La práctica recomendada consiste en crear las listas de acceso usando un editor de texto y descargarlas después en un router vía TFTP o copiando y pegando el texto. Las listas de acceso se procesan de arriba a abajo. Si coloca las pruebas más específicas y las que se verificarán con más frecuencia al comienzo de la lista de acceso, se reducirá la carga de procesamiento. Solo las listas de acceso con nombre permiten la supresión, aunque no la alteración del orden de instrucciones individuales en la lista. Si desea reordenar las instrucciones de una lista de acceso, deberá eliminar la lista completa y volver a crearla en el orden apropiado o con las instrucciones correctas.

10.19 VERIFICACIÓN DE LAS ACL

Verifica si una lista de acceso está asociada a una interfaz:

```
Router#show ip interface tipo número
```

Muestra información de la interfaz IP:

```
Router#show access-list
```

Muestra información general de las ACL y de las interfaces asociadas:

```
Router#running-config
```

Muestra contenido de todas las listas de acceso:

```
Router#show access-lists
Standard IP access list 10
    deny   192.168.1.0
Extended IP access list 120
    deny   tcp host 204.204.10.1 any eq 80
    permit ip any any
Extended IP access list INTRANET
    deny   tcp any any eq 21 log
    permit ip any any
```

```
Router#show[protocolo]access-list[número|nombre]
```

Muestra los eventos de log:

```
Router# show logging
Syslog logging: enabled (0 messages dropped, 0 flushes, 0 overruns)
    Console logging: level debugging, 37 messages logged
    Monitor logging: level debugging, 0 messages logged
    Buffer logging: level debugging, 37 messages logged
    File logging: disabled
    Trap logging: level debugging, 39 message lines logged
Log Buffer (4096 bytes):00:00:48: NTP: authentication delay
calculation problems
00:09:34:%SEC-6-IPACCESSLOGS:list stan1 permitted 0.0.0.0 1 packet
00:09:59:%SEC-6-IPACCESSLOGS:list stan1 denied 10.1.1.15 1 packet
00:10:11:%SEC-6-IPACCESSLOGS:list stan1 permitted 0.0.0.0 1 packet
```

RECUERDE:

- Una lista de acceso puede ser aplicada a múltiples interfaces.
- Solo puede haber una lista de acceso por protocolo, por dirección y por interfaz.
- Es posible tener varias listas para una interfaz, pero cada una debe pertenecer a un protocolo diferente.
- Organice las listas de acceso de modo que las referencias más específicas a una red o subred aparezcan delante de las más generales.
- Coloque las condiciones de cumplimiento más frecuentes antes de las menos habituales.
- Las adiciones a las listas se agregan siempre al final de estas, pero siempre delante de la condición de denegación implícita.
- No es posible agregar ni eliminar selectivamente instrucciones de una lista cuando se usan listas de acceso numeradas, pero sí cuando se usan listas de acceso IP con nombre.
- A menos que termine una lista de acceso con una condición de permiso implícito de todo, se denegará todo el tráfico que no cumpla ninguna de las condiciones establecidas en la lista al existir un deny implícito al final de cada lista.
- Toda lista de acceso debe incluir al menos una instrucción permit. En caso contrario, todo el tráfico será denegado.
- Cree una lista de acceso antes de aplicarla a la interfaz. Una interfaz con una lista de acceso inexistente o indefinida aplicada al mismo permitirá todo el tráfico.
- Las listas de acceso permiten filtrar solo el tráfico que pasa por el router. No pueden hacer de filtro para el tráfico originado por el propio router.

10.20 CASO PRÁCTICO

10.20.1 Cálculo de wildcard

Las wildcard también permiten identificar rangos simplificando la cantidad de comandos a introducir, en este ejemplo la wildcard debe identificar el rango de subredes entre la 172.16.16.0/24 y la 172.16.31.0/24.

Al ser una red clase B con máscara de clase C, se debe trabajar en el tercer octeto en el rango entre 16 y 31:

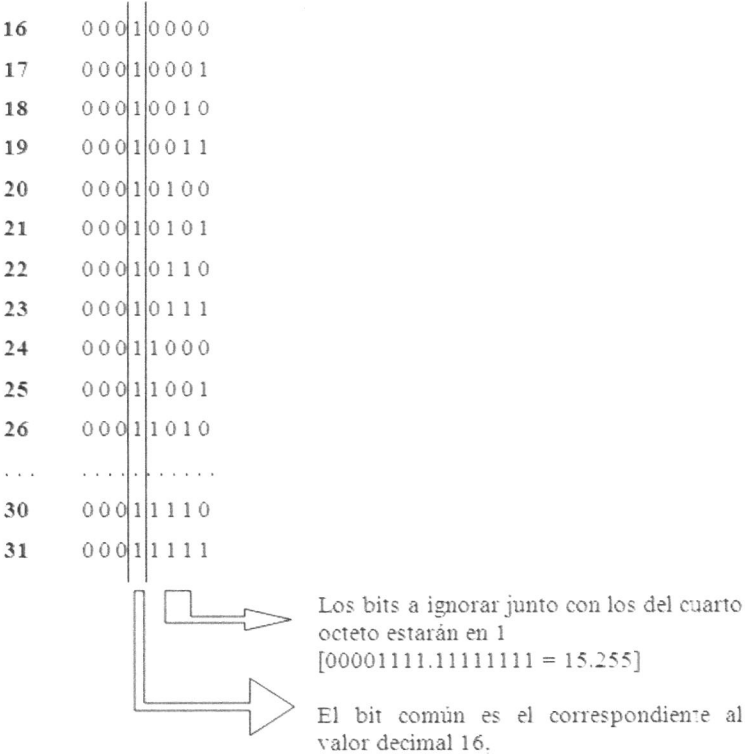

16	0 0 0 1 0 0 0 0
17	0 0 0 1 0 0 0 1
18	0 0 0 1 0 0 1 0
19	0 0 0 1 0 0 1 1
20	0 0 0 1 0 1 0 0
21	0 0 0 1 0 1 0 1
22	0 0 0 1 0 1 1 0
23	0 0 0 1 0 1 1 1
24	0 0 0 1 1 0 0 0
25	0 0 0 1 1 0 0 1
26	0 0 0 1 1 0 1 0
. . .	. . . .
30	0 0 0 1 1 1 1 0
31	0 0 0 1 1 1 1 1

Los bits a ignorar junto con los del cuarto octeto estarán en 1
[00001111.11111111 = 15.255]

El bit común es el correspondiente al valor decimal 16.

por lo tanto, la wildcard será: **0.0.15.255**

10.20.2 Configuración de una ACL estándar

Se ha denegado en el router remoto la red 192.168.1.0 y luego se ha permitido a cualquier origen, posteriormente se asoció la ACL a la interfaz Serial 0/0 como saliente.

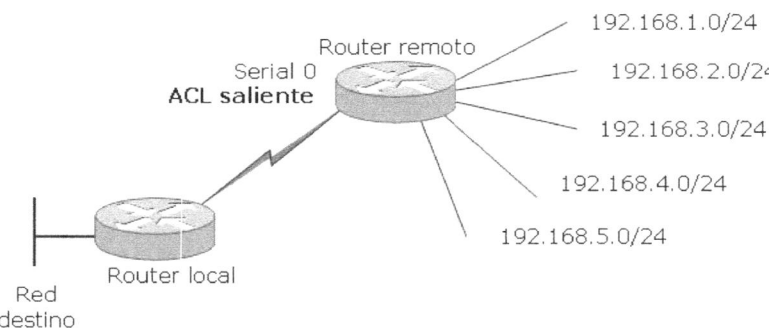

```
Router#configure terminal
Router(config)#access-list 10 deny 192.168.1.0 0.0.0.0
Router(config)#access-list 10 permit any
Router(config)#access-list 10 remark ACL estandar
Router(config)#interface serial 0/0
Router(config-if)#ip access-group 10 out
```

10.20.3 Configuración de una ACL extendida

Se ha denegado al host **A**, 204.204.10.1 (identificándolo con la abreviatura "host") hacia el puerto 80 de cualquier red de destino (usando el término any). Posteriormente se permite todo tráfico IP. Esta ACL se asoció a la interfaz ethernet 0/1 como entrante.

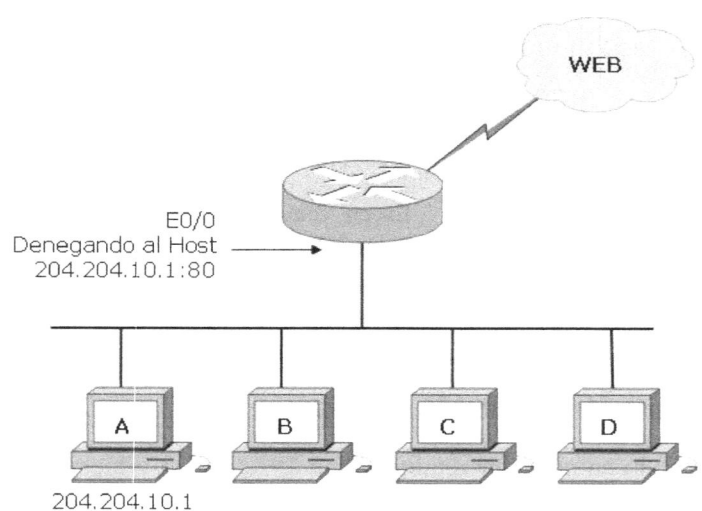

```
Router(config)#access-list 120 deny tcp host 204.204.10.1  any eq
80
Router(config)#access-list 120 permit ip any any
Router(config)#access-list 120 remark ACL extendida
Router(config)#interface ethernet 0/1
Router(config-if)#ip access-group 120 in
```

10.20.4 Configuración de una ACL con subred

En el siguiente caso la subred 200.20.10.64/29 tiene denegado el acceso de todos sus hosts en el protocolo UDP, mientras que los restantes protocolos y otras subredes tienen libre acceso. La ACL es asociada a la ethernet 0/0 como entrante.

Observe la wilcard utilizada en este caso.

```
Router(config)#access-list 100 deny udp 200.20.10.64 0.0.0.7 any
Router(config)#access-list 100 permit ip any any
Router(config)#interface ethernet 0/0
Router(config-if)#ip access-group 100 in
```

Procedimiento para hallar la máscara comodín de la subred:

200.200.10.64/29 es lo mismo que 200.200.10.64 255.255.255.248

$$
\begin{array}{r}
255.255.255.255 \\
-\ 255.255.255.248 \\
\hline
000.000.000.007
\end{array}
$$

Wilcard: 0.0.0.7

10.20.5 Configuración de una ACL nombrada

Se creó una ACL con el nombre INTRANET que deniega tcdo tráfico de cualquier origen a cualquier destino hacia el puerto 21, luego se permite cualquier otro tráfico IP. Se usó el comando log (opcional) para enviar información de la ACL a un servidor. Se asocia a la interfaz ethernet 1 como saliente.

```
Router(config)#ip access-list extended INTRANET
Router(config-ext-nacl)#deny tcp any any eq 21 log
Router(config-ext-nacl)#permit ip any any
Router(config-ext-nacl)#exit
Router(config)#interface ethernet 1
Router(config-if)#ip access-group INTRANET out
```

RECUERDE:

Al final de cada ACL existe una negación implícita. Debe existir al menos un permit.

10.20.6 Modificación de una ACL IPv6

En el siguiente escenario un técnico principiante ha instalado una ACL en la interfaz Gi0/0 en R1 denegando cierto tráfico en la dirección 2001:db8:a:b::7. PC2 es el único terminal que puede realizar telnet hacia al servidor DHCP, pero no puede.

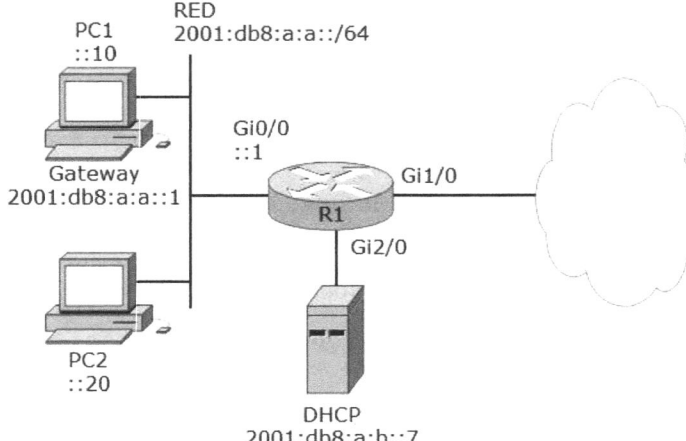

En primer lugar, se debe verificar si al ACL está asociada a la interfaz correcta y de qué manera, si entrante o saliente. Se ejecuta el comando **show ipv6 interface.**

```
R1# show ipv6 interface gigabitEthernet 0/0
GigabitEthernet0/0 is up, line protocol is up
IPv6 is enabled, link-local address is FE80::C808:3FF:FE78:8
No Virtual link-local address(es):
Global unicast address(es):
2001:DB8:A:A::1, subnet is 2001:DB8:A:A::/64
Joined group address(es):
FF02::1
FF02::2
FF02::1:2
FF02::1:FF00:1
FF02::1:FF78:8
MTU is 1500 bytes
ICMP error messages limited to one every 100 milliseconds
ICMP redirects are enabled
ICMP unreachables are sent
Input features: Access List
```

```
Inbound access list CCNA
ND DAD is enabled, number of DAD attempts: 1
ND reachable time is 30000 milliseconds (using 30000)
ND RAs are suppressed (all)
Hosts use stateless autoconfig for addresses.
Hosts use DHCP to obtain other configuration.
```

En la interfaz Gi0/0 en R1 se ve claramente que existe una ACL IPv6 nombrada CCNA asociada de manera entrante a la interfaz.

Ahora lo que necesita es verificar la configuración de la ACL IPv6 nombrada CCNA.

```
R1# show ipv6 access-list CCNA
IPv6 access list CCNA
deny tcp any host 2001:DB8:A:B::7 eq telnet (6 matches) sequence 10
permit tcp host 2001:DB8:A:A::20 host 2001:DB8:A:B::7 eq telnet sequence 20
permit tcp host 2001:DB8:A:A::20 host 2001:DB8:D::1 eq www sequence 30
permit ipv6 2001:DB8:A:A::/64 any (67 matches) sequence 40
```

Analizando la ACL se observa que la secuencia 10 es una sentencia negando a todos los dispositivos realizar telnet hacia la 2001:db8:a:b::7, la secuencia 20 es un permiso de PC2 para realizar telnet en la 2001:db8:a:b::7. Recuerde que las ACL IPv6 se procesan de arriba hacia abajo, y una vez que se encuentra una coincidencia, se ejecuta inmediatamente. Una entrada más general denegando telnet está colocada antes de una entrada más específica que permite a PC2.

Para resolver el problema, en R1, desde el modo de configuración para la ACL IPv6 nombrada CCNA, quite la secuencia 20 y añada la misma entrada con un número de secuencia inferior para ubicarla antes de la secuencia 10, por ejemplo 5.

```
R1# config t
Enter configuration commands, one per line. End with CNTL/Z.
R1(config)# ipv6 access-list CCNA
R1(config-ipv6-acl)# no sequence 20
R1(config-ipv6-acl)# seq 5 permit tcp host 2001:DB8:A:A::20 host
2001:DB8:A:B::7 eq telnet
```

Verifique la nueva configuración de la ACL IPv6 nombrada CCNA.

```
R1# show ipv6 access-list CCNA
IPv6 access list CCNA
permit tcp host 2001:DB8:A:A::20 host 2001:DB8:A:B::7 eq telnet
sequence 5
deny tcp any host 2001:DB8:A:B::7 eq telnet (6 matches) sequence 10
permit tcp host 2001:DB8:A:A::20 host 2001:DB8:D::1 eq www sequence 30
permit ipv6 2001:DB8:A:A::/64 any (67 matches) sequence 40
```

Después de aplicar los cambios en R1, PC2 realiza telnet con éxito.

10.21 FUNDAMENTOS PARA EL EXAMEN

- ▶ Tenga claro cuáles son las amenazas, ataques y vulnerabilidades de una red corporativa y como mitigarlos.

- ▶ Recuerde cuales son los objetivos principales de la seguridad de la red.

- ▶ Estudie las características de cada tipo de firewall y de los NGFW.

- ▶ Entienda el concepto de DMZ.

- ▶ Estudie las características de los IPS y de los NGIPS.

- ▶ Analice el funcionamiento de las firmas IPS

- ▶ Analice el funcionamiento de un firewall basado en zonas y cómo responden las interfaces en cada una de las zonas.

- ▶ Estudie que es y cómo funciona AAA, RADIUS y TACACS, compárelos.

- ▶ Recuerde cómo funciona la característica DHCP Snooping.

- ▶ Estudie la configuración y la teoría de como asegurar un puerto.

- ▶ Recuerde los fundamentos para el filtrado y administración del tráfico IP.

- ▶ Memorice las pruebas de condiciones que efectúa el router y cuáles son los resultados en cada caso.

- ▶ Estudie los tipos de ACL, su asociación con las interfaces del router y cuál es la manera más adecuada para aplicarlas.

- ▶ Estudie y analice la función de las máscaras comodín y su efecto en las ACL.

- ▶ Memorice los rangos de las ACL numeradas.

- ▶ Memorice los números de puertos básicos empleados en la configuración de las ACL.

- ▶ Recuerde que existen otros tipos de ACL, sepa cuáles son.

- ▶ Compare las diferencias entre las ACL IPv4 y ACL IPv6.

- ▶ Memorice los comandos para las configuraciones de todas las ACL, teniendo en cuenta las condiciones fundamentales para su correcto funcionamiento, incluidos los comandos para su visualización.

- ▶ Recuerde que existe un tipo especial de ACL para telnet.

- ▶ Ejercite todo lo que pueda con las wildcard.

- ▶ Ejercite todas las configuraciones en dispositivos reales o en simuladores

11

CALIDAD DE SERVICIO

11.1 CONVERGENCIA DE RED

Actualmente las redes soportan diferentes tipos de aplicaciones tales como voz, vídeo y datos sobre una infraestructura común. La convergencia de todos estos tipos de aplicaciones conjuntas representa un reto para el personal administrador encargado de ello.

Muchas aplicaciones de datos están basadas en protocolos orientados a la conexión como TCP, cuando pierden un segmento es retransmitido otro, mientras que las aplicaciones de voz o vídeo tienen una tolerancia mínima hacia las pérdidas de datos. Debido a esto es necesario implementar mecanismos que prioricen determinados tipos de tráfico cuando exista congestión en la red. Los fallos en la red afectan a todas las aplicaciones, mientras la red converge después de un fallo quienes más sufren el desperfecto son los usuarios que estén usando aplicaciones interactivas de voz o vídeo, pudiendo incluso perder la llamada.

Existen cuatro cuestiones importantes a tener en cuenta en redes convergentes:

▼ Ancho de banda disponible.

▼ Retraso de extremo a extremo.

▼ Jitter o fluctuación en el retraso.

▼ Pérdida de paquetes.

11.1.1 Ancho de banda disponible

Los paquetes normalmente fluyen usando el camino con mejor ancho de banda. El mejor ancho de banda disponible en la ruta es el del enlace con menor ancho de banda. En la siguiente figura se observa que la ruta a través de los router R1-R2-R3-R4 es el mejor camino del cliente al servidor, y 10 Mbps es el máximo ancho de banda del camino.

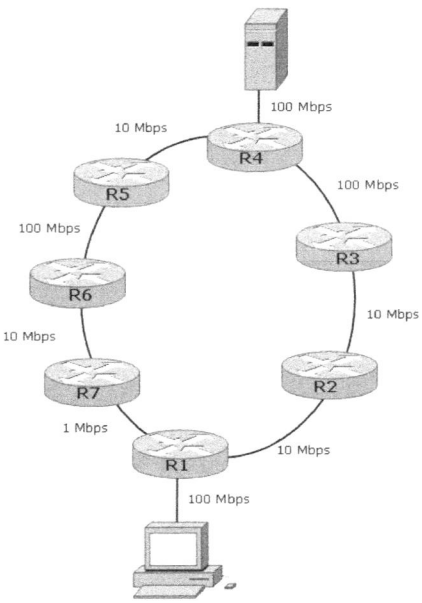

La falta de ancho de banda hace que las aplicaciones se degraden debido al retraso y a la pérdida de paquetes. Esto es detectado de forma inmediata por los usuarios de aplicaciones de voz o vídeo.

Es posible resolver los problemas de ancho de banda con algunos de los siguientes recursos:

- Incrementar el ancho de banda. Lo cual es efectivo pero costoso. Aunque dependiendo del escenario en algunos casos es recomendable.

- Usar mecanismos de **QoS** (*Quality of Service*) de clasificación y marcado, así como mecanismos de encolamiento apropiados. De esta manera se enviarán primero los paquetes más importantes.

- Usar técnicas de compresión. Compresión a capa 2, compresión de cabeceras TCP, **cRTP** (*RTP header compression*), etc. Siempre es preferible compresión en hardware en vez de en software, ya que el mecanismo en sí usa muchos recursos de CPU.

11.1.2 Retraso de extremo a extremo

Hay diferentes tipos de retraso desde origen a destino. El retraso de extremo a extremo es la suma de estos cuatro tipos de retraso:

▼ **Retraso de procesamiento**, es el tiempo que un dispositivo de capa 3 tarda en mover un paquete desde la interfaz de entrada a la de salida. El tipo de CPU, así como la arquitectura de hardware influyen en esto.

▼ **Retraso de encolamiento**, es el tiempo que un paquete pasa en la cola de salida de una interfaz. Dependerá de lo ocupado que esté el router, del número de paquetes esperando, del tipo de cola y del ancho de banda de la interfaz.

▼ **Retraso de serialización**, es el tiempo empleado en poner en el medio físico todos los bits de una trama.

▼ **Retraso de propagación**, es el tiempo que se tarda en transmitir en el medio físico los bits correspondientes a una trama. Depende del tipo de medio físico.

11.1.3 Variación del retraso

Las fluctuaciones en el retraso reciben el nombre de **jitter**. Se produce cuando los paquetes llegan al destino a velocidades diferentes a las que se emitieron desde el origen. Para paquetes de VoIP o vídeo es esencial que la aplicación sea capaz de liberarlos en el destino a la misma velocidad y en el mismo orden que fueron emitidos en un principio. Esto lo hace sirviéndose del buffer, que es donde se van almacenando a medida que llegan y de **RTP** (*Real-Time Transport Protocol*) que sella los paquetes para que sean entregados en orden.

Algunas de las claves para ayudar a reducir el jitter son las siguientes:

▼ Incrementar en ancho de banda.

▼ Priorizar los paquetes sensitivos.

▼ Usar técnicas de compresión de capa 2.

▼ Usar técnicas de compresión de cabeceras.

11.1.4 Pérdida de paquetes

La pérdida de paquetes ocurre cuando un router no tiene más espacio libre en el buffer de memoria de la interfaz de salida para almacenar los nuevos paquetes que le llegan, debiendo descartarlos.

TCP reenvía los paquetes descartados, a la vez que reduce el tamaño de ventana. Aplicaciones UDP como TFTP por ejemplo pueden generar más tráfico en la red al tener que retransmitir un archivo completo en caso de pérdida de paquetes. Para llamadas de VoIP la pérdida de paquetes resulta en conversaciones entrecortadas, mientras que para vídeo la imagen parece congelarse. Con los mecanismos de **QoS** adecuados es posible evitar estas situaciones.

A través del comando **show interface** es posible obtener información cuando existan pérdidas de paquetes o congestión:

▶ **Output drop**: número de paquetes descartados, debido a que la cola de salida de la interfaz está llena.

▶ **Input queue drop**: si la CPU está sobrecargada el router podría tener problemas al procesar paquetes entrantes, incrementando este contador.

▶ **Ignore**: número de tramas ignoradas debido a falta de espacio en el buffer.

▶ **Overrun**: cuando la CPU está sobrecargada podría no proporcionar espacio en el buffer lo suficientemente rápido, haciendo que se descarten paquetes.

▶ **Frame error**: incluye las tramas con CRC no válido, las que son más pequeñas que el standard (*runts*) y las gigantes (*giants*).

```
Switch#show interfaces gigabitEthernet 9/1
GigabitEthernet9/1 is up, line protocol is up (connected)
  Hardware is Gigabit Ethernet Port, address is 84b2.61f3.4d60
(bia 84b2.61f3.4d60)
  Description: USUARIOS
  MTU 1500 bytes, BW 100000 Kbit/sec, DLY 100 usec,
     reliability 255/255, txload 1/255, rxload 1/255
  Encapsulation ARPA, loopback not set
  Keepalive set (10 sec)
  Full-duplex, 100Mb/s, link type is auto, media type is
10/100/1000-TX
  input flow-control is on, output flow-control is on
  Auto-MDIX on (operational: on)
  ARP type: ARPA, ARP Timeout 04:00:00
  Last input 00:00:14, output never, output hang never
  Last clearing of "show interface" counters never
  Input queue: 0/2000/0/0 (size/max/drops/flushes); Total output
drops: 0
  Queueing strategy: fifo
  Output queue: 0/40 (size/max)
  5 minute input rate 0 bits/sec, 0 packets/sec
```

```
5 minute output rate 11000 bits/sec, 11 packets/sec
   4553059 packets input, 866005355 bytes, 0 no buffer
   Received 147281 broadcasts (138296 multicasts)
   0 runts, 0 giants, 0 throttles
   0 input errors, 0 CRC, 0 frame, 0 overrun, 0 ignored
   0 input packets with dribble condition detected
   27569591 packets output, 5138649237 bytes, 0 underruns
   0 output errors, 0 collisions, 3 interface resets
   0 unknown protocol drops
   0 babbles, 0 late collision, 0 deferred
   0 lost carrier, 0 no carrier
   0 output buffer failures, 0 output buffers swapped out
```

Los siguientes métodos pueden utilizarse para reducir o evitar la pérdida de paquetes:

▼ Incrementar el ancho de banda.

▼ Incrementar el tamaño del buffer. Modificando los valores por defecto.

▼ Proporcionar un ancho de banda garantizado. Usando herramientas de **QoS** tales como **CBWFQ** (*Class Based Weighted Fair Queuing*) o **LLQ** (*Low Latency Queuing*).

▼ Evitar la congestión. Descartando aleatoriamente paquetes antes de que las colas se llenen. Para esto existen métodos como **RED** (*Random Early Detection*) y **WRED** (*Weighted Random Early Detection*).

11.1.5 Comparativa del tipo de tráfico

Una red puede contener tres tipos de tráfico:

1. **Tráfico de voz:**

   - Es predecible y constante.

   - Es muy sensible a los retrasos y a la pérdida de paquetes y no puede ser retransmitido en caso de pérdida.

   - El tráfico de voz debe recibir una prioridad más alta que UDP.

   - Puede tolerar una cierta cantidad de latencia, jitter y pérdida, sin que sea perceptible.

2. **Tráfico de video:**

- Tiende a ser impredecible, inconsistente, y por ráfagas.

- Es más sensible a la pérdida de paquetes y tiene un mayor volumen de datos.

- Al igual que el tráfico de voz puede tolerar una cierta cantidad de latencia, jitter y pérdida, sin que sea perceptible.

3. **Tráfico de datos:**

- Las aplicaciones que no tienen tolerancia a la pérdida de paquetes de datos, tales como correo electrónico y páginas web, utilizan TCP para garantizar que, si se pierden paquetes serán reenviados.

- Puede ser constante o por ráfagas.

- Algunas aplicaciones TCP pueden consumir gran parte de capacidad de la red.

- FTP consumirá tanto ancho de banda como pueda conseguir cuando se descarga un archivo de gran tamaño, como una película o un juego.

- Es relativamente insensible a pérdidas y retrasos en comparación con el tráfico de voz y vídeo.

- El administrador de la red debe tener en cuenta la calidad y la experiencia del usuario, QoE (Quality of Experience) y que tipo de aplicaciones utiliza.

11.2 ADMINISTRACIÓN DE LA CONGESTIÓN

La congestión ocurre cuando el ritmo con el que llegan los paquetes al router es mayor que el ritmo con el que salen. Esto puede ser causado principalmente cuando la o las interfaces de salida tiene menos capacidad o son más lentas que la interfaz de entrada, como por ejemplo si los paquetes llegan en un enlace de Giga y han de salir por un enlace Ethernet. También podría ocurrir que el tráfico llegase por dos o más interfaces y solamente pudiera salir por una, que tiene menos ancho de banda que las de entrada.

Los dispositivos de red pueden reaccionar de diferentes maneras ante una congestión. Para situaciones en que la congestión sea permanente habría que pensar en un incremento del ancho de banda, pero para situaciones donde la congestión es temporal es posible implementar diferentes técnicas de encolamiento, que se pueden elegir dependiendo del objetivo que se busque. Si una cola está llena y le llegan nuevos paquetes, se produce un fenómeno conocido como **tail drop** donde los paquetes son descartados directamente. Dicho fenómeno hace que mientras la cola esté llena los paquetes entrantes sean descartados a medida que llegan. Para evitar la caída o el tail drop ciertos paquetes que están en la cola se descartan para evitar que todos los nuevos paquetes entrantes sean descartados. La elección de qué paquetes serán descartados dependerá del tipo de cola. Generalmente las interfaces usan un sistema llamado **FIFO** (*First In, First Out*).

La arquitectura de encolamiento en una interfaz está compuesta por dos componentes, la cola de software y la cola de hardware (TxQ). Si la cola de hardware no se llena, no habrá paquetes en la cola de software. Pero si la cola de hardware estuviera congestionada o llena, entonces los paquetes se almacenarían en la cola de software y serían procesados por el mecanismo de encolamiento que se hubiera implementado (FIFO, PQ, CQ, RR, LLQ, etc.) para posteriormente ser pasados a la cola de hardware, que siempre usa un mecanismo FIFO.

El mecanismo de encolamiento por software normalmente cuenta con un determinado número de colas, cada una perteneciente a una clase de tráfico, donde los paquetes son asignados una vez que llegan a la interfaz. En caso de que la cola esté llena los paquetes son descartados directamente (*tail drop*).

Si no existieran las colas de software todo el tráfico sería encolado a través de la cola de hardware que siempre es FIFO, de manera que ciertas aplicaciones sufrirían más que otras y no habría manera de dar un trato adecuado al tráfico. En caso de configurar la cola de hardware con un valor demasiado grande se obtendría un resultado similar al mencionado anteriormente; mientras que si la cola de hardware es demasiado pequeña se llenará pronto y los nuevos paquetes serán asignados más rápidamente a la cola de software, que dependiendo de su configuración les dará un trato u otro.

Se recomienda no cambiar la configuración de la cola de hardware a no ser que sea necesario, el comando **tx-ring-limit** modifica el modo de configuración de la cola en la interfaz.

El comando **show controllers** muestra el tamaño de la cola de hardware.

```
Router#show controllers
Interface EOBC0
Hardware is DEC21143
 dec21140_ds=0x6107CA20, registers=0x3C018000, ib=0x78A7380
 rx ring entries=128, tx ring entries=256, af setup failed=0
 rxring=0x78A7480, rxr shadow=0x6107CC0C, rx_head=6, rx_tail=0
 txring=0x78A7CC0, txr shadow=0x6107CE38, tx_head=18, tx_tail=18,
tx_count=0
 PHY link up
```

```
 CSR0=0xF8024882, CSR1=0xFFFFFFFF, CSR2=0xFFFFFFFF,
CSR3=0x78A7480
 CSR4=0x78A7CC0, CSR5=0xF0660000, CSR6=0x320CA002,
CSR7=0xF3FFA261
 CSR8=0xE0000000, CSR9=0xFFFDC3FF, CSR10=0xFFFFFFFF, CSR11=0x0
 CSR12=0xC6, CSR13=0xFFFF0000, CSR14=0xFFFFFFFF, CSR15=0x8FF80000
 DEC21143 PCI registers:
  bus_no=0, device_no=6
 CFID=0x00191011, CFCS=0x02800006, CFRV=0x02000041,
CFLT=0x0000FF00
 CBIO=0x01124401, CBMA=0x48018000, CFIT=0x28140100,
CFDD=0x00000400
 MII registers:
  Register 0x00:   FFFF  FFFF  FFFF  FFFF  FFFF  FFFF  FFFF  FFFF
  Register 0x08:   FFFF  FFFF  FFFF  FFFF  FFFF  FFFF  FFFF  FFFF
  Register 0x10:   FFFF  FFFF  FFFF  FFFF  FFFF  FFFF  FFFF  FFFF
  Register 0x18:   FFFF  FFFF  FFFF  FFFF  FFFF  FFFF  FFFF  FFFF
 throttled=0, enabled=0, disabled=0
 rx_fifo_overflow=0, rx_no_enp=0, rx_discard=0
 tx_underrun_err=0, tx_jabber_timeout=0, tx_carrier_loss=0
 tx_no_carrier=0, tx_late_collision=0, tx_excess_coll=0
 tx_collision_cnt=26, tx_deferred=0, fatal_tx_err=0, tbl_
overflow=0
 HW addr filter: 0x78D10E0, ISL Disabled
  Entry= 0:  Addr=0000.0000.0000
  Entry= 1:  Addr=0000.0000.0000
  Entry= 2:  Addr=0000.0000.0000
  Entry= 3:  Addr=0000.0000.0000
  Entry= 4:  Addr=0000.0000.0000
  Entry= 5:  Addr=0000.0000.0000
  Entry= 6:  Addr=0000.0000.0000
  Entry= 7:  Addr=0000.0000.0000
```

11.2.1 FIFO

FIFO (*First In First Out*) es el mecanismo con que la cola de hardware siempre procesa los paquetes. La configuración no es compleja, un sólo comando basta para habilitarla, y los paquetes simplemente llegan, se ponen en la cola y esperan a ser enviados, el primero en llegar será el primero en salir. La clase de paquete o la prioridad no importan, simplemente importa quién llega primero. Esto puede ocasionar un problema debido a que algunas aplicaciones de descarga como FTP pueden saturar en enlace evitando el paso de paquetes de VoIP o dejando pasar solamente algunos, causando que las llamadas suenen entrecortadas o que incluso se caigan.

11.2.2 WFQ

WFQ (*Weighted Fair Queuing*) es un algoritmo basado en flujos, los paquetes llegan y son categorizados en diferentes tipos de flujos asignados a diferentes colas FIFO. WFQ elimina los problemas de retraso, jitter.

Los flujos pueden ser identificados según a lo siguiente:

☞ Dirección IP de origen.

☞ Dirección IP de destino.

☞ Número de protocolo.

☞ Campo **ToS** (Type of Service).

☞ Número de puerto de origen TCP/UDP.

☞ Número de puerto de destino TCP/UDP.

WFQ realiza las siguientes funciones:

☞ Divide el tráfico en flujos.

☞ Proporciona una cantidad de ancho de banda justo a los flujos activos.

☞ Hace que los flujos con poco volumen de tráfico sean despachados más rápido.

☞ Proporciona más ancho de banda a los flujos con más prioridad.

WFQ tiene las siguientes ventajas y desventajas:

☞ La configuración es simple y no hace falta clasificar previamente.

☞ Se garantiza que todas las colas podrán enviar paquetes.

☞ Se descartan paquetes en flujos de tráfico agresivos y se agiliza los no agresivos.

☞ Es un protocolo estándar.

☞ El sistema de clasificación y la programación de la salida de los paquetes de la cola no puede ser modificada.

☞ Solamente es soportado en enlaces lentos (hasta 2,048 Mbps).

☞ No se garantiza prevención del retraso o un ancho de banda mínimo para ningún flujo.

☞ Podría darse el caso de que múltiples flujos fueran asignados a la misma cola.

11.2.3 CBWFQ

CBWFQ (*Class Based Weighted Fair Queuing*) permite la definición manual de clases, cada una de las cuales es asignada a su propia cola. Dichas clases se definen mediante el uso de **class maps**. Cada una de las colas tiene definido un mínimo de ancho de banda que puede utilizar, pero como su propio nombre indica, es un mínimo, en caso de haber más ancho de banda libre podría emplearlo.

CBWFQ permite la creación de hasta 64 colas, cada una de las cuales es del tipo FIFO, con un ancho de banda garantizado y un límite máximo de paquetes, que en caso de ser alcanzado produciría un **tail drop**, aunque podría evitarse con métodos avanzados como **WRED**.

CBWFQ tiene los siguientes beneficios:

▼ Permite la definición de clases de tráfico mediante el uso de class maps.

▼ Permite la reserva de ancho de banda por cada clase de tráfico basándose en ciertos criterios.

▼ Proporciona granularidad al permitir definir hasta 64 clases diferentes de flujos de tráfico.

La desventaja de CBWFQ es que no incorpora ningún mecanismo para favorecer el tráfico en tiempo real de aplicaciones como VoIP o vídeo.

11.2.4 LLQ

Hasta ahora no se ha tratado ningún mecanismo de encolamiento que cubriera las necesidades que tienen las aplicaciones en tiempo real. **LLQ** (*Low Latency Queuing*) cuenta con una cola de prioridad estricta que se utiliza para aplicaciones en tiempo real que son sensitivas al retraso y al jitter. Esta cola está limitada impidiendo así que anule a las demás, pero limitando su uso. En caso de que haya congestión LLQ sólo usará el ancho de banda que se le ha asignado, permitiendo así que las demás colas también puedan enviar.

Este sistema es similar a CBWFQ pero difiere en la adición de colas de prioridad estricta con el uso del comando **strict-priority**. Se debe tener en cuenta que son posibles más de una cola de prioridad estricta, siendo dos usadas en muchos casos para VoIP y vídeo.

LLQ ofrece todos los beneficios de CBWFQ y además proporciona una o más colas de prioridad estricta que garantizarán ancho de banda a aplicaciones sensitivas al retraso y al jitter. Dichas colas no evitarán que el resto puedan seguir transmitiendo durante períodos de congestión ya que estarán limitadas.

La configuración es casi idéntica a la de CBWFQ con la variación del parámetro **priority** en vez de **bandwidth**.

11.3 QOS

En una red normal con poca utilización un switch envía los paquetes tan pronto como le llegan, pero si la red está congestionada los paquetes no pueden ser entregados en un tiempo razonable. Tradicionalmente la disponibilidad de la red se incrementa aumentando el ancho de banda de los enlaces o el hardware de los switchs. **QoS** (*Quality of Service*) ofrece técnicas utilizadas en la red para priorizar un tráfico determinado respecto a otros.

QoS (Quality of Service) se define como la habilidad de la red para proporcionar un mejor o especial servicio a un conjunto de usuarios o aplicaciones en detrimento de otros usuarios o aplicaciones.

Para implementar QoS hay que llevar a cabo tres pasos:

- Identificar tipos de tráfico y sus requerimientos.
- Clasificación del tráfico basándose en los requerimientos identificados.
- Definir las políticas para cada clase.

11.3.1 Identificación del tráfico y sus requerimientos

Es el punto de partida en cualquier implementación de QoS y conlleva los siguientes apartados:

- Llevar a cabo una auditoría de red. Es aconsejable tomar estos datos durante los momentos en que la red esté más ocupada, así como durante otros períodos.

- Determinar la importancia de cada aplicación. El modelo de negocio determinará la importancia de cada aplicación. Se pueden definir clases de tráfico y los requerimientos para cada clase.

- Definir niveles de servicio para cada clase de tráfico. Cada clase identificada previamente ha de tener un nivel de servicio que constará de características como ancho de banda garantizado, retraso, preferencia a la hora de que se descarte, etc.

11.3.2 Clasificación del tráfico

Es posible clasificar desde unas pocas a cientos de variaciones de tráfico dentro de diferentes clases. Las clases definidas han de ir de acuerdo a las necesidades y objetivos de negocio. Las siguientes clases son el resultado de varios estudios y está demostrado que sino todas, alguna de ellas aparecerá en cualquier red empresarial:

- ☞ **Clase de VoIP**, como su propio nombre indica corresponde al tráfico de VoIP.

- ☞ **Clase de aplicaciones de misión crítica**, corresponde a aplicaciones de alta importancia.

- ☞ **Clase de tráfico de señalización**, pertenece al tráfico de señalización de VoIP, vídeo, etc.

- ☞ **Clase de tráfico de aplicaciones de transacción**, son aplicaciones del tipo de bases de datos interactivas, etc.

- ☞ **Clase Best-effort**, esta clase engloba el tráfico no estipulado en las anteriores y se le proporciona el ancho de banda que sobre.

- ☞ **Clase sin importancia**, corresponde a servicios o aplicaciones que se consideran inferiores a las Best-effort. Podrían ser e-mail personal, aplicaciones P2P, juegos online, etc.

11.3.3 Definición de políticas para cada clase

Este paso conlleva el completar las siguientes tareas:

- ☞ Especificar un ancho de banda máximo.
- ☞ Especificar un ancho de banda mínimo garantizado.
- ☞ Asignar niveles de prioridad.
- ☞ Usar herramientas que sean adecuadas para la congestión gestionándola, eliminándola, etc.

La tabla siguiente muestra un ejemplo de una política de QoS.

Clase	Prioridad	Tipo de cola	Ancho de banda Mín/Máx	Herramienta
Voice	5	Prioridad	1 Mbps Mín 1 Mbps Máx	Prioridad de cola
Business mission critical	4	CBWFQ	1 Mbps Mín	CBWFQ
Signaling	3	CBWFQ	400 Kbps Mín	CBWFQ
Transactional	2	CBWFQ	1 Mbps Mín	CBWFQ
Best-effort	1	CBWFQ	500 Kbps Máx	CBWFQ CB-Policing
Scavenger	0	CBWFQ	Máx 100 Kbps	CBWFQ CB-Policing WRED

11.4 MODELOS DE QOS

11.4.1 Best-effort

Este modelo significa que no hay QoS aplicado, de manera que todos los paquetes dentro de la red independientemente del tipo que sean reciben el mismo trato. Como beneficio de este sistema está la facilidad de implementación, ya que no hay que hacer nada para ponerlo en funcionamiento, pero tiene como desventaja que no es posible garantizar ningún tipo de servicio a ninguna aplicación.

11.4.2 IntServ

Se trata del primer modelo que proporcionó QoS de extremo a extremo y basado en la señalización explícita y reserva de recursos de red para aquellas aplicaciones que los necesitan. El protocolo usado para la señalización es el **RSVP** (*Resource Reservation Protocol*). Cuando una aplicación tiene un requerimiento de ancho de banda RSVP va salto por salto a lo largo del camino intentando hacer la reserva solicitada en cada uno de los routers que se encuentra en la ruta. Si la reserva se puede hacer la aplicación podrá operar; pero si algún elemento en el camino no tiene los recursos suficientes la aplicación tendrá que esperar.

Para implementar Servicios Integrados de manera satisfactoria además de RSVP debería habilitarse lo siguiente:

- **Control de Admisión**, en caso de que los recursos no puedan proporcionarse sin afectar a las aplicaciones actualmente en uso se deberían denegar.

- **Clasificación**, el tráfico perteneciente a una aplicación que ha solicitado una reserva se debería clasificar y ser reconocido por los routers en el camino.

- **Políticas**, es necesario tomar acciones cuando las aplicaciones excedan la utilización de los recursos acordados.

- **Encolamiento**, es importante que los dispositivos puedan almacenar los paquetes mientras se envían los que estaban primero.

- **Programación**, funciona junto con el encolamiento y hace referencia al caso en el que existan varias colas y qué cantidad de datos podrían transmitir cada una en cada ciclo.

Los beneficios de Servicios Integrados son el control de admisión de recursos de extremo a extremo, políticas de control de admisión por petición y señalización de números de puerto dinámicos. Como desventajas mencionar que cada flujo activo necesita señalización continua, usando así recursos extra y haciendo que no sea un modelo altamente escalable.

11.4.3 DiffServ

Este modelo es el más actual de los tres y ha sido desarrollado para suplir las deficiencias de sus predecesores. Está explicado detalladamente en las RFC 2474 y 2475. Servicios diferenciados usa **PHB** (*Per-Hop Behavior*), que hace referencia al comportamiento por salto. Esto significa que cada salto en el camino está programado para proporcionar un nivel de servicio específico a cada clase de tráfico.

Con este modelo, el tráfico es en principio clasificado y marcado. A medida que fluye en la red va recibiendo distinto trato dependiendo de su marca.

En los servicios diferenciados hay que tener en cuenta que:

- El tráfico es clasificado.

- Las políticas de QoS son aplicadas dependiendo de la clase.

- Se debe elegir el nivel de servicio para cada tipo de clase que corresponderá a unas necesidades determinadas.

Como ventajas principales mencionar la escalabilidad y habilidad para soportar muchos tipos de niveles de servicio. Como puntos negativos el servicio no es absolutamente garantizado y es más complejo de implementar.

11.5 CLASIFICACIÓN Y MARCADO DE TRÁFICO

Clasificar es el proceso de identificar y categorizar tipos de tráfico en clases. La categorización se ha hecho tradicionalmente basándose en ACL, pero además es posible utilizar descriptores de tráfico como:

- Interfaz de entrada.

- Valor del **CoS** (*Class of Service*).

- Dirección IP de origen o destino.

- Valor de IP Precedence o DSCP en la cabecera IP.

- Valor EXP en la cabecera MPLS.

- Tipo de aplicación.

Siempre se debe intentar clasificar y marcar el tráfico tan cerca del origen como sea posible. Siendo la capa de acceso de la red el lugar ideal. Marcar es el proceso de etiquetar tráfico basándose en su categoría. Los campos usados para el marcado dependen de si es en capa 2 (CoS, EXP, DE, CLP) o capa 3 (IP Precedence, DSCP).

11.5.1 Marcado en capa 2

802.1q es un modelo de enlace troncal de capa 2 estandarizado definido por la IEEE. Dentro de la cabecera existe un campo de 3 bits llamado **PRI** (*Priority*) o **CoS** (*Class of Service*) 802.1p utilizado para propósitos de QoS y puede tener 8 posibles valores. El marcado de tramas 802.11 **TID** (*Traffic Identifier*) es el utilizado para el marcar el tráfico en redes WiFi. La siguiente tabla describe los valores de los bits CoS 802.1p dentro de la cabecera:

CoS (bits)	CoS (Decimal)	IETF RFC791	Aplicación
000	0	Routine	Datos
001	1	Priority	Datos de media prioridad
010	2	Immediate	Datos de alta prioridad
011	3	Flash	Señal de llamada
100	4	Flash-Override	Videoconferencia
101	5	Critical	Voz
110	6	Internet	Reservado (inter-network control)
111	7	Network	Reservado (network control)

La siguiente figura muestra la cabecera de 4 bytes 802.1q:

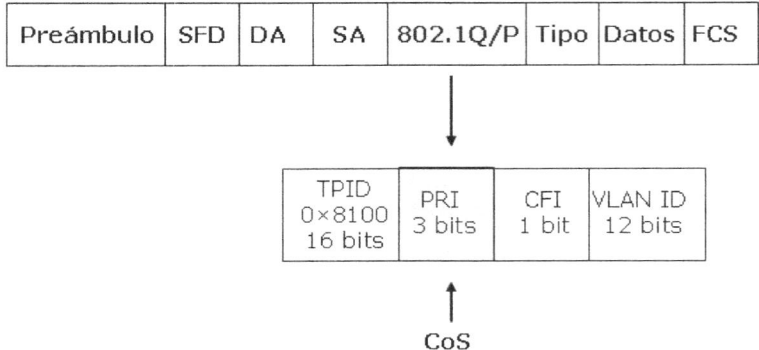

11.5.2 Marcado de capa 3

IPv4 e IPv6 especificar un campo de 8 bits en sus cabeceras para marcar paquetes. Este campo recibe el nombre de:

- ☞ IPv4: Tipo de servicio
- ☞ IPv6 Clase de tráfico

Se utilizan los 3 bits más significativos (más a la izquierda) del campo **ToS** (*Type of Service*), los cuales reciben el nombre de **IP Precedence**, y dan un total de 8 posibles combinaciones, cuanto más alto el número mayor prioridad.

La siguiente figura muestra una cabecera IP y detalla el campo ToS mostrando los posibles valores de IP Precedence.

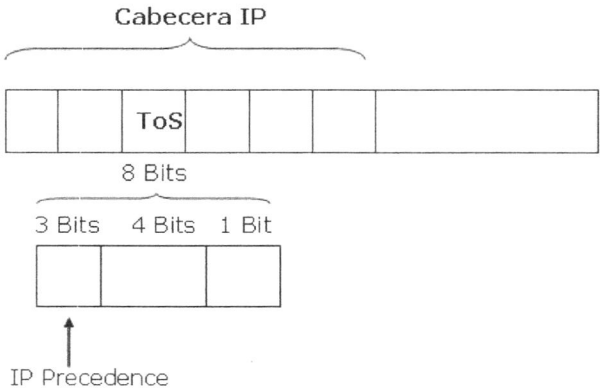

Los valores 6 y 7 de la tabla anterior son usados por diferentes protocolos en su tráfico de gestión y no está permitido que se configuren para aplicaciones.

La redefinición del byte ToS dio lugar al campo **DiffServ**, usando los 6 bits más significativos (más a la izquierda), lo que aumenta la flexibilidad y las opciones. Los 2 bits menos significativos son llamadas **ECN** (*Explicit Congestion Notification*) y se usan para control del flujo. **DSCP** (*Differentiated Services Code Point*) es compatible con IP Precedence, lo que hace que la migración sea más fácil.

En la terminología Diffserv, el comportamiento de reenvío asignado a un DSCP se denomina **PHB** (*Per-hop Behavior*). El PHB define la precedencia de reenvío que un paquete marcado en relación con otro tráfico del sistema con Diffserv. Esta precedencia determina si el sistema con IP QoS o Diffserv reenvía o descarta dicho paquete. Para un paquete reenviado, cada enrutador Diffserv que el paquete encuentra en la ruta hasta su destino aplica el mismo PHB. La excepción ocurre si otro sistema Diffserv cambia el DSCP.

Existen cuatro tipos de PHB con los valores del DSCP:

- ▶ **Class Selector**, poniendo a cero los 3 bits menos significativos del DSCP **xxx000**, se obtiene compatibilidad con IP Precedence.

- ▶ **Por defecto**, con los 3 bits más significativos del IP Precedence/DSCP **000xxx**, se obtiene un resultado de Best-effort.

- ▶ **Assured Forwarding** (AF), con los 3 bits más significativos del DSCP puestos a **001xxx**, **010xxx**, **011xxx** o **100xxx** (AF1, AF2, AF3, AF4) se usa para garantizar ancho de banda.

- ▶ **Expedited Forwarding** (EF), con los 3 bits más significativos del DSCP puestos a **101xxx** (el campo DSCP sería 101110 equivalente a 46 en decimal) se usa para proporcionar un servicio de bajo retardo.

Si se quiere priorizar el tráfico de voz sobre el tráfico web en una red, DSCP permite asignar valores de prioridad más altos a los paquetes de voz que a los paquetes web, lo que garantiza que la voz tenga una mejor experiencia, incluso en momentos de congestión de la red.

 **RECUERDE:**

El marcado de capa 3 se mantiene constante una ruta, mientras que el de capa 2 cambia en cada salto.

11.6 FRONTERAS DE CONFIANZA

Los dispositivos finales como pueden ser PC, teléfonos IP, switches y routers localizados en diferentes niveles de la jerarquía de la red podrían marcar los paquetes IP o las tramas 802.1Q/P. Una medida importante en el diseño es decidir dónde localizar las fronteras de confianza. Dichas fronteras formarán un perímetro, dentro del cual los diferentes dispositivos respetarán y confiarán en las marcas de QoS realizadas dentro de ese perímetro. Las marcas hechas por dispositivos fuera de ese perímetro son eliminadas o chequeadas.

A la hora de decidir dónde colocar la frontera de confianza hay que tener en cuenta que los dispositivos confiables deberían estar dentro de nuestro control administrativo y que dependiendo del dispositivo tendrá capacidad para realizar unas tareas u otras. Con esto en consideración la frontera de confianza puede ser implementada en una de las siguientes capas:

- Sistema final.
- Capa de Acceso.
- Capa de Distribución.

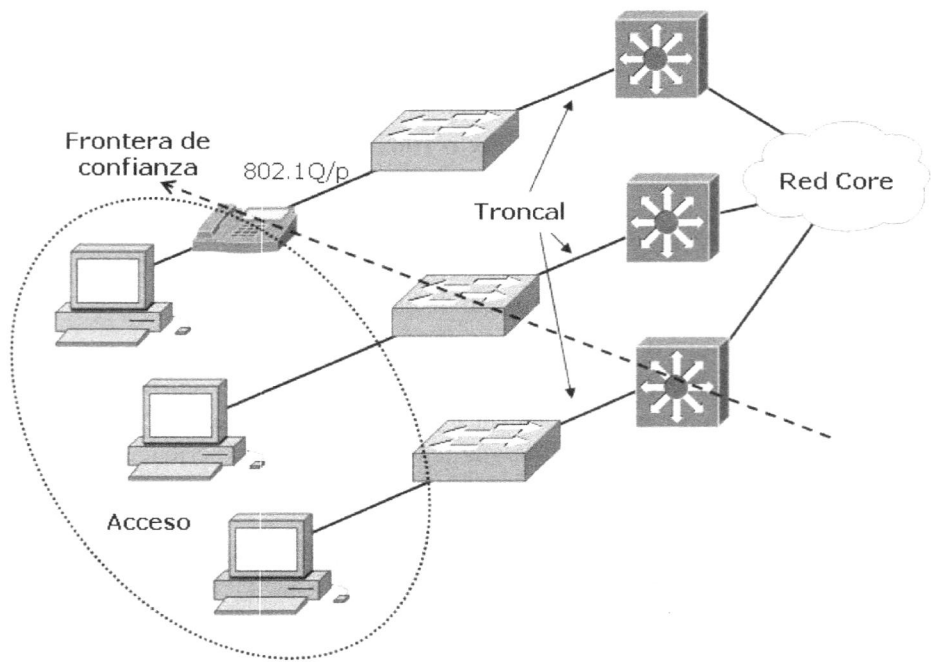

11.7 WRED

Las herramientas para evitar la congestión del tráfico de red son simples. Siguen de cerca las cargas de tráfico en un esfuerzo para anticipar y evitar la congestión en la red y los cuellos de botella antes de que se conviertan en un problema.

Estas técnicas proporcionan un tratamiento preferencial cuando hay congestión para el tráfico premium (según su prioridad), mientras que al mismo tiempo maximizan el rendimiento y la capacidad de la red al reducir al mínimo la pérdida de paquetes y el retardo.

El algoritmo **WRED** (*Weighted Random Early Detection*) permite evitar la congestión en interfaces de red, proporcionando gestión de memoria intermedia y permitir disminuir o desacelerar el tráfico TCP, antes de que se agoten los buffers de memoria

WRED es un mecanismo que previene el **tail drop** descartando paquetes de manera aleatoria antes de que éste se produzca con la capacidad añadida de poder decidir qué tráfico descartar en caso de que fuera necesario. La cantidad de paquetes que son descartados crece a medida que va creciendo el tamaño de la cola de la interfaz.

Con WRED es posible configurar diferentes perfiles (umbral mínimo, máximo y MPD) para dar más prioridad a unos flujos de tráfico que a otros. La prioridad se basa en los valores **IP Precedence** o **DSCP**.

WRED considera el tráfico RSVP sensitivo a los descartes, de manera que el tráfico que no sea RSVP es descartado primero. Por otra parte, los flujos de tráfico no IP son considerados menos importantes que los IP y se empiezan a descartar antes.

WRED no debe aplicarse a colas de tráfico VoIP, ya que dicho tráfico es extremadamente sensitivo a los descartes de paquetes y daría lugar a conversaciones entrecortadas, además de tratarse de tráfico UDP.

11.8 ACUERDOS DE NIVEL DE SERVICIO

Un **SLA** (*Service Level Agreements*) es un acuerdo contractual entre dos partes, normalmente identificados como la empresa y el proveedor de servicios. Dichos servicios pueden ser líneas dedicadas punto a punto, acceso a Internet, etc. Es recomendable monitorizar dicho SLA para que ambas partes cumplan con lo acordado.

Los parámetros que se suelen negociar en relación a QoS son:

- ▶ Retraso.
- ▶ Jitter.
- ▶ Pérdida de paquetes.
- ▶ Rendimiento.
- ▶ Disponibilidad del servicio.

El desarrollo de la telefonía IP y aplicaciones interactivas han hecho que cada vez sean más importantes los SLA relativos a QoS.

Tradicionalmente las empresas han usado Circuitos Virtuales (VC) ya sean permanentes o temporales (PVC o SVC) para proporcionar conectividad entre sitios remotos. En este tipo de servicios no es posible negociar un SLA relativo a QoS, ya que el servicio que se presta es de capa 1 y 2.

El SLA se centra en parámetros como velocidad media de transferencia (CIR), ráfaga de tráfico alcanzable transmitiendo a la velocidad media (B_c *committed burst*), ráfaga en exceso (B_e *excess burst*) y velocidad máxima de transferencia. Cuando los enlaces WAN se congestionan hay que aplicar técnicas de QoS tales como traffic shaping, compresión de cabeceras, LLQ, etc.

Actualmente hay muchos proveedores que ofrecen servicios de capa 3 mediante el uso de MPLS VPN, lo que proporciona muchas más ventajas que los servicios de capa 1 o 2 tradicionales. Escalabilidad, facilidad de provisión y flexibilidad del servicio son sinónimos de las MPLS VPN. Al trabajar en capa 3 se pueden, ahora si, establecer SLA relativos a QoS.

11.9 CONTROL Y MANIPULACIÓN DEL TRÁFICO

Existen dos mecanismos para amoldar el tráfico a las necesidades de la red. Ambos miden la cantidad de tráfico y lo comparan con una política o un acuerdo de nivel de servicio (SLA). **SLA** (*Service Level Agreement*) es utilizado normalmente por las empresas o ISP en lo que respecta al manejo de ancho de banda, tráfico, disponibilidad, fiabilidad, etc. Cuando dicho **SLA** (*Service Level Agreement*) se sobrepasa y hay un exceso en el tráfico enviado, se pueden utilizar métodos para su regulación:

- ▶ **Shaping**, utiliza buffers para retardar el envío de dicho tráfico. Es aplicado en dirección de salida.

- ▶ **Policing**, descarta ese tráfico o en algunos casos lo remarca. Puede aplicarse tanto en salida como en entrada.

La utilización de **shaping** es recomendable en los siguientes casos:

▼ Para frenar la velocidad a la que el tráfico es enviado a través de una red WAN. En caso de que el sitio remoto o la red del proveedor tengan problemas de congestión el dispositivo que envía puede ser notificado, usando por ejemplo BECN en Frame-Relay, almacenando tráfico y bajando la cantidad enviada hasta que las condiciones de la red mejoren. Dos casos comunes es cuando un sitio remoto tiene una conexión al proveedor a menor velocidad que la del sitio que envía. Otro caso es cuando al sitio remoto le están llegando datos de múltiples sitios saturando así su conexión.

▼ Para cumplir con la velocidad de suscripción. Dependiendo del SLA que exista con el proveedor habrá que aplicar shaping para los enlaces WAN o MetroEthernet.

▼ Para enviar diferentes clases de tráfico a diferentes velocidades. Si en el SLA se especifica una velocidad máxima para una clase de tráfico en particular el dispositivo que envía tendrá que aplicar shaping basado en clase.

La utilización de **policing** es recomendable en los siguientes casos:

▼ Para limitar la velocidad a un valor menor que la velocidad del medio o interfaz física. Suele darse el caso cuando un proveedor ofrece un servicio de acceso a su red a través de una interfaz que puede proporcionar una velocidad mayor a la del SLA acordado.

▼ Para limitar la velocidad del tráfico en cada clase. Esto ocurre cuando el SLA pactado incluye diferentes velocidades por clase de tráfico.

▼ Para remarcar tráfico. Normalmente se remarca el tráfico si excede el SLA para que posteriormente otros dispositivos puedan tomar alguna acción.

11.10 FUNDAMENTOS PARA EL EXAMEN

▼ Recuerde los fundamentos para una correcta convergencia de una red

▼ Estudies todas las posibilidades para garantizar el mayor ancho de banda posible

▼ Recuerde la importancia del **jitter**

▼ Diferencie los tipos de tráfico y compárelos

- Respecto a la congestión recuerde cuales pueden ser los mecanismos para evitarla

- Identifique y estudie los diferentes tipos de tráfico

- Diferencia el marcado de capa 2 y capa 3

- Estudie los modelos de QoS

- Recuerde términos como SLA, WRED, CoS, CBWFQ, FIFO

12

GESTIÓN Y ADMINISTRACIÓN

12.1 SNMP

SNMP (*Simple Network Management Protocol*) fue desarrollado para administrar nodos, servidores, estaciones de trabajo, routers, switches y dispositivos de seguridad, en una red IP. SNMP es un protocolo de capa de aplicación que facilita el intercambio de información de administración entre dispositivos de red. SNMP es parte de la suite del protocolo TCP/IP.

SNMPv3 es un protocolo interoperable basado en estándares para administración de redes. La versión actual de SNMPv3 resuelve las vulnerabilidades de las versiones anteriores, incluyendo tres nuevas características de seguridad.

- ▶ **Integridad del mensaje**: asegura que el paquete no ha sido manipulado en su tránsito por la red.

- ▶ **Autenticación**: determina que el mensaje proviene de un origen válido.

- ▶ **Cifrado**: encripta los contenidos de un paquete para evitar que pueda ser visualizado por una fuente no autorizada.

SNMP está basado en administradores **NMS** (*Network Management Systems*), **agentes** que son los nodos administrados, y las **MIB** (*Management Information Bases*) que son las bases de información de administración. El administrador SNMP puede obtener y cambiar información del agente y cambiar variables de configuración o iniciar acciones determinadas en los dispositivos.

Los agentes SNMP aceptan comandos y solicitudes de los sistemas de administración SNMP solo si estos forman parte de una comunidad SNMP (*community string*):

▼ **RO**: proporcionan acceso de solo lectura.
▼ **RW**: proporcionan acceso de lectura-escritura.

Por defecto, la mayoría de los sistemas SNMP utiliza **public** como community string, por lo tanto, cualquiera que tenga un sistema SNMP podrá leer la MIB del router.

Para configurar la comunidad SNMP por CLI se utiliza el siguiente comando:

```
Router(config)# snmp-server community nombre [ro | rw]
```

12.1.1 Configuración

La configuración de SNMPv3 es un poco más complicado que las versiones 1 o 2C, debido principalmente a las características de seguridad adicionales. Estos son los pasos para configurar SNMPv3 en un dispositivo:

1. Se pueden limitar los hosts que pueden acceder al switch a través de SNMP mediante la definición de una ACL nombrada o numerada. Las direcciones permitidas obtendrán acceso SNMPv3.

   ```
   Router(config)# ip access-list standard acl-name
   Router(config-std-nacl)# permit source_net

   Router(config)# access-list access-list-number permit ip-addr
   ```

2. Se puede utilizar el comando **snmp-server view** para definir una vista específica para los usuarios. Si no se configura ninguna vista, todas las variables MIB son visibles para los usuarios.

   ```
   Switch(config)# snmp-server view view-name oid-tree {included | excluded}
   ```

3. Se utiliza el comando **snmp-server group** para configurar un nombre de grupo que establecerá el nivel de seguridad de las políticas para usuarios SNMPv3 que están asignados al grupo. El nivel de seguridad se define con las siguientes opciones

   • **noauth**: sin autenticación o cifrado de paquetes
   • **auth**: autenticación de paquetes, pero no cifrado
   • **priv**: paquetes autenticados y cifrados

Solo la política de seguridad se define en el grupo; todavía no se requieren contraseñas ni llaves.

Si se ha configurado una vista, se pueden usar las opciones **read**, **write** y **notify** para limitar el acceso a operaciones de lectura, escritura o notificación. Si se ha configurado una ACL, se puede aplicar al grupo con la opción **access**.

```
Router(config)# snmp-server group group-name v3 { noauth | auth
| priv } [ read read- view ] [ write write-view ] [ notify
notify-view ] [ access accesslist]
```

4. Se define un nombre de usuario para ser usado por el SNMP manager para comunicarse con el dispositivo. Se utiliza el comando **snmp-server user** para definir el nombre y asociarlo con el grupo SNMPv3. La opción **v3** configura el usuario para utilizar SNMPv3.

El usuario SNMPv3 también debe tener algunos detalles añadidos a su política de seguridad. La opción **auth** permite definir autenticación de tipo MD5 o SHA. La opción **priv** define el método de cifrado.

```
Router(config)# snmp-server user user-name group-name v3 auth
{md5 | sha } auth- password priv { des | 3des | aes { 128 | 192
| 256 } priv-password [ access-list-number ]
```

El mismo nombre de usuario SNMPv3, método de autenticación y contraseña, y método de cifrado y la contraseña, deben ser definidos en el SNMP manager para que se pueda comunicar con el router o switch.

5. Se puede utilizar el comando **snmp-server host** para identificar el SNMP manager que recibirá las traps o los informs. El dispositivo puede utilizar SNMPv3 para enviar traps o informs, utilizando los parámetros de seguridad que se definen en el nombre de usuario SNMPv3:

```
Router(config)# snmp-server host host-address [ informs ]
version 3 { noauth | auth | priv } username [ trap-type ]
```

En el siguiente ejemplo un router está configurado con SNMPv3. La ACL 10 permite acceso SNMP únicamente a las estaciones de gestión 192.168.3.99 y 192.168.100.4. El acceso SNMPv3 está definido para un grupo llamado **gsnmp** utilizando el nivel de seguridad **priv**, es decir autenticación y cifrado. Se crea un usuario SNMPv3 llamado **monitor**; la estación gestión de red usará ese nombre de usuario cuando proceda a sondear el dispositivo para obtener información. El nombre de usuario requerirá autenticación de paquetes SHA y cifrado AES-128, usando las contraseñas **ccnp3rote5** y **tsh5ccnp2**, respectivamente. Por último, los mensajes **inform** SNMPv3 serán utilizados para enviar alertas a la estación de gestión 192.168.3.99 usando el nivel de seguridad **pri"** y el usuario **monitor**.

```
Router(config)# access-list 10 permit 192.168.3.99
Router(config)# access-list 10 permit 192.168.100.4
Router(config)# snmp-server group gsnmp v3 priv
Router(config)# snmp-server user monitor gsnmp v3 auth sha
ccnp3rote5 priv aes 128 tsh5ccnp210
Router(config)# snmp-server host 192.168.3.99 informs version 3
priv monitor
```

12.1.2 Verificación

El comando **show snmp group** se utiliza para mostrar información acerca de cada grupo SNMP en la red.

```
Router# show snmp group

groupname: V1                               security model:v1
readview : v1default                        writeview: <no
writeview specified>
notifyview: <no notifyview specified>
row status: active

groupname: ILMI                             security model:v1
readview : *ilmi                            writeview: *ilmi
notifyview: <no notifyview specified>
row status: active

groupname: ILMI                             security model:v2c
readview : *ilmi                            writeview: *ilmi
notifyview: <no notifyview specified>
row status: active

groupname: group1                           security model:v1
readview : v1default                        writeview: <no
writeview specified>
notifyview: <no notifyview specified>
row status: active
```

El commando **show snmp community** muestra las comunidades configuradas para permitir el acceso SNMP.

```
Router# show snmp community

Community name: ILMI
Community Index: ILMI
Community SecurityName: ILMI
```

```
storage-type: read-only active

Community name: private
Community Index: private
Community SecurityName: private
storage-type: nonvolatile active

Community name: private@1
Community Index: private@1
Community SecurityName: private
storage-type: read-only  active

Community name: public
Community Index: public
Community SecurityName: public
storage-type: nonvolatile active
```

El comando **show snmp user** se utiliza para mostrar información sobre los usuarios configurados para SNMP. Cuando no se especifica un nombre de usuario el comando muestra a todos los usuarios configurados.

```
Router# show snmp user authuser

User name: authuser
Engine ID: 0000000902000000C025808
storage-type: nonvolatile       active access-list: 10
Rowstatus: active
Authentication Protocol: MD5
Privacy protocol: DES
Group name: VacmGroupName
```

12.2 SYSLOG

Los routers Cisco pueden registrar información en relación a los cambios de configuración, violaciones de las ACL, el estado de las interfaces y muchos otros tipos de eventos. Además, pueden enviar mensajes de registro a muchos destinos diferentes. El router puede estar configurado para enviar mensajes de registro a uno o más de los siguientes destinos:

▸ **Consola**: los mensajes se registran en la consola y pueden ser visualizados cuando se modifica o se prueba el router usando software de emulación de terminal. El registro de consola está habilitado por defecto. Este tipo de registro no se almacena en el router.

▶ **Líneas de terminal**: las sesiones pueden ser configuradas para recibir mensajes de registro en cualquiera de las líneas de terminal. Este tipo de registro no se almacena en el router.

▶ **Registro de buffer**: el registro de buffer es un poco más útil como herramienta de seguridad porque los mensajes quedan almacenados en la memoria del router por un cierto tiempo.

▶ **SNMP traps**: los eventos de los routers, como la superación de un umbral, pueden ser procesados por el router y reenviados como traps SNMP a un servidor SNMP externo. Las traps SNMP son una herramienta de registro de seguridad viable, pero requieren la configuración y mantenimiento de un sistema SNMP.

▶ **Syslog**: los routers Cisco pueden ser configurados para reenviar mensajes de registro a un servicio syslog externo. Este servicio puede residir en uno o muchos servidores o estaciones de trabajo.

Syslog es el estándar para registrar eventos del sistema. Syslog es la herramienta de registro de mensajes más popular, ya que proporciona capacidades de almacenamiento de registro de largo plazo y una ubicación central para todos los mensajes del router.

Las implementaciones syslog contienen dos tipos de sistemas:

▶ **Servidores syslog**: también conocidos como hosts de registro, estos sistemas aceptan y procesan mensajes de registro de clientes syslog.

▶ **Clientes syslog**: routers u otros tipos de dispositivos que generan y reenvían mensajes de registro a servidores syslog.

Nivel	Aviso	Descripción	Definición
0	emergencies	El sistema es inoperable.	LOG_EMERG
1	alerts	Se requiere una acción inmediata.	LOG_ALERT
2	critical	Existen condiciones críticas.	LOG_CRIT
3	errors	Existen condiciones de error.	LOG_ERR
4	warnings	Existen condicciones de advertencia.	LOG_WARNING
5	notification	Notificaciones significativas.	LOG_NOTICE
6	informational	Mensajes informativos.	LOG_INFO
7	debugging	Mensajes de debugg.	LOG_DEBUG

La tabla muestra los niveles de los mensajes de Syslog

12.2.1 Configuración de logging

Los siguientes pasos configuran el registro del sistema:

1. Configuración del host de registro de destino utilizando el comando **logging host**.

2. Establecer el nivel de severidad del *trap* con el comando **logging trap** *level* (este paso es opcional).

3. Configurar la interfaz de origen con el comando **logging source-interface**. Esto especifica que los paquetes syslog contengan la dirección IPv4 o IPv6 de una interfaz particular, sin importar qué interfaz usa el paquete para salir del router.

4. Habilitar el registro utilizando el comando **logging on**. Puede habilitar o deshabilitar el registro para estos destinos individualmente usando los comandos **logging buffered**, **logging monitor** y **logging** de configuración global. Sin embargo, si el comando **logging on** está deshabilitado, no se envían mensajes a estos destinos. Solo la consola recibe mensajes.

```
Router(config)# logging host 192.168.1.23
Router(config)# logging trap critical
Router(config)# logging source-interface fastethernet0/2
Router(config)# logging on
```

Los mensajes emergentes de loggin aparecen a medida que los eventos ocurren, también es posible visualizarlos con el comando **show logging**. Los mensajes llevan implícitos los datos correspondientes a la fecha, nivel de severidad y un mensaje de texto que indica detalles del mensaje.

```
00:00:46:%LINK-3-UPDOWN:Interface Port-channel1, changed state to up
00:00:47:%LINK-3-UPDOWN:Interface Ethernet0/1, changed state to up
00:00:47:%LINK-3-UPDOWN:Interface Ethernet0/2, changed state to up


Router> show logging

Syslog logging:enabled (2 messages dropped, 0 flushes, 0 overruns)
 Console logging:disabled
 Monitor logging:level debugging, 0 messages logged
 Buffer logging:level debugging, 4104 messages logged
 Trap logging:level debugging, 4119 message lines logged
 Logging to 216.231.111.14, 4119 message lines logged
Log Buffer (262144 bytes):
```

```
Jul 11 12:17:49 EDT:%BGP-4-MAXPFX:No. of prefix received from
209.165.200.225 (afi 0)
reaches 24, max 24
! THE FOLLOWING LINE IS A DEBUG MESSAGE FROM NTP.
! NOTE THAT IT IS NOT PRECEEDED BY THE % SYMBOL.
Jul 11 12:17:48 EDT: NTP: Maxslew = 213866
Jul 11 15:15:41 EDT:%SYS-5-CONFIG:Configured from tftp://host.com/
addc5505-rsm.nyiix
.Jul 11 15:30:28 EDT:%BGP-5-ADJCHANGE:neighbor 209.165.200.226 Up
.Jul 11 15:31:34 EDT:%BGP-3-MAXPFXEXCEED:No. of prefix received from
209.165.200.226 (afi 0):16444 exceed limit 375
.Jul 11 15:31:34 EDT:%BGP-5-ADJCHANGE:neighbor 209.165.200.226
Down BGP
Notification sent
.Jul 11 15:31:34 EDT:%BGP-3-NOTIFICATION:sent to neighbor
209.165.200.226 3/1 (update
malformed) 0 bytes
```

12.3 NOMBRE DEL CISCO IOS

A partir de la versión IOS 12.3 (*Internetwork Operating System*) Cisco ha puesto en funcionamiento un nuevo método de categorización y nomenclatura para las imágenes IOS denominado "*IOS Packaging*". Anteriormente era necesario diferenciar las imágenes IOS para las distintas familias de routers debido a las incompatibilidades de hardware. El objetivo principal es reducir la cantidad y variedad de versiones de IOS disponibles para cada dispositivo a solamente 8.

- **IP Base**: licencia básica por defecto.

- **IP Voice**: Añade al IP Base Telefonía IP, VoIP, VoFR.

- **SP Services**: Añade al IP Voice NetFlow, SSH, ATM, VoATM, MPLS

- **Advanced Security**: Añade al IP Base Cisco IOS FW, IDS, SSH, IPsec VPN, 3DES.

- **Enterprise Base**: Añade al IP Base soporte multi-protocolo y soporte IBM.

- **Enterprise Services**: Añade a Enterprise Base soporte completo IBM, Service Provider Services.

- **Advanced IP Services**: Añade a SP Services IPv6, Seguridad abanzada.

- **Advanced Enterprise Services**: versión completa del Cisco IOS Software.

Cisco presentaba importantes revisiones de imágenes del IOS para cada nueva versión de software llamándolas "*versions*" y utilizaba los cambios menores con las llamadas "*release*". Sin embargo, Cisco no había utilizado hasta ahora un modelo en el que se instala el IOS como un archivo y, a continuación, añadir correcciones de errores como un archivo separado.

Esta nueva modalidad de presentación llamada "*universal image*" reemplaza el antiguo método de imágenes por paquetes.

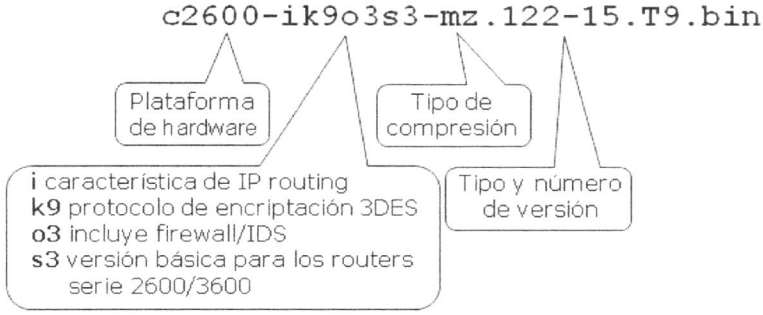

Comparativa de la misma versión de una IOS con su antiguo formato
más complejo y el actual más sencillo y comprensible

Para los routers **ISR G2** (*Integrated Service Routers Generation 2*), el software Cisco IOS se entrega con una única imagen universal del software Cisco IOS por plataforma para cada versión. En el pasado, había disponibles 44 imágenes diferentes del software Cisco IOS, según cada plataforma y cada versión, con el fin de cubrir todas las combinaciones de conjuntos de funciones del software. El usuario debía asegurarse de comprar la licencia de funciones correcta para cada dispositivo de la red y dedicar bastante tiempo a verificar que estaba utilizando la imagen correcta en cada plataforma. Con la imagen universal solo se debe seleccionar la versión de software Cisco IOS que se necesita para la propia red.

La característica principal de esta nueva nomenclatura es que para una misma versión de IOS y para idéntico hardware hay una única imagen del sistema operativo que contiene todas las características disponibles.

Sin embargo, el acceso a todas estas particulares está limitado por un sistema de licencias que comprenden cuatro modalidades básicas.

- ⊳ **IP Base**. Es la licencia por defecto que viene con todos los dispositivos, incorpora BGP, OSPF, EIGRP, ISIS

- ⊳ **Security**. Firewall IOS, IPS, IPSec, 3DES, VPN.

- ⊳ **Unified Communications**. VoIP, telefonía IP.

- ⊳ **Data**. MPLS, ATM, soporte multi-protocolo.

Existen llicencias específicas como: SNAsw, SSL VPN, IOS IPS y Gatekeeper que dependen de un paquete de Tecnología concreto y solamente pueden ser activados si éste se encuentra instalado y activo previamente.

Con estas nuevas peculiaridades no será necesario comprar un nuevo dispositivo que cumpla ciertos requisitos, bastará con ampliar las funcionalidades de la IOS habilitando la licencia correspondiente.

El comando **show versión** muestra la versión del dispositivo:

```
Switch#show version
Cisco IOS Software, IOS-XE Software, Catalyst 4500 L3 Switch
Software (cat4500es8-UNIVERSAL-M), Version 03.09.00.E RELEASE
SOFTWARE (fc1)
Technical Support: http://www.cisco.com/techsupport
Copyright (c) 1986-2016 by Cisco Systems, Inc.
Compiled Tue 19-Jul-16 16:42 by prod_rel_team
```

12.3.1 Activación y licencias del IOS

La imagen de IOS 15 es una única imagen universal que solo está limitada por licencia. En consecuencia, no es necesario descargar una nueva imagen de sistema operativo sino activar las características correspondientes actualizando la clave de actualización que habilita la licencia correspondiente. Las licencias pueden ser:

- ⊳ **Permanente**: una licencia permanente no tiene vencimiento. Cuando se instala una licencia permanente en un sistema, dicha licencia es válida para ese conjunto de funciones en particular durante toda la vida útil del router.

- ⊳ **Temporal**: también llamada licencia de prueba es válida durante un período limitado. Todos los nuevos routers **ISR** (*Integrated Services Router*) incluyen un juego completo de licencias temporales por 60 días para los conjuntos de funciones de datos, de comunicaciones unificadas y de seguridad.

▼ **Por cantidad**: hace referencia al recuento de utilidades determinadas que pueden sumar varias o múltiples licencias.

▼ **Suscripción**: permite acceder a una función o capacidad por un período limitado, a menos que se renueve la suscripción. Las licencias por suscripción generalmente están relacionadas con actualizaciones periódicas del servicio de un tercero.

Con la presentación de los nuevos routers, Cisco está cambiando la manera en que se disponen los paquetes del software Cisco IOS. Con anterioridad, cada plataforma y versión incluía entre 7 y 11 imágenes diferentes, con diversas funciones y capacidades en cada imagen. **Cisco Software Activation** crea un método mucho más práctico para los nuevos routers, todas las funciones están incluidas en una única imagen universal de Cisco IOS. Las funciones superiores respecto de las incluidas en el paquete predeterminado IP Base generalmente se agrupan en tres paquetes principales de tecnología: datos, seguridad y comunicaciones unificadas. Estos tres paquetes representan la amplia mayoría de funciones disponibles en el software Cisco IOS

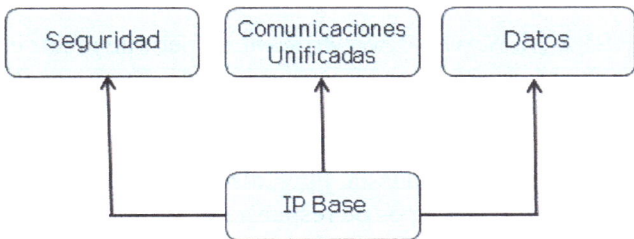

Diagrama con el que Cisco representa la nueva Imagen Universal

Además de los tres paquetes principales de tecnología, existen licencias de funciones adicionales para funciones superiores que requieren servicios de suscripción o solicitud de cantidades. Cisco Software Activation es el mecanismo que se utiliza para activar las funciones y componentes del software de los routers **ISR** (*Integrated Services Router)* de segunda generación. Genera una clave de licencia única para un conjunto de funciones de un dispositivo específico y activa ese conjunto de funciones en el router.

El primer paso es obtener el código de activación **PAK** (*Product Activation Key*) para cada licencia. El PAK se proporciona al comprar o adquirir el derecho de uso de un conjunto de características para una plataforma en particular. Obtener el número del identificador **UDI** (*Unique Device Identifier*), con el comando **show license udi**. Este comando muestra además el ID del producto y el número de serie.

```
Router#show license udi

Device#    PID              SN                UDI
-----------------------------------------------------------------
*0         CISCO2911/K9     FTX152410Y6       CISCO2911/K9:FTX152410Y6
```

Para obtener la licencia apropiada, ingrese los datos **UDI** obtenidos con el comando **show license udi** y el código de activación **PAK** en el portal de Registros de Productos de Cisco en http://www.cisco.com/go/license.

 **NOTA:**

La Licencia IP Base es un prerrequisito para la instalación de las demás licencias.

12.4 IP SLA

Cisco IOS **IP SLA** (*IP Service Level Agreement*) permite medir el rendimiento y disponibilidad de la red generando tráfico simulado de manera continua y fiable de forma predecible. Los datos que se pueden obtener varían mucho en función de cómo se configura. Se puede obtener información acerca de la pérdida de paquetes, latencia en un solo sentido, tiempos de respuesta, jitter, disponibilidad de los recursos de red, rendimiento de aplicaciones, tiempos de respuesta del servidor, e incluso calidad de voz. Es posible realizar múltiples operaciones con ellas, entre las que se encuentran:

- **ICMP** (echo, jitter)
- **RTP** (VoIP)
- **TCP** (establishes TCP connections)
- **UDP** (echo, jitter)
- **DNS**
- **DHCP**
- **HTTP**
- **FTP**

IP SLA consiste en un origen que envía las sondas y un destino, el que responde, conocido como **responder** que envía respuestas a las sondas, aunque no siempre son necesarios ambos. Solo la fuente IP SLA, es decir el origen, es siempre necesario. El responder es necesario únicamente cuando se necesitan recopilar estadísticas de alta precisión para servicios que no son ofrecidas por cualquier dispositivo de red destino. El **responder** tiene la capacidad de responder a la fuente con mediciones precisas tomando en cuenta su propio tiempo de procesamiento de la sonda.

12.4.1 Configuración

Para comprender el funcionamiento de las SLAs se tomará como ejemplo la operación ICMP, los pasos a seguir para su configuración serán:

1. Creación de la operación IP SLA y la asignación del número correspondiente, con el comando:

   ```
   ip sla sla-ops-number
   ```

2. Definir el tipo de operación y los parámetros. Para este caso, **ICMP echo**, se utiliza IP o nombre destino y opcionalmente el de origen. Se utiliza el sub comando:

   ```
   icmp-echo {destination-ipaddress | destination-hostname}
   [source-ip {ip-address | hostname} | source-interface
   interface-name]
   ```

3. De manera opcional se determina la frecuencia con la que se debe ejecutar la operación. Se utiliza el sub comando:

   ```
   frequency seconds
   ```

4. Definir cuando ha de ejecutarse la operación con el comando:

   ```
   ip sla schedule sla-ops-number [life {forever | seconds}]
   [start-time {hh:mm[:ss] [month day | day month] | pending | now
   | after hh:mm:ss}] [ageout seconds] [recurring]
   ```

12.4.2 Verificación

Para verificar que las operaciones están soportadas en la plataforma, además de la cantidad de operaciones configuradas y cuantas están actualmente activas, se utiliza el comando **show ip sla application**.

```
R1# show ip sla application
  IP Service Level Agreements
```

```
Version: Round Trip Time MIB 2.2.0, Infrastructure Engine-III

Supported Operation Types:
  icmpEcho, path-echo, path-jitter, udpEcho, tcpConnect, http
  dns, udpJitter, dhcp, ftp, lsp Group, lspPing, lspTrace
  802.1agEcho VLAN, EVC, Port, 802.1agJitter VLAN, EVC, Port
  pseudowirePing, udpApp, wspApp



Supported Features:
  IPSLAs Event Publisher

IP SLAs low memory water mark: 30919230

Estimated system max number of entries: 22645
Estimated number of configurable operations: 22643
Number of Entries configured  : 2
Number of active Entries       : 2
Number of pending Entries      : 0
Number of inactive Entries   : 0
Time of last change in whole IP SLAs: 09:29:04.789 UTC Sat Jul 26
2014
```

Para verificar los valores de configuración para cada instancia IP SLA, así como los valores por defecto que no se han modificado se utiliza el comando **show ip sla configuration**.

```
R1# show ip sla configuration
IP SLAs Infrastructure Engine-III
Entry number: 1
Owner:
Tag:
Operation timeout (milliseconds): 5000
Type of operation to perform: udp-jitter
Target address/Source address: 10.1.34.4/192.168.1.11
Target port/Source port: 65051/0
Type Of Service parameter: 0x0
Request size (ARR data portion): 160
Packet Interval (milliseconds)/Number of packets: 20/20
Verify data: No
Vrf Name:
Control Packets: enabled
Schedule:
  Operation frequency (seconds): 30 (not considered if randomly
```

```
scheduled)
  Next Scheduled Start Time: Start Time already passed
  Group Scheduled : FALSE
  Randomly Scheduled : FALSE
  Life (seconds): Forever
  Entry Ageout (seconds): never
  Recurring (Starting Everyday): FALSE
  Status of entry (SNMP RowStatus): Active
Threshold (milliseconds): 5000
Distribution Statistics:
  Number of statistic hours kept: 2
  Number of statistic distribution buckets kept: 1
  Statistic distribution interval (milliseconds): 20
Enhanced History:
```

Los siguientes son comandos adicionales para la resolución de problemas en Cisco IOS **IP SLA**

- ☞ **show ip sla statistics**, muestra los resultados de las operaciones de IP SLA y las estadísticas recogidas.

- ☞ **show ip sla responder**, se utiliza para verificar el funcionamiento del IP SLA responder.

- ☞ **debug ip sla**, muestra la salida en tiempo real de una operación SLA.

12.5 SPAN

En algunos entornos es necesario utilizar ordenadores o dispositivos específicos en la red para capturar flujos de tráfico y examinar los paquetes. De esta manera se sondea dentro de las cabeceras de capa 2, 3 y 4 para ver como dichos paquetes son tratados en la red.

Si hay uno varios switches entre los segmentos los dominios de colisión se separarán y no se enviarán las tramas en cuestión al puerto donde se encuentre conectado el analizador de tráfico. Para resolver este problema del análisis de tráfico entre switches Cisco incorpora una funcionalidad llamada **SPAN** (*Switched Port Analyzer*), cuyo funcionamiento básico es copiar todas las tramas que pasan por un puerto determinado a otro donde estará conectado el capturador de paquetes.

La siguiente sintaxis muestra un ejemplo de configuración:

```
Switch# conf term
Enter configuration commands, one per line. End with CNTL/Z.
Cat3550(config)# monitor session 1 source interface gig 0/1
Cat3550(config)# monitor session 1 destination interface gig 0/3
Cat3550(config)# end


Switch# show monitor
Session 1
------------
Type                : Local Session
Source Ports        :
Both                : Gi0/1
Destination Ports   : Gi0/3
Encapsulation       : Native
Ingress             : Disabled
```

En entornos de grandes redes puede darse el caso de que un dispositivo de captura de paquetes esté conectado a un switch y sea necesario capturar paquetes desde otros switches. Para estos casos existe la herramienta **RSPAN** (*Remote SPAN*). El funcionamiento se basa en una VLAN especial que se encarga de transportar ese tráfico entre los switches.

El siguiente es un ejemplo que muestra un diagrama de red y la configuración asociada en cada switch:

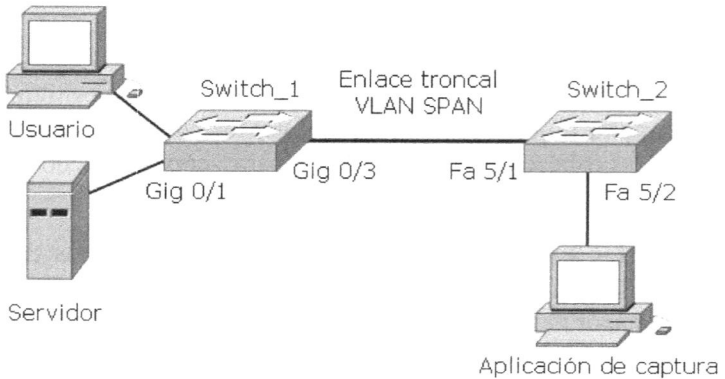

```
Switch_1# conf term
Switch_1(config)# vlan 10
Switch_1(config-vlan)# name CCNA_SPAN
```

```
Switch_1(config-vlan)# remote-span
Switch_1(config-vlan)# exit
Switch_1(config)# monitor session 1 source interface gig 0/1
Switch_1(config)# monitor session 1 destination remote vlan 10
reflector-port gig 0/3
Switch_1(config)# end

Switch_1#show monitor
Session 1
------------
Type                  : Remote Source Session
Source Ports          :
      Both            : Gi0/1
Reflector Port        : Gi0/3
Dest RSPAN VLAN       : 20

Switch_2# conf term
Switch_2(config)# vlan 10
Switch_2(config-vlan)# name CCNA_SPAN
Switch_2(config-vlan)# remote-span
Switch_2(config-vlan)# exit
Switch_2(config)# monitor session 2 source remote vlan 10
Switch_2(config)# monitor session 2 destination interface fa 5/2
Switch_2(config)# end

Switch_2# show monitor
Session 2
------------
Type                  : Remote Destination Session
Source RSPAN VLAN     : 20
      Destination Ports        : Fa5/2
```

12.6 SERVICIOS EN LA NUBE

Los llamados servicios en la nube o **Cloud services** son servidores en Internet soportados por empresas privadas) encargados de atender las peticiones y requerimientos de los usuarios en cualquier momento. Se puede tener acceso a su información o servicio, mediante una conexión a internet desde cualquier dispositivo móvil o fijo ubicado en cualquier lugar. Sirven a sus usuarios desde varios proveedores de alojamiento repartidos frecuentemente por todo el mundo. Esta medida reduce los costes, garantiza un mejor tiempo de actividad y que los sitios web estén debidamente protegidos.

A diferencia de un **Data Center** donde los datos son administrados por un departamento específico de la empresa y alojados dentro de la propia empresa o fuera en instalaciones arrendadas, los servicios en la nube ofrecen acceso bajo demanda a un conjunto compartido de recursos informáticos configurables. Estos recursos se pueden aprovisionar rápidamente y liberados con mínimo esfuerzo de gestión.

Los servicios en la nube están disponibles en una variedad de opciones, adaptadas a las necesidades del cliente. Los tres principales servicios en la nube definidos por el Instituto Nacional de Estándares y Tecnología (NIST) son las siguientes:

▶ **SaaS** (*Software as a Service*). El proveedor de la nube es responsable de acceso a los servicios, como el correo electrónico, la comunicación y la Oficina 365 que se entregan a través de Internet. Los usuarios solo tienen que proporcionar sus datos. Las aplicaciones que suministran este modelo de servicio son accesibles a través de un navegador web o de cualquier aplicación diseñada para tal efecto y el usuario no tiene control sobre ellas, aunque en algunos casos se le permite realizar algunas configuraciones. Esto elimina la necesidad al cliente de instalar aplicaciones en sus propios ordenadores, evitando asumir los costos de soporte y el mantenimiento de hardware y software.

▶ **PaaS** (*Platform as a Service*). El proveedor de la nube es responsable del acceso a las herramientas y servicios de desarrollo utilizados para entregar las aplicaciones. Las ofertas de PaaS pueden dar servicio a todas las fases del ciclo de desarrollo y pruebas del software, o pueden estar especializadas en cualquier área en particular, tal como la administración del contenido. En este modelo de servicio se le ofrece al usuario la plataforma de desarrollo y las herramientas de programación por lo que puede desarrollar aplicaciones propias y controlar la aplicación, pero no controla la infraestructura.

▶ **IaaS** (*Infrastructure as a Service*). El proveedor de la nube es responsable del acceso a los equipos de red, servicios de red virtualizados y el apoyo a la infraestructura de red. Es un medio de entregar almacenamiento básico y capacidades de cómputo como servicios estandarizados en la red. Servidores, sistemas de almacenamiento, conexiones, enrutadores, y otros sistemas se concentran (por ejemplo, a través de la tecnología de virtualización) para manejar tipos específicos de cargas de trabajo.

12.6.1 Modelos de nubes

Cuando se habla de modelos de nubes hay que mencionar dos tipos bien diferenciados, las que son de libre acceso o públicas y las que están restringidas exclusivamente a un uso privado, sin embargo, pueda haber nubes que contemplen ambos casos. Por lo tanto, se puede decir que existen cuatro modelos de nubes:

- **Nubes públicas**: las aplicaciones basadas en la nube y los servicios ofrecidos en una nube pública se ponen a disposición de la población en general. Los servicios pueden ser libres o en un modelo de pago por uso.

- **Nubes privadas**: las aplicaciones basadas en la nube y los servicios ofrecidos en una nube privada se destinan a una organización o entidad específica, como por ejemplo el gobierno. También puede ser administrado por una organización externa con la seguridad de acceso estricto.

- **Nubes híbridas**: este modelo se compone de dos o más nubes (parte privada y parte pública, por ejemplo), donde cada parte sigue siendo un objeto distintivo. Ambos están conectados mediante una única arquitectura.

- **Nubes personalizadas**: son nubes construidas para satisfacer las necesidades de una industria específica, como la salud o multimedia. Las nubes personalizadas pueden ser privadas o públicas.

12.6.2 Ventajas y desventajas de la gestión en la nube

La gestión de la red en la nube ofrece muchas ventajas.

- **Reducción de costos**: elimina la necesidad de invertir en infraestructura física, mantenimiento y actualizaciones constantes, lo que resulta en costos iniciales y operativos reducidos.

- **Mayor flexibilidad**: las empresas pueden ajustar sus recursos informáticos según sus necesidades, escalando hacia arriba o hacia abajo según sea necesario, sin incurrir en grandes inversiones en hardware.

- **Acceso remoto**: permite acceder a la información y las aplicaciones desde cualquier lugar y dispositivo con conexión a internet, lo que facilita el trabajo remoto y la colaboración.

- **Escalabilidad**: la capacidad de escalar recursos de forma dinámica es una característica clave de la nube, lo que permite a las empresas adaptarse rápidamente a las fluctuaciones en la demanda.

- **Seguridad mejorada**: los proveedores de servicios en la nube invierten en seguridad avanzada, como encriptación de datos, firewalls y sistemas de autenticación de dos factores, para proteger los datos de las empresas.

- **Colaboración eficiente**: facilita la colaboración entre equipos, independientemente de su ubicación geográfica, lo que mejora la productividad y la eficiencia.

- **Eficiencia operativa**: la automatización de procesos y la gestión centralizada de recursos optimizan las operaciones y reducen la carga de trabajo del equipo de TI.

- **Mejor gestión de datos**: la nube permite una gestión centralizada y segura de los datos, con copias de seguridad automáticas y recuperación de datos en caso de fallos.

- **Actualizaciones automáticas**: los servicios en la nube se actualizan automáticamente, lo que garantiza que las empresas siempre tengan acceso a la última versión del software y a las funciones más recientes.

- **Cumplimiento normativo**: los proveedores de servicios en la nube suelen cumplir con normativas internacionales de seguridad y privacidad, lo que ayuda a las empresas a cumplir con sus obligaciones legales.

A pesar de todos los beneficios que la gestión en la nube puede ofreces también hay que considerar también otros desafíos:

- **Dependencia de Internet**: requiere una conexión a internet estable. Si la conexión falla, se pierde el acceso a los datos y aplicaciones, lo que puede afectar la productividad.

- **Seguridad y privacidad**: almacenar datos en la nube implica confiar la seguridad de la información a un proveedor externo. Esto puede generar preocupación sobre la privacidad de los datos y la posibilidad de ciberataques.

- **Control limitado**: las empresas tienen menos control sobre la infraestructura subyacente en la nube que en un entorno local. Esto puede ser un problema si se requiere un control más preciso sobre la infraestructura o la seguridad.

- **Costos adicionales**: la gestión en la nube puede generar costos adicionales, especialmente en la carga y descarga de grandes cantidades de datos o en la migración inicial.

- **Complejidad de migración**: la migración a la nube puede ser compleja y llevar tiempo, especialmente para empresas con sistemas complejos o grandes volúmenes de datos.

▶ **Riesgos de seguridad**: los sistemas en la nube son susceptibles a vulnerabilidades y ciberataques. La pérdida de información o el robo de credenciales son riesgos potenciales que deben gestionarse cuidadosamente.

▶ **Dependencia del proveedor**: en caso de problemas con el proveedor de servicios en la nube, las empresas pueden verse afectadas por interrupciones en el servicio o dificultades para acceder a sus datos.

▶ **Problemas de gobernanza**: la gestión de la nube puede ser compleja y requerir inversiones en nuevas habilidades y herramientas para asegurar el cumplimiento normativo y la gestión de costos.

12.6.3 Gestión en la nube de Cisco

Cisco **Meraki** es una plataforma de redes basada en la nube que facilita la gestión y configuración de redes empresariales, tanto en entornos locales como en distribuidos. Ofrece soluciones integradas de Wi-Fi, switching, seguridad y gestión de dispositivos, todo gestionado de forma centralizada a través de una interfaz web intuitiva.

Cisco DNA Center es una plataforma centralizada de gestión y automatización de redes basada en software que forma parte de la Arquitectura de Red Digital (DNA) de Cisco. Permite a las empresas gestionar, automatizar y analizar sus redes de forma más eficiente, desde la infraestructura física hasta las aplicaciones y los servicios.

 **NOTA:**

Cisco Meraki y Cisco DNA center se tratan en más profundidad en otros capítulos de este libro.

12.7 VIRTUALIZACIÓN

Los servicios en la nube y la virtualización se utilizan generalmente como sinónimos, sin embargo, significan cosas diferentes. Mientras que los servicios en la nube separan la aplicación del hardware, la virtualización separa el sistema operativo (OS) del hardware.

La virtualización es el fundamento del funcionamiento en la nube. Varios proveedores ofrecen servicios en la nube virtual que puede aprovisionar servidores dinámicamente según sea necesario. Un servidor físico, **Host**, tiene un alto poder de procesamiento. Un **Host** puede almacenar varias máquinas virtuales **VM** (*Virtual Machine*).

Históricamente, los servidores de la empresa consistían en un sistema operativo de servidor como Windows Server o Servidor Linux, instalado en un hardware específico. El principal problema de esta configuración es que cuando un componente falla, el servicio que es proporcionado por este servidor no está disponible. Esto es un único punto de fallo. La virtualización de servidores aprovecha los recursos ociosos y consolida el número de servidores necesarios. Permite a múltiples sistemas operativos coexistir en una única plataforma de hardware.

Una de las principales ventajas de la virtualización es que se reduce el costo general:

- Se requiere menos equipo
- Se consume menos energía
- Se requiere menos espacio

Estos son beneficios adicionales de virtualización:

- Creación de prototipos más simple
- Suministro de servidores más rápido
- Máximo aprovechamiento de la actividad del servidor
- Rápida recuperación ante desastres
- Compatibilidad con sistemas existentes

12.7.1 Hypervisor

Un *hypervisor* es un software que crea y ejecuta instancias de máquina virtual. Funciona entre el firmware y el sistema operativo. El hypervisor puede soportar múltiples instancias de sistemas operativos. Para que la virtualización del servidor funcione, cada servidor físico debe utilizar un hipervisor.

El *hipervisor* gestiona y asigna el hardware del Host (servidor) como la CPU, RAM, etc. a cada VM en función de su configuración. Cada VM se ejecuta como si se ejecutara en un servidor físico autónomo, con un número específico de CPU y NIC virtuales y una cantidad establecida de RAM y almacenamiento.

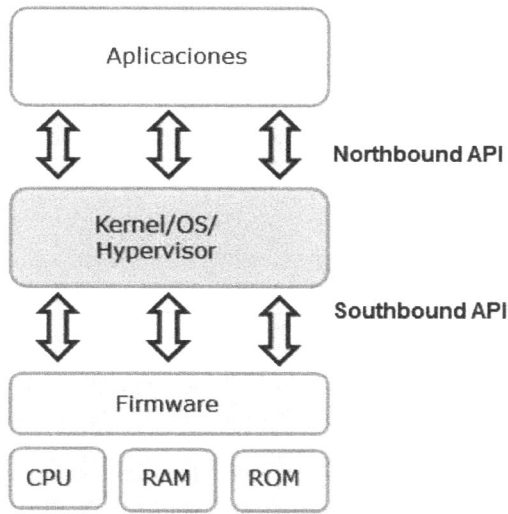

Un hypervisor de tipo 2 está instalado en los sistemas operativos existentes, como Mac OS X, Windows o Linux. El equipo en el que un hypervisor está apoyando una o más máquinas virtuales es una máquina host.

Un hypervisor de tipo 1 se instala directamente en el servidor o hardware de red, por lo tanto, tiene acceso directo a los recursos de hardware. Requiere una consola de administración para gestionarlo. Se utiliza un software de gestión para gestionar múltiples servidores que utilizan el mismo hypervisor.

Algunos ejemplos de hypervisor pueden ser:

▸ VMware

▸ Oracle VM VirtualBox

▸ Red Hat KVM

▸ Mac OS X Parallels

▸ Citrix XenServer

▸ Microsoft Hyper-V

La virtualización de servidores oculta los recursos del servidor. Esta práctica puede crear problemas si el centro de datos utiliza arquitecturas de red tradicionales. Por ejemplo, las VLANs utilizadas por las máquinas virtuales deben ser asignadas al mismo puerto del switch como el servidor físico que ejecuta el hypervisor. Otro problema es que los flujos de tráfico difieren sustancialmente del modelo tradicional de cliente-servidor. Estos flujos cambian de ubicación e intensidad con el tiempo, lo que requiere un enfoque flexible para la gestión de recursos de red. Las infraestructuras de red existentes pueden responder a las necesidades cambiantes relacionadas con la gestión de los flujos de tráfico mediante el uso de **QoS** (*Quality of Service*).

12.7.2 Virtualización de la red

Las dos principales arquitecturas de red desarrolladas para soportar la virtualización de la red son las siguientes:

- **SDN** (*Software Defined Networking*) una arquitectura de red que permite virtualizar la red.

- **ACI** (*Cisco Application Centric Infrastructure*) una solución de hardware especialmente diseñado para integrar los procesos en nube y la gestión del centro de datos.

Las siguientes son otras tecnologías de virtualización de red, algunos de los cuales están incluidos como componentes en SDN y ACI:

- **OpenFlow**, desarrollado en la Universidad de Stanford para gestionar el tráfico entre los routers, switches, puntos de acceso inalámbrico y un controlador.

- **OpenStack**, utilizado comúnmente por Cisco ACI. Es el proceso de automatizar el aprovisionamiento de componentes de red.

12.8 CASO PRÁCTICO

12.8.1 Activación de licencia

Requisitos previos para obtener una licencia son los siguientes:

- Obtener el PAK necesario, es un identificador de 11 dígitos que se puede entregar por correo o electrónicamente.

- Poseer nombre de usuario y contraseña válido en Cisco.

- Obtener los datos del número de serie, el PID y el UDI con el comando **show license udi** o del código de barras de la etiqueta del router.

```
Router#show license udi
Device#    PID                  SN            UDI
----------------------------------------------------------------
*0        C3900-SPE100/K9    FHH13030044   C3900-SPE100/K9:FHH13030044
Router#
```

El comando **show license feature** muestra un listado resumido de las de las licencias habilitadas en el router.

```
Router#show license feature

Feature name Enforcement Evaluation Subscription Enabled RightToUse
ipbasek9         no           no          no         yes      no
securityk9       yes          yes         no         no       yes
uck9             yes          yes         no         no       yes
datak9           yes          yes         no         no       yes
gatekeeper
SSL_VPN
ios-ips-update
SNASw
hseck9
.......
```

El comando **show license detail** muestra un listado más completo de las licencias habilitadas en el router.

```
Router#show license detail
Index 1 Feature: ipbasek9
    Period left: Life time
    License Type: Permanent
    License State: Active, In Use
    License Count: Non-Counted
    License Priority: Medium
Index 2 Feature: securityk9
    Period left: Not Activated
    Period Used: 0 minute 0 second
    License Type: Evaluation
    License State: Not in Use, EULA not accepted
    License Count: Non-Counted
    License Priority: None
Index 3 Feature: uck9
    Period left: Not Activated
    Period Used: 0 minute 0 second
    License Type: Evaluation
    License State: Not in Use, EULA not accepted
    License Count: Non-Counted
```

```
        License Priority: None
Index 4 Feature: datak9
        Period left: Not Activated
        Period Used: 0 minute 0 second
        License Type: Evaluation
        License State: Not in Use, EULA not accepted
        License Count: Non-Counted
        License Priority: None
Index 5 Feature: gatekeeper
        Period left: Not Activated
        Period Used: 0 minute 0 second
        License Type: Evaluation
        License State: Not in Use, EULA not accepted
        License Count: Non-Counted
        License Priority: None
Index 6......
```

Desde el portal de activación de licencias de Cisco se pueden obtener licencias de los productos y realizar otras operaciones relacionadas con las licencias, http://www.cisco.com/go/license.

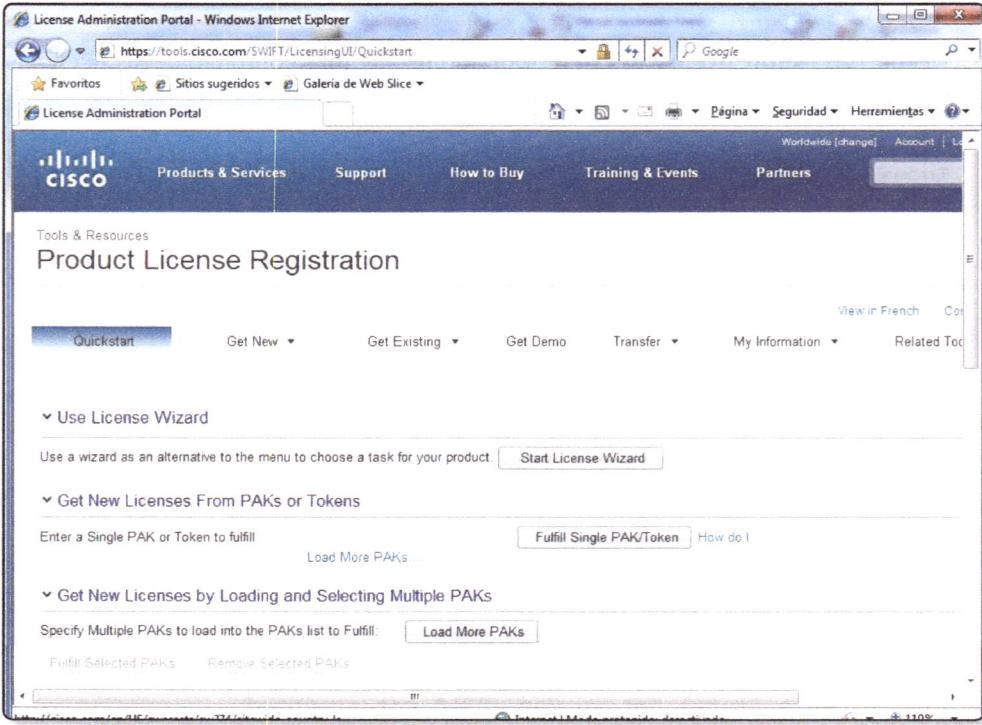

⚑ Tenga disponibles el PAK y el UDI.

⚑ Inicie sesión en el portal de licencias de Cisco con nombre de usuario y contraseña.

⚑ Escriba y verifique la información necesaria y presentar el registro de la licencia.

⚑ La generación del registro y licencia se ha completado. Descargue la licencia o bien desde el sitio web haciendo clic en el botón "Descargar Licencia" o desde el archivo adjunto del correo electrónico enviado desde Cisco.

Copie la licencia en la memoria flash, en este caso desde un servidor TFTP de la red.

```
Router#copy tftp flash0:
Address or name of remote host []? 192.168.1.3
Source filename []? /tftpboot/lmxiang/
FHH1216P07R_20090528163510702.lic
Destination filename [FHH1216P07R_20090528163510702.lic]?
Accessing
tftp:// 192.168.1.3//tftpboot/lmxiang/
FHH1216P07R_20090528163510702.lic...
Loading /tftpboot/lmxiang/FHH1216P07R_20090528163510702.lic from
192.168.1.3 (via GigabitEthernet0/0): !
[OK—1149 bytes]
1149 bytes copied in 0.548 secs (2097 bytes/sec)
```

Instale la licencia con el comando **license install**, en este caso desde la memoria flash.

```
Router#license install flash0:FHH1216P07R_20090528163510702.lic
Installing licenses from "flash0:FHH1216P07R_20090528163510702.
lic"
Installing...Feature:securityk9...Successful:Supported
1/1 licenses were successfully installed
0/1 licenses were existing licenses
0/1 licenses were failed to install

Router#
*May 28 16:27:28.861 PDT: %LICENSE-6-INSTALL: Feature securityk9
1.0 was installed in this device. UDI=CISCO2951:FHH1216P07R;
StoreIndex=2:Primary License Storage
```

Verifique el estado de la licencia.

```
Router#show license detail
Index 1 Feature: ipbasek9
     Period left: Life time
     License Type: Permanent
     License State: Active, In Use
     License Count: Non-Counted
     License Priority: Medium
Index 2 Feature: securityk9
     Period left: Life time
     License Type: Permanent
     License State: Active, In Use
     License Count: Non-Counted
     License Priority: Medium
Index 3 Feature: uck9
     Period left: Not Activated
     Period Used: 0 minute 0 second
     License Type: Evaluation
     License State: Not in Use, EULA not accepted
     License Count: Non-Counted
     License Priority: None
Index 4 Feature: datak9
     Period left: Not Activated
     Period Used: 0 minute 0 second
     License Type: Evaluation
     License State: Not in Use, EULA not accepted
     License Count: Non-Counted
     License Priority: None
Index 5 Feature: gatekeeper
     Period left: Not Activated
     Period Used: 0 minute 0 second
     License Type: Evaluation
     License State: Not in Use, EULA not accepted
     License Count: Non-Counted
     License Priority: None
Index 6......
```

12.8.2 Configuración de IP SLA

En este ejemplo, R1 se configura como una fuente de IP SLA. La sonda que está enviando es un mensaje **ICMP echo** (ping) a 10.1.100.100, utilizando la dirección IP de origen 192.168.1.11. Esta sonda se envía cada 15 segundos y no expira nunca.

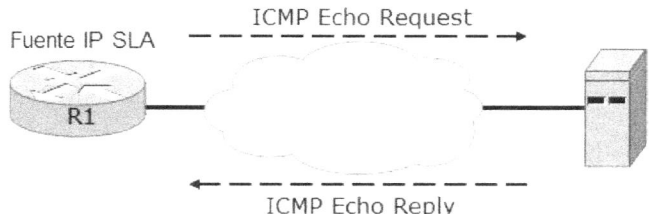

La sintaxis que sigue muestra la configuración basada en la figura.

```
R1# show run | section sla
ip sla 2
icmp-echo 10.1.100.100 source-ip 192.168.1.11
frequency 15
ip sla schedule 2 life forever start-time now
```

En este otro ejemplo, R1 se configura como una fuente de IP SLA. La sonda que está enviando es para probar el jitter UDP desde la dirección de origen 192.168.1.11 a 10.1.34.4 utilizando el puerto 65051. Se enviarán 20 paquetes de sondeo para cada test, con un tamaño de 160 bytes cada uno, y se repetirá cada 30 segundos. La sonda se inicia y nunca expira. Para obtener mediciones relacionadas con jitter, es necesario tener un dispositivo destino que puede procesar las sondas y responder a ellas. Por lo tanto, el dispositivo destino debe ser capaz de soportar Cisco IOS IP SLA y ser configurado como responder. R2 está configurado como responder IP SLA.

La siguiente salida muestra una configuración basada en la figura.

```
R1# show run | section sla
ip sla 1
udp-jitter 10.1.34.4 65051 source-ip 192.168.1.11 num-packets 20
request-data-size 160
frequency 30
ip sla schedule 1 life forever start-time now

R2# show run | section sla
ip sla responder
```

12.9 FUNDAMENTOS PARA EL EXAMEN

- ⚑ Evalúe las características de SNMP y compárelo con SNMPv3

- ⚑ Tenga una idea clara del funcionamiento de las comunidades SNMP

- ⚑ Piense en la utilidad de una implementación de Syslog y para que se registran los eventos

- ⚑ Sepa como reconocer los nombres del Cisco IOS y como administrar sus licencias

- ⚑ Estudie el comportamiento de IP SLA y SPAN, compárelos

- ⚑ Analice los modelos de servicios en la nube y las ventajas que ofrecen

- ⚑ Recuerde las ventajas de la virtualización, y cómo funciona

- ⚑ Estudie los tipos de virtualizaciones utilizadas en la red

- ⚑ Ejercite todas las configuraciones en dispositivos reales o en simuladores.

13

AUTOMATIZACIÓN Y PROGRAMABILIDAD

13.1 ARQUITECTURA

Un dispositivo de red está dividido en dos planos diferentes, por ejemplo, el procesador de un router se encarga de enrutar o enviar la mayoría del tráfico que le llega con destino diferente al propio router, mecanismo conocido como **data plane**. Mientras que determinados tipos de tráfico, como por ejemplo actualizaciones de enrutamiento, tráfico de gestión, keepalives, etc. que están destinados al propio router, esto es conocido como plano de control o **Control Plane**.

Básicamente las funciones de cada plano son las siguientes:

Control Plane:

▶ Toma decisiones acerca de dónde se envía el tráfico.

▶ Los paquetes del plano de control están destinados localmente o son originados por el propio router.

▶ Incluyen la configuración del sistema, la gestión y el intercambio de información de la tabla de enrutamiento.

▶ Contiene mecanismos de envío de capa 2 y capa 3, tales como tablas de adyacencias IPv4 e IPv6, tablas de topologías, tablas ARP y STP.

Data plane:

▼ También conocido como el plano de reenvío.

▼ Reenvía el tráfico al siguiente salto en el camino hacia la red de destino seleccionada de acuerdo con la lógica del plano de control.

▼ Los paquetes del plano de datos pasan por el router o por el switch.

▼ Los routers switches lo utilizan para enviar flujos de tráfico.

 **NOTA:**

Se podría añadir un tercer plano que sería el plano de gestión, donde se ejecutan las tareas necesarias para el funcionamiento y monitorización de cualquier dispositivo de la red. Se asocian al plano de gestión protocolos como SMNP, HTTP, SSH y otros.

13.1.1 SDN

Las redes definidas por software **SDN** (*Software Defined Networking*) permiten a las organizaciones acelerar la implementación y la distribución de aplicaciones reduciendo drásticamente los costes mediante la automatización del flujo de trabajo basada en políticas. La tecnología SDN habilita arquitecturas de nube mediante distribución y movilidad de aplicaciones de manera automatizada, a pedido y a escala. Las SDN incrementan los beneficios de la virtualización del centro de datos, ya que aumentan la flexibilidad y la utilización de recursos y reducen los gastos generales y los costos de infraestructura.

13.1.2 Capas SDN

Las tres capas de la arquitectura SDN son la capa de aplicación, la capa de control y la capa de infraestructura. La capa de aplicación contiene las aplicaciones que interactúan con la red, como sistemas de seguridad y balanceo de carga. La capa de control, también conocida como controlador SDN, gestiona y controla la red, tomando decisiones sobre el enrutamiento del tráfico. La capa de infraestructura comprende los dispositivos físicos como switches, routers y hosts que conforman la red.

13.1.3 Arquitectura SDN

En la arquitectura tradicional de un router o un switch las funciones del plano de control y del plano de datos se producen en el mismo dispositivo. Una red definida por software (SDN) mueve el plano de control de cada dispositivo de red a una entidad central de administración y control denominado **SDN controller**.

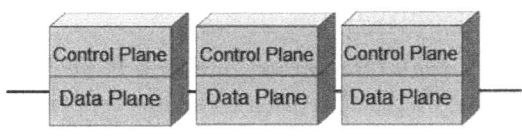

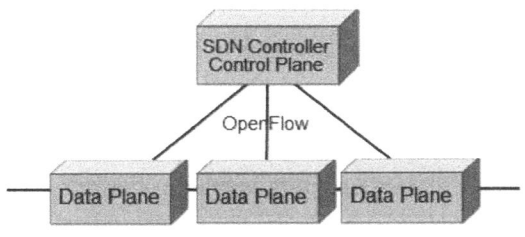

Arquitectura tradicional

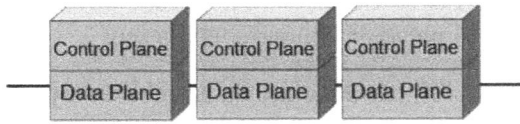

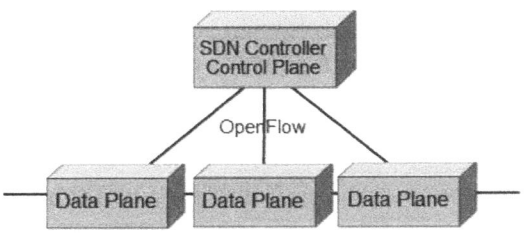

Arquitectura SDN

Para convertir el concepto de SND en una aplicación práctica, se deben cumplir dos requisitos. En primer lugar, tiene que haber una arquitectura lógica común en todos los switches, routers y otros dispositivos de red que será gestionado por un controlador SDN. Esta arquitectura lógica puede implementarse de diferentes maneras en diferentes equipos de proveedores y en diferentes tipos de dispositivos de red, siempre que el controlador SDN interprete una funcion lógica uniforme entre todos ellos. En segundo lugar, se necesita un protocolo estándar, seguro entre el controlador SDN y el dispositivo de red.

Ambas exigencias las trata **OpenFlow**, que es a la vez un protocolo entre los controladores SDN y dispositivos de red, así como una especificación de la estructura lógica de la red.

Las funciones de un controlador SDN pueden resumirse en las siguientes:

- Define los flujos de datos que se producen en el plano de datos SDN.

- Un flujo de datos es una secuencia de paquetes que atraviesan una red y que comparten un conjunto de valores de los campos de cabecera.

- Todas las funciones complejas son realizadas por el controlador.

- El controlador completa y gestiona las tablas de flujo de los switchs.

- El controlador SDN se comunica con dispositivos compatibles con OpenFlow utilizando el protocolo OpenFlow.

- Utiliza Transport Layer Security (TLS) para enviar de forma segura las comunicaciones del plano de control sobre la red.

- Cada switch OpenFlow se conecta a otros switches OpenFlow.

- Para el switch, un flujo es una secuencia de paquetes que coincide con una entrada específica en una tabla de flujo.

- Las tablas tienen los objetivos siguientes:

  - Una **tabla de flujo** compara los paquetes de entrada de un flujo particular y especifica las funciones que se van a realizar en los paquetes.

  - Un **medidor tabla** desencadena una serie de acciones relacionadas con el rendimiento en un flujo.

  - Una tabla de flujo puede dirigir un flujo a una **tabla de grupo**, que puede accionar una variedad de acciones que afectan a uno o más flujos.

13.2 API

Una **API** (Application Programming Interface), es una serie de reglas y protocolos que definen cómo las aplicaciones de software se comunican entre sí para intercambiar datos y funcionalidades. En esencia, actúa como un mecanismo que permite a diferentes sistemas interactuar y compartir información.

Los dispositivos actuales permiten al administrador ejecutar tareas específicas de red logrando mayor funcionalidad y escalabilidad que las redes tradicionales, donde la única manera de interactuar era a través de los protocolos SNMP, Telnet y SSH.

13.2.1 Southbound y Northbound API

La implementación de las **API** permite indicarle al controlador SDN lo que se requiere realizar en la red, posteriormente el controlador utiliza las API para enviar las instrucciones a los dispositivos de la red. Estas API cumplen diferentes funciones.

En una arquitectura SDN, las **Southbound API** (*Application Program Interfaces*) se utilizan para comunicar el controlador SDN y los routers y switches de la red. Puede ser una solución abierta o propietaria. Las **Southbound API** proporcionan un control más eficiente sobre la red y permiten que el controlador SDN realice cambios de forma dinámica de acuerdo con las demandas y las necesidades en tiempo real. La comunicación entre los dispositivos incluye diferentes protocolos compatibles con ambos.

- ▶ **OpenFlow**, es la primera y probablemente la más conocida interfaz Southbound API. Es un estándar desarrollado por ONF (Open Networking Foundation) que define la forma en que el controlador SDN debe interactuar con el plano de datos para realizar ajustes en la red para adaptarse a las necesidades cambiantes.

- ▶ **NETCONF**, (Network Configuration Protocol), es un protocolo de gestión de red estandarizado que facilita la administración de dispositivos de red de forma remota. Utiliza XML para la codificación de datos y mensajes, permitiendo que un sistema de administración de red (NMS) envíe, modifique y elimine la configuración de los dispositivos.

- ▶ **API REST**, permiten a los controladores monitorizar y administrar la infraestructura a través de los protocolos HTTP, HTTPS

- ▶ **RESTCONF**, añade una API REST a NETCONF.

- ▶ Otros protocolos como OpFlex, SNMP, y protocolos propietarios de los fabricantes. Cisco utiliza para la serie de switchs Cisco Nexus el protocolo NX-API.

 **NOTA:**

Estos protocolos se detallan más adelante.

En una arquitectura SDN, las **Northbound API** (*Application Program Interfaces*) se utilizan para comunicar el SDN Controller y los servicios y aplicaciones que se ejecutan en la red. Las **Northbound API** facilitan la innovación y permiten la organización, gestión y automatización de la red para ajustarse a las necesidades de las diferentes aplicaciones a través de la arquitectura SDN.

Las **Northbound API** son, posiblemente, las API más críticas en el medio SDN, ya que la importancia de la SDN está ligada a las aplicaciones que potencialmente pueden soportar y permitir. Debido a que son tan críticas, las **Northbound API** deben ser compatible con una amplia variedad de aplicaciones, por lo que posible en una no quepan todas. Esto es posiblemente por qué las **Northbound API** sean el componente más complejo en un entorno SDN debido a que existe una variedad de posibles interfaces en diferentes lugares en la pila para controlar diferentes tipos de aplicaciones a través de un controlador de SDN.

Las **Northbound API** también se utilizan para integrar el controlador SDN con herramientas de automatización remota, como Puppet, Chef, SaltStack, Ansible y CFEngine, así como plataformas de gestión, como OpenStack, VMware's vCloud-Director y de código abierto CloudStack. El objetivo es aislar el funcionamiento interno de la red, de modo que los desarrolladores de aplicaciones puedan hacer cambios para adaptarse a las necesidades de la aplicación sin tener necesidad se saber cómo funciona la red.

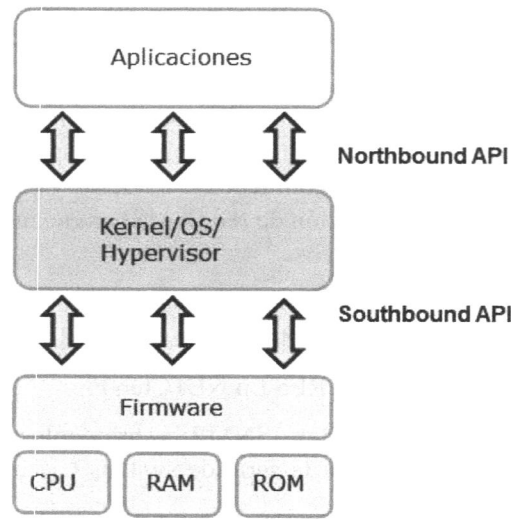

RECUERDE:

La interfaz de programación de aplicaciones (API) es un mecanismo que permite que los componentes de software se comuniquen entre sí.

13.3 SD-ACCESS

Cisco **SDA** (*Software-Defined Access*) utiliza el modelo definido por software y varias API. Establece una forma completamente diferente de construir las redes de campus en comparación con los métodos tradicionales. SDA puede abarcar varios dominios, ubicaciones remotas y redes de campus. Este mecanismo ofrece una arquitectura de extremo a extremo garantizando seguridad, coherencia respecto a conectividad, segmentación y políticas de cada sitio.

La arquitectura de SDA se compone básicamente de routers, switchs, terminales, una interfaz gráfica (GUI) para los usuarios y un controlador llamado DNA Center. SDA brinda un enfoque diferente a las redes WLAN y LAN y de cómo los terminales o puntos finales acceden a la red

El modelo SDA se compone de tres partes o espacios necesarios:

- **Overlay**: es donde se crean los túneles VxLAN entre los switchs SDA y que luego se utilizan para transportar el tráfico de un punto final a otro.

- **Underlay**: es la parte que contiene los dispositivos y conexiones para proporcionar conectividad IP a todos los nodos en la estructura, con el objetivo de admitir el descubrimiento dinámico de todos los dispositivos y puntos finales SDA como parte del proceso para crear túneles VxLAN superpuestos

- **Fabric**: la combinación de overlay y underlay, que en conjunto proporcionan todas las características para entregar datos a través de la red con las características y atributos deseados.

Fabric, underlay y overlay se ubican del lado **southbound API**. Por diseño en implementaciones SDN, la mayoría de las nuevas capacidades ocurren en el lado **northbound**.

Underlay proporciona conectividad entre los nodos en el entorno SDA con el fin de admitir túneles VxLAN en la red **overlay**. Para hacer eso, underlay incluye los switchs, routers, cables y enlaces inalámbricos utilizados para crear la red física.

También incluye la configuración y el funcionamiento de underlay para que pueda soportar el trabajo de la red overlay. Esto que parece un juego de palabras es muy fácil de comprender. Piense en capas, sin las capacidades de underlay, overlay no podría existir.

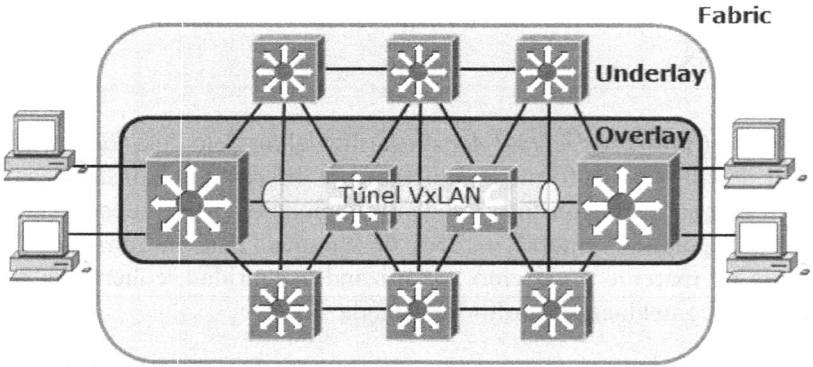

SDA se puede agregar a una LAN de campus existente, o crear una red SDA desde cero dentro de la red empresarial, la primera opción tiene algunos riesgos y restricciones, como interrupciones de tráfico que puedan afectar a la producción durante el proceso de migración.

Para elegir los dispositivos compatibles con SDA tiene que pensar en los roles que desempeñara cada uno:

- **Fabric edge node**: un switch que se conecta a dispositivos finales como los switchs de acceso tradicionales

- **Fabric border node**: un switch que se conecta a dispositivos fuera del control de SDA, por ejemplo, switchs que se conectan a los routers WAN o a un centro de datos ACI

- **Fabric control node**: un switch que realiza funciones especiales en el plano de control para LISP, este dispositivo requiere más CPU y memoria

La secuencia de funcionamiento de SDA overlay es la siguiente. Primero, un punto final envía una trama que se entregará a través de la red SDA. El primer nodo SDA que recibe la trama la encapsula en un nuevo mensaje, utilizando un encabezado de túnel VxLAN, y reenvía la trama a través del túnel VxLAN, los otros nodos SDA que forman underlay reenvían la trama en función de cómo ha sido creado el túnel VxLAN. El último nodo SDA elimina el encabezado VxLAN, deja la trama original y la reenvía hacia el punto final de destino.

Todo este trabajo ocurre en modo **ASIC** de cada switch por lo que no hay penalización de rendimiento.

 **NOTA:**

ASIC (Application Specific Integrated Circuit) es un circuito especializado de hardware diseñado para realizar una operación particular de manera altamente eficiente.

13.3.1 Túneles VxLAN LISP

Las redes VxLAN LISP ((*Virtual Extensible LAN Locator/ID Separation Protocol*) son una combinación de tecnologías de virtualización de red que permiten crear redes virtuales sobre una infraestructura física. VXLAN es un protocolo de encapsulación que permite extender redes Ethernet (capa 2) sobre redes IP (capa 3), mientras que LISP es un protocolo de control que facilita la resolución de direcciones y el enrutamiento entre redes virtuales, especialmente en entornos con alta movilidad de dispositivos.

VxLAN (*Virtual Extensible LAN*) es una tecnología que encapsula el tráfico de capa 2 en paquetes UDP sobre IP (capa 3). Esto permite crear redes virtuales (VxLAN Segments) que pueden extenderse más allá de los límites de una red local física. VXLAN utiliza un identificador de red (VNI) de 24 bits, lo que permite la creación de hasta 16 millones de segmentos VXLAN.

El protocolo LISP (Locator/ID Separation Protocol) se enfoca en la separación del ID de los hosts (EID) y el localizador de enrutamiento (RID) para facilitar el enrutamiento entre redes virtuales. LISP utiliza un plano de control para mapear los EID a los RID, lo que permite que los dispositivos móviles se muevan entre diferentes dominios de red sin perder la conectividad.

La combinación de VxLAN y LISP crea una arquitectura de red que permite la creación de redes virtuales extensibles y móviles. LISP se utiliza para resolver la dirección del punto final (EID) de un dispositivo en una red virtual, y luego VXLAN encapsula el tráfico entre el punto final y el localizador de enrutamiento.

Algunos beneficios de esta combinación son:

▸ **Escalabilidad**: VxLAN permite la creación de un gran número de redes virtuales, mientras que LISP facilita el enrutamiento entre ellas.

▸ **Movilidad**: LISP permite que los dispositivos móviles se muevan entre diferentes dominios de red sin perder la conectividad.

▸ **Segmentación**: VxLAN permite la creación de redes virtuales aisladas, lo que mejora la seguridad y la gestión de la red.

▸ **Flexibilidad**: La combinación de VXLAN y LISP ofrece una gran flexibilidad en la configuración y gestión de la red.

En resumen, las redes VXLAN LISP son una solución robusta para la creación de redes virtuales extensibles, móviles y seguras. Esta combinación de tecnologías es ideal para entornos que requieren alta escalabilidad, movilidad y segmentación de red.

En la práctica VxLAN que crea los túneles dentro de la red SDA encapsulando las tramas desde un terminal para ser enviadas a través del túnel. Para soportar el encapsulamiento VxLAN, **underlay** utiliza un direccionamiento IP diferente al de la red empresarial, sin embargo, los túneles mantienen el mismo direccionamiento que la red de la empresa.

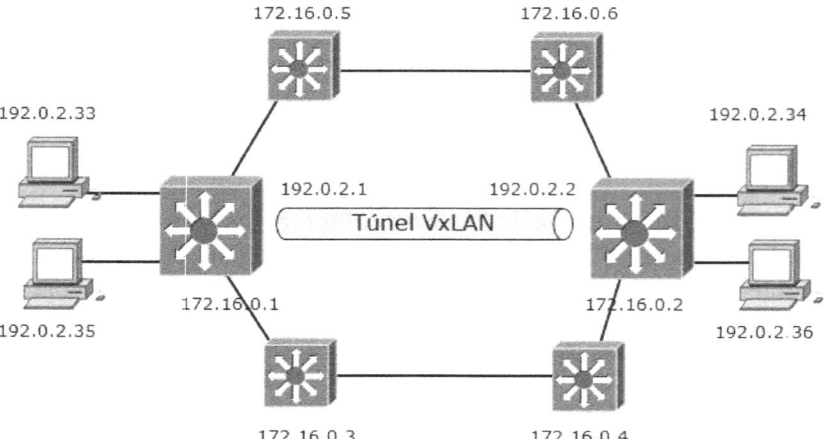

En la figura, la red empresarial tiene un direccionamiento 192.0.2.0/24, mientras que los dispositivos **underlay** utilizan la 172.16.0.0/16. El túnel overlay creado a través de los dos terminales **fabric** están dentro del mismo espacio de direccionamiento IP.

Básicamente el proceso LISP se describe en la siguiente figura:

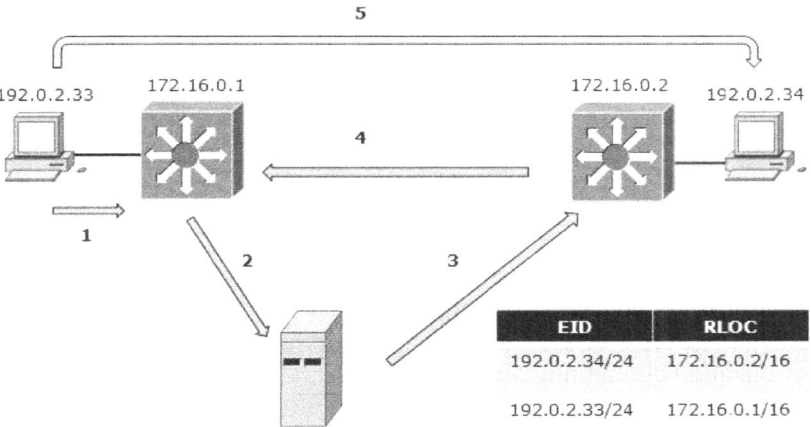

PC1 envía una trama Ethernet al nodo borde SW1 con destino a PC2 pero el switch desconoce donde reenviar la trama. SW1 consulta al servidor LISP por si conoce la dirección IP de PC2. El servidor consulta su tabla y encuentra una entrada creada anteriormente que mapea el EID con el RLOC de SW2. El servidor LISP contacta con SW2 para confirmar que la entrada en la tabla es correcta. SW2 completa el proceso informando a SW1 de que él puede llegar a PC2. Ahora que SW1 sabe cómo llegar a PC, encapsula la trama en un paquete IP y añade el encabezado VxLAN para ser enviado a través del túnel VxLAN.

🙍 RECUERDE:

LISP funciona a nivel de Control Plane, mientras que VxLAN lo hace a nivel de Data Plane

13.4 SD-WAN

SD-WAN (Software-Defined Wide Area Network) es una tecnología de red que utiliza principios de red definida por software (SDN) para gestionar y optimizar el rendimiento de las redes de área extensa (WAN). Permite a las empresas conectar de forma segura y eficiente varias ubicaciones, utilizando diferentes tipos de conexiones como MPLS, internet de banda ancha y LTE.

En esencia, SD-WAN ofrece flexibilidad y escalabilidad. Permite a las empresas adaptarse a las necesidades cambiantes de la red, integrando diversos tipos de conexiones y gestionándolas de forma centralizada.

Optimiza el rendimiento de las aplicaciones al dirigir el tráfico de forma inteligente a través de las rutas más eficientes. Permite optimizar el uso de las conexiones existentes, evitando la necesidad de invertir en nuevas infraestructuras WAN.

La solución de Cisco SD-WAN se compone básicamente de diferentes componentes dentro de una serie de planos:

- La SD-WAN separa el plano de control que decide cómo se enruta el tráfico del plano de datos que transporta el tráfico. Un controlador centralizado analiza el estado de la red y selecciona las rutas óptimas para el tráfico de aplicaciones, optimizando el rendimiento.
- SD-WAN permite a los administradores de red gestionar la configuración y las políticas de forma centralizada, lo que facilita la administración y la automatización. Por ejemplo, vManage administra de manera centralizada a través de una interfaz gráfica todos los dispositivos y enlaces SD-WAN.
- El Plano de Orquestación: Define las políticas y las reglas que gobiernan el comportamiento de la red. El **vBond Orchestrator** es componente responsable de la autenticación de los dispositivos vSmart y vEdge.
- El Plano de Datos: Se encarga de transportar la información, los datos, entre los diferentes dispositivos vEdge de la red SD-WAN.

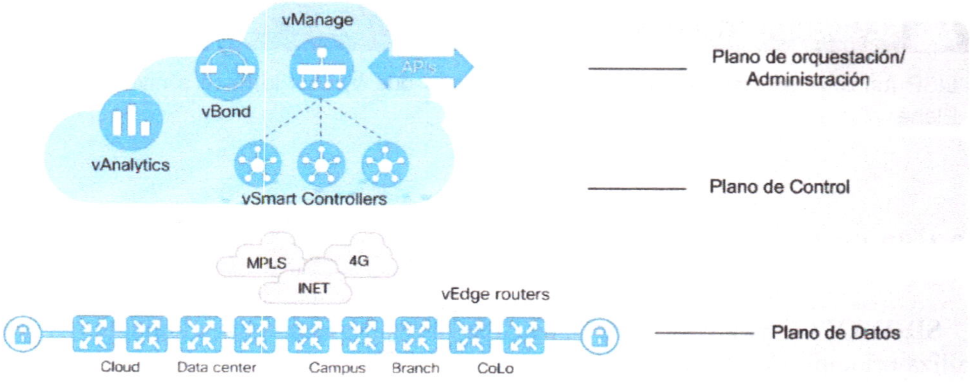

SD-WAN es una tecnología que permite a las empresas modernizar sus redes WAN tradicionales, optimizar el rendimiento de las aplicaciones y reducir los costes, ofreciendo una red más flexible, escalable y segura.

13.5 SOFTWARE DE AUTOMATIZACIÓN

Para automatizar y programar redes de forma centralizada, los softwares de automatización deben realizar varias tareas. El software analiza los datos en forma de variables, toma decisiones basadas en ese análisis y luego puede tomar medidas para cambiar la configuración de los dispositivos de red o informar sobre el estado de la red. Las diferentes funciones de automatización residen en diferentes dispositivos: el terminal del administrador, un servidor, un controlador y los distintos dispositivos de red. Para que estos procesos de automatización interrelacionados funcionen correctamente, necesitan convenciones de software bien definidas para permitir una comunicación ágil entre los componentes de software.

13.5.1 REST

Típicamente las **API** (*Application Programming Interface*) crean una forma para que las aplicaciones de software se comuniquen entre sí. Los requisitos del examen CCNA se basan en un tipo de API, las **API REST** (*REpresentational State Transfer*) por ser una de las más populares y utilizadas para la automatización de redes. Por otro lado, **JSON** (*JavaScript Object Notation*) es la convención estándar para el intercambio de variables de datos a través de API.

En definitiva, **REST** proporciona un método estándar para que dos programas de automatización puedan comunicarse a través de una red y **JSON** define cómo comunicar las variables utilizadas por esos programas.

Las API REST siguen un conjunto de reglas fundamentales sobre qué pueden hacer o no. Básicamente estas reglas se corresponden con las siguientes características:

- **Cliente-servidor**: esta condición mantiene al cliente y al servidor mínimamente vinculados. Esto quiere decir que el cliente no necesita conocer los detalles de implementación del servidor y el servidor se despreocupa de cómo son usados los datos que envía al cliente.

- **Sin estado** (*Stateless*): cada petición que recibe el servidor debería ser independiente, es decir, no es necesario mantener sesiones.

▼ **Cacheable**: debe admitir un sistema de almacenamiento en caché. La infraestructura de red debe soportar una caché de varios niveles. Este almacenamiento evitará repetir varias conexiones entre el servidor y el cliente para recuperar un mismo recurso.

▼ **Interfaz uniforme**: define una interfaz genérica para administrar cada interacción que se produzca entre el cliente y el servidor de manera uniforme, lo cual simplifica y separa la arquitectura. Esta restricción indica que cada recurso del servicio REST debe tener una única dirección URI (*Uniform Resource Identifier*).

▼ **Sistema de capas**: el servidor puede disponer de varias capas para su implementación. Esto ayuda a mejorar la escalabilidad, el rendimiento y la seguridad.

A menudo las siglas **URI** y **URL** se utilizan como sinónimos, sin embargo, son términos diferentes. Una **URL** (*Uniform Resource Locator*) se utiliza principalmente para apuntar a una dirección de internet, a un componente de una página web o a un programa en una página web a través de algún protocolo como HTTP, FTP, SSH, FILE, etc., para acceder a la ubicación del recurso. Por otro lado, **URI** (*Uniform Resource Identifier*) se utiliza para distinguir un recurso de otro independientemente del método utilizado.

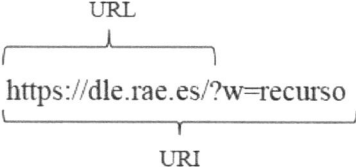

En el ejemplo se consulta la WEB de la RAE solicitando el significado de la palabra "recurso"

Los diseñadores de las API basadas en REST a menudo eligen HTTP (*Hypertext Transfer Protocol*) porque la lógica de HTTP coincide con algunos de los conceptos definidos de manera general para las API REST. HTTP utiliza los mismos principios que REST: funciona con un modelo cliente-servidor; utiliza un modelo operacional sin estado; e incluye encabezados que marcan claramente los objetos como almacenables en caché o no almacenables. También incluye verbos que coinciden con el funcionamiento de las aplicaciones. Los verbos en HTTP (HTML *verbs*) definen la acción que se quiere realizar sobre el recurso.

Verbos	Descripción
get	solicita una representación de un recurso específico
head	solicita una respuesta idéntica a la de una petición GET, pero sin el cuerpo de la respuesta
post	se utiliza para enviar una entidad a un recurso en específico, causando a menudo un cambio en el estado o efectos secundarios en el servidor
put	reemplaza todas las representaciones actuales del recurso de destino con la carga útil de la petición
connect	establece un túnel hacia el servidor identificado por el recurso
options	se utiliza para describir las opciones de comunicación para el recurso de destino
trace	realiza una prueba de bucle de retorno de mensaje a lo largo de la ruta al recurso de destino
patch	es utilizado para aplicar modificaciones parciales a un recurso
delete	borra un recurso en específico

La tabla muestra alguno se los verbos HTTP más comunes

Los códigos de estado HTTP se utilizan para indicar el resultado de una solicitud del cliente (como un navegador web) al servidor. Los códigos de estado HTTP más comunes se agrupan en cinco categorías, cada una representada por un dígito inicial: 1xx, 2xx, 3xx, 4xx y 5xx.

Tipo	Código	Descripción
2xx Éxito	200	Solicitud exitosa.
	201	Como resultado de la solicitud se ha creado un nuevo recurso.
	202	La solicitud fue aceptada para procesamiento, pero aún no se ha completado.
	204	La solicitud fue exitosa, pero no hay contenido para devolver.
3xx Redirección	301	El recurso solicitado se ha movido permanentemente a una nueva URL.
	302	El recurso solicitado se ha movido temporalmente a una nueva URL.

Tipo		Código	Descripción
4xx *Error del cliente*		401	El cliente no tiene autorización para acceder al recurso solicitado.
		403	El cliente no tiene los permisos necesarios para acceder al recurso, incluso si se ha autenticado.
		404	El recurso solicitado no existe en el servidor.
5xxx *Error del servidor*		500	Error interno del servidor que impide completar la solicitud.
		501	El método HTTP utilizado no es compatible con el servidor.
		503	El servidor no está disponible temporalmente, posiblemente debido a mantenimiento o sobrecarga.

La lista de algunos códigos más comunes

Además de utilizar HTTP *verbs* para realizar las funciones **CRUD** (*Create, Read, Update, Delete*), REST usa las URI para identificar en qué recurso actúa la solicitud HTTP. Para las API REST, el recurso puede ser cualquiera de los muchos recursos definidos por la API.

El acrónimo **CRUD** (*Create, Read, Update, Delete*) identifica las cuatro acciones principales realizadas por una aplicación:

▼ **Create**: permite al cliente crear algunas instancias nuevas de variables y estructuras de datos en el servidor e inicializar sus valores tal como se mantienen en el servidor.

▼ **Read**: permite al cliente recuperar el valor actual de las variables que existen en el servidor, almacenando una copia de las variables, estructuras y valores en el cliente.

▼ **Update**: permite al cliente cambiar o actualizar el valor de las variables que existen en el servidor.

▼ **Delete**: permite al cliente eliminar del servidor diferentes instancias de variables de datos.

Cada recurso contiene un conjunto de variables relacionadas, definidas por la API e identificadas por una URI. La estructura URI para una solicitud REST GET consta de tres componentes. Por ejemplo, el URI solicita al Cisco DNA Center una lista de todos los dispositivos conocidos, y Cisco DNA Center devuelve un diccionario de valores para cada dispositivo.

En el ejemplo se solicita información de todos los dispositivos disponibles

Dónde:

- **Protocolo**: el término antes de: // identifica el protocolo, en este caso, HTTPS.

- **Nombre de host o dirección IP**: este valor se encuentra entre la doble barra y la siguiente simple (// y /), e identifica el host; si usa un nombre de host, el cliente REST debe realizar una resolución de nombre para conocer la dirección IP del servidor REST.

- **Ruta o Recurso**: este valor se encuentra después de la primera barra simple (/) y termina al final del URI o antes de cualquier campo adicional (como un campo de consulta de parámetros). HTTP llama a este campo la ruta, pero para su uso con REST, el campo identifica de forma exclusiva el recurso tal como lo define la API.

Muchos de los mensajes de solicitud HTTP necesitan pasar información al servidor REST más allá de la API. Algunos de esos datos se pueden pasar en campos de encabezado; por ejemplo, las API REST usan campos de encabezado HTTP para codificar gran parte de la información de autenticación para las llamadas REST. Además, los parámetros relacionados con una llamada REST se pueden pasar como parámetros como parte del URI.

Siguiendo el ejemplo de la URI anterior, es posible que se requiera ese diccionario de valores para un solo dispositivo. La API de Cisco DNA Center lo permite añadiendo el parámetro al final del URI.

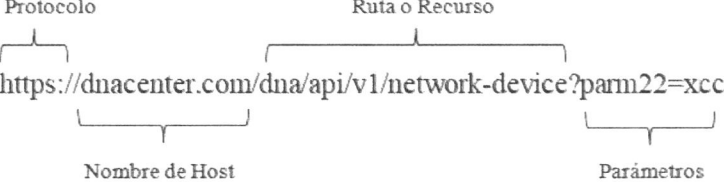

En el ejemplo se solicita información de un recurso específico

 **NOTA:**

Para información más detallada sobre las API REST puede consultar la página de su creador Roy Fielding en https://restfulapi.net.

La interfaz de programación API es un mecanismo de software que puede resultar muy complejo y tedioso. De manera personal considero que es materia de estudio para desarrolladores de software y no para un técnico administrador de redes CCNA, sin embargo, es una exigencia para los administradores actuales y es, además, tema de examen por lo que hay que darle la importancia necesaria. Para los estudiantes que quieran profundizar en las API, existe una aplicación llamada **Postman** que es gratuita y se puede descargar desde la su web en www.postman.co. Tenga en cuenta que Cisco hace un uso extensivo de Postman (por ejemplo, Cisco DevNet) en sus laboratorios y ejemplos.

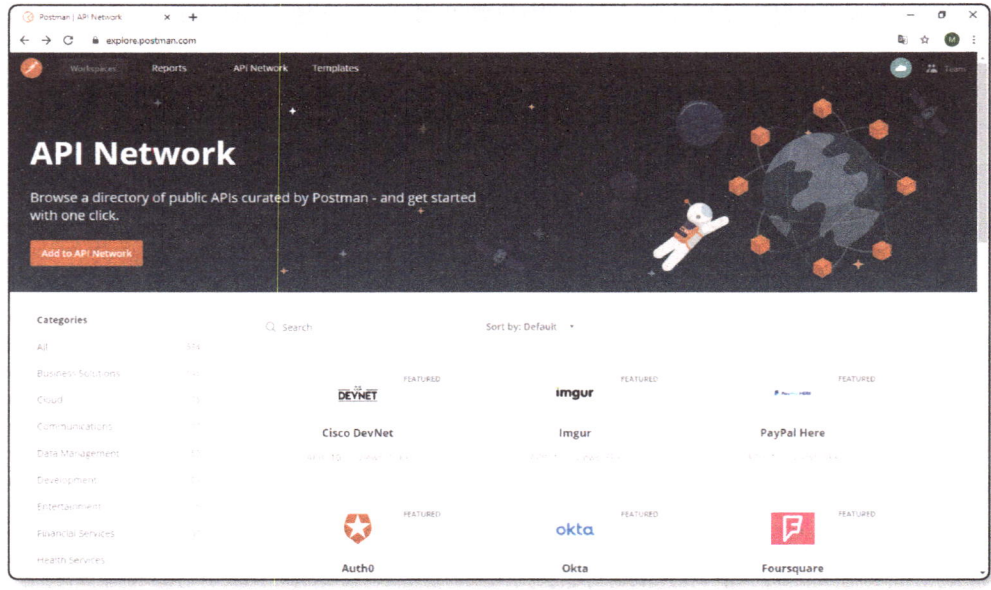

Captura de pantalla de la herramienta Postman

13.5.2 NETCONF

NETCONF (*Network Configuration Protocol*), es un protocolo de gestión de red estandarizado que permite configurar y administrar dispositivos de red (routers, switches, firewalls), lo que permite la interoperabilidad entre diferentes dispositivos de red y sistemas de gestión. Se basa en el modelo de comunicación **RPC** (*Remote Procedure Call*) y utiliza **XML** para codificar la información intercambiada. Automatización:

Facilita la automatización de tareas de configuración y gestión, lo que reduce la carga de trabajo manual. Usa protocolos de transporte seguros como SSH para garantizar la confidencialidad y autenticidad de la comunicación. Utiliza XML para codificar la información intercambiada, lo que permite una estructura flexible y extensible de los datos de configuración. Se integra con el lenguaje de modelado de datos YANG para definir la estructura de los datos de configuración de manera más eficiente.

Las capas principales del stack NETCONF son 4:

► **Contenido**: define el formato y estructura de los datos que se gestionan en la red, utilizando un lenguaje de modelado de datos como YANG.

► **Operaciones**: define las acciones que se pueden realizar sobre los datos, como obtener, editar, copiar y eliminar configuraciones.

► **Mensajes**: define el formato de los mensajes que se intercambian entre el cliente y el servidor NETCONF, utilizando XML.

► **Transporte**: proporciona una capa de transporte segura para la comunicación entre el cliente y el servidor, utilizando protocolos como SSH, BEEP y SOAP.

Una sesión de NETCONF se puede resumir en los siguientes pasos:

1. Establecimiento de la conexión. El cliente NETCONF (por ejemplo, una aplicación de gestión de red) inicia una conexión segura con el servidor NETCONF (el dispositivo de red) utilizando un protocolo de transporte seguro como SSH.

2. Negociación de capacidades. El cliente y el servidor intercambian información sobre las capacidades y características soportadas, como los modelos de datos YANG que se utilizan.

3. Solicitudes RPC. El cliente envía solicitudes RPC al servidor para realizar operaciones de gestión, como configurar, modificar, obtener información o eliminar datos de configuración.

4. El servidor responde. El servidor procesa la solicitud y devuelve una respuesta, que puede ser un éxito o un error, junto con la información relevante.

Operaciones más comunes de NETCONF para editar los datos de configuración se describen en la siguiente tabla:

Operaciones	Descripción
<get>	Recupera datos de la configuración, el estado o los datos operacionales de un dispositivo
<get-config>	Recupera datos de configuración de un dispositivo específico.
<edit-config>	Modifica la configuración de un dispositivo.
<copy>	Copia un archivo de configuración desde un lugar a otro.
<delete>	Elimina un archivo de configuración.
<rpc>	Ejecuta un procedimiento remoto en el dispositivo.
<lock>	Bloquea la configuración de un dispositivo para prevenir cambios no deseados.
<unlock>	Desbloquea la configuración de un dispositivo después de haber sido bloqueada con lock.

13.5.3 RESTCONF

RESTCONF es un protocolo de gestión de dispositivos de red que utiliza los principios de REST y el lenguaje de modelado de datos YANG. Permite la gestión y configuración de dispositivos de red de forma programática, ofreciendo una interfaz sencilla y estándar para acceder a datos de configuración, estado, y operaciones RPC.

El protocolo RESTCONF se basa en el lenguaje YANG a través de una API REST para definir la estructura de los datos de configuración y estado del dispositivo. Utiliza el protocolo REST (*Representational State Transfer*) y el protocolo HTTP/HTTPS para interactuar con el dispositivo. Implementa las operaciones REST estándar (GET, POST, PUT, DELETE) para realizar tareas de lectura, creación, actualización y eliminación de datos de configuración y estado. Las solicitudes y respuestas se realizan a través de mensajes HTTP/HTTPS con datos en formato JSON o XML. El dispositivo de red expone un endpoint de RESTCONF que se utiliza para interactuar con el mismo.

En resumen: RESTCONF proporciona una interfaz programática para interactuar con dispositivos de red de forma sencilla y eficiente, utilizando los principios de REST y el lenguaje YANG para definir la estructura de los datos.

13.5.4 Telemetría

La telemetría es un mecanismo para recopilar y transmitir datos operativos y de configuración de dispositivos de red, como routers y switchs, a un sistema centralizado para monitoreo y análisis. En lugar de sondear los dispositivos a intervalos regulares, como se hace con SNMP, la telemetría utiliza un modelo de suscripción donde los dispositivos envían datos a intervalos definidos, permitiendo una visión más granular y en tiempo real de la red.

Los mecanismos habituales utilizados por los dispositivos Cisco como SMNP, CLI y Syslog tiene limitaciones que restringen las posibilidades de automatización y escalabilidad.

El proceso de telemetría en Cisco implica varios pasos clave:

- **Suscripción**: el sistema de gestión de red (por ejemplo, Cisco DNA Center) suscribe los dispositivos a la información que desean recibir, especificando qué datos deben ser recopilados y con qué frecuencia.

- **Recopilación**: los dispositivos de red recopilan los datos solicitados utilizando sensores y métricas definidas por modelos de datos como YANG.

- **Transmisión**: los datos se transmiten al sistema central utilizando protocolos como gRPC, que ofrecen un transporte eficiente y confiable.

- **Análisis**: el sistema central recibe los datos y los procesa, permitiendo a los administradores de red obtener una visión completa y detallada del rendimiento y estado de la red.

Ventajas de la telemetría en dispositivos Cisco:

- **Mayor visibilidad**: permite una visión más profunda y granular de la red en tiempo real, a diferencia de los métodos tradicionales.

- **Monitoreo eficiente**: la transmisión basada en suscripción reduce la carga en la red y permite una recolección de datos más eficiente.

- **Solución de problemas más rápida**: los datos recopilados facilitan la identificación y resolución de problemas en la red.

- **Adaptabilidad**: se adapta a diferentes entornos de red y protocolos, incluyendo NETCONF, RESTCONF y gNMI.

- **Automatización**: permite la automatización de tareas de gestión de red y la optimización del rendimiento.

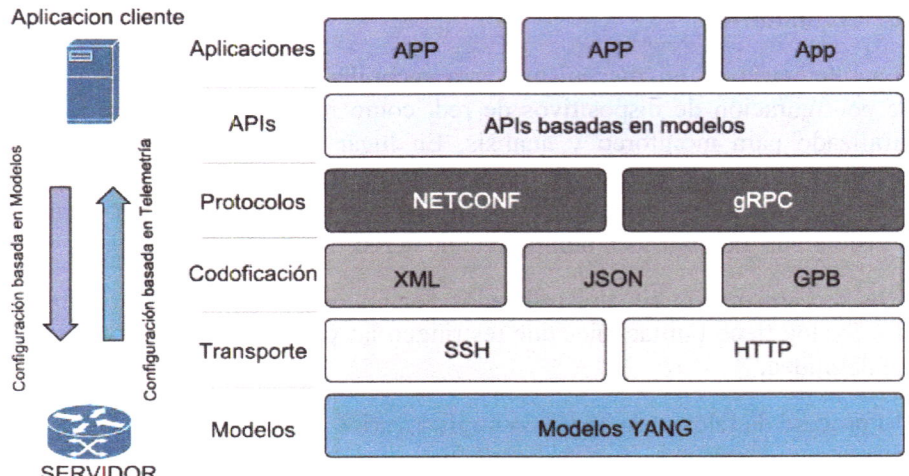

Capas de programabilidad basadas en modelos

13.6 FORMATOS DE SERIALIZACIÓN

Los lenguajes de serialización de datos brindan una forma de representar variables con texto en lugar de en la representación interna utilizada por cualquier lenguaje de programación en particular

Cada lenguaje de serialización de datos permite que los servidores API devuelvan datos para que el cliente API pueda replicar los mismos nombres de variables, así como las estructuras de datos que se encuentran en el servidor API.

Para describir las estructuras de datos, los lenguajes de serialización de datos incluyen caracteres especiales y convenciones que comunican ideas sobre variables de lista, variables de diccionario y otras estructuras de datos más complejas.

Los lenguajes de serialización de datos permiten superar estos problemas, ofreciendo a las aplicaciones un método estándar para representar variables para la transmisión y el almacenamiento de esas variables fuera del programa.

El flujo del proceso de serialización de datos es el siguiente:

1. El servidor recopila los datos representados internamente y los entrega al código API

2. La API convierte la representación interna en un modelo de datos que representa esas variables (con JSON por ejemplo)

3. El servidor envía el modelo de datos en formato JSON a través de mensajes a través de la red

4. El cliente REST toma los datos recibidos y convierte los datos con formato JSON en variables en el formato nativo de la aplicación cliente.

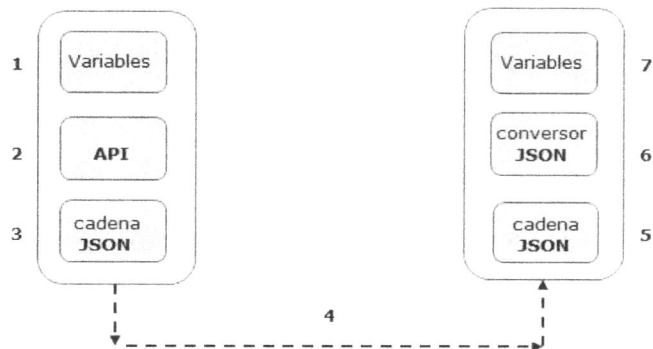

El siguiente cuadro describe algunos lenguajes de serialización:

Acrónimo	Referencia	Propósito	Utilización
JSON	JavaScript (JS) RFC 8259	Modelado general de datos y serialización	REST API
XML	World Wide Web (W3C.org)	Lenguaje de marcado de propósito general	REST API Páginas Web
YAML	YAML.org	Modelado general de datos	Ansible
GPB	Google Protocol Buffers (Protobuf)	Utiliza un lenguaje especifico	Comunicación entre microservicios

13.6.1 JSON

Básicamente **JSON** (*JavaScript Object Notation*) es un fichero de texto guardado con la extensión. **json** que luego será utilizado por alguna aplicación para el intercambio de datos. Leerlo y escribirlo es simple para humanos, mientras que para las máquinas es simple interpretarlo y generarlo. JSON es un formato de texto que es completamente independiente del lenguaje, pero utiliza convenciones que son ampliamente conocidos por los programadores. Estas propiedades hacen que JSON sea un lenguaje ideal para el intercambio de datos.

Las reglas sintácticas de JSON son bastante sencillas:

▼ **matrices** (arrays): son listas de valores separados por comas. Las matrices se escriben entre corchetes [ ]

```
[1, "router", "CPD_Norte"]
```

▼ **objetos** (objects). Los objetos son listas de parejas nombre-valor. El nombre y el valor están separados por dos puntos ":" y las parejas están separadas por comas. Los objetos se escriben entre llaves { } y los nombres de las parejas se escriben siempre entre comillas dobles "texto". Si el valor es numérico no se escribe entre comillas.

```
{"nombre": "CPD_Norte", "rack": 12, "administrable": true}
```

▼ Los valores, tanto en los objetos como en las matrices pueden ser:

- números: enteros, decimales o en notación exponencial. El separador decimal es el punto
- cadenas: se escriben entre comillas dobles. Los caracteres especiales y los valores *unicode* se escriben con una contra barra \ delante, por ejemplo, las comillas se escriben \"
- los valores booleanos **true**, **false** y los tipos de datos **null** se escriben sin comillas
- Dentro de los objetos y matrices puede haber tanto objetos como matrices o ambos, sin limites

▼ Los ficheros JSON no pueden contener comentarios. Los espacios en blanco y los saltos de línea no son significativos, es decir, puede haber cualquier número de espacios en blanco o saltos de línea separando cualquier elemento o símbolo del documento.

El siguiente ejemplo muestra una matriz con dos objetos:

```
[
  {
    "nombre": "CPD_Norte",
    "rack": 12,
    "administrable": true
  },
  {
    "nombre": "CPD_Sur",
    "edad": 32,
    "administrable": false
  }
]
```

Explicación:

▸ [] (corchetes): Indican que se trata de una matriz (array) en JSON.

▸ {} (llaves): Dentro de la matriz, cada elemento es un objeto JSON, representado por un par de llaves.

▸ "nombre": " CPD_Norte": Cada objeto JSON tiene pares clave-valor. En este caso, "nombre" es la clave y " CPD_Norte" es el valor.

▸ Separación: Los objetos dentro de la matriz están separados por comas.

13.6.2 XML

XML, (*Extensible Markup Language*), es un lenguaje de marcado diseñado para almacenar y transportar datos de manera estructurada. Se utiliza para representar información de forma legible tanto para humanos como para máquinas, permitiendo el intercambio de datos entre diferentes tipos de sistemas, almacenar configuraciones, representar documentos, entre otros. Es una herramienta para organizar y etiquetar datos de manera estructurada en archivos de texto, lo que facilita su uso e interretación por diferentes aplicaciones. permite a los usuarios definir sus propias etiquetas, lo que lo hace flexible y adaptable a diferentes tipos de datos y aplicaciones.

XML no es un lenguaje de programación con capacidad de realizar cálculos o lógica, sino un lenguaje que define reglas para estructurar datos usando etiquetas.

Un ejemplo de programación XML podría ser un archivo que almacena información sobre libros, con etiquetas para el título, autor, ISBN, etc. Este archivo podría ser utilizado por diferentes aplicaciones para procesar y mostrar la información de los libros de manera estructurada.

El siguiente ejemplo muestra un archivo XML que representa una biblioteca con dos libros. Cada libro tiene etiquetas para su título, autor, ISBN y precio. El elemento raíz es <biblioteca>, y cada libro se define dentro de ese elemento como un elemento hijo <libro>. Los precios tienen un atributo moneda para indicar la divisa.

```xml
<?xml version="1.0" encoding="UTF-8"?>
<biblioteca>
  <libro>
    <titulo>Cien años de soledad</titulo>
    <autor>Gabriel García Márquez</autor>
    <isbn>978-0307474728</isbn>
    <precio moneda="EURO">15.99</precio>
  </libro>
```

```
<libro>
  <titulo>Don Quijote de la Mancha</titulo>
  <autor>Miguel de Cervantes</autor>
  <isbn>978-8420657963</isbn>
  <precio moneda="EURO">12.50</precio>
</libro>
</biblioteca>
```

13.6.3 YANG

YANG (*Yet Another Generation Language*) es un lenguaje de modelado definido en el RFC 6020. Desarrollado originalmente para NETCONF, pero en la actualidad se utiliza también con RESTCONF y gPRC. Es un lenguaje de modelado basado en estándares que se utiliza para crear solicitudes de configuración o de datos operativos de diferentes dispositivos. Su estructura es similar al lenguaje de programación, pero es comprensible para los humanos.

Las siguientes son algunas especificaciones clave de YANG:

⊳ **Estructura Jerárquica y Modulares**: YANG utiliza una estructura jerárquica para organizar los datos, similar a la estructura de un árbol. Los datos se agrupan en módulos y submódulos, que pueden importar y extender otros módulos para fomentar la reutilización y la extensibilidad. Cada módulo define un conjunto específico de características y restricciones para los datos.

⊳ **Tipos de Datos**: YANG proporciona una amplia gama de tipos de datos predefinidos, como enteros, cadenas, direcciones IP, booleanos, etc. También permite la definición de tipos de datos personalizados y restricciones para validar los valores de los datos.

⊳ **YANG define operaciones como**:

  ● **Configuración**: Especifica cómo se pueden modificar los parámetros de un dispositivo de red.

  ● **Estado**: Describe la información actual del dispositivo, como su estado operativo.

  ● **RPC** (*Remote Procedure Calls*): Define cómo se pueden invocar funciones remotas en el dispositivo.

  ● **Notificaciones**: Permite que el dispositivo envíe eventos o alertas al sistema de gestión.

▼ Uso con **NETCONF** y **RESTCONF**: YANG es el lenguaje que define la estructura de los datos utilizados por NETCONF y RESTCONF para la gestión de la configuración. NETCONF es un protocolo de red para acceder y modificar la configuración de dispositivos de red, mientras que RESTCONF es una interfaz RESTful para acceder a los datos modelados en YANG.

Un ejemplo de lenguaje YANG podría ser el modelado de la configuración de una interfaz de red. Un módulo YANG para una interfaz podría comenzar con un encabezado que define el espacio de nombres y el prefijo, seguido de la definición de las características de la interfaz, como el nombre, la velocidad, el estado, etc., utilizando tipos de datos como string, int32, boolean, etc.

```
module example-interface {
  namespace "http://example.com/ns/example-interface";
  prefix "ex-if";
  revision "2023-05-28" {
    description "Initial revision.";
  }

  container interfaces {
    list interface {
      key "name";
      leaf name {
        type string;
      }
      leaf speed {
        type uint32;
        units "bps";
      }
      leaf enabled {
        type boolean;
      }
    }
  }
}
```

Explicación del ejemplo:

▼ *module example-interface*: define el nombre del módulo YANG.

▼ *namespace*: especifica un espacio de nombres único para el módulo.

▼ *prefix*: define un prefijo para utilizar en el módulo.

▼ *revision*: indica la fecha de la revisión del módulo.

▼ *container interfaces*: define un contenedor para la lista de interfaces.

▼ *list interface*: define una lista de interfaces.

▼ *key "name"* : indica que el campo "name" es la clave para identificar cada interfaz.

▼ *leaf name*: Define un campo de tipo string llamado "name" para el nombre de la interfaz.

▼ *leaf speed*: Define un campo de tipo uint32 (entero sin signo de 32 bits) llamado "speed" para la velocidad de la interfaz, con unidades en "bps" (bits por segundo).

▼ *leaf enabled*: Define un campo de tipo boolean llamado "enabled" para indicar si la interfaz está habilitada.

13.7 SOFTWARE DE GESTIÓN

En capítulos anteriores se ha visto, expuesto e incluso se han dado casos prácticos de como configurar dispositivos de red, sin embargo, en una red de producción las configuraciones manuales pueden ser un desafío. A medida que una empresa crece, migran dispositivos o cambia de administrador, los cambios de configuración son mayores, por lo tanto, la gestión de manual se convierte en un problema.

El proceso de configuración manual no registra el historial de cambios:

▼ qué líneas cambiaron

▼ qué cambió en cada línea

▼ qué configuración anterior se eliminó

▼ quién cambió la configuración

▼ cuando se realizó cada cambio

Algunos sistemas externos de gestión de sistemas, como la emisión de tickets de problemas y el software de gestión de cambios, pueden registrar detalles, pero únicamente para los dispositivos que se encuentran dentro de su gestión. Sin embargo, los dispositivos que se encuentran fuera de esa gestión y requieren un análisis para descubrir qué cambió han sufrido, también dependen de los administradores para seguir los procesos operativos de manera consistente y correcta.

Con un sistema de control centralizado un equipo de red puede hacer un trabajo mucho más efectivo para rastrear los cambios y responder a quién, qué y cuándo saber qué cambió en la configuración de cada dispositivo. Con este nuevo modelo, los administradores deben realizar cambios editando los archivos de configuración lo que presenta otros desafíos que pueden resolverse mejor utilizando alguna herramienta de administración de configuración automatizada.

Por ejemplo, una empresa puede tener muchos routers cumpliendo funciones similares con una configuración casi idéntica. Las herramientas de administración de configuración pueden separar los componentes de una configuración en las partes en común para todos los dispositivos en ese rol (la plantilla) frente a las partes exclusivas de cualquier dispositivo (las variables).

```
hostname Norte
!
interface GigabitEthernet0/1
  ip address 10.99.170.10 255.255.255.0
!
interface GigabitEthernet0/2
  ip address 10.99.170.11 255.255.255.0
!
ntp server 10.99.52.23
```

La siguiente plantilla imita la configuración anterior, excepto por colocar nombres de variables dentro de las llaves dobles.

```
hostname {{nombre}}
!
interface GigabitEthernet0/1

  ip address {{direccion_1}} {{mascara_1}}
!
interface GigabitEthernet0/2
  ip address {{direccion_2}} {{mascara_2}}
!
ntp server {{ntp_server}}
```

El sistema de gestión de la configuración procesa una plantilla más todas las variables relacionadas para producir la configuración prevista para un dispositivo. El administrador crea y edita posteriormente un archivo de plantilla y luego un archivo con las variables para cada router.

```
hostname: Norte
direccion_1: 10.99.170.10
```

```
mascara_1: 255.255.255.0
direccion_2: 10.99.170.11
mascara_2: 255.255.255.0
ntp_server: 10.99.52.23
```

Puede parecer un trabajo añadido separar las configuraciones en una plantilla y luego cargar las variables, sin embargo, las plantillas aumentan el enfoque al tener una configuración estándar para cada rol. Los nuevos dispositivos con un rol existente se pueden implementar fácilmente simplemente copiando un archivo variable existente por dispositivo y cambiando los valores.

Ansible, **Puppet** y **Chef** son diferentes paquetes de software con opciones gratuitas que le permiten descargar y aprender sobre las herramientas. También puede comprar cada herramienta, que incluyen variaciones más específicas sobre las funcionalidades de cada una.

 **NOTA:**

Jinja es un motor de plantillas web para el lenguaje de programación Python.

13.7.1 Puppet

Para usar **Puppet**, comience instalándolo en un host Linux. Puede instalarlo en su propio host, pero para fines de producción, normalmente se instala en un servidor Linux llamado Puppet Master. Al igual que con Ansible, puede usar la versión gratuita de código abierto, pero también existen versiones de pago.

Una vez instalado, Puppet también utiliza varios archivos de texto importantes con diferentes componentes, como los siguientes:

- ▼ **Manifiesto**: este es un archivo de texto legible para humanos en Puppet Master, que utiliza un lenguaje definido por Puppet, y que se utiliza para definir el estado de configuración deseado de un dispositivo.

- ▼ **Módulo**, **recurso**, **clase**: estos términos se refieren a elementos del manifiesto, el módulo es con el componente más grande compuesto por clases más pequeñas, que a su vez están compuestas de recursos.

- ▼ **Plantillas**: al usar un lenguaje específico de dominio de Puppet, estos archivos le permiten a Puppet generar manifiestos (y módulos, clases y recursos) mediante la sustitución de variables en la plantilla.

Una forma de pensar sobre las diferencias entre el enfoque de Ansible y el de Puppet es que los **Playbooks** de Ansible usan un lenguaje imperativo, mientras que Puppet usa un lenguaje declarativo. Es decir, con Ansible, el **Playbooks** enumerará tareas y elecciones basadas en esos resultados, mientras que los manifiestos de puppet en su lugar declaran el estado final que debe tener un dispositivo. Por ejemplo, el mecanismo de Ansible seria" Configurar *todos los routers, en todos los edificios, si se producen errores realice las acciones que correspondan*". Puppet en cambio "*el router debe tener este estado de configuración*".

No todos los sistemas operativos de Cisco son compatibles con los agentes Puppet, por lo que Puppet resuelve ese problema utilizando un agente proxy que se ejecuta en algún host externo. El agente externo luego usa SSH para comunicarse con el dispositivo de red.

13.7.2 Ansible

Ansible puede describirse como el uso de un modelo **push** en lugar de un modelo **pull** como Puppet y Chef. Push significa que un "servidor maestro" se conecta a través de SSH a los nodos que quiere administrar y hace lo que se presume que debe hacer. Muchas veces este método resulta un cuello de botella si existen muchos nodos simultáneos que intentan conectarse al servidor. Por otro lado, en las redes donde no es posible este tipo de despliegue por estar altamente protegidas, se utiliza el modo pull, donde un nodo se conecta a un servidor maestro para obtener instrucciones sobre qué hacer.

Para usar **Ansible**, puede instalarse en algún ordenador: Mac, Linux o en una máquina virtual de Linux en un PC con Windows. Puede usar la versión gratuita de código abierto o la versión de pago Ansible Tower.

Una vez que está instalado, crea varios archivos de texto, como los siguientes:

- ▼ **Playbooks**: estos archivos proporcionan acciones y lógica sobre lo que debe hacer Ansible.

- ▼ **Inventario**: estos archivos proporcionan nombres de host del dispositivo junto con información sobre cada dispositivo, como roles de dispositivo, por lo que Ansible puede realizar funciones para subconjuntos del inventario

- ▼ **Plantillas**: con el lenguaje Jinja2, las plantillas representan la configuración de un dispositivo, pero con variables

- ▼ **Variables**: con YAML, un archivo puede enumerar variables que Ansible sustituirá en plantillas

Ansible no depende de ningún código o agente que se ejecute en el dispositivo de red. En cambio, Ansible se basa en las características típicas de los dispositivos de red, como, SSH o NETCONF, para realizar cambios y extraer información. Cuando se usa SSH, el nodo de control Ansible realmente realiza cambios en el dispositivo como lo haría cualquier otro usuario SSH, pero haciendo el trabajo con el código Ansible.

13.7.3 Chef

Chef al igual que Ansible y Puppet, es un paquete de software que se instala y ejecuta. **Chef Automate** es el producto al que la mayoría de la gente se refiere simplemente como Chef. Al igual que con Puppet, en producción probablemente se ejecute modo servidor-cliente con un servidor y con varias estaciones de trabajo. Sin embargo, también puede ejecutar **Chef Zero** en modo independiente, lo cual es útil cuando recién comienza y aprende en el laboratorio.

Una vez que Chef está instalado, crea varios archivos de texto con diferentes componentes, como los siguientes:

- **Recurso**: los objetos de configuración cuyo estado es administrado por Chef, análogo a los ingredientes en una receta en un libro de cocina

- **Receta**: la lógica del Chef se aplica a los recursos para determinar cuándo, cómo y si actuar contra los recursos, de forma análoga a una receta en un libro de cocina

- **Cookbooks**: un conjunto de recetas sobre los mismos tipos de trabajo, agrupados para facilitar la gestión y el intercambio

- **Runlist**: una lista ordenada de recetas que se deben ejecutar en un dispositivo determinado.

Chef usa una arquitectura similar a Puppet. Para los dispositivos de red, cada cliente Chef ejecuta un agente. El agente realiza la supervisión de la configuración en el sentido de que el cliente extrae recetas y recursos del servidor Chef y luego ajusta su configuración para mantenerse sincronizado con los detalles en esas recetas y listas de ejecución. Sin embargo, tenga en cuenta que muchos dispositivos Cisco no son compatibles con un cliente Chef, por lo que es probable que vea un mayor uso de Ansible y Puppet para la administración de la configuración de un dispositivo Cisco.

13.7.4 Terraform

Terraform es una herramienta de código abierto desarrollada por HashiCorp que permite definir y aprovisionar la infraestructura como código (IaC). Permite automatizar la creación, gestión y actualización de recursos en la nube o locales, utilizando archivos de configuración simples y predecibles. Básicamente, Terraform sirve para:

- ► Crear recursos como servidores, bases de datos, firewalls, etc., en diferentes nubes o entornos.

- ► Gestionar la infraestructura. Actualizar, eliminar o modificar recursos existentes.

- ► Codificar la infraestructura. Definir la infraestructura en archivos de configuración, lo que facilita la replicación, el control de versiones y la colaboración entre equipos.

- ► Automatizar la creación y gestión de la infraestructura mediante scripts y herramientas.

Terraform proporciona seguridad, flexibilidad, eficiencia y facilidad de gestión para la infraestructura. Permite que la infraestructura se defina como código **IaC** (Infrastructure as Code), lo que facilita el control de versiones, la reutilización de código y la automatización. funciona mediante un flujo de trabajo que incluye: planificación (ver los cambios propuestos), aplicación (ejecutar los cambios) y estado (mantener un registro del estado de la infraestructura). Terraform funciona mediante un flujo de trabajo que incluye: planificación (ver los cambios propuestos), aplicación (ejecutar los cambios) y estado (mantener un registro del estado de la infraestructura).

Terraform interactúa con diferentes proveedores de infraestructura en la nube (como AWS, Azure, GCP) y servicios SaaS, a través de sus propios complementos (proveedores). Además, utiliza el lenguaje de configuración HashiCorp Configuration Language (HCL) para describir el estado deseado de la infraestructura.

 **NOTA:**

Para más información puede consultar la web de los fabricantes en www.ansible.com, www.puppet.com, www.chef.io.

13.8 CISCO DNA CENTER

Cisco DNA Center (*Digital Network Architecture*) también conocida como **Cisco Catalyst Center** es un controlador **SDN** que permite centralizar la gestión y automatización de redes empresariales. Permite a las organizaciones simplificar y acelerar las operaciones de red a través de la automatización, la visibilidad y el análisis. DNA Center admite varias southbound **API** para que el controlador pueda comunicarse con los dispositivos que administra. Requiere varios protocolos para poder comunicarse con una amplia gama de dispositivos, por ejemplo: Telnet, SSH, SNMP o versiones más modernas como NETCONF, RESTCONF. También incluye una potente y robusta **northbound REST API**.

Ofrece una interfaz de usuario única para administrar dispositivos de red, desplegar nuevos dispositivos, aplicar políticas y realizar cambios de configuración de manera eficiente. Cisco DNA Center elimina la necesidad de configurar manualmente cada dispositivo de red individualmente. En su lugar, permite a los administradores definir políticas y configuraciones a nivel de red a través de un panel centralizado, lo que reduce drásticamente el tiempo y los errores asociados con la gestión manual. La plataforma interpreta las intenciones empresariales y las traduce en configuraciones para dispositivos específicos, permitiendo la automatización de tareas como el aprovisionamiento de dispositivos, la implementación de políticas y la resolución de problemas. Proporciona análisis avanzados de la red, utilizando **inteligencia artificial** y aprendizaje automático para identificar problemas potenciales y sugerir soluciones. La plataforma recopila **telemetría** de los dispositivos de red y ofrece información sobre el rendimiento de la red, la seguridad y la experiencia del usuario final. Los usuarios pueden visualizar la información de la red en paneles intuitivos y generar informes personalizados para identificar cuellos de botella y optimizar el rendimiento de la red.

Cisco DNA Center se basa en una arquitectura abierta y basada en intenciones, lo que permite la integración con otras soluciones de gestión de IT y la automatización de procesos. La plataforma consta de un dispositivo de hardware (por ejemplo, un Cisco UCS C220 M4) y un software preinstalado que se ejecuta en este dispositivo. Cisco DNA Center se integra con las soluciones de red de Cisco, como Cisco Catalyst y Cisco SD-Access, para proporcionar una gestión integral de la red.

Los beneficios de Cisco DNA Center incluyen la reducción de costos operativos, la mejora de la eficiencia de la red, la simplificación de la gestión de la red, la mejora de la seguridad y la capacidad de respuesta a las necesidades empresariales. La plataforma permite a las organizaciones adaptarse rápidamente a los cambios en el entorno empresarial y aprovechar las oportunidades que surgen de la digitalización.

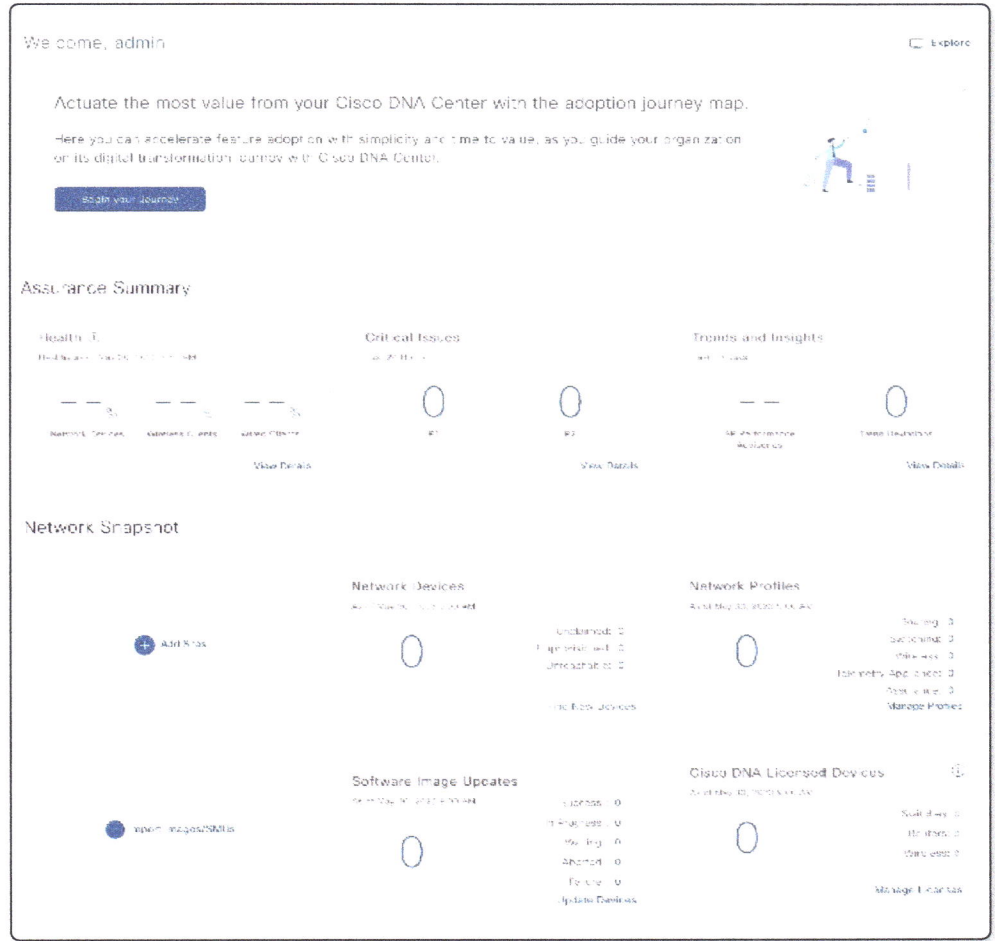

Página de inicio de la interfaz de DNA Center

Ejemplo de la vista de topología

13.8.1 Descubrimiento de rutas

En DNA Center, la función de **Path Trace** (descubrimiento de ruta) sirve para visualizar el recorrido de un paquete de datos entre dos puntos de la red, permitiendo a los administradores identificar posibles problemas de conectividad o configuraciones incorrectas.

Path Trace en DNA Center analiza la topología de red y la información de enrutamiento de los dispositivos descubiertos. Utiliza los datos recopilados para determinar la ruta más probable de un paquete entre los nodos especificados. Presenta la ruta calculada en un diagrama o mapa, destacando los dispositivos y enlaces involucrados.

Permite detectar posibles problemas en la ruta, como errores de configuración de ACL (Access Control Lists), interfaces caídas o problemas de enrutamiento.

Al mostrar claramente la ruta y los posibles problemas, facilita la tarea de diagnosticar y solucionar inconvenientes en la red.

En resumen, Path Trace es una herramienta esencial para la gestión de redes con DNA Center, ya que ayuda a los administradores a entender el flujo de tráfico, identificar cuellos de botella y asegurar la conectividad de la red.

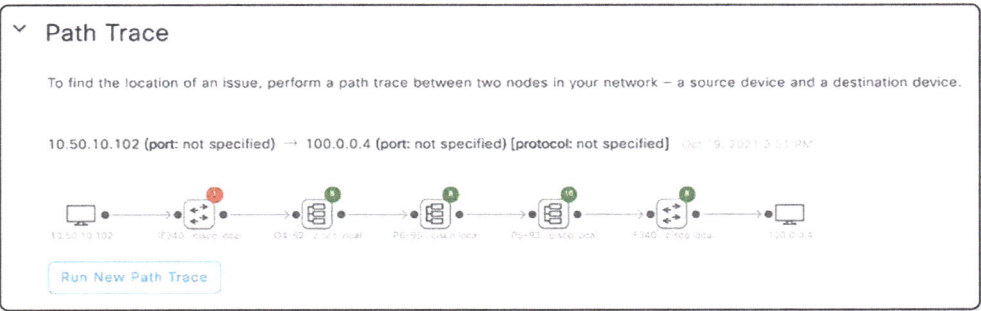

Path Trace

 **RECUERDE:**

Cisco Catalyst Center es la denominación más actual de Cisco DNA Center.

Un ejemplo típico de utilización de DNA Center como plataforma de gestión de red es el **Cisco Prime Infrastructure**. Una plataforma de gestión centralizada ofrece mejoras a la hora de administrar una red en comparación con la forma tradicional, dispositivo por dispositivo. Algunas de las ventajas y características de una gestión centralizada pueden ser:

- ▼ Permite administrar tanto la LAN cableada como la inalámbrica desde la misma plataforma de administración

- ▼ Descubre dispositivos de red, crea un inventario y los organiza según la topología

- ▼ Brinda soporte para las funciones tradicionales de administración de LAN, WAN y centros de datos empresariales

- ▼ Utiliza SNMP, SSH y Telnet, así como CDP y LLDP, para descubrir y aprender información sobre los dispositivos en la red

- ▼ Admite diferentes tareas para instalar un nuevo dispositivo, configurarlo para que funcione en producción y realiza seguimiento y monitorización continua y puede realizar cambios en cualquier momento. Administra imágenes de software y automatiza actualizaciones

- ▼ Simplifica la implementación de la configuración de QoS en cada dispositivo

➤ Utiliza funciones Plug-and-Play para la instalación inicial de nuevos dispositivos de red después de instalar físicamente el nuevo dispositivo, conectar un cable de red y encender

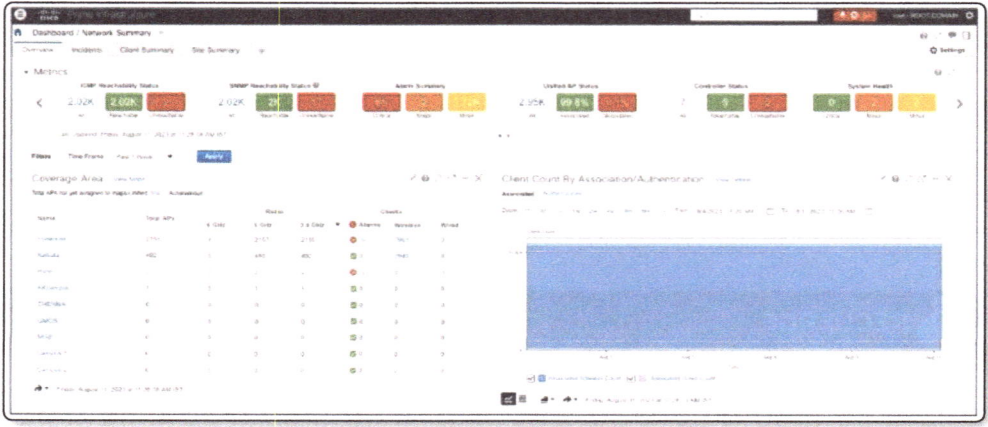

Captura de Pantalla de Cisco Prime Infrastructure

13.9 INTELIGENCIA ARTIFICIAL

La inteligencia artificial **AI** (*Artificial Intelligence*) es un término que se está difundiendo cada día más en todos los ámbitos de nuestro día a día. La AI se define como el conjunto de tecnologías que permiten a las máquinas realizar funciones avanzadas que normalmente requieren inteligencia humana, como comprender el lenguaje, tomar decisiones, aprender de nuevas experiencias y adaptarse a situaciones cambiantes.

La AI también se aplica en el ámbito de las redes, seguridad, monitorización, etc. Además, la AI puede permitir una planificación proactiva mediante el análisis de las tendencias de uso y la predicción de las demandas futuras, lo que permite a las empresas asignar recursos de manera eficaz y mantener un rendimiento óptimo a medida que crecen. Esto permite a las organizaciones adaptarse rápidamente a las condiciones cambiantes del mercado y a las necesidades de los usuarios.

La AI está llena de conceptos que a primera vista parecen familiares, pero que a menudo revelan mucha más complejidad al examinarlos con más detalle. Por ejemplo, comprender la diferencia entre AI generativa y AI predictiva.

Uso	AI generativa	AI predictiva
Objetivo	Genera contenido nuevo y original	Predice y analiza patrones o resultados existentes
Ejemplos	Generación de texto, imagen y vídeo	Pronóstico, clasificación
Proceso de aprendizaje	Aprende patrones y relaciones en los datos.	Aprende de datos históricos para hacer predicciones
Caso de uso	Tareas creativas, creación de contenidos.	Análisis de negocios, previsión financiera
Creatividad	Produce cosas que nunca han existido antes	Carece del elemento de creación de contenido
Algoritmos	Utiliza algoritmos complejos y aprendizaje profundo para generar contenido nuevo basado en los datos con los que se entrena.	Generalmente se basa en algoritmos estadísticos y aprendizaje automático para analizar datos y hacer predicciones.

La Inteligencia Artificial está generando un avance revolucionario, desde los modelos predictivos que pronostican parones de tráfico al modelo generativo que crea configuraciones y diseños de red. La Inteligencia Artificial y la tecnología 5G están estrechamente interrelacionadas y se complementan mutuamente, creando una asociación que potencia el rendimiento y las aplicaciones de ambas. Las empresas que adopten estas tecnologías estarán a la vanguardia en la seguridad, gestión y diseño de redes.

13.9.1 AI predictiva

La Inteligencia Artificial predictiva es un tipo de AI que utiliza datos históricos y algoritmos de aprendizaje automático para predecir eventos o resultados futuros. Funciona analizando patrones en datos, identificando tendencias y relacionando estos datos con posibles escenarios futuros. Se basa en algoritmos de aprendizaje automático conocidos como **ML** (*Machine Learning*), de manera que puede realizar predicciones sobre eventos futuros.

Características de la AI predictiva:

▶ **Recopilación de datos**: analiza datos relevantes de diversas fuentes y se preparan para el análisis.

▶ **Análisis de algoritmos**: utiliza algoritmos de aprendizaje automático para identificar patrones y relaciones en los datos.

▶ **Predicción y evaluación**: utiliza el modelo entrenado para hacer predicciones sobre eventos o resultados futuros.

▶ **Implementación y monitorización**: se implementa en sistemas de producción y se monitoriza para garantizar su precisión y eficacia.

Ejemplos de aplicaciones de la AI predictiva:

▶ **Predicción de demanda**: ayuda a las empresas a predecir la demanda de productos o servicios, optimizando inventarios y logística.

▶ **Detección de fraudes**: identifica patrones de comportamiento fraudulentos en transacciones financieras o en otros contextos.

▶ **Predicción de enfermedades**: ayuda a los médicos a identificar a personas con mayor riesgo de desarrollar enfermedades o a anticipar la evolución de una enfermedad.

▶ **Mantenimiento predictivo**: predice cuándo se producirá una avería en equipos o maquinaria, permitiendo realizar mantenimientos preventivos.

▶ **Gestión de riesgos**: ayuda a las empresas a identificar y gestionar riesgos potenciales, como riesgos financieros o riesgos operativos.

▶ **Marketing y ventas**: ayuda a las empresas a personalizar la experiencia del cliente, a identificar oportunidades de venta y a optimizar campañas de marketing.

La AI predictiva puede utilizarse para analizar el funcionamiento normal de una red, analizar su comportamiento en diferentes circunstancias y así predecir incremento de tráfico, mayor utilización de ancho de banda o patrones de tráfico malicioso. De esta forma pueden detectarse de manera temprana amenazas antes que puedan causar daños, automatizando la detección de intrusiones.

13.9.2 AI generativa

La AI generativa funciona usando algoritmos de aprendizaje automático para aprender patrones y relaciones en grandes conjuntos de datos. Luego, utiliza estos patrones para generar nuevo contenido, como texto, imágenes o código, en respuesta a una entrada o solicitud. En esencia, la AI generativa "rellena los espacios en blanco" aprendiendo de ejemplos y luego creando nuevas variantes de esos.

Características de la AI generativa:

- ▶ **Entrenamiento**: los modelos de IA generativa se entrenan con grandes conjuntos de datos, como textos, imágenes, música o código.

- ▶ **Aprendizaje de patrones**: a través del aprendizaje automático, el modelo aprende las estructuras, relaciones y patrones dentro de los datos de entrenamiento.

- ▶ **Generación de contenido**: cuando recibe una entrada o solicitud, el modelo utiliza los patrones aprendidos para generar nuevo contenido que sea consistente con los datos de entrenamiento.

- ▶ **Modelos de aprendizaje profundo**: la IA generativa a menudo utiliza modelos de aprendizaje profundo, como las redes neuronales, para realizar esta tarea.

La AI generativa se utiliza en infinidad de aplicaciones como, por ejemplo, creación de imágenes, generación de texto, composición de música, traducción de idiomas, detección de fraude y producción de código de software. Un modelo de aprendizaje automático se puede entrenar con un gran conjunto de imágenes y descripciones. Cuando se le proporciona una descripción de una imagen, el modelo puede generar una imagen que se corresponda con esa descripción.

13.9.3 Machine Learning

ML (*Machine Learning*) o aprendizaje automático se puede considerar como una subcategoría de inteligencia artificial. Consiste en dejar que los algoritmos descubran patrones recurrentes, en un conjunto de datos. Esos datos pueden ser números, palabras, imágenes, estadísticas, etc.

Básicamente, los algoritmos de Machine Learning aprenden de forma autónoma a realizar una tarea o hacer predicciones a partir de datos y mejorar su rendimiento con el tiempo. Una vez entrenado, el algoritmo podrá encontrar los patrones en nuevos datos.

El proceso de aprendizaje automático se puede resumir en los siguientes pasos:

1. **Colectar datos**: se recopilan los datos relevantes para el problema que se quiere resolver.

2. **Preparar los datos**: se limpian, transforman y estructuran los datos para que sean aptos para el entrenamiento de los algoritmos.

3. **Elegir un modelo**: se selecciona el tipo de algoritmo de aprendizaje automático más adecuado para la tarea en cuestión.

4. **Entrenar el modelo**: se proporciona los datos a los algoritmos para que aprendan las relaciones y patrones.

5. **Evaluar el modelo**: se evalúa la precisión y el rendimiento del modelo entrenado.

6. **Optimizar el modelo**: se ajustan los parámetros del modelo para mejorar su rendimiento.

7. **Predicción o inferencia**: se utiliza el modelo entrenado para hacer predicciones o tomar decisiones sobre nuevos datos.

En definitiva, ML supera a los métodos tradicionales basados en firmas o en regla en la detección de amenazas. Ahorra tiempo en analizar alertas de seguridad reduciendo las falsas alertas. Ayuda a la toma de decisiones basándose en una información más precisa y detallada.

13.9.4 Integración en dispositivos Cisco

Cisco se enfoca en la integración de la inteligencia artificial en sus soluciones y servicios, tanto para impulsar la innovación como para proteger la infraestructura de las amenazas. Ofrecen herramientas como **AI Assistant** para **Webex**, que mejora la productividad y la colaboración, y **AI Defense** para proteger el uso y desarrollo de aplicaciones de AI.

El enfoque de Cisco en la IA se divide en varios aspectos:

▸ **Cisco AI Assistant**: esta herramienta, integrada en Webex, facilita la toma de decisiones, aumenta las capacidades de las herramientas y automatiza tareas complejas, todo esto en un ambiente seguro y privado.

▸ **Cisco AI Defense**: protege a las empresas que utilizan y desarrollan aplicaciones de AI, detectando amenazas y problemas de seguridad que las herramientas convencionales no pueden gestionar.

▸ **Infraestructura de AI**: Cisco proporciona la infraestructura necesaria para impulsar y proteger la AI, incluyendo la capacidad de manejar grandes volúmenes de datos y una cartera optimizada para la seguridad.

▷ **AI Agéntica**: Cisco defiende una visión de la AI agéntica, que permite a los sistemas de AI interactuar de forma más natural con los humanos y facilita la colaboración entre personas y tecnología.

▷ **Marco de AI Responsable**: Cisco ha desarrollado un marco de AI responsable que incluye seis principios (transparencia, equidad, responsabilidad, privacidad, seguridad y confiabilidad), con el objetivo de promover una IA segura y confiable.

▷ **Integración con otros servicios**: integración con otras plataformas, como Webex y ServiceNow, para ofrecer soluciones más completas y eficientes.

 **NOTA:**

Un marco de AI agéntica es un enfoque estructurado que permite a los sistemas de AI tomar decisiones, planificar acciones y ejecutar tareas de forma autónoma.

13.10 CISCO ACI

Cisco ha desarrollado **ACI** (*Application Centric Infrastructure*) para ayudar a las organizaciones que no tienen necesidad o la habilidad para programar el uso de herramientas SDN, para automatizar la red. Cisco ACI es una solución de hardware especialmente diseñado para integrar los servicios en la nube y la gestión del centro de datos. La política de la red se elimina del plano de datos, simplificando la forma de crear y administrar las redes de datos.

La implementación de Cisco ACI puede desarrollarse en una topología de dos niveles tipo **spine-leaf** (también llamada *Clos network*) de la siguiente manera:

▷ En una topología **spine-leaf** Cisco ACI se compone del **APIC** (*Cisco Application Policy Infrastructure Controlle*) y de switches de la serie Cisco Nexus 9000.

▷ Los switchs de la capa **leaf** de conectan con los de la capa **spine**, pero nunca entre ellos.

▷ Del mismo modo los switchs de la capa **spine** de conectan con los de la capa **leaf**, pero nunca entre ellos.

▷ En esta topología de dos niveles los dispositivos están a un salto de los demás.

▷ Los puntos finales se conectan solo a los switchs de capa **leaf**.

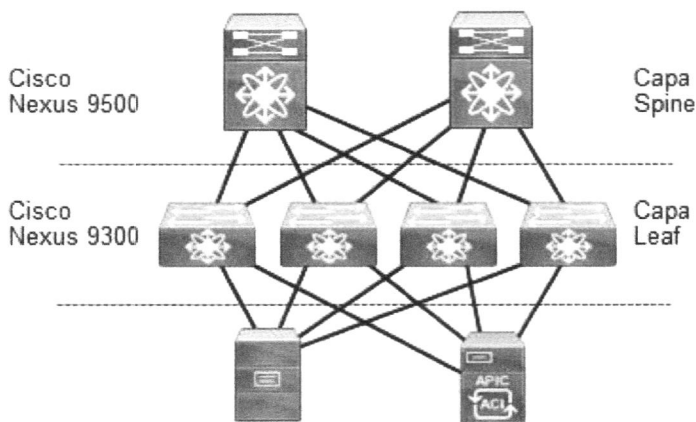

Los puntos finales pueden ser también conexiones a routers que se comunican con dispositivos fuera del centro de datos. Por necesidad y volumen la mayoría de los puntos finales serán servidores físicos que ejecutan un sistema operativo nativo o servidores que ejecutan software de virtualización con un número de máquinas virtuales y contenedores.

13.11 CISCO APIC-EM

Cisco APIC-EM (*Cisco Application Policy Infrastructure Controlle-Enterprise Module*) es un SDN basado en políticas, brinda una solución más robusta, que prevé un mecanismo simple para controlar y gestionar las políticas en toda la red.

APIC-EM ofrece SDN a las redes corporativas, WAN, redes de campus y de acceso. APIC-EM proporciona la automatización centralizada de perfiles de aplicación basados en políticas. A través de programación, control de red automatizada ayuda a responder rápidamente a gestiones de red.

Cisco APIC-EM ofrece las siguientes características:

- Descubrimiento de dispositivos.

- Inventario de dispositivos.

- Inventario de hosts.

- Topología.

- Políticas.

- Análisis de políticas.

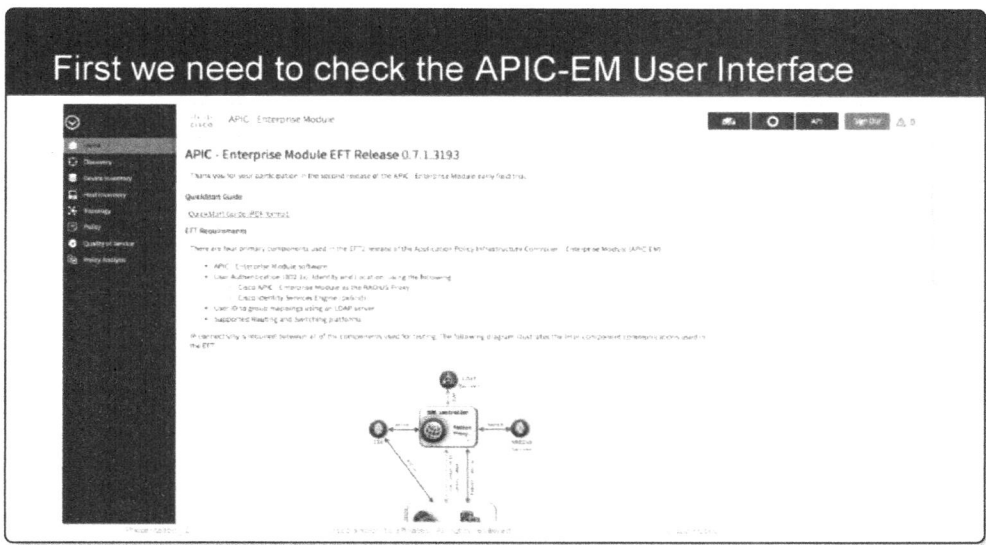

Imagen de la página de inicio del APIC-EM

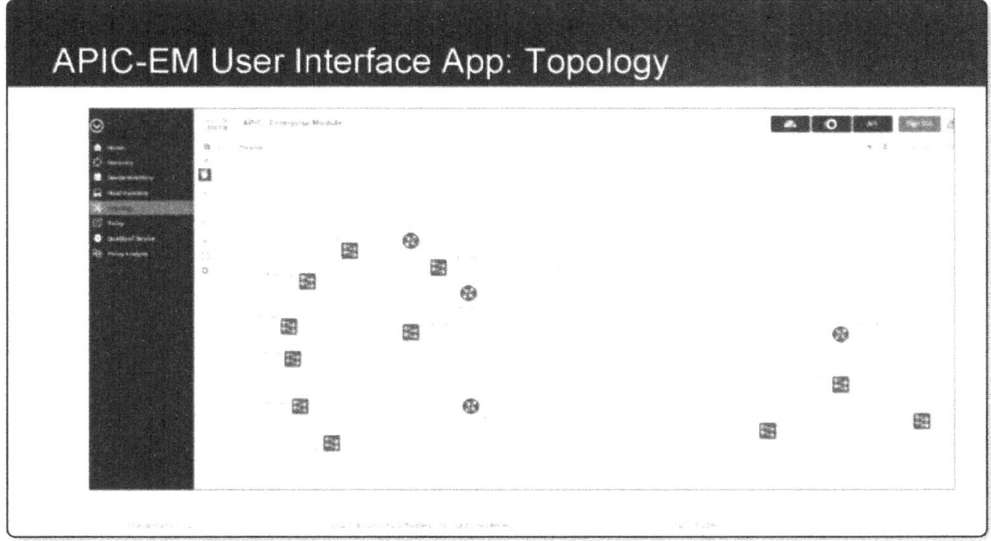

Imagen de una topología con APIC-EM

13.11.1 Análisis de ACL con APIC-EM

Con **APIC-EM** es posible examinar las ACL en los dispositivos en busca de redundancias, conflictos o contradicciones como por ejemplo entradas mal ubicadas o en un orden incorrecto que permitan un host y que luego lo denieguen (*shadowed*). Permite inspeccionar y analizar las ACLs a través de toda la red, dejando al descubierto los problemas y conflictos. Examina ACL específicas en la ruta entre dos nodos finales, descubriendo los posibles problemas.

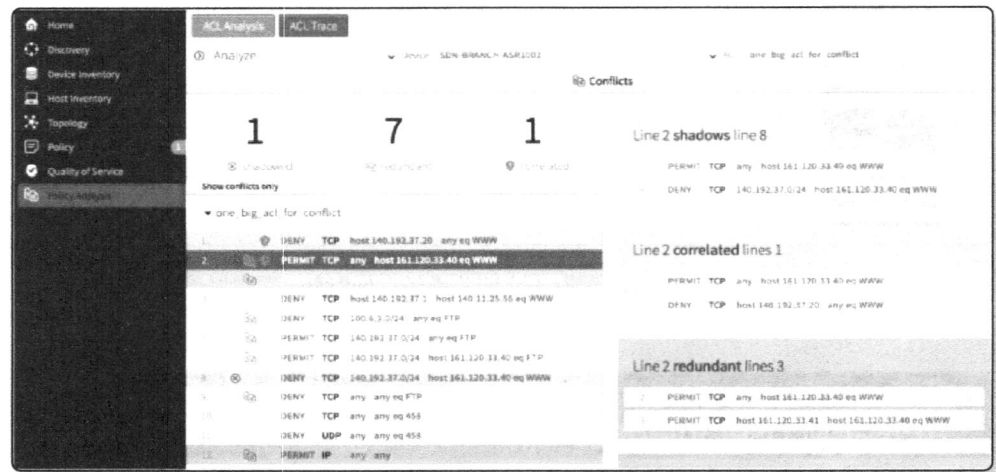

Captura de pantalla del análisis de políticas con APIC-EM

13.12 FUNDAMENTOS PARA EL EXAMEN

Este capítulo puede resultar bastante abstracto si no se tienen dispositivos para realizar pruebas de laboratorio. Piense en la tendencia de las empresas en la utilización de un sistema de gestión centralizada, donde cientos de dispositivos se gestionan y administran remotamente. Por ejemplo, un router con una configuración mínima se conecta a la red y obtiene la configuración completa automáticamente y se pone en producción casi al instante.

⚐ Recuerde las diferencias entre el plano de control y el plano de datos.

⚐ Analice para sirven y para que se utilizan las Southbound API y Northbound API.

▶ Compare la administración tradicional de una red de campus con una administración centralizada.

▶ Estudie las partes que componen el modelo SDA y como se forman los túneles VxLAN.

▶ Analice como aprenden las ubicaciones de los dispositivos los nodos frontera.

▶ Piense y analice las ventajas que ofrece Cisco DNA Center.

▶ Analice el mecanismo que emplean las API para comunicarse entre sí y como se definen las variables que utilizan.

▶ Tenga en claro las diferencias entre URL y URI.

▶ Realice practicas a través de la web www.postman.co.

▶ Aprenda que son y cómo funcionan los lenguajes de serialización.

▶ Diferencia entre AI generativa y AI predictiva.

▶ Como integra cisco la AI.

▶ Que es el descubrimiento de rutas.

▶ Estudie las demás opciones de gestión centralizada de red.

▶ Que tipos de software de automatización conoce.

▶ Diferencie los formatos de serialización.

ÍNDICE ALFABÉTICO

SÍGUENOS EN INSTAGRAM Y ACCEDE GRATIS A NUESTRA BIBLIOTECA DIGITAL DURANTE 30 DÍAS.

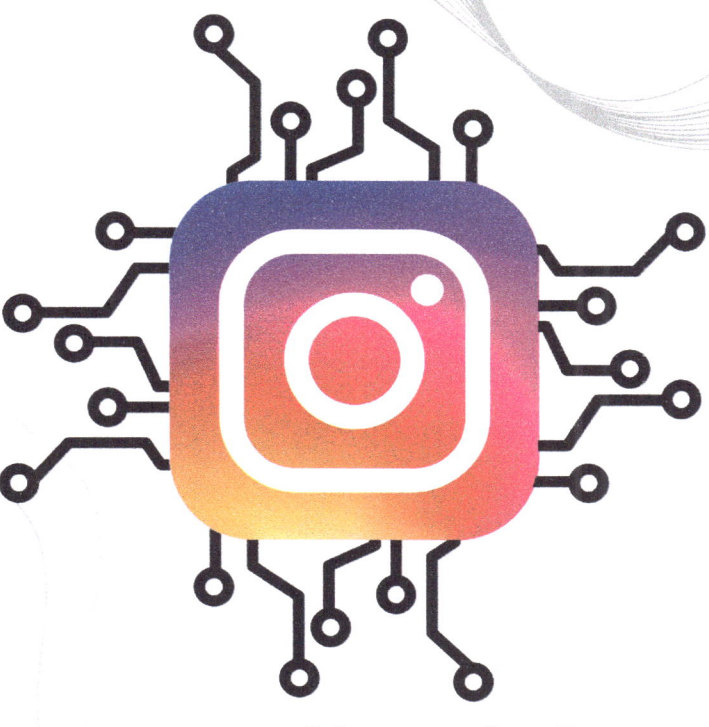

@grupoeditorialrama

¡ENVIANOS TU MAIL POR PRIVADO!

Grupo Editorial
ra-ma

40 ANIVERSARIO